Fundamentos do Direito Empresarial

Fundamentos do Direito Empresarial

Rodrigo Tellechea • João Pedro Scalzilli

ALMEDINA
BRASIL

Rio de Janeiro, 2025

Fundamentos do Direito Empresarial

ISBN: 978-85-8493-830-8

Impresso no Brasil — 1ª Edição, 2025 — Edição revisada conforme o Acordo Ortográfico da Língua Portuguesa de 2009.

Dados Internacionais de Catalogação na Publicação (CIP)

T271f
1.ed.- Tellechea, Rodrigo.
Fundamentos do Direito Empresarial / Rodrigo Tellechea, João Pedro Scalzilli. - Rio de Janeiro: Almedina Brasil: Grupo Alta Books, 2025.
320 p. ; 15,7 x 23 cm. - (Coleção Manuais Universitários)

ISBN 978-85-8493-830-8

1. Direito empresarial. 2. Direito comercial - História. 3. Dogmática jurídica. 4. Teoria da empresa. 5. Princípios constitucionais. I. Scalzilli, João Pedro. II. Título. III. Série.

CDD 346.065

Índice para catálogo sistemático:
1. Direito civil - Direito empresarial e comercial 346.065

Grupo Editorial Alta Books

Produção Editorial: Grupo Editorial Alta Books
Diretor Editorial: Anderson Vieira
Editora-Chefe: Manuella Santos de Castro
Vendas Governamentais: Cristiane Mutüs

Produtores Editoriais: Andreza Moraes e Thiê Alves
Diagramação: Joyce Matos
Revisão: Denise Himpel

ALTA BOOKS
GRUPO EDITORIAL

Rua Viúva Cláudio, 291 — Bairro Industrial do Jacaré
CEP: 20.970-031 — Rio de Janeiro (RJ)
Tels.: (21) 3278-8069 / 3278-8419
www.altabooks.com.br — altabooks@altabooks.com.br
Ouvidoria: ouvidoria@altabooks.com.br

Editora **afiliada à:**
ASSOCIADO

Para Dudu e Gabi.

Agradecimentos

Se é verdade que o maior presente que se pode dar a alguém é o nosso *tempo*, porque, quando uma pessoa dá o seu tempo, ela dá uma porção de sua vida que nunca terá de volta, somos devedores do nosso amigo Luis Felipe.

Spinelli leu atentamente e revisou boa parte do texto, sugeriu modificações, cedeu materiais escritos e notas de sala de aula. Não bastasse isso, em nenhum momento, deixou de nos incentivar a seguir em frente com o projeto.

Além do reconhecimento ao amigo de tantas empreitadas acadêmicas, precisamos render justa homenagem àqueles que contribuíram para a nossa formação acadêmica na área do direito comercial — pois, sem suas lições, o presente livro simplesmente não existiria. Assim, de uma maneira ampla, devemos agradecer aos professores do Departamento de Direito Comercial da Universidade de São Paulo (DCO).

Casa de Waldemar Ferreira, Oscar Barreto Filho, Mauro Brandão Lopes, Waldirio Bulgarelli, Modesto Carvalhosa, L. G. Paes de Barros Leães, Fábio Konder Comparato, entre tantos outros que forjaram a história do direito comercial brasileiro, o DCO foi responsável pela nossa formação direta e indiretamente.

Diretamente, porque estivemos associados ao referido departamento durante os anos do nosso curso de doutoramento. Indiretamente, porque desde a graduação, especialização e mestrado nossa formação na matéria se deu por intermédio de professores que beberam daquela fonte.

Ter pertencido ao departamento na qualidade de discentes consiste em uma das nossas maiores realizações. Interagir em nível acadêmico e pessoal com os hoje amigos do DCO é um privilégio e uma renovação constante de votos.

Mais do que para qualquer outro, temos débito impagável com ERASMO VALLADÃO A. e N. FRANÇA, orientador de todos nós no doutorado; e, acima de tudo, pai de alma e coração.

Agradecemos, também, aos nossos professores J. A. TAVARES GUERREIRO, FRANCISCO SATIRO, PAULO F. C. SALLES DE TOLEDO, EDUARDO MUNHOZ, RACHEL SZTAJN, JULIANA K. PELA, PAULA FORGIONI, HAROLDO VERÇOSA e MAURO PENTEADO pelas lições, oportunidades e, sobretudo, pelos ensinamentos e pelo convívio. Se hoje, depois de tantos anos, podemos chamá-los de amigos, a reverência acadêmica nos impele o uso do "Professor" — que, aliás, fazemos com muito gosto.

É preciso mencionar, ainda, MARCELO ADAMEK e SHEILA CEREZETTI, que, se não foram formalmente nossos professores, sempre o serão em substância.

Devemos, também, agradecimento aos nossos professores e colegas da UFRGS e da PUCRS, entre eles PETER WALTER ASHTON (*in memoriam*), CARLOS KLEIN ZANINI, VERA FRADERA, JUDITH MARTINS COSTA, RICARDO LUPION, ANDRÉ ESTEVEZ, LAÍS LUCAS e GABRIELA WALLAU, bem como a LUCIANO TIMM e CÁSSIO CAVALLI, cujas lições, parceria e amizade foram e são fundamentais.

Finalmente, mas não menos importante, agradecemos aos revisores que se dedicam, com afinco, aos trabalhos de leitura dos originais dos nossos livros e cujas observações e sugestões são fundamentais para reduzir os inevitáveis erros que se comete no esforço da escrita.

Há tempos temos o privilégio de contar com a parceria de jovens estudantes e profissionais cujo interesse genuinamente acadêmico e desprendimento nos comove. Dessa vez, agradecemos a Bernardo Conforto, Douglas Clezar, Fernanda Nardes, Lucas Pilão, Maria Eduarda Balen e Vitor Barcellos, bem como nossa revisora de todas as horas, Lara Pizzatto.

Os eventuais acertos desse livro são uma singela homenagem a todos vocês — mestres, professores, revisores e amigos. Os erros e inconsistências são de responsabilidade integralmente nossa.

Nota dos Autores

A partir das lentes e das coordenadas do tempo e do espaço, a realidade de hoje parece ser oposta ao passado. Enquanto o mundo contemporâneo é cada vez mais mutante no tempo e mais uniforme no espaço, o pretérito parece ser justamente o inverso: praticamente imóvel no tempo e muito cambiante no espaço.

O efeito disso é evidente no universo jurídico: no passado, o direito era a lei, distinta de um Estado para o outro, mas capaz de garantir certa estabilidade para cada sociedade local[1]. Essa forma de lidar com os fenômenos econômico-sociais tende a desaparecer — ou, pelo menos, a não existir mais da mesma maneira que existia antes. Essa mudança passa pelo protagonismo assumido pela empresa como fenômeno econômico capaz de, em larga medida, transformar, explicar e definir a civilização contemporânea[2].

Não sem causar rupturas, os agentes econômicos, desde priscas eras, foram responsáveis pela difusão internacional de novas práticas, cada vez mais uniformes em nível global. Nesse contexto, há um elemento de aceleração que não pode ser ignorado: na realidade contemporânea, *os corpos e as ideias viajam cada vez mais rápido* — especialmente estas últimas, cuja difusão tende a ser quase instantânea[3].

E, ao longo dos séculos, a dogmática jurídica, tradicionalmente rígida, engessada e conceitual, precisou se ajustar a essas transformações, com maior

[1] GALGANO, Francesco. *La globalización en el espejo del derecho*. Trad. de Horacio Roitman y María de la Colina. Buenos Aires: Rubinzal-Culzoni Editores, 2005, p. 14-15.

[2] COMPARATO, Fábio Konder. "A reforma da empresa". *Revista de Direito Mercantil, Industrial, Econômico e Financeiro*, v. 22, n. 50, p. 57-74, abr./jun. 1983, p. 57; GALGANO. *La globalización en el espejo del derecho*..., p. 14-15.

[3] GALGANO. *La globalización en el espejo del derecho*..., p. 14-15.

ou menor êxito a depender do sistema e da esfera jurídica em questão[4] —, mas certamente com desafios relevantes na seara empresarial.

O ser humano tem uma afeição pelos esquemas formais já existentes e pelo conhecimento sistematizado, o que demonstra, além do seu conservadorismo, uma certa incapacidade de *lidar* — e, pior ainda, de *aprender* — com eventos inesperados e com a incerteza[5].

Já o direito empresarial está longe de ser uma disciplina estável e imune à ação de forças internas e externas que testam sua elasticidade sistêmica: há uma tensão constante no que diz respeito à aderência das suas regras ao substrato econômico da realidade que lhe é subjacente. É um ramo jurídico reconhecidamente complexo e multifacetado, uma área de estudo com fortes raízes históricas, mas com substrato prático na realidade[6], aberta ao desenvolvimento das novas técnicas e capaz de impulsionar o desenvolvimento da humanidade[7].

Em função disso, seu estudo impõe uma postura aberta e uma espécie de desapego reducionista segundo o qual o correto e o belo identificam-se, necessariamente, com a simplicidade das formas.

Tal como em uma obra de arte cubista, o direito empresarial representa uma realidade profunda, inquietante e poliédrica. Sua beleza reside na contradição — às vezes real, às vezes aparente — entre história e desenvolvimento; entre segurança jurídica e flexibilidade; entre aceitação e controle do poder; entre progresso material e cuidado com as classes afetadas; entre preservação da empresa e retirada dos negócios inviáveis do mercado; entre saneamento da economia e liberação do falido; e assim por diante. Reside nessas dialéticas a força renovadora do direito empresarial, uma disciplina cuja compreensão demanda consciência da complexidade e da relevância dos elementos que foram essa matéria.

4 O direito civil, por exemplo, como ramo jurídico próprio, assume contornos bastante variados ao longo do seu desenvolvimento, alterando seu espectro de abordagem (inclusive ideológico — jusnaturalista, pandectista etc.), sua dogmática e o tecido da sua abrangência sistêmica com o passar dos séculos. Sobre o tema na perspectiva do direito italiano, ver: GROSSI, Paolo. *La cultura del civilista italiano.* Un profilo storico. Milano: Giuffrè, 2022.

5 ECO, Umberto. *Kant e o ornitorrinco.* Trad. Ana Thereza B. Vieira. Record: Rio de Janeiro, 1998, p. 211-212.

6 GOLDSCHMIDT, Levin. *Storia universale del diritto commerciale.* Torino: UTET, 1913, p. 13.

7 BUONOCORE, Vincenzo. *Le nuove frontiere del diritto commerciale.* Napoli: Edizioni Scientifiche Italiane, 2006, p. 11. Para uma visão crítica dessa evolução a partir de uma perspectiva da perpetuação do poder econômico e da sua influência no desenho de regras jurídicas voltadas ao seu exclusivo interesse, ver: SALOMÃO FILHO, Calixto. *Teoria crítico-estruturalista do direito comercial.* São Paulo: Marcial Pons, 2015.

E é com base nesse discernimento que se pretende explorar as principais bases teóricas do sistema normativo em questão — sempre com viés dogmático, que, infelizmente, cada vez mais perde espaço nos bancos acadêmicos em substituição ora por um criticismo puro e, não raras vezes, superficial, ora por interpretações de caráter meramente consequencialista.

A rigor, o tema dos fundamentos, objeto do presente livro, consiste no ponto alto da dogmática jurídica e um dos pilares da sustentação teórica do direito empresarial. Partindo dessa premissa, o presente trabalho pretende analisar as origens e as bases do direito comercial, ramo do direito privado, cujo desenvolvimento está umbilicalmente conectado à história e à economia.

Durante o exame dos fundamentos do direito empresarial — enquanto pesquisávamos fontes clássicas e modernas, reuníamos material e discutíamos os principais temas do livro —, permitimo-nos um pequeno arroubo: colecionamos fatos, histórias, curiosidades, detalhes, personagens e outros elementos relacionados ao direito empresarial, pequenas preciosidades que, em nosso entender, dão um colorido especial à disciplina — e que, justamente por isso, decidimos compartilhar com o leitor.

Dessa forma, entre a sistematização teórica e a relíquia histórica, buscamos construir a linha de condução da presente obra. Na tentativa de melhor posicionar o leitor, estabelecemos uma analogia com os *gabinetes de curiosidades* ou *câmaras das maravilhas*, surgidos na Europa na época dos descobrimentos e das grandes expedições marítimas, ao longo dos séculos XVI e XVII, e que assumiram certa popularidade até o final do século XVIII.

Considerados os antecessores diretos dos modernos museus de arte e de história natural, os "gabinetes de curiosidades" eram locais em que coleções de achados diversos, objetos curiosos e raros — até mesmo itens estranhos coletados da natureza (*v.g.*, insetos, flores, sementes, frutas raras) ou, ainda, artefatos científicos destinados à exploração do mundo, tais como lunetas, astrolábios e outros utensílios de laboratório — eram organizados, agrupados e exibidos pelos seus proprietários, geralmente reis, príncipes, nobres, burgueses abastados e artistas, mas também pessoas comuns de classes menos privilegiadas e culturalmente curiosas.

Fala-se, por exemplo, que os Médicis, em Florença, tinham um magnífico gabinete de curiosidades. O imperador Rodolfo, de Praga, o Tsar Pedro, o Grande, da Rússia, o arquiduque Francisco Ferdinando, da Áustria, o duque Alberto V, da Baviera, o rei Frederico III, da Dinamarca, o médico francês, Pierre Borel, o físico dinamarquês Ole Worm e o zoólogo e farmacêutico alemão Alberto Seba, entre tantos outros, foram grandes colecionadores e entusiastas dos gabinetes, cujo elemento comum era justamente a tentativa de guardar para si, em lugar próprio e particular, uma pequena amostra do universo conhecido[8].

O presente estudo é, em certa medida, uma espécie de gabinete de curiosidades do direito comercial. Informações e conhecimentos dispersos e diversos sobre arte, história, direito, literatura, economia e política foram agrupados e utilizados como verdadeiros instrumentos para tentar reconstruir os principais fundamentos dessa disciplina, tendo como base de partida, sustentação e linha condutora uma preocupação dogmática e, ao mesmo tempo, empírica.

Já se disse que o ofício do jurista pode ser comparado à montagem de quebra-cabeças (*puzzles*). Inicia-se com a tentativa de conectar peças e fragmentos dispersos do material normativo existente com fatos históricos e da realidade econômica subjacente até estabelecer o momento em que a imagem assume o contorno de um sistema jurídico coerente e orgânico, minimamente fundamentado em premissas teóricas bem definidas, coesas e coerentes entre si.

Escrever sobre os fundamentos do direito empresarial representou a tentativa de montar um enorme quebra-cabeças, um projeto que transita entre a seriedade da empreitada acadêmica e o deleite do desafio. Longe de pretender a entrega de um material acabado e inconteste, nosso desejo estava no trabalho em si, guiado pelo espírito de se enamorar pela jornada, pela libido de compreender mais a fundo a disciplina jurídica que nos arrebatou e nos acolheu desde os bancos acadêmicos.

[8] Muitas das referências citadas estão no prefácio e na introdução ao livro de poesia de: SCHWARTSMANN, Gilberto. *Gabinete de curiosidades*. Porto Alegre: Sulina, 2021.

Sumário

Prefácio

Aqui está um livro capaz de trazer à dogmática do direito empresarial uma muito bem elaborada perspectiva de sua evolução histórica e os debates principais que cercam sua evolução.

Não é exagero dizer que os autores vieram trazer as linhas mestras da cultura desse direito, como hoje ele se apresenta, mediante a reconstrução de sua riquíssima história (cuja beleza não hesitam em declarar, dizendo-a aliás "lindíssima") ao lado da construção de sua dogmática.

Nessa posição, talvez até afetuosa pelo *ius mercatorum*, não certamente por suas virtudes morais, mas pela liberdade que quase sempre cercou sua progressiva formação, percebe o leitor o entusiasmo dos autores com esse segmento da ordem jurídica, sempre o primeiro a responder, com impressionante rapidez, às transformações da sociedade e da economia. E talvez seja também o primeiro a refletir, pela mesma razão, os embates entre conservadores e progressistas, de várias nuances e em diversos níveis e para distintas finalidades.

Seus autores, bem se sabe, carregam consigo sólida bagagem doutrinária e valiosíssima experiência nas práticas do direito empresarial, inclusive fora do Brasil, e inscrevem, em sua bibliografia, vitoriosos títulos consagrados em nossa literatura.

Puderam assim oferecer, nesta obra, a generosa suma dos fundamentos da disciplina, com farto recurso a fontes doutrinárias de primeira ordem, que demonstram como a exposição teórica serve à argumentação concreta sobre os problemas versados.

Só mesmo quem já versou todos os campos de um dado ramo de atividade, no gabinete como no pretório, e quem já se defrontou, na advocacia, com as exigências dos problemas que a vida traz, seria capaz de voltar à raiz da matéria, e, assim, a seus fundamentos, à sua ordem elementar.

É comum ver-se o contrário: publicar-se a introdução primeiro, no início da carreira, e as obras específicas depois, ao longo do tempo. Claramente, ganha o leitor quando lê, primeiro, a exposição dos fundamentos escrita pelo experiente profissional, já amplamente familiarizado pela amplidão e diversidade da matéria. O resultado, aí, é o texto vívido, moldado pela aplicação dos conceitos, resultante das respostas que a jurisprudência dá (ou nega) aos preceitos de base, e, enfim, à vida do direito.

A leitura desses *Fundamentos do Direito Empresarial* permite que se distingam, nas diversas seções, as razões e as origens das normas, o que, como parece útil relembrar, constitui ponto de partida necessário à missão do intérprete dos dispositivos e do sistema legal.

Esses fundamentos vêm ser, exatamente, reveladores dos sentidos das proposições legais, em suas inserções culturais mais profundas, sem o que a interpretação não pode jamais atingir seu propósito verdadeiro.

Na dinâmica do direito empresarial, com mais razão ainda, a interpretação reclama constante apelo a fundamentos dessa ordem, para fugir, inclusive, ao dogmatismo errático e inútil das soluções de superfície.

Em juízo, ou em instâncias arbitrais, bem como na atividade consultiva, esses elementos interpretativos são de evocação frequentíssima, para o que, estou seguro, em muito contribuem os Fundamentos de Direito Empresarial, ora publicados.

A este livro, portanto, aplica-se perfeitamente a declaração de estilo, que normalmente consta das apresentações editoriais: terá ele grande utilidade para os profissionais do direito, já experimentados, assim como para aqueles que apenas se iniciam, bem como assim aos estudantes e estudiosos em geral. No caso, é a comprovada verdade.

Tiveram os autores extremo cuidado com a metodologia, que propicia visão fácil e ampla sobre as questões vigentes, mas igualmente sobre suas raízes no ordenamento e na cultura jurídica ocidental, separando cada seção de modo a referenciar as fontes consultadas respectivamente em cada qual. A organização da obra demonstra, assim, intenção de dar à comunidade que atua no setor exposição do tema proposto que seja útil e autorizada, moderna e segura.

São Paulo, junho de 2024

Jose Alexandre Tavares Guerreiro

Advogado em São Paulo. Docente de Direito Comercial da Faculdade de Direito da Universidade de São Paulo (USP)

Introdução

Há em torno da palavra *empresa* um encanto especial, cuja profundidade e extensão produziram contornos de verdadeira magia[1]: tal qual um romance de época, o trajeto investigativo do *fenômeno da empresa* é recheado de armadilhas, preciosismos literários e arroubos de paixão[2].

Cientes dessas dificuldades, a pretensão deste livro é servir de ensaio introdutório ao estudo do direito empresarial, material capaz de fornecer ao estudante o cabedal teórico necessário para essa jornada exploratória — algo que julgamos relevante tendo em vista a sua impotência jurídica, econômica e social.

Parte-se de algumas premissas que servem de arcabouço inicial para fixar as bases de uma disciplina jurídica que avoca para si a hercúlea tarefa de regular uma parte considerável do mundo dos negócios.

O fato de o trabalho aceitar certos pressupostos não significa que abdica de um espírito investigativo e questionador — tão necessário à pesquisa do direito, especialmente do direito comercial. Muito pelo contrário: alguns conceitos e dogmas tradicionalmente encontrados nos manuais, cursos e tratados de direito comercial serão, aqui, objeto de questionamento a fim de se verificar se continuam válidos e atuais dentro do sistema e da realidade vigentes.

Esse trajeto retoma alguns percursos já conhecidos. O estudo cuidadoso das premissas fundamentais do direito empresarial é imprescindível para a sua compreensão e seu domínio, o qual deve, sempre, estar aliado à prática da

1 A expressão retoma a metáfora utilizada por Ascarelli (*magia delle parole*) com relação ao significado da palavra *lucrativo* em estudo no qual analisa as diferenças entre uma sociedade e uma cooperativa à luz da legislação italiana (ASCARELLI, Tullio. "Cooperativa e società, concettualismo giuridico e magia dell'parole". *Revista delle Società*, Anno II, p. 397-438, 1957, p. 422). Entre nós, a expressão foi usada por BULGARELLI, Waldirio. *A teoria jurídica da empresa*: análise jurídica da empresarialidade. São Paulo, Revista dos Tribunais, 1985, p. 20.

2 BULGARELLI. *A teoria jurídica da empresa*..., p. 24.

mercancia[3]. Nesse contexto, vem naturalmente à mente a lição centenária — e invariavelmente atual — de CESARE VIVANTE, um dos maiores comercialistas de todos os tempos:

> Aos estudantes e aos estudiosos — as duas palavras nem sempre são sinônimas —, que frequentemente me pedem conselhos e temas para as suas dissertações, eu só posso dar como guia o método por mim seguido.
>
> Não se aventurem jamais a fazer uma obra jurídica se não conhecem a fundo a estrutura técnica e a função econômica do instituto que é objeto dos seus estudos.
>
> Colham nas bolsas, nos bancos, nas agências, nas sociedades comerciais, nos cartórios judiciários, o material necessário para entender aquela estrutura e aquelas funções.
>
> É uma deslealdade científica, uma falta de probidade falar de um instituto, para fixar a sua disciplina jurídica, sem conhecê-lo a fundo na sua realidade.
>
> Se o direito tem por escopo regular os efeitos de um instituto, é evidente que o estudo prático da sua natureza deve preceder o do direito.
>
> Feita essa pesquisa *in rei veritate*, deve-se seguir tanto quanto possível a linha histórica do instituto, distinguindo-o dos institutos afins, e fazer proveitoso aquele conhecimento prático e histórico, para então submeter à crítica as fontes jurídicas, como as leis, a jurisprudência, os costumes.
>
> Só se começa a escrever quando já se tem formulado todo o argumento na própria mente, segundo as necessidades lógicas do seu conteúdo.
>
> No escrever, tome-se como ponto de partida a última palavra à qual chegaram os estudiosos precedentes, na Itália e no exterior, porque a literatura jurídica, em matéria comercial, progride de forma sincronizada em todos os países pertencentes ao ciclo da nossa cultura[4].

Ao definir a lição de VIVANTE como ponto de partida, considera-se que: o exame da história do direito empresarial (Capítulo 1); a investigação das

[3] Segundo FERREIRA BORGES, "mercancia" significa "a arte do mercador, tracto de mercadejar, a sciencia e practica do commercio". Cf. FERREIRA BORGES, José. *Diccionario jurídico-commercial*. 2 ed. José Pereira: Porto, 1856, p. 250-251.

[4] VIVANTE, Cesare. *Trattato di diritto commerciale*, v. I. 5 ed. Milano: Francesco Vallardi, 1922, p. IX-X.

implicações do chamado "movimento de unificação do direito privado" (Capítulo 2); a análise dos seus pilares estruturais do direito empresarial (Capítulo 3); a compreensão dos elementos caracterizadores da empresa (Capítulo 4); e a identificação dos princípios constitucionais da atividade econômica (Capítulo 5) compõe o caminho necessário a ser trilhado pelo estudioso neófito da matéria, inclusive como ferramental necessário para vislumbrar os desafios do direito empresarial contemporâneo (Capítulo 6). Tudo, é claro, sempre com atenção à prática mercantil, porque o direito comercial é, acima de tudo, práxis.

Somente com a bagagem adquirida nesse percurso será possível enfrentar temas mais complexos em matéria empresarial, como o direito das sociedades, os contratos empresariais, os títulos de crédito, a disciplina dos bens da propriedade industrial e o universo das empresas em crise.

Essa busca em torno da coluna vertebral do direito comercial formaliza um duplo convite ao leitor: em um primeiro e mais relevante plano, trata-se de uma incitação para que explore a matéria de base dessa fascinante disciplina jurídica; em um segundo plano está o desejo dos autores de terem a sua companhia no reexame crítico dos fundamentos do direito empresarial. Estes são os objetivos que perpassam as páginas do presente estudo e o convite que é feito ao leitor.

CAPÍTULO 1

DESENVOLVIMENTO HISTÓRICO

A História cuida da reconstrução do passado a partir da interpretação das provas, dos documentos, enfim, dos elementos à disposição do pesquisador[1]. É verdade, porém, que entre história e fábula há uma confusão de versões fáticas, sendo difícil muitas vezes distinguir uma e outra[2].

Da mesma forma, no estudo do passado nem sempre é possível preencher as lacunas, interpretar, com precisão, relações de causa e consequência, bem como distinguir, com clareza, fato e opinião. Ainda assim, a tentativa de reconstrução do que passou, mesmo que imperfeitamente, é tarefa valorosa que deve ser empreendida pelo estudioso do direito comercial.

Situar historicamente o leitor sobre seu objeto de estudo — bem como fazê-lo descobrir, ou, ao menos, intuir a razão de ser de certos princípios, regras, regimes e institutos jurídicos que lhe são apresentados — consiste em empreitada que vale empreender[3]. Afinal, "não se pode conhecer o presente, sem se

1 COLLINGWOOD, R. G. *A idéia de História*. Trad. de Alberto Freire. Lisboa: Editorial Presença, 1972, p. 17.

2 VOLTAIRE. *A filosofia da história*. Trad. Eduardo Brandão. São Paulo: Martins Fontes, 2007, p. 3.

3 Em sentido semelhante: ESTEVEZ, André Fernandes. Das origens do direito falimentar à Lei n. 11.101/2005. *Revista Jurídica Empresarial*, n. 15, ago./jul. 2010, p. 12.

conhecer o passado, não se pode conhecer o que é, sem se conhecer o que foi"[4]. E se o passado é um dado imutável, seu conhecimento afigura-se fundamental para se progredir no presente[5].

Assim, em quase toda bem-acabada obra de direito comercial há um relevante esforço de investigação histórica, revelando uma preocupação do estudioso sobre os aspectos mais profundos da disciplina examinada[6]. O esforço é justificável.

Cientes da importância dessa abordagem, buscamos reconstruir a história do direito empresarial, optando, por conveniência didática, por organizá-la em seis períodos: (*i*) pré-história do direito comercial; (*ii*) nascimento do direito comercial; (*iii*) amadurecimento do direito comercial; (*iv*) estatização do direito comercial; (*v*) direito comercial do período liberal; e (*vi*) direito comercial contemporâneo. Além disso, reservou-se um item específico para o direito comercial no Brasil, a fim de permitir ao leitor uma breve análise da sua evolução no País[7].

Apresenta-se, abaixo, uma breve síntese dos principais acontecimentos de cada um dos períodos, na expectativa de que esses tópicos possam auxiliar o leitor como uma espécie de introdução ao exame mais detalhado que se seguirá.

(i) Pré-história do direito comercial:

- Período anterior à formação do direito comercial como uma disciplina autônoma;

[4] PONTES DE MIRANDA, Francisco Cavalcanti. *Tratado de direito privado*, v. I. 4 ed. São Paulo: Revista dos Tribunais, 1983, p. XV.

[5] BLOCH, Marc. *The historian's craft*. Manchester: University Press, 1992, p. 48.

[6] Nesse sentido, ver o recente estudo de fôlego de: PETIT, Carlos. *Historia del derecho mercantil*. Madrid: Marcial Pons, 2016.

[7] Tradicionalmente, a classificação proposta por TULLIO ASCARELLI — seguida por parte relevante da doutrina pátria — é a seguinte: (*i*) período subjetivo ou corporativo, marcado por uma visão classista, que inicia no século XII e vai até a metade do século XVI; (*ii*) período estatal ou mercantilista, que inicia na metade do século XVI e vai até fins do século XVIII; (*iii*) período objetivo, que marca o triunfo do liberalismo, e vai do final do século XVIII até a Primeira Guerra Mundial (1914); (*iv*) período atual, influenciado pela unificação do direito das obrigações, a comercialização do direito civil e a intervenção do Estado na economia (a referida classificação pode ser encontrada em muitos escritos de ASCARELLI, entre eles: ASCARELLI, Tullio. *Teoria della concorrenza e dei beni immateriali*. 3 ed. Milano: Giuffrè, 1960, p. 3-4). Essa sistematização está magistralmente descrita em: ASCARELLI, Tullio. "Evolução e papel do direito comercial". *Revista dos Tribunais*, v. 85, n. 725, p. 731–745, mar./1996. Ver, também: CAVALLI, Cassio. *Direito comercial*. Presente, passado e futuro. Rio de Janeiro: Elsevier, 2012, p. 1-31. ESTRELLA, Hernani. *Curso de direto comercial*. Rio de Janeiro: José Konfino Editor, 1973, p. 11-42.

- Estende-se da Antiguidade até a Baixa Idade Média (aproximadamente Século XI);
- Há normas esparsas sobre o comércio, que não chegam a formar um corpo normativo orgânico, coeso e separado do restante do direito vigente.

(ii) **Nascimento do direito comercial:**

- Período durante o qual o direito comercial se desenvolve como um corpo de normas distinto do direito comum (direito civil), favorecido pelo renascimento comercial e pelo surgimento de uma poderosa classe de mercadores, especialmente nas cidades italianas (Florença, Veneza, Gênova e Siena, entre outras);
- Estende-se dos Séculos XI ao XV, aproximadamente;
- O direito comercial é produzido pela própria classe mercantil — organizada em corporações de ofícios — e aplicado pelos tribunais do comércio.

(iii) **Amadurecimento do direito comercial:**

- O direito comercial e seus institutos se desenvolvem com o próprio amadurecimento da economia europeia, decorrente da Revolução Comercial (Grandes Navegações e o surgimento do capitalismo), que se seguiu ao renascimento comercial;
- Neste período, o acúmulo de capitais gerado a partir do renascimento comercial foi empregado em negócios comerciais de maior vulto. Foi preciso criar e aperfeiçoar instrumentos jurídicos para mobilizar capital e permitir investimentos, como o endosso cambial e a sociedade anônima.

(iv) **Estatização do direito comercial:**

- Com o nascimento dos estados nacionais europeus (Portugal, Espanha, França e Inglaterra), o direito comercial passa a ser um direito produzido pelo Estado (que não chega a negar o direito mercantil pré-existente, apenas o positiva);

- Trata-se da era das codificações;
- As Revoluções Industriais (1750 e 1850) aumentam a importância da indústria, alargando o escopo do direito comercial.

(v) **Direito comercial do período liberal:**

- A Revolução Francesa (1789) traz consigo o liberalismo econômico, que é adotado nas constituições liberais e refletido nas codificações, especialmente no Código Comercial Napoleônico (1807);
- Os ideais revolucionários fazem-se sentir em todos os campos, inclusive na liberdade de constituição das companhias e na possibilidade de que as sociedades se tornassem sócias umas das outras.

(vi) **Direito comercial contemporâneo:**

- O excesso de liberdade econômica foi tido como uma das causas das grandes crises do final do Século XIX e início Século XX (entre elas o *crash* da Bolsa de Nova York de 1929);
- O Estado passa a intervir nas questões econômicas para, supostamente, reduzir as falhas de mercado e para induzir o desenvolvimento econômico e social;
- Surgem as chamadas "constituições econômicas", definidoras do lugar e da função geral do Estado na economia. Em nível infraconstitucional, aparecem leis antitruste e de regulação do mercado de capitais;
- No âmbito do direito privado, destacam-se as discussões em torno da unificação do direito civil com o direito comercial e da teoria da empresa (esta última decorrente dos constantes alargamentos desta disciplina).

(vii) **Direito comercial no Brasil:**

- Durante o período colonial (1500 a 1822), vige, em terras brasileiras, o direito português, inclusive em matéria comercial;
- Após a Independência (1822), o Código Comercial de 1850 substituiu a legislação portuguesa. Adota-se a teoria dos *atos de comércio*;
- Após mais de 150 anos, o Código Civil de 2002 revoga quase todo o Código Comercial (vigendo, ainda, a Parte Segunda, que trata do Comércio Marítimo), unificando as obrigações e o direito societário em um único corpo legal;
- É adotada a teoria da empresa, e a parte geral do direito empresarial passa a ser regulada no bojo do Código Civil.

1. Pré-história do direito comercial

O direito comercial, como corpo de normas orgânico e distinto de outros ramos do direito, vai se formar apenas na Baixa Idade Média, a partir do Século XI[8] (em um contexto de ausência de um Estado — pelo menos nos moldes modernos em que poder político e direito têm origem na mesma fonte[9]). Nada obstante, sabe-se que o homem sempre foi comerciante, sendo possível, portanto, encontrar normas esparsas sobre o comércio em praticamente todas as civilizações da Antiguidade.

1.1. Comércio na Antiguidade

O homem é um animal que realiza trocas[10]. A primeira atividade econômica relevante desenvolvida pelo homem foi o comércio, amplamente praticado pelos povos da Antiguidade[11], havendo referências disso inclusive em Heródo-

[8] ASCARELLI, Tullio." O desenvolvimento histórico do direito comercial e o significado da unificação do direito privado" (trad. de Fábio Konder Comparado, in: *Saggi di Diritto Commerciale*). *Revista de Direito Mercantil Industrial, Financeiro e Econômico*, São Paulo, n. 114, p. 237-252, abr./jun. 1999, p. 238.

[9] GROSSI, Paolo. *A ordem jurídica medieval*. Trad. Denise Rossato Agostinetti. São Paulo: Martins Fontes, 2014, p. 48 ss; ASCARELLI, Tullio. "A ideia de código no direito privado e a tarefa da interpretação". In: ____. *Problemas das sociedades anônimas e direito comparado*. 2 ed. São Paulo: Saraiva, 1969, p. 54; CAVALLI. *Direito comercial...*, p. 7.

[10] FERREIRA, Waldemar. *Tratado de direito comercial*, v. 1. São Paulo: Saraiva, 1960, p. 15.

[11] LEEMANS, W. F. *Old-babylonian merchant*. His business and social position. Leiden: Brill, 1950, p. 5.

to[12]. Desde tempos imemoriais, o homem pratica o escambo[13], que tem como pressuposto a ideia de propriedade privada[14]; e, segundo estudos mais recentes, também eram usuais as operações de compra e venda a crédito dentro das comunidades de cultura incipiente[15].

A introdução da moeda — como meio de pagamento e forma de estabelecer a desejada equivalência entre as prestações — fez o comércio florescer rapidamente[16]. Os produtos e mercadorias negociados passaram a ser percebidos e avaliados tendo em vista as exigências de mercado[17]. Egípcios, babilônios, fenícios, cartagineses, todos, sem exceção, foram povos e civilizações comerciantes[18].

Os romanos também praticaram amplamente a mercancia[19], razão pela qual sabe-se, perfeitamente, que não se dedicaram exclusivamente à agricultura, à guerra, à política e ao ócio, atividades tradicionalmente associadas a eles[20]. Embora a agricultura tenha sido a fortaleza econômica romana[21] — além de sinal de dignidade e honradez[22] — e os despojos de guerra, ao lado dos escravos, tenham constituído parte importante do tecido econômico de Roma[23], os

12 HERÓDOTO. *Histórias*: Livro IV – Melpômene. Trad. Maria Aparecida de Oliveira Silva. São Paulo: Edipro, 2019.

13 O delineamento das normas jurídicas embrionárias sobre o escambo aparece concomitantemente às formas violentas de apreensão de bens e banditismo, razão pela qual SOPRANO as denomina de formas "consensuais de troca silenciosa" (*consensuali del baratto silenzioso*). Cf. SOPRANO, Enrico. *Elementi di diritto commerciale*. 2 ed. Torino: Fratelli Bocca, 1931, p. 2. Em sentido semelhante: NAVARRINI, Umberto. *Trattato elementare di diritto commerciale*, v. I. Torino: Fratelli Boca, 1911, p. 3.

14 ESTRELLA, Hernani. *Direito Comercial* (estudos). Rio de Janeiro: José Konfino, 1969, p. 8.

15 GRAEBER, David. *Debt*: the first 5,000 years. New York: Melville House, 2012, p. 22 ss, 40.

16 Sobre a origem e a ascensão do dinheiro, por todos, ver: FERGUSON, Niall. *The ascent of money*: a financial history of the world. 2nd ed. USA: Penguin Books, 2018.

17 ESTRELLA. *Direito Comercial* (estudos)..., p. 8-10.

18 GOLDSCHMIDT. *Storia universale del diritto commerciale*..., p. 42 ss; MONTANELLI, Giuseppe. *Introduzione filosofica allo studio del diritto commerciale positivo*. Pisa: Pieraccini, 1847, p. 36; BURNS, Edward McNall. *História da civilização ocidental*, v. I. 20 ed. Porto Alegre: Editora Globo, 1977, p. 70, 85.

19 MONTANELLI. *Introduzione filosofica allo studio del diritto commerciale positivo*..., p. 38; GALGANO, Francesco. *Lex mercatoria*. 5 ed. Bologna: Il Mulino, 2010, p. 25-27.

20 BONFANTE, Pietro. *Lezioni di storia del commercio*, v. I. Roma: Attilio Sampaolesi, 1925,, p. 98; HUVELIN, Paul. *Études d'histoire du droit commercial romain* (histoire externe – droit maritime). Paris: Librarie du Recueil Sirey, 1929, p. 1-75.

21 AYMARD, André; AUBOYER, Jeannine. *História geral das civilizações*: o Oriente e a Grécia Antiga, t. I, v. 1. 3 ed. Trad. Pedro Moacyr Campos. São Paulo: Difusão, 1960, p. 78-79. Sobre o tema, ver: WEBER, Max. *História agrária romana*. Trad. V.A. Gonzálvez. Madrid: Akal, 2004.

22 VAINBERG, Sigismond. *La faillite d'après le droit romain*. Paris: Nationale, 1874, p. 1 ss.

23 Os escravos eram parte essencial da máquina econômica romana. Na sua maior parte povos conquistados, eles participavam da produção, do transporte e da venda de mercadorias, sendo que, muitas vezes, eles mesmos eram a mercadoria negociada. Sobre a temática, ver: DI PORTO, Andre. *Impresa collettiva e schiavo "manager" in Roma antiga*: II sec. a.C. – II sec. d.C. Milano: Giuffrè, 1984.

romanos também desenvolveram importante atividade comercial e industrial para a época[24] — apesar do forte preconceito social e público[25]-[26].

Há registros bastante detalhados de que os romanos se organizaram em associações semelhantes às corporações de ofício[27], bem como exploraram atividade econômica por intermédio de engenhosas estruturas societárias[28] — que, inclusive, permitiram o tráfego nacional e internacional (compreendido o comércio de escravos), a associação entre banqueiros, a exploração de minas e de obras públicas de vulto, a coleta privada de tributos em favor de Roma, entre tantas outras atividades bastante sofisticadas.

Tudo isso, no entanto, não significava a existência de um "direito comercial"[29].

24 SOUZA, H. M. Inglez de. *Prelecções de direito comercial*. Rio de Janeiro: Typographia Leuzinger, 1906, p. 26.

25 VAINBERG. *La faillite d'après le droit romain...*, p. 2.

26 Segundo LOPEZ, o crédito desempenhou um papel bastante modesto na economia romana. Emprestar dinheiro a juros não era considerada uma atividade ilegal, mas era ainda mais desprezível do que a exploração do comércio. Isso porque os romanos consideravam que o dinheiro, objeto do empréstimo, não era consumido pelo tomador e, ao contrário das árvores, não produzia frutos. Em razão disso, as operações envolvendo o crédito, para além dos empréstimos sobre penhores, praticamente não existiam em Roma (LOPEZ, Robert S. *A Revolução Comercial da Idade Média – 950-1350*. Tradução de Ana Falcão Bastos e Luís Leitão. Lisboa: Editorial Presença, 1976, p. 18). Em sentido oposto, ARTURO SEGRE destaca o papel da usura na condução da atividade econômica em Roma, atribuindo a ela, inclusive, parcela de culpa pelo desenvolvimento limitado do comércio e da indústria em Roma. (SEGRE, Arturo. *Storia del commercio*. Torino, Genova: S. Lattes & Co. Editori, 1923, p. 53).

27 Cf. DE PAULA, Eurípedes Simões. "As origens das corporações de ofício. As corporações em Roma". *Revista de História*, São Paulo, v. XXXII, n. 65, p. 3-68, jan./mar. 1966. A despeito da fraca expansão do comércio em Roma — que se desenvolvia essencialmente por via aquática —, já se desenhavam as primeiras corporações de artesões, responsáveis pela organização da mão de obra e da produção e sua distribuição ao mercado. No entanto, ainda durante a República Romana, quando as lutas políticas eram mais intensas e vislumbrava-se mobilidade social, foram interditadas todas as corporações de ofícios. No início do Império, sua criação era permitida com a condição de se dedicarem exclusivamente a cerimônias religiosas e objetivos filantrópicos Cf. LOPEZ. *A Revolução Comercial da Idade Média – 950-1350...*, p. 17.

28 Sobre as sociedades e outras formas organizativas da empresa em Roma, ver: LEIST, B. W. *Zur Geschichte der römischen Societas*. Iena: Ed. Gustav Fischer, 1881; ARANGIO-RUIZ, Vicenzo. *La società in diritto romano*. Napoli: Casa Editrice Dott. Eugenio Jovene, 1950; DI PORTO. *Impresa collettiva e schiavo "manager" in Roma antiga...*; GUARINO, Antonio. *La società in diritto romano*. Napoli: Jovene, 1988; SALOMÃO FILHO, Calixto. "Societas" com relevância externa e personalidade jurídica. *Revista de Direito Mercantil, Industrial, Econômico e Financeiro*, v. 81, p. 66-78, 1991; WARDE JÚNIOR, Walfrido Jorge. *Responsabilidade dos sócios*: a crise da limitação da responsabilidade e a teoria da desconsideração da personalidade jurídica. Belo Horizonte: Del Rey, 2007.

29 Para aprofundamento sobre o tema, ver: CERAMI, Pietro; PETRUCCI, Aldo. *Diritto commerciale romano. Profilo storico*. Torino: Giappichelli, 2010.

1.2. Inexistência de um direito comercial

Muito embora desde a Babilônia já se tenha notícias da existência de sistemas jurídicos bastante desenvolvidos[30] — e que, inclusive, regulavam matérias de interesse do comércio, com maior destaque para os contratos[31] —, não se pode dizer que havia um corpo de normas orgânico que pudesse ser chamado de "direito comercial"[32].

Isso não significa que inexistissem regras atualmente consideradas o embrião de conhecidos institutos comerciais. Por exemplo, no Código de Hamurabi, dos §§ 100° ao 107°, pode-se encontrar o germe dos contratos de comissão e de mútuo. Os fenícios desenvolveram a *lex Rhodia de jactu*, posteriormente introduzida no Digesto de Justiniano (Livro XIV, nº 2), que é origem do alijamento ou avaria grossa (prevista, no Brasil, no Código Comercial, arts. 509, 763 e 764, 2º)[33].

30 GILISSEN, John. *Introdução histórica ao direito*. 2 ed. Lisboa: Fundação Calouste Gulbekian, 1995, p. 52, 63.

31 AYMARD; AUBOYER. *História geral das civilizações...*, p. 163. Refere GILISSEN que a Mesopotâmia "[...] conheceu as primeiras formulações do direito. Os Sumérios, os Acadianos, os Hititas, os Assírios, redigiram textos jurídicos que se podem chamar de 'códigos', os quais chegaram a formular regras de direito mais ou menos abstractas. [...] Os Mesopotâmios praticavam a venda (mesmo a venda a crédito), o arrendamento (arrendamentos de instalações agrícolas, de casas, de arrendamento de serviços), o depósito, o empréstimo a juros, o título de crédito à ordem (com cláusula de reembolso ao portador), o contrato social. Eles faziam operações bancárias e financeiras em grande escala e tinham já comandita de comerciantes. Graças ao desenvolvimento da economia de troca e das relações comerciais, o direito da época de Hamurabi criou a técnica dos contratos, ainda que os juristas não tivessem chegado a construir uma teoria abstrata do direito das obrigações" (GILISSEN. *Introdução histórica ao direito...*, p. 52, 63).

32 HUVELIN. *Études d'histoire du droit commercial romain...*, p. 77; VIDARI, Ercole. *Corso de diritto commerciale*, v. I. 2 ed. Milano: Hoelpi, 1881, p. 38; ASCARELLI. "O desenvolvimento histórico do direito comercial...", p. 238; GALGANO. *Lex mercatoria...*, p. 25-26; BROSETA PONT, Manuel; SANS, Fernando Martinez. *Manual de Derecho mercantil*, v. 1. 21 ed. Madrid: Tecnos, 2014, p. 40.

33 Sobre o tema: SAMPAIO, Rodrigo de Lima Vaz. *Direito marítimo romano*: a disciplina jurídica do alijamento. Tese (Doutorado em Direito). Faculdade de Direito da Universidade de São Paulo, São Paulo, 2013; MEIRA, Silvio Augusto de Bastos. "Lex Rhodia de iactu. Sua repercussão no direito brasileiro". *Revista do Tribunal Regional do Trabalho da 8ª Região*, p. 55-66, 1968; DE ROBERTIS, Francesco Maria. *Lex Rhodia*. Critica e autocritica su D. 14. 2. 9. In: *Studi per Vincenzo Arangio-Ruiz*, v. 3. Napoli: Jovene, 1953. p. 155-173; GOLDSCHMIDT, Levin. *Lex Rhodia* und Agermanament – Der Schiffsrath – Studie zur Geschichte und Dogmatik des Europäischen Seerechts. *Zeitschrift für das gesammte Handelsrecht*, 35, p. 37-90, 321-395, 1889; KRAMPE, Christoph. „*Lex Rhodia* de iactu: contributio nave salva". In: ALTMEPPEN, Holger; REICHARD, Ingo; SCHERMAIER, Martin Josef; ZIMMERMANN, Reinhard (Hrsg.). *Festschrift für Rolf Knütel zum 70. Geburtstag*. Heidelberg: Müller, 2010. p. 585-599; KRELLER, Hans. *Lex Rhodia*. Untersuchungen zur Quellensgeschichte des römishcne Seerechtes. *Zeitschrift für das gesammte Handelsrecht*, 85, p. 258-367, 1921; MAI, Ludwig. *Die Havarie-Grosse nach der lex Rhodia de jactu, dem deutschen Handelsgesetzbuch und der deutschen Rechtsprechung*. Mannheim: J. Bensheimer, 1889 (reimpressão: Whitefish: Kessinger, 2010); ADDOBBATI, Andrea. "Principles and developments of general average: statutory and contractual loss allowances from the *Lex Rhodia* to the early modern mediterranean". In: FUSARO, Maria; ADDOBBATI, Andrea; PICCINNO, Luisa (ed.). *General average and risk management in medieval and early modern maritime business*. Cham: Palgrave MacMillan, 2023. p. 145-166.

Da mesma forma, o *nauticum foenus*, de origem grega e incorporada pelo direito romano, espécie de contrato de empréstimo a risco[34], consiste no antepassado histórico mais remoto do *contrato de comenda* praticado no Medievo nas cidades italianas e que dá origem a quatro tipos societários: (1) a *sociedade de capital e indústria* (extinta de nosso ordenamento jurídico pelo novo Código Civil[35]); (2) a *sociedades em comandita simples*, em franco desuso; (3) a *sociedade em comandita por ações*, também posta fora de qualquer cogitação pelos empreendedores; e (4) a *sociedade em conta de participação*[36]-[37].

Nem em Roma, a mais poderosa civilização da Antiguidade, houve algo que se pudesse chamar de direito comercial[38]. Assim, a despeito da intensa atividade comercial praticada[39] e do progresso no desenvolvimento de noções jurídicas complexas[40], em Roma o comércio e o artesanato eram explorados a serviço do latifúndio e conectados com a propriedade fundiária, sem a presença de uma classe autônoma para defender politicamente seus interesses econômicos[41]. De mais a mais, o florescimento do comércio depende de segurança e paz, fatores que não estavam em primeiro plano para os romanos, uma civilização mais inclinada para a conquista do que para a mercancia[42].

34 FERREIRA, Waldemar. *Tratado de sociedades mercantis*, v. 1. 5 ed. Rio de Janeiro: Editora Nacional de Direito, 1958, p. 92.

35 A sociedade de capital e indústria foi extinta como tipo próprio. Todavia, como salienta Alfredo de Assis Gonçalves Neto, é possível que a sociedade simples seja constituída nos mesmos moldes, bem como a sociedade em nome coletivo (e, eventualmente, a própria sociedade em comandita simples). Cf. GONÇALVES NETO, Alfredo de Assis. *Direito de Empresa*: comentários aos artigos 966 a 1.195 do Código Civil. 9. ed. rev., atual. e ampl. São Paulo: Revista dos Tribunais, 2019, p. 209, 351-352 e 360.

36 GOLDSCHMIDT. *Storia universale del Diritto Commerciale...*, p. 201 ss. Ver: SPINELLI, Luis Felipe; SCALZILLI, João Pedro; TELLECHEA, João Pedro. *Sociedade em conta de participação*. 2 ed. São Paulo: Almedina, 2023, p. 40 ss.

37 Por tudo: FRANÇA, Erasmo Valladão A. e N. *Fundamentos do direito da empresa e da atividade negocial*. Material de apoio à disciplina DCO 215/2010. Bacharelado em Direito da Faculdade de Direito da Universidade de São Paulo (USP).

38 HUVELIN. *Études d'histoire du droit commercial romain...*, p. 77; VIDARI. *Corso de diritto commerciale...*, p. 38; ASCARELLI. O desenvolvimento histórico do direito comercial..., p. 238; GALGANO. *Lex mercatoria...*, p. 25-26.

39 Entende-se que a civilização Romana teve importante participação nas relações mercantis estabelecidas com os países do norte da Europa, o que contribui para um notável progresso na evolução das práticas comerciais. No entanto, a vasta extensão territorial do Império Romano não lhe foi favorável. Diz-se que o fácil acesso a artigos exóticos de consumo supérfluo desvirtuou os valores e os costumes da classe patriarcal, preparando a bancarrota material e espiritual do Império, decadência que viria a ser confirmada com a invasão dos povos bárbaros (SCHMIDT, Max Georg. *Historia del comercio mundial*. Trad. Manuel Sánchez Sarto. Barcelona: Labor, 1938, p. 35).

40 GOLDSCHMIDT. *Storia universale del diritto commerciale...*, p. 60-61.

41 GALGANO. *Lex mercatoria...*, p. 26.

42 VIDARI. *Corso de diritto commerciale...*, p. 40.

Nesse sentido, os romanos não diferenciaram direito civil e direito comercial[43]. E nem precisaram fazê-lo. Isso porque, assim como na Grécia, o comércio era exercido por estrangeiros, escravos ou libertos, e, também, porque a flexibilidade necessária ao comércio era, em boa medida, assegurada pelo direito externo (*jus gentium*)[44]. A rigor, os romanos não chegaram nem a estabelecer uma separação nítida e precisa entre o direito público (*ius publicum*) e o direito privado (*ius privatum*)[45].

De qualquer forma, apesar de o direito comercial propriamente dito ter se formado organicamente nas cidades italianas durante a Idade Média, não se pode deixar de reconhecer a influência de Roma sobre certas matérias mercantis, como no que diz respeito às sociedades comerciais[46] e à falência[47]. Da mesma forma, verifica-se no pacto para responsabilização dos capitães de navios e estalajadeiros pelos danos das coisas custodiadas ainda que sem culpa (Digesto, Livro IV, nº 9), ou seja, a *receptum nautarum* (cuja norma, em certa medida, aproxima-se da responsabilidade dos hotéis pelos bens furtados)[48]. Na mesma

[43] VAINBERG. *La faillite d'après le droit romain*..., p. 6; CARVALHO DE MENDONÇA, José Xavier. *Das fallencias e dos meios preventivos de sua declaração*, v. I. São Paulo: Gerke & Cia, 1899, p. 1. Apesar disso, HUVELIN refere que uma série de instituições criadas pelo direito privado (*v.g.*, presunção de solidariedade e de onerosidade das obrigações comerciais, simplificação dos procedimentos formais) encontraram vasta aplicação na prática comercial romana (HUVELIN. *Études d'histoire du droit commercial romain*..., p. 77-86).

[44] ASCARELLI, Tullio. *Panorama do direito comercial*. São Paulo: Saraiva, 1947, p. 1 ss; REHME, Paul. *Historia universal del derecho mercantil*. Trad. E. Gómez Orbaneja. Madrid: Editorial Revista de Derecho Privado, 1941, p. 56-57; GARRIGUES, Joaquín. *Curso de derecho mercantil*, t. V. 7 ed. Bogotá: Temis, 1987, p. 29; CAVALLI. *Direito comercial*..., p. 12-15.

[45] BONFANTE, Pietro. *Istituzioni di diritto romano*. 3 ed. Milano: Francesco Villardi, 1902, p. 13-14; MACHADO. *Direito commercial*..., p. 227.

[46] LEIST. *Zur Geschichte der römischen Societas*...; ARANGIO-RUIZ. *La società in diritto romano*...; DI PORTO. *Impresa collettiva e schiavo "manager" in Roma antiga*...; GUARINO. *La società in diritto romano*...; SALOMÃO FILHO. "Societas" com relevância externa e personalidade jurídica..."; WARDE JÚNIOR. *Responsabilidade dos sócios*: a crise da limitação da responsabilidade e a teoria da desconsideração da personalidade jurídica...

[47] Cf. VAINBERG. *La faillite d'après le droit romain*..., p. 5; RENOUARD, Augustin-Charles. *Traité des faillites et banqueroutes*, t. I. Paris: Guillaumin, 1857, p. 19; THALLER, Edmond. *Des faillites en droit comparé*, t. I. Paris: Arthur Rousseau, 1887, p. 1 ss; RAMELLA, Agostino. *Trattato del fallimento*, v. I. Milano: Libraria, 1903, p. 18-19; BRUNETTI, Antonio. *Lezioni sul fallimento*. Padova: Cedam, 1936, p. 10; PROVINCIALI, Renzo. *Manuale di diritto fallimentare*. 2 ed. Milano: Giuffrè, 1951, p. 45; SANTARELLI, Umberto. *Per la storia del fallimento nelle legislazioni italiane dell'etta intermedia*. Padova: Dedam, 1964, p. 24 ss; GARRIGUES. *Curso de derecho mercantil*..., p. 10; FERNANDEZ, Raymundo L. *Tratado teorico-practico de la quiebra*. Buenos Aires: Compañia Impresora Argentina S. A., 1937, p. 221; LEVINTHAL, Louis E. The early history of bankruptcy law. *University of Pennsylvania Law Review*, 66 U. PA. L. Rev. 223-250 (1918), p. 236; MONTEIRO, Honório. *Preleções de direito comercial*. São Paulo: USP Editora, 1937, p. 2. Ver, também: TELLECHEA, Rodrigo; SCALZILLI, João Pedro; SPINELLI, Luis Felipe. *História do direito falimentar*: da execução pessoal à preservação da empresa. São Paulo: Almedina, 2018, p. 37 ss.

[48] Sobre o tema: VAN OVEN, Julius C. *Actio de recepto et actio locati*. *Tijdschrift voor Rechtsgeschiedenis*, 24, p. 137-157, 1956; DE ROBERTIS, Francesco Maria. "Ancora sul receptum nautarum (*actio de recepto e*

linha, ação para responsabilizar os donos dos estabelecimentos comerciais pelos atos dos seus prepostos (os institores) (Digesto, Livro XIV, nº 1 e nº 13), *i.e.*, a ação institória (para o comércio terrestre) e a exercitória (para o comércio marítimo) (que se encontra hoje no art. 1.178 do Código Civil)[49]-[50].

1.3. Queda de Roma e o enfraquecimento do comércio

Segundo a clássica divisão da história ocidental, a Idade Média compreende o intervalo de aproximadamente mil anos entre os séculos V e XV, iniciando com a queda do Império Romano do Ocidente (476 d.C.)[51] e encerrando com uma série de episódios históricos aos quais se costuma atribuir o fim desse período, entre eles a conquista de Constantinopla pelos Turcos (1453), a primeira viagem de Colombo às Américas (1492) e a reforma protestante (1517).

a) Desordem e insegurança

E com a queda do Império Romano no Século V (cuja causa imediata foi a desagregação política derivada das invasões bárbaras), com a conquista do Mediterrâneo pelos árabes (Séculos VII a XII)[52] e com a desordem social que se seguiu, a vida nos centros urbanos, justamente onde o comércio florescia, regrediu significativamente[53].

Como destaca LEFRANC, o comércio pressupõe um respeito mínimo aos direitos, especialmente à propriedade privada. A guerra destrói riquezas acumuladas e a insegurança impede as relações comerciais duradouras. Com a inexistência de um mínimo de ordem institucional, a violência passou a reinar e o comércio praticamente sumiu[54]-[55].

actio locati)". Rivista del Diritto della Navigazione, 19, p. 241-266, 1958.

49 Sobre o tema: VASCONCELOS, Pedro Leitão Pais de. *A preposição*: representação comercial. Coimbra: Almedina, 2017, p. 33 ss; COSTA, Emilio. *Le azioni exercitoria e institoria nel diritto romano*. Parma: Luigi Battei, 1891.

50 Ver: FRANÇA. *Fundamentos do direito da empresa e da atividade negocial*...

51 LE GOFF, Jacques. *A civilização do ocidente medieval*. Trad. Monica Stahel. São Paulo: Vozes, 2018, p. 24-25.

52 Que muito influenciou, por exemplo, nosso idioma, existindo várias palavras derivadas do árabe relacionadas ao próprio comércio, como *armazém*, *avaria*, *azar*, *bazar*, *freguês* e *frete*.

53 LE GOFF, Jacques. *La città medievale*. Firenze: Giunti, 2011, p. 14.

54 LEFRANC, Georges. *História breve do comércio*. Lisboa: Editorial Verbo, 1962, p. 30.

55 "Os Frísios, os Anglo-Saxões, os Escandinavos e os Germanos Renanos batiam-se pelas oportunidades que surgiam ao longo da fronteira entre os bárbaros semicivilizados e os não civilizados, alternando muitas vezes o comércio com a agricultura, a pirataria e a guerra. Também era possível algum comércio no interior da Europa Ocidental e Central, principalmente nas localidades em que um mosteiro ou uma sede episcopal fixasse um grupo de consumidores potenciais, ou um senhor

Uma parcela considerável da população, especialmente as classes mais humildes, deslocou-se para o campo ou para regiões isoladas e passou a viver sob a proteção de senhores feudais[56], tendo como atividade principal a agricultura de subsistência[57], com reduzido excedente para o escambo[58].

A própria história da formação de Veneza é um exemplo notável desse tempo. A cidade, formada a partir de um conjunto de pequenas ilhas artificiais erigidas sobre o fundo raso e pantanoso do lago de Veneza, teve sua população original formada por refugiados de diversas cidades romanas, em fuga da violência das invasões bárbaras[59].

b) Entesouramento eclesiástico

Nesses tempos tenebrosos, a Igreja assumiu um papel central na vida do homem medieval, contribuindo, por diversas razões, para o ocaso do comércio[60].

Lembre-se, nesse sentido, de que o entesouramento eclesiástico concorreu para esterilizar a vida econômica e drenar o comércio[61], uma vez que os valores doados para a Igreja pelos fiéis somavam quantias vultuosas que deixavam de circular na economia.

com requintes não se satisfizesse com o que os seus servos produziam. [...] Na visão de historiadores abalizados, na maior parte da Europa, o aparecimento de comerciantes tendia a ser tão inesperado como as fomes, as pestes e as invasões. Assim, não se pode superestimar as dimensões do comércio na época bárbara: mesmo nos melhores momentos e nos locais de maior atividade ele era bastante reduzido. A atividade industrial, por seu turno, era ainda menor, com exceção dos ofícios menores que eram complemento indispensável da vida nas províncias: a forja, a carpintaria, a cerâmica, a tecelagem grosseira e outros tipos de produção destinados a um uso local imediato e não à venda para o mercado. Mesmo assim, esse ressurgimento progressivo do comércio, a expansão demográfica e o aumento da produtividade foram fatores que aceleram esse processo" (LOPEZ. *A Revolução Comercial da Idade Média – 950-1350...*, p. 29).

56 GALGANO. *Lex mercatoria...*, p. 31.

57 LE GOFF. *A civilização do ocidente medieval...*, p. 9.

58 LEFRANC. *História breve do comércio...*, p. 30.

59 LANE, Fredric. *Venice.* A maritime republic. Maryland: John Hopkins University Press, 1973, p. 1-5.

60 CAVALLI. *Direito comercial...*, p. 15-16.

61 GILLI ressalta que as ordens mendicantes tiveram papel determinante no processo de doação de recursos para a Igreja, geralmente decorrentes de vultuosos testamentos (cf. GILLI, Patrick. *Cidades e sociedades urbanas na Itália medieval*. Trad. Marcelo Cândido da Silva e Victor Sobreira. Campinas: Unicamp, 2011, p. 333 ss).

c) Preconceito contra o comerciante

Da mesma forma, o histórico preconceito contra a profissão do comerciante-[62]_[63]_[64]. LE GOFF bem resume a situação do comerciante quando afirma que o mercador medieval "foi importunado em sua atividade profissional e rebaixado em seu meio social devido à atitude da Igreja a seu respeito". Segundo a doutrina canônica, o mercador jamais consegue agradar a Deus, porque, segundo uma famosa frase do papa SÃO LEÃO MAGNO, "é difícil não pecar quando se exerce a profissão de comprar e vender". Por isso, as famosas "listas" das profissões interditas quase sempre incluem o comércio[65].

Mas qual a razão de tamanho preconceito? A resposta está, em boa medida, em SÃO TOMÁS DE AQUINO, que declara que o pecado está no próprio objetivo do comércio: *o desejo de ganho, a sede de dinheiro.*

O comércio, segundo a visão do canonista, satisfaz por si mesmo a ganância pelo lucro, que "longe de conhecer qualquer limite, se estende ao infinito"[66]. Assim, pela própria essência da sua profissão, pecariam os mercadores, porque, na busca incessante pelo lucro e pela riqueza, incorreriam inevitavelmente no pecado da avareza — isto é, no apego imoderado e excessivo pelos bens materiais e pelo dinheiro[67].

62 LE GOFF. *A civilização do ocidente medieval*..., p. 38.

63 Tudo isso sem prejuízo de o direito canônico e o direito comercial terem tido breves períodos de convivência harmônica no contexto medieval, podendo-se destacar a influência do primeiro na elaboração de normas jurídicas do segundo, como no caso na disciplina de contratação entre ausentes e os contratos por escrito que prescindiam das formalidades estabelecidas pelas fontes romanas (ASCARELLI. *Panorama do direito comercial*..., p. 24-25; CAVALLI. *Direito comercial*..., p. 14-15).

64 A partir do século XVI, o direito canônico deixa progressivamente de desempenhar papel relevante na sociedade, limitando sua influência a questões religiosas (GILISSEN. *Introdução histórica ao direito*..., p. 141).

65 Por tudo, ver: LE GOFF, Jacques. *Mercadores e banqueiros da Idade Média*. Trad. Antônio de Pádua Danesi. São Paulo: Martins Fontes, 1991, p. 71. Ver, ainda: SAPORI, Armando. *Le marchand italien au Moyen Âge*. Paris: A. Colin, 1952; CAVALLI. *Direito comercial*..., p. 16; ESTRELLA. *Direito Comercial* (estudos)..., p. 104. Claro que a postura da Igreja frente ao comércio não permanece a mesma durante toda a Idade Média; com o passar do tempo, essa relação evolui e ganha em complexidade na medida em que a Igreja precisa da ajuda do comerciante e de seu dinheiro, ao ponto de a Ordem dos Templários, uma ordem religiosa, ter se tornado um dos maiores bancos da cristandade, e o papa Inocêncio IV ter pertencido a uma influente família de mercadores genoveses, os Fieschi (cf. LE GOFF. *Mercadores e banqueiros da Idade Média*..., p. 95-101).

66 LE GOFF. *Mercadores e banqueiros da Idade Média*..., p. 72. Para aprofundamento sobre o pensamento de SÃO TOMAZ DE AQUINO acerca do comércio, ver: FLECK, Luiz Otávio Carneiro. *"Justo preço" e escolástica "mendicante": a análise do comércio segundo Tomás de Aquino e Pedro de João Olivi (Século XIII)*. Trabalho de Conclusão do Departamento de História. Universidade Federal do Rio Grande do Sul, Porto Alegre, 2015.

67 LE GOFF. *Mercadores e banqueiros da Idade Média*..., p. 72.

Gozavam os mercadores de tão pouca consideração no seio da sociedade que não raras vezes eram tratados com desconfiança[68], pois parecia aos olhos de terceiros que sempre estavam querendo levar vantagem[69].

Havia uma convenção social, mentalidade da época, de que ao trabalho deveriam se dedicar somente os homens simples do povo e nem sequer o

[68] Curioso que, na mitologia grega, o próprio deus do comércio possui natureza controversa e personalidade tanto encantadora quanto suspeita. Rápido, ágil, indecifrável, mentiroso, zombeteiro e ladrão, Hermes (Mercúrio para os romanos) é filho de Zeus com a plêiade Maia, fruto de mais uma aventura extraconjugal — um dos tantos casos do chefe do Olimpo. Ainda bebê, Hermes teve, como primeira aventura, o astucioso furto das doze vacas de chifres dourados guardadas por seu meio-irmão Apolo. Descoberto pelo irmão e levado a julgamento diante de Zeus, Hermes é repreendido e advertido pelo pai — que, no fundo, entretanto, fica encantado com a peça que o filho mais jovem pregou em Apolo. Diante do enrosco, Hermes concorda em devolver as vacas, porém, com a observação que sacrificou duas delas e as partiu em uma dúzia de pedaços em sacrifício aos doze deuses do Olimpo. Espantado com a explicação, Apolo arguiu que só havia onze deuses no Olimpo, questionando quem seria o décimo segundo. Diante do irmão perplexo, Hermes respondeu: "sou eu". Em face da travessura, Zeus não conseguiu disfarçar a sua admiração pela astúcia do seu caçula, tornando-o, então, a décima segunda deidade, um deus patrono dos ladrões e mentirosos, única atribuição que sobrava no Olimpo e que ninguém queria. De qualquer forma, Zeus mandou Hermes devolver as vacas restantes ao irmão. No percurso até onde estavam escondidas, Hermes encantou Apolo com o maravilhoso som produzido por uma lira que ele tocava e que havia sido feita com casco de tartaruga e com as tripas de uma das vacas sacrificadas. Era um instrumento capaz de produzir melodia irresistível, digna do deus Apolo, patrono dos artistas, dos músicos e dos poetas. Apolo ficou emocionado a ponto de logo esquecer todas as acusações contra seu meio-irmão. Perplexo, Apolo propõe uma troca: a lira pelas vacas. Hermes, sorridente, concorda. Os dois tornam-se amigos inseparáveis. Logo após esse episódio, mais uma traquinagem de Hermes: com pedaços de bambu, ele cria a flauta. Mais uma vez encantado, Apolo propõe outro negócio: a flauta por seu cajado dourado — peça que faria de Hermes também deus dos pastores e protetor dos rebanhos. Cada vez mais treinado na arte de negociar, o deus menino propõe que, além da vara, seja-lhe concedido o dom da profecia, o mais poderoso dos predicados de Apolo. Sem poder ele mesmo atribuir tal dom a quem quer que fosse, Hermes é enviado ao Templo de Apolo, santuário sagrado na cidade de Delfos, em cujos subterrâneos funcionava o famoso Oráculo de Delfos, onde sacerdotisas em transe praticavam a predição (é nesse oráculo que se podia ler o aforismo "conhece-te a ti mesmo"). Lá, Hermes foi ensinado e educado. Engenhoso, eloquente e persuasivo, Hermes torna-se um deus poderoso e amado, deus padroeiro dos comerciantes, cuja função é favorecer os negócios e garantir a livre-circulação dos viajantes por todas as estradas do mundo. Com seu chapéu e sandálias alados, desloca-se rápido como o vento. Por conta disso, torna-se mensageiro do Olimpo — e funciona como uma ligação da morada dos deuses com o mundo dos mortos, governado por seu tio Hades, cabendo a ele a árdua tarefa de conduzir, todos os dias, os mortos ao submundo. Surpreendentemente, Hermes abraça o seu ofício com admirável zelo e dedicação, trabalhando dia após dia, sem descanso — característica própria do comerciante bem-sucedido. O jovem deus se torna um dos preferidos entre os mortais. Em sua homenagem, são erigidos totens nas estradas, que indicam o caminho a seguir e dão instruções aos viajantes. No topo desses totens, costumava-se insculpir a cabeça de Hermes. Como possui natureza ardilosa, as pessoas pediam sua proteção para não serem enganadas por ele nos negócios. Um deus que une vida e morte, verdade e mentira, trabalho e travessuras é, por definição, indecifrável, "hermético". Um dos símbolos mais interessantes desse caráter complexo, multifacetado e desconcertante é seu filho "Hermafrodito": fruto de uma tórrida noite de prazer entre Hermes e Afrodite, deusa da beleza e do amor erótico. Trata-se de um ser metade homem, metade mulher, personificação da natureza desconcertante do pai (de certa forma, assim também são o comércio e o comerciante). Mais uma curiosidade mitológica: Mercúrio, o equivalente romano de Hermes, tem o *comércio* em seu próprio nome, já que "merx" é mercadoria em latim, ou seja, aquilo com que se negocia. Entre outros, ver: GRAVES, Robert. *Os mitos gregos*, v. I. 2 ed. Rio de Janeiro: Nova Fronteira, 2018, p. 104-108.

[69] REHME. *História universal de derecho mercantil...*, p. 18.

comércio seria uma ocupação digna[70]. Os nobres dedicavam-se à exploração de propriedades rurais, à guerra e até ao ócio, mas não ao comércio, atividade tida como de "segunda linha".

d) Proibição da usura

Outro fator importante está nas limitações impostas pela Igreja à usura[71], consubstanciada na teoria canônica da esterilidade do capital[72]. É interessante observar que a usura era condenada por várias razões, entre elas o fato de que cobrar pelo empréstimo era uma prática contrária ao princípio da caridade cristã[73].

Da mesma forma, os juros cobrados nada mais seriam do que os frutos do dinheiro gerados a partir do simples transcurso do tempo; e, como o tempo só a Deus pertence, seriam imorais os lucros daí advindos[74].

A teoria da usura, proveniente do direito canônico, feria de morte a frutificação do capital. Seus postulados passaram a ser, de fato, importantes obstáculos à acumulação de capitais, tão importante para a exploração de atividades comerciais.

Os teólogos, na incansável perseguição à prática da usura, investigavam a índole e a estrutura de cada contrato, no intuito de reprimir a usura que ali pudesse se refugiar. Nesse desiderato, examinavam contratos de compra e venda, certas combinações do contrato de sociedade, o câmbio, o desconto, o penhor, entre tantos outros[75].

e) Mentalidade medieval

As punições eram terríveis — ao menos aos olhos do homem da época, membro de uma sociedade impregnada pela fé cristã[76]. Quem emprestava dinheiro a juros era coberto pela infâmia, não podia frequentar os locais santos,

70 GRANDI, Salvatore. *L'associazione in partecipazione*. Milano: Casa Editrice Dottor Francesco Vallardi, 1939, p. 10; CUNHA GONÇALVES, Luís da. *Da conta em participação*. 2 ed. Coimbra: Coimbra Editora, 1923, p. 13.

71 GRANDI. *L'associazione in partecipazione...*, p. 09-10.

72 SALGADO, Paulo Cavalcanti. *Das sociedades em participação no direito commercial brazileiro*. Recife: Imprensa Industrial, 1913, p. 15.

73 LE GOFF. *Mercadores e banqueiros da Idade Média...*, p. 74-75.

74 LE GOFF. *Mercadores e banqueiros da Idade Média...*, p. 74-75.

75 SALGADO. *Das sociedades em participação...*, p. 20.

76 Para um interessante relato sobre a religiosidade na Idade Média, ver, entre outros: HUIZINGA, Johan. *O outono da Idade Média*: estudos sobre as formas de vida e de pensamentos dos séculos XIV e XV na França e nos Países Baixos. São Paulo: Penguin, 2021, p. 267 ss.

sendo-lhe negada, inclusive, a sepultura eclesiástica[77]. Além da excomunhão, castigos temporais eram impostos, tais como a obrigação de restituir lucros ilícitos e a invalidade de testamentos de mercadores enquanto não fosse feita a devida reparação dos seus pecados em matéria econômica[78].

Nos dias de hoje, fica difícil conceber a extensão da influência da Igreja sobre as pessoas do Medievo. Basta, no entanto, examinar alguns hábitos e costumes dos mercadores de uma época em que o comércio já havia renascido — momento, portanto, posterior ao que se está examinando — para que se possa vislumbrar a real situação.

Jacques Le Goff conta que todos os livros comerciais iniciavam com essas linhas: "Em nome de Nosso Senhor Jesus Cristo e da Santa Virgem Maria Sua Mãe... que por sua santíssima graça e misericórdia nos sejam concedidos lucros e saúde, tanto no mar como em terra, e que nossas riquezas e nossos filhos se multipliquem com a salvação da alma e do corpo".

Além disso, os estatutos das corporações de ofício revelavam as mesmas preocupações religiosas, ordenando a observância da fé católica e a colaboração na luta contra os heréticos, enumerando os dias de festas religiosas a serem observados, fixando a representação da corporação nas cerimônias religiosas solenes e descrevendo as despesas religiosas da corporação (como a manutenção de certo número de lâmpadas em igrejas, aquelas referentes às esmolas especiais dadas aos pobres e às decorrentes da distribuição de pães a estes)[79].

Arte e religião estão extremamente próximas nesse período histórico. As corporações de mercadores eram grandes financiadoras da arte sacra, assim como os comerciantes, que despendiam fortunas para expiar os pecados do dinheiro e para garantir um lugar no céu[80].

A própria caridade do mercador era um reflexo desse espírito. Ao lado do cofre-forte onde guardava o seu dinheiro, um cofre menor continha dinheiro miúdo do comerciante destinado à esmola dos pobres distribuída nos dias de festas.

As sociedades comerciais destinavam numerário aos sócios para ser distribuído nessas ocasiões, tudo devidamente escriturado nos livros mercantis. Na Itália, aliás, Deus sempre recebia uma participação (parte dos lucros futuros)

[77] SALGADO. *Das sociedades em participação...*, p. 20.

[78] LE GOFF. *Mercadores e banqueiros da Idade Média...*, p. 78.

[79] LE GOFF. *Mercadores e banqueiros da Idade Média...*, p. 88-91.

[80] FREMANTLE, Richard. *God and money*: Florence and Medici in the Renaissance. Firenze: Leo S. Olschki, 2008, p. 23.

quando da constituição de uma sociedade, sendo tal quantia destinada à esmola dos pobres — esse crédito, em caso de falência, era pago prioritariamente[81].

Finalmente, na assinatura de um contrato, era costume colocar Deus como testemunha. Por conta disso, a *Ele* cabia um valor, o qual era também distribuído aos pobres[82].

Se essas eram práticas de uma época em que o comércio já havia ressurgido no cenário do Medievo (mais especificamente, na Baixa Idade Média — 1000 d.C. em diante), imagine-se quão claustrofóbica e esterilizante era a doutrina canônica em período anterior (ou seja, durante Alta Idade Média — 500 d.C. a 1000 d.C. aproximadamente, usualmente denominada de "Idade das Trevas").

A despeito da aversão ao comércio, o poder religioso também se materializou em termos econômicos. A Igreja chegou a se tornar, por larga diferença, a maior proprietária de terras das Europa Ocidental. Em dado momento, chegou a possuir cerca de 1/3 (um terço) do território da atual Alemanha e 1/5 (um quinto) do da França[83].

f) Declínio do comércio

Foi um período histórico marcado pela intensa fragmentação política, pela baixa densidade demográfica[84], pela evasão das cidades, pela ruralização e pelo forte declínio da atividade comercial[85], inclusive no que diz respeito ao uso da moeda como instrumento de trocas[86]-[87].

Segundo refere PIRENNE: "A partir do Século VIII, o comércio europeu está condenado a desaparecer nesse extenso quadrilátero marítimo. O movimento econômico, desde então, orienta-se para Bagdá. Os cristãos, dirá pitorescamente Ibn Khaldun, 'não conseguem que flutue no Mediterrâneo nem uma tábua'. Nestas costas, que outrora se comunicavam, dividindo os mesmos costumes,

81 LE GOFF. *Mercadores e banqueiros da Idade Média...*, p. 88-91.

82 LE GOFF. *Mercadores e banqueiros da Idade Média...*, p. 88-91.

83 BURNS. *História da civilização ocidental*, v. I..., p. 458-459.

84 BLOCH, Marc. *A sociedade feudal*. Trad. Liz Silva. Lisboa: Edições 70, 2009, p. 83.

85 PIRENNE, Jacques Henri. *Panorama da história universal*. São Paulo: EDUSP, 1973, p. 139-142.

86 NOEL, Francis Regis. *A history of the bankruptcy law*. Washington: Potter & Co., 1919, p. 20; BURNS. *História da civilização ocidental*, v. I..., p. 274.

87 Para aprofundamento sobre os aspectos econômicos e sociais do período, ver: KULISCHER, J. M. *Storia economica del Medioevo e dell'epoca moderna*, v. I. Trad. G. Bohm. Firenze: Sansoni, 1955; PIRENNE, Jacques Henri. *História econômica e social da Idade Média*. 5 ed. Trad. Lycurgo Gomes da Motta. São Paulo: Jou, 1979.

necessidades e ideias, defrontam-se, agora, duas civilizações, ou melhor, dois mundos estranhos e hostis, o da Cruz e o do Crescente"[88].

EDWARD BURNS destaca que a maioria dos depoimentos sobre a vida dessa primeira fase da Idade Média se trata de uma sombria descrição de uma volta a condições primitivas e, em alguns casos, de verdadeira miséria[89].

Foi especialmente rápido o declínio da Itália após a queda do Império Romano[90]: "O comércio e a indústria extinguiram-se rapidamente; terras que antes tinham sido produtivas transformaram-se em matagais e a população declinou de maneira tão assustadora, que foi decretada uma lei proibindo a toda mulher entrar para o convento antes da idade de 40 anos"[91]; "[o]s lobos passeavam pelo país devorando os cadáveres insepultos. Era tão grande o perigo de morte pela fome que em certas regiões apareceu o canibalismo"[92].

1.4. Idade Média e economia feudal

Durante a Alta Idade Média (séculos V-XI), instala-se o regime feudal, regressando-se à autocracia, com o confinamento da população ao redor de castelos, com a formação de vilas e de algumas cidades medievais, na sua grande maioria, originadas a partir de núcleos urbanos romanos[93].

A estrutura política, social e econômica dominante estava toda fundada na propriedade da terra e na relação estratificada de suserania-vassalagem, segundo a qual os reis eram os senhores feudais[94], e, abaixo deles, havia outros senhores, em uma estratificação que descia até o mais humilde servo[95].

A Igreja era a instituição central no tecido da sociedade da Idade Média. Não havia unidade territorial, política, econômica, jurídica nem social, tampouco progresso científico ou técnico apreciável. Os laços eram de proteção e de servidão[96].

88 PIRENNE. *História econômica e social da Idade Média...*, p. 8-9. No mesmo sentido: LEFRANC. *História breve do comércio...*, p. 32; LE GOFF. *A civilização do ocidente medieval...*, p. 32.

89 BURNS. *História da civilização ocidental*, v. I..., p. 273-274.

90 BURNS. *História da civilização ocidental*, v. I..., p. 273-274.

91 BURNS. *História da civilização ocidental*, v. I..., p. 273-274.

92 BURNS. *História da civilização ocidental*, v. I..., p. 273-274.

93 LE GOFF. *La città medievale...*, p. 13-15.

94 Segundo CALASSO, enquanto o feudo representava a típica estrutura organizativa germânica, a cidade representava a romana (CALASSO, Francesco. *Lezioni di storia del diritto italiano*. Gli ordinamenti giuridici del Rinascimento. Milano: Giuffrè, 1948, p. 137).

95 KULISCHER. *Storia economica del Medioevo e dell'epoca moderna*, v. I..., p. 65; BURNS. *História da civilização ocidental*, v. I..., p. 322.

96 PERROY, Édouard. *História geral das civilizações*: a Idade Média, t. III, v. 1. 2 ed. Trad. Pedro Moacyr Campos. São Paulo: Difusão, 1958, p. 17-18.

A economia, eminentemente agrária, era de subsistência[97]. Nesse regime de isolamento territorial, cada feudo era autossuficiente na produção daquilo que seus habitantes precisavam para sobreviver[98].

A decadência econômica europeia tem estreita relação com o fechamento comercial da comunidade mediterrânea pelos muçulmanos[99]. O comércio torna-se acanhado com o fechamento dos pontos de venda e dos interpostos comerciais externos.

Os próprios senhores feudais, que constroem seus castelos ao longo das estradas ou na margem dos rios, saqueiam os mercadores pacíficos que nos caminhos principais se arriscam. O número de tributos aumenta. Esses fatores praticamente inviabilizam o comércio[100].

Segundo GUREVIC, em decorrência do contexto histórico do período, os mercadores do primeiro período medieval mantinham um espírito belicoso, que, em determinadas circunstâncias, garantia sua própria sobrevivência, o que fez do mercador da Alta Idade Média um personagem radicalmente diferente do mercador da Baixa Idade Média[101].

2. Nascimento do direito comercial

As origens do direito comercial como disciplina jurídica orgânica e autônoma em relação ao direito comum são encontradas no renascimento comercial, ocorrido com a passagem da Alta para a Baixa Idade Média, mais especificamente por volta do Século XI[102].

2.1. Renascimento comercial

Com a queda do Império Romano (476 d.C.) e a instalação do regime feudal, levou aproximadamente quinhentos anos para que o comércio ressurgisse com força na Europa.

E o reaparecimento da atividade comercial foi determinante para o surgimento e a formação do direito comercial como disciplina jurídica autônoma.

97 PERROY. *História geral das civilizações*, t. III, v. 1..., p. 17-18.

98 PERROY. *História geral das civilizações*, t. III, v. 1..., p. 17-18; BARRETO FILHO, Oscar. A dignidade do direito mercantil. *Revista dos Tribunais*, São Paulo, v. 463, n. 11, p. 11-19, mai. 1974, p. 13.

99 PIRENNE, Henri. *Medieval cities*. New Jersey: Princenton University Press, 1969, p. 26, 36.

100 LEFRANC. *História breve do comércio*..., p. 33.

101 GUREVIC, Aron Ja. "O mercador". In: LE GOFF, Jacques. *O homem medieval*. Lisboa: Presença, 1989. p. 165-189.

102 ASCARELLI, Tullio. *Istituzioni di diritto commerciale*. Milano: Giuffrè, 1938, p. 3-4.

a) Crescimento da produtividade agrícola

Com efeito, a Baixa Idade Média (séculos XI-XIV) constituiu uma mudança de paradigma. Paradoxalmente, foi o crescimento da produtividade agrícola — atividade que tanto caracterizou o feudalismo — que fez renascer o comércio e acabou por tirar, mais adiante, a Europa do sistema feudal[103].

Com o passar dos anos, o cenário medieval foi gradualmente transformando-se por meio da expansão expressiva das áreas cultivadas e de progressos técnicos na produção decorrentes da rotação de culturas, da utilização de utensílios (aperfeiçoamento da atrelagem de animais, uso disseminado das ferraduras, introdução do arado com rodas, fabricação de ferramentas pelo processo de siderurgia) e do armazenamento e beneficiamento de produtos e alimentos (utilização de moinhos movidos pela força da água e do vento, por exemplo)[104].

Há relatos de que a produtividade aumentou expressivamente por volta do Século XI, período da chamada "Revolução Agrícola" da Baixa Idade Média[105].

b) Aumento da população urbana

O excedente na produção e o ganho de eficiência reduziram o número de trabalhadores dedicados às atividades do campo. Essas pessoas passaram a buscar ocupação e a viver nas cidades[106].

Por consequência, o aumento da população urbana fez necessário que os alimentos produzidos nas plantações (excedente da produção) chegassem aos burgos, o que foi feito por comerciantes[107].

Em paralelo, os trabalhadores que migraram para as cidades passaram a exercer atividades ligadas à produção de bens manufaturados[108]. Essa especialização, aliada à constante troca entre campo e cidade e ao excedente de produção a ser transportado, contribuiu para o desenvolvimento do comércio inter-regional e de longa distância[109].

[103] HUNT, E. K.; SHERMAN, Howard J. *História do pensamento econômico*. 3 ed. Petrópolis: Editora Vozes, 1982, p. 23; RIERA-MELIS, Antoni. "Sociedade feudal e alimentação (séculos XII-XIII)". In: FLANDRIN, Jean-Louis; MONTANARI, Massimo. *História da alimentação*. São Paulo: Estação Liberdade, 2015, p. 387 ss.

[104] RIERA-MELIS. "Sociedade feudal e alimentação (séculos XII-XIII)...", p. 388-390, 393-394.

[105] RIERA-MELIS. "Sociedade feudal e alimentação (séculos XII-XIII)...", p. 390.

[106] HUNT; SHERMAN. *História do pensamento econômico...*, p. 24.

[107] HUNT; SHERMAN. *História do pensamento econômico...*, p. 24-25; RIERA-MELIS. Sociedade feudal e alimentação (séculos XII-XIII)..., p. 393.

[108] RIERA-MELIS. "Sociedade feudal e alimentação (séculos XII-XIII)...", p. 394; HUNT; SHERMAN. *História do pensamento econômico...*, p. 24-25.

[109] HUNT; SHERMAN. *História do pensamento econômico...*, p. 24-25.

c) Renascimento

Todos esses fatores foram decisivos para o reflorescimento do comércio, principalmente a partir do Século XI[110]. Foi um processo que culminou com o renascimento comercial[111], financeiro[112] e jurídico[113], cujo apogeu se verificou, sobretudo, entre os anos 1300 e 1500, na Itália[114].

Do ponto de vista artístico, filosófico e científico, esse período ficou conhecido como Renascença — época de grande influência da cultura greco-romana, da revalorização do homem e da sua racionalidade, bem como de um abrandamento do misticismo e do dogmatismo religioso[115].

Importante identificar as razões pelas quais o renascimento do comércio se deu especialmente na Itália. E os fatores são diversos. Em geral, os autores concordam que favoreceram o desenvolvimento e o florescimento das cidades italianas: (*i*) o peso cultural da região (herança da civilização romana e, antes, da etrusca); (*ii*) a posição geográfica estratégica entre o Ocidente e o Oriente; (*iii*) as cruzadas (1096-1270), que promoveram o fluxo mercantil direto com o Oriente[116]; (*iv*) o desenvolvimento da navegação; (*v*) a formação de colônias no mar Mediterrâneo; (*vi*) o incremento da circulação de bens e pessoas, de capital e títulos[117]; e (*viii*) o recebimento de valores pela cúria papal proveniente de todos os soberanos da Europa[118].

110 O assunto está detalhado também em: PERROY, Édouard. *História geral das civilizações*: a Idade Média, t. III, v. 2. 2 ed. Trad. Pedro Moacyr Campos. São Paulo: Difusão, 1958, p. 23 ss.

111 Sobre a mudança de mentalidade, dos hábitos e do modo de vida do homem medieval durante o período da Revolução Comercial, ver: LE GOFF. *A civilização do ocidente medieval...*, p. 10; CALASSO. *Lezioni di storia del diritto italiano...*, p. 38.

112 FERGUSON. *The ascent of money...*, p. 30 ss ; PERROY. *História geral das civilizações*, t. III, v. 1..., p. 167 ss.

113 CALASSO. *Lezioni di storia del diritto italiano...*, p. 38; BLOCH. *A sociedade feudal...*, p. 150-151.

114 LOPEZ. *A revolução comercial da Idade Média...*, p. 58.

115 FREMANTLE. *God and money...*, p. 9 ss.

116 Sobre como as cruzadas contribuíram para enfraquecer o feudalismo, ver: MAGALHÃES, Basílio de. *História do comércio*. Rio de Janeiro: Francisco Alves, 1943, p. 116-118; NOEL. *A history of the bankruptcy law...*, p. 20 ss; GIORDANI, Mário Curtis. *História do mundo feudal*. Petrópolis: Vozes, 1974, p. 529-618; PERROY. *História geral das civilizações*, t. III, v. 2..., p. 40 ss.

117 LE GOFF. *A Idade Média e o dinheiro...*, p. 9-10, 12.

118 DAY, Clive. *Historia del comercio*, t. I. Trad. Teodoro Ortiz. Ciudad de México: Cultura Economica, 1941, p. 42; CIPOLLA, Carlo M. *História econômica da Europa pré-industrial*. Trad. Joaquim João Coelho da Rosa. Lisboa: Edições 70, 1974, p. 165-167; FREMANTLE. *God and money...*, p. 29-30.

d) Cruzadas

As cruzadas, especificamente, deram um enorme impulso à expansão do comércio, pois abriram os mercados orientais para os produtos europeus e, principalmente, os mercados ocidentais para as especiarias orientais.

Ganharam, principalmente, as cidades italianas marítimas — Veneza, Genova e Pisa — peças-chave no comércio com o Oriente, pois eram um interposto natural entre esses dois mundos[119].

Além disso, o aumento da circulação de pessoas entre o Ocidente e o Oriente, inclusive pelo afluxo de grande número de peregrinos, adicionou um elemento a mais no desenvolvimento dos instrumentos ligados ao comércio: como os viajantes portavam diferentes formas de dinheiro, surgiu a necessidade de títulos representativos de crédito e de serviços bancários modernos relacionados à transferência e ao câmbio de valores[120].

Finalmente, as cruzadas foram o início de uma aliança nada cristã entre o comércio e a religião: embora não desde o início, aos poucos, o cristianismo se tornou um pretexto para a expansão — especialmente comercial — para o Oriente, justificando a agressão e o massacre em nome de Cristo[121].

2.2. Instituições ligadas ao comércio

Quatro instituições exerceram um papel central no renascimento do comércio durante a Idade Média: as feiras, as cidades, as corporações de ofícios e as ligas mercantis.

a) Feiras

O comércio com os árabes (e, também, com os *vikings* no Mar do Norte) estimulou a produção de mercadorias para exportação, assim como a cultura da "produção para o mercado"[122].

Essa produção sem um destinatário específico — isto é, independentemente de encomenda — e o aumento da segurança no transporte terrestre

119 FREMANTLE. *God and money...*, p. 29-30; HUNT; SHERMAN. *História do pensamento econômico...*, p. 26.

120 FREMANTLE. *God and money...*, p. 30.

121 FREMANTLE. *God and money...*, p. 29-30.

122 HUNT; SHERMAN. *História do pensamento econômico...*, p. 26.

impulsionaram a criação de feiras por toda a Europa, verdadeiros mecanismos de escoação de produtos, depósito e organização do dinheiro e do crédito[123].

Nesse processo, o produtor distanciou-se do comprador final. Os artesões vendiam, por atacado, aos comerciantes, que transportavam as mercadorias e as revendiam em feiras[124] (duas vezes por ano, "feira fria" e "feira quente"[125] — cujo raio de abrangência era limitado a uma região mais ou menos extensa em periodicidade anual ou semestral)[126]. Nesses mercados ao ar livre, que duravam de uma até várias semanas, eram trocados produtos do Norte com outros provenientes do Sul ou do Oriente[127].

Numa simbiose extremamente rica, o excedente de produção das cidades era destinado às feiras, lugares de reuniões periódicas de mercadores profissionais[128], verdadeiros centros de intercâmbio e, principalmente, de trocas em grandes escalas — cujos comerciantes se esforçam para trazer até elas, além de toda produção local, o maior número possível de homens e produtos de outras regiões[129].

Como destaca PIRENNE, "o direito reconheceu às feiras uma situação privilegiada. O terreno em que se realiza, é protegido por uma paz especial que estabelece castigos particulares severos em caso de infração. Todas as pessoas que a elas comparecem acham-se sob o '*conduit*' (salvo-conduto), isto é, sob a proteção do príncipe territorial. Os 'guardas das feiras' (*custodes nundinarum*) nelas exercem uma polícia e uma jurisdição de exceção. [...] mais valiosa ainda torna-se a suspensão da proibição canônica da usura, isto é, do empréstimo com juros, e a fixação, para este, de uma taxa máxima"[130].

Com o desenvolvimento do comércio e dos mais diversos mecanismos de concessão e compensação de créditos[131], as feiras medievais (como Flandres,

[123] GILLI. *Cidades e sociedades urbanas na Itália medieval..*, p. 279 ss.

[124] HUNT; SHERMAN. *História do pensamento econômico...*, p. 27.

[125] GILLI. *Cidades e sociedades urbanas na Itália medieval..*, p. 281.

[126] PIRENNE. *História econômica e social da Idade Média...*, p. 101-102.

[127] HUNT; SHERMAN. *História do pensamento econômico...*, p. 26.

[128] Para um paralelo entre as festividades religiosas, os tempos de contemplação e o crescimento das feiras e desenvolvimento do comércio, ver: HUVELIN. *Études d'histoire du droit commercial romain* (histoire externe – droit maritime)..., p. 37, 47-51; FERREIRA. *Tratado de direito comercial*, v. 1..., p. 19-20, 24 ss.

[129] PIRENNE. *História econômica e social da Idade Média...*, p. 101.

[130] PIRENNE. *História econômica e social da Idade Média...*, p. 102-103.

[131] "[...] o tráfico de mercadorias não era o único atrativo das feiras de Champanha. Eram tão numerosos e importantes os pagamentos que nas mesmas se efetuavam, que não tardaram em transformar-se, conforme uma acertada expressão, em 'sede cambial de toda Europa'. Em cada feira, após um período dedicado à venda, iniciava-se o dos pagamentos. Estes se estendiam não só à extinção das dívidas contraídas na mesma feira, mas também a vários pagamentos, a longo prazo, de obrigações

Champagne, Gênova e Veneza) começaram a se transformar em prósperas cidades, cujos mercados passaram a funcionar o ano todo[132].

b) Cidades

A importância das cidades para o renascimento comercial, social e jurídico do medievo italiano foi crucial[133]. A bem da verdade, em nenhuma civilização a vida urbana se desenvolveu sem a presença marcante do comércio e da indústria[134]. Efetivamente, na Idade Média, os centros urbanos estiveram no âmago desse ressurgimento do comércio[135], renascimento cultural[136], descobrimento individual do homem[137] e formação do mercador medieval[138].

O desenvolvimento do direito privado italiano, inclusive no que se refere ao tratamento das matérias comercial e obrigacional, teve como base os costumes e regras liberais originados e cultivados nas cidades[139].

A já mencionada fragmentação política europeia ("sociedade sem Estado"), especialmente a italiana[140], contribuiu para o estabelecimento de um regime de competição (econômica, particularmente, mas também legislativa e institucional) entre as regiões, cidades e repúblicas.

contraídas em feiras anteriores. No século XII, por meio da referida prática, começou a funcionar uma organização de crédito, provavelmente contemporânea da origem das letras de câmbio, de que tomaram a iniciativa os italianos, muito mais adiantados do que os povos do continente em matéria de usos comerciais; trata-se, unicamente, de simples promessas escritas de pagar uma quantia em lugar diferente daquele em que se contraí a dívida, ou, para empregar termos mais jurídicos, de um pagamento à ordem, em local determinado. O signatário compromete-se a pagar, em outra praça, ao remetente ou ao seu *nuntius*, isto é, ao seu representante (cláusula ativa), ou a mandar pagar por um *nuntius* que atua como seu representante (cláusula passiva). [...] Além disso, o fato de que todas as praças da Europa estavam mutuamente em contato nas feiras de Champanha introduziu, no século XVIII, o sistema de pagamento das dívidas por compensação. As feiras desempenharam, pois, na Europa desta época, o papel de *clearing house* embrionário." (PIRENNE. *História econômica e social da Idade Média...*, p. 105-106).

132 HUNT; SHERMAN. *História do pensamento econômico...*, p. 26.

133 CALASSO. *Lezioni di storia del diritto italiano...*, p. 129; PIRENNE. *Medieval cities...*, p. 132.

134 PIRENNE. *Medieval cities...*, p. 30.

135 GOLDSCHMIDT. *Storia universale del diritto commerciale...*, p. 117-118; SCHMIDT. *Historia del comercio mundial...*, p. 49 ss; DAY. *Historia del comercio*, t. I..., p. 42 ss.

136 CASSANDRO, Giovanni. *Lezioni di diritto comune*. Napoli: Edizioni Scientifiche Italiane, 1971, p. 16.

137 LE GOFF. *O homem medieval...*, p. 10.

138 BURCKHARDT, Jacob. *The civilization of the Renaissance*. Oxford: Phaidon Press, 1944, p. 81; LE GOFF. *Mercadores e banqueiros na Idade Média...*, p. 71 ss.

139 PERTILE, Antonio. *Storia del diritto italiano*: dalla caduta dell'Imperio Romano alla codificazione, v. III. Torino: Unione Tipografico Editrice, 1893-1894, p. 3-5). Para melhor entendimento do nascimento das comunas, cuja origem é essencialmente comercial, ver: PERROY. *História geral das civilizações*, t. III, v. 2..., p. 33 ss.

140 GILLI. *Cidades e sociedades urbanas na Itália medieval..*, p. 57-58. Não por outra razão (que não a força das cidades medievais italianas), a unificação da Itália (e da Alemanha) ocorreu somente no final do século XIX, com início em 1848 e término em 1871. Unificação tardia, portanto.

Em geral, o governo das cidades era dominado por uma oligarquia de mercadores[141]: a preponderância comercial alternava de tempos em tempos; liderar demandava alianças com outros atores de relevo, incluindo guildas mercantis (*merchant guilds*), ligas de cidades (como a Hanseática) e a própria Igreja. Exigia-se, em contrapartida, um ambiente local receptivo aos comerciantes estrangeiros, bem como esforços legislativos no sentido de adaptar a legislação às necessidades do mercado[142]. Em síntese, a autonomia institucional e a competição urbana determinaram constantes empenhos político-institucionais para manter a atratividade econômica da região[143].

Esse período assistiu ao nascimento das aldeias e das cidades medievais, as quais foram responsáveis pela reunião de fatores econômicos, políticos, sociais e jurídicos que permitiram a arrancada da civilização em direção ao desenvolvimento e à inovação[144].

As cidades, particularmente, representaram o centro primário e nevrálgico desse período histórico que, mais tarde, culminou com a Revolução Comercial[145]. E os mercados e as feiras multiplicaram-se com elas[146].

141 BURNS. *História da civilização ocidental*, v. I..., p. 344.

142 Nesse particular, vale ressaltar que as disposições dos estatutos corporativos e associativos não podiam violar nem contradizer as previsões dos estatutos das cidades medievais (*ius proprium*). Sobre o tema, ver: CALASSO. *Lezioni di storia del diritto italiano...*, p. 230-231. Além disso, narra-se que, em algumas cidades italianas, ao final de um dia de comércio nas feiras, um fiscal local era responsável por circular pelas bancas e cortar as caudas dos peixes colocados à venda (e que não foram adquiridos) para que, no dia seguinte, os adquirentes soubessem que não se tratava de produto fresco. Havia, também, medidas que buscavam evitar o suborno e a cobrança abusiva de preços (como a necessidade de liquidação de mercadoria ao final do dia), lucros máximos e a necessidade de o comerciante contratar pessoas que trabalham na autoridade local para pesar suas mercadorias. Sobre o tema, ver: DAY. *Historia del comercio...*, p. 51; PIRENNE, *Histórica econômica e social da Idade Média...*, p. 103; BONFANTE. *Lezioni di storia del commercio*, v. I..., p. 243; SCHIOPPA, Antonio Padoa. *Saggi di storia del diritto commerciale*. Milano: Lettere, 1992, p. 26 ss.

143 GELDERBLOM, Oscar. *Cities of commerce*. New Jersey: Princeton, 2013, p. 3-4.

144 Dentre as conquistas do período, LE GOFF destaca as seguintes: "[...] a verdadeira arrancada de uma economia monetária, as invenções tecnológicas apropriadas para garantir a conquista rural, o artesanato pré-industrial, a construção em grande escala (charrua dissimétrica com rodas e aiveca, ferramentas de ferro, moinho de água com as suas aplicações e moinho de vento, sistema de cames, tear, aparelhos de levantamento, cisterna de atrelagem 'moderna'). Com o surgimento da máquina de uso utilitário (e não apenas lúdico ou militar), elaboram-se também novos modos de dominação do espaço e do tempo, sobretudo do espaço marítimo, com a invenção do leme de cadaste, a adoção da bússola, novos tipos de navio, o avanço da precisão das medidas, a noção de horas regulares e a fabricação de relógios para medi-las e mostrá-las. A Igreja mantém e às vezes reforça seu controle ideológico e intelectual, mas a alfabetização progride [...]." (LE GOFF. *A civilização do ocidente medieval...*, p. 7-8).

145 LOPEZ. *A revolução comercial da Idade Média – 950-1350...*, p. 98.

146 BRAUDEL, Fernand. *Civilização material, economia e capitalismo*: séculos XV-XVIII: os jogos das trocas, v. 2. 2 ed. Trad. Telmo Costa. São Paulo: Martins Fontes, 2009, p. 17.

B.1) VENEZA

Entre as cidades mais pujantes do período, estava Veneza. Favorecida pela sua localização geográfica, a "Sereníssima República"[147] ou "A senhora do Mediterrâneo"[148], como ficou conhecida, era o empório mundial, a potência intermediária entre Roma e Bizâncio.

Tratava-se do grande centro do comércio (*v.g.*, grãos, vinhos, lã, armas, artigos de luxo, especiarias)[149] do Ocidente, bem como uma das sedes dos primórdios da atividade bancária[150]. A própria origem da profissão de mercador encontra-se essencialmente em Veneza[151].

Consistiu, na época, na mais esplêndida cidade europeia, aquela que ditava a moda e os costumes, sede do prazer — somente suplantada por Paris[152] no final do Século XVII[153].

Mas seria equivocado imaginar Veneza ou outras repúblicas-estados italianas como simples cidades. Eram, na verdade, centros de poderosos impérios, que abrangiam frações importantes do território italiano.

A República de Veneza, por exemplo, abrangia as cidades de Verona e Pádua (Século XV), assim como as áreas no seu entorno, além de várias possessões ultramarinas, incluindo as importantes ilhas gregas de Creta e Eubeia (Século XIII).

Por volta de 1400, Veneza chegou a ter uma armada de mais de 3.000 navios e mais de 36.000 marinheiros, de longe a mais poderosa do mundo ocidental[154].

147 A expressão "Sereníssima República" advém da sua postura de equilíbrio e de tranquilidade de espírito historicamente demonstrada por Veneza no conturbado cenário político da península italiana do tardo Medievo. Cf. LEFRANC. *História breve do comércio...*, p. 44.

148 SCHMIDT. *Historia del comercio mundial...*, p. 49-50.

149 MUTINELLI, Fabio. *Del commercio dei veneziani*. Venezia: Filipi Editore, 1835, p. 16-17.

150 As pesquisas confirmam a existência de registros históricos de que a atividade bancária em Veneza teve início por volta do ano de 1270 e se mostrou indispensável para o desenvolvimento do comércio e das demais atividades econômicas da cidade e da região (DUNBAR, Charles. The bank of Venice. *The Quarterly Journal of Economics*, Vol. 7, Iss. 2, p. 210-212, 1 January 1893). Para aprofundamento sobre o tema, ver: LATTES, Elias. *La libertà delle banche a Venezia dal secolo XIII al XVII*. Milano: Valentiner, 1869.

151 Sobre o tema, ver: MUTINELLI. *Del commercio dei veneziani...*, p. 1-38; PIRENNE. *Medieval cities...*, p. 109-110; LANE. *Venice...*, p. 51-53; OKEY, Thomas. *The story of Venice*. London: Dent & Co., 1931. Na literatura, por todos, ver: SHAKESPEARE, William. *O mercador de Veneza*. São Paulo: Martin Claret, 2006.

152 Para aprofundamento sobre as raízes da formação de Paris, ver, entre outros: OKEY, Thomas. *The story of Paris*. London: Dent & Co., 1925.

153 SICILIA, Rossana. "O equilíbrio entre os estados italianos". In: ECO, Umberto (dir.). *Idade Média: explorações, comércio e utopias*, v. IV. Trad. Carlos Aboim de Brito e Diogo Madre Deus. Lisboa: D. Quixote, 2011, p. 48.

154 GILLI refere, por exemplo, que Veneza, ao pilhar Constantinopla em 1204, trouxe mais de 15 toneladas de ouro para a Europa (GILLI. *Cidades e sociedades urbanas na Itália medieval...*, p. 280).

B.2) FLORENÇA

A cidade de Florença (*Firenze*) competia com Veneza pelo posto de mais poderosa cidade italiana. Situada em meio ao rico vale do rio Arno — um cruzamento de pessoas e mercadorias utilizado desde tempos imemoriais, passagem do sul para o norte através dos Montes Apeninos, do leste ao oeste pelo vale do Arno —, valeu-se de sua privilegiada posição geográfica para se tornar uma das praças comerciais mais importantes da Europa[155].

Exatamente onde o Rio Arno se estreita e onde há terra propícia para assentar uma pesada estrutura, foi construída a Ponte Vecchio, preservada pelos bombardeios da Segunda Guerra Mundial, e símbolo da cidade florentina[156].

O comércio florentino era baseado em lã[157]: os mercadores de Florença compravam lã e peças de roupas descoloridas de toda a Europa; do Oriente vinham as tinturas e os produtos químicos para a sua fixação.

Os artesões florentinos trabalhavam as cores e o *design* das roupas, que eram, depois, despachadas para todo o mundo conhecido para serem vendidas com grandes lucros[158].

Processos semelhantes ocorriam com o couro e a seda, fazendo de Florença o principal centro da manufatura italiana desses produtos[159].

Florença consistiu, também, em participante de relevo do comércio marítimo medieval a partir de suas conquistas, especialmente de Pisa e de Livorno, que permitiram que concorresse nesse campo com Veneza[160].

O comércio estava tão fortemente impregnado no espírito da cidade que chegou a ser dito que "*A Florentine who is not a Merchant... enjoys no esteem whatever*"[161] — veja-se, aqui, como a mentalidade medieval em relação ao comércio começava a mudar.

A cidade de Florença tornou-se, em dado momento, a mais importante praça bancária e cambiária da Europa. Foi sede do poder dos Bardi, dos Peruzzi, dos Pazzi e, principalmente, dos Médici, entre outras proeminentes famílias

155 FREMANTLE. *God and money...*, p. 34.
156 FREMANTLE. *God and money...*, p. 34.
157 FREMANTLE. *God and money...*, p. 32.
158 FREMANTLE. *God and money...*, p. 32.
159 FREMANTLE. *God and money...*, p. 32; HIBBERT, Christopher. *The rise and fall of the House of Medici*. New York: Penguin, 1979, p. 19.
160 HIBBERT. *The rise and fall of the House of Medici...*, p. 19.
161 HIBBERT. *The rise and fall of the House of Medici...*, p. 19.

de comerciantes e banqueiros[162] — o banqueiro, aliás, nada mais é do que um comerciante cujas mercadorias são a moeda e o crédito.

A família Médici constitui um capítulo à parte e sua história confunde-se com a própria história de Florença[163]: comerciantes de lã que se transformaram nos mais poderosos banqueiros da Europa — o Banco Médici teria sido a primeira instituição financeira multinacional da História[164], cujos sócios não eram apenas membros da família[165] —, os Médici dominaram a política florentina por mais de três séculos usando seu poderio econômico.

Obviamente essa família não concebeu o direito comercial, mas certamente foi uma das que melhor compreendeu o potencial econômico dos seus instrumentos e institutos ao longo do renascimento. E não apenas isso: teve inserção política para estender seus domínios a outras esferas de influência, gozando de imensa fortuna e poder.

Por exemplo, fizeram quatro papas com seu sobrenome, Leão X (1513-1521), Clemente VII (1523-1534), Pio IV (1559-1565) e Leão XI (1605), vários cardeais e duas rainhas regentes da França, Catarina de Médici (1547-1559) e Maria de Médici (1600-1610)[166].

No campo da arte e da ciência, foram patronos de Masaccio, Brunelleschi, Donatello, Fra Angelico, Botticelli, Michelângelo, Leonardo da Vinci, Maquiavel, Galileo Galilei, entre outros mestres e pensadores da Renascença[167]; hoje,

162 Armando Sapori examina, com detalhamento, a origem das atividades econômicas exploradas pelas principais famílias florentinas, dentre as quais: os Frescobaldi, os Bardi e Peruzzi, os Gianfigliazzi, os Alberti del Giudice e os Médici (SAPORI, Armando. *Compagnie e mercanti di Firenzi antica*. Firenze: Barbera, 1978, p. LXI-XCI).

163 Para aprofundamento sobre as raízes da formação de Florença, ver: GARDNER, Edmund G. *The story of Florence*. London: Dent & Co., 1908; GOLDTHWAITE, Richard A. *The economy of Renaissance Florence*. The Johns Hopkins University Press: Baltimore, 2009.

164 Como refere De Roover: "This hegemony of the Italians rested largely upon superior business organization. As matter of fact, they laid the foundations for most of the business institutions of today. Not only did they create the partnership, but they developed means for managing companies which had branches in foreign lands, this overcoming the handicap of distance by forms of remote control. Joint-stock companies did not originate until the beginning of the seventeenth century, but the Medici Bank already foreshadowed the holding company in certain aspects." (DE ROOVER, Raymond. *The rise and decline of the Medice bank*. Cambridge: Harvard University Press, 1963, p. 1).

165 TANZINI, Lorenzo. *Consimo de' Medici*. Roma: Salerno, 2022, p. 49-53.

166 A influência política e o mecenato dos Médici superaram o simples casamento de conveniência. Maria de Médici, viúva de Henry IV e rainha da França, foi personagem histórica de relevo, tendo sido uma das maiores patrocinadoras do mestre flamengo da pintura Peter Paul Rubens.

167 Os papas Médici encomendaram importantes trabalhos de Rafael e Michelângelo para o Vaticano, incluindo o afresco "O Dia do Juízo Final", pintado na Capela Sistina e comissionado por Clemente VII (Júlio de Médici). Seja em Florença, como governantes de fato, ou em Roma, como papas, todos os grandes nomes do Renascimento foram favorecidos em algum momento de suas vidas pelo mecenato dos Médici.

as obras de arte da coleção dos Médici formam o acervo da espetacular Galeria Uffizi, em Florença, projetada por Vasari, primeiro historiador da arte.

Maquiavel dedicou o livro "O Príncipe" a Lorenzo II de Médici, neto de Lorenzo, o Magnífico, e Galileo Galilei foi, inclusive, tutor de várias gerações da família.

Duas famosas obras de arte dizem muito sobre Florença, os Médici e o comércio. A famosa escultura "Davi", de Michelângelo, simboliza o poder de Florença e seu destemor em relação às demais cidades italianas. Já a escultura "Perseu com a Cabeça de Medusa", de Benvenuto Cellini, disposta na mesma praça, representa a prevalência dos Médici sobre todas as outras famílias rivais de Florença. O semideus grego segurando a cabeça decapitada do monstro mitológico enquanto pisa em seu corpo desfalecido se revelou uma eloquente mensagem sobre quem realmente mandava na rica cidade mercantil e sobre o que acontecia com quem desafiasse os Médici.

Florença e Veneza talvez tenham sido as mais poderosas, mas outras cidades eram igualmente fortes.

B.3) SIENA

Siena, tradicional rival de Florença na Toscana, obteve semelhante destaque como centro financeiro sob a liderança da família Bonsignori[168].

Sua casa bancária teve seu apogeu por volta de 1250, quando foi a mais poderosa da Europa, operando, com exclusividade, como banco papal, embora sua prevalência nesse setor tenha sido anterior à ascensão do Banco Médici e tenha praticamente acabado com a falência daquela proeminente família em 1298 — sem mencionar a epidemia de peste negra que devastou a cidade nos anos de 1347-1348[169], tirando a vida de cidadãos ilustres como Catarina de

[168] ARCANGELI, Argeo. "Gli istituti del diritto commerciale nel costituto senese del 1310". *Rivista di Diritto Commerciale, Industriale e Maritimo*, v. IV, parte prima, p. 243-255, 1906, p. 248.

[169] "A construção da grande Catedral de Siena, que seria a maior do mundo, foi paralisada por falta de mão de obra, uma vez que metade da população morrera. As grandes cidades, com mais de cem mil habitantes – Florença, Veneza, Gênova – perderam de um a dois terços de sua população. Os moradores abastados buscavam refúgio em vilas fora da cidade para esperar a passagem daquele mal que acreditavam ser transmitido pelo ar [...]. Isso inspirou Giovanni Bocaccio em sua obra Decameron, uma reunião de contos cujos narradores são um grupo de dez moradores de Florença refugiados da peste em uma vila." (UJVARI, STEFAN Cunha. *História das epidemias*. 2 ed. São Paulo: Contexto, 2020, p. 51).

Siena e, provavelmente dos artistas e irmãos Ambrogio e Pietro Lorenzetti[170], expoentes da arte gótica, que tinham em Duccio e Giotto seus grandes mestres.

B.4) GÊNOVA

Gênova consistiu em poderosíssima república marítima, ferrenha rival de Veneza, contra quem travou quatro guerras entre 1256 e 1381 pelo controle do Mediterrâneo Oriental.

Participante das cruzadas, seus mercadores enriqueceram com o transporte e comércio de mercadorias do Oriente, particularmente seda, pedras preciosas e especiarias.

O Banco de São Jorge (*Banca di San Giorgio*), constituído em Gênova, em 1407, consistiu em uma das mais poderosas instituições financeiras de todos os tempos, disputando com a Companhia Holandesa das Índias Orientais o título de primeira sociedade anônima da História[171].

170 São de autoria de Ambrogio Lorenzetti os afrescos — técnica essencialmente medieval — "Alegoria do Bom e do Mau Governo" e "Efeitos do Bom e do Mau Governo" (1337-1340), que se encontram expostos no interior do *Palazzo Pubblico de Siena*. O curioso é que a cidade de Siena passou por uma revolução política no ano de 1262, liderada pelos *popolani* (nova classe social oriunda do efervescente comércio), que até então não tinham representatividade política. Em 1287, o Conselho do Povo (*papolo*) tomou o poder político, exiliou da cidade boa parte da nobreza e instalou uma Junta de Nove Governantes — uma oligarquia de banqueiros e mercadores que governou a cidade até 1355. Tem-se notícia da existência de corporações de mercadores, artesãos e banqueiros na cidade desde 1192. A revolução comunal criou um ambicioso programa de urbanização da cidade e o orgulho cívico dos cidadãos os fez revalorizar a decoração artística de muitos palácios municipais, destacando a glória da cidade. Os afrescos de Ambrogio estão inseridos nesse contexto político-histórico e evidenciam a preocupação do artista, de origem aristotélica, com a vida cotidiana e com os efeitos de um bom ou mau governante na vida da cidade e do campo. Seu irmão Pietro Lorenzetti também foi um reconhecido artista do período. Sobre o tema, ver: JANSON, H.W; JANSON; Anthony F. *Iniciação à história da arte*. 2 ed. Trad. Jefferson Luiz Camargo. São Paulo: Martins Fontes, 1996, p. 153. Sobre a história de Siena: DOUGLAS, Langton. *History of Siena*. London: Murray, 1902; ASCHERI, Mario. *Storia di Siena*. Pordenone: Immagine, 2018.

171 Muito se procurou a origem das sociedades por ações na Banca de São Jorge (*Banca di San Giorgio*), constituído em Gênova em 1407. A doutrina refere que houve uma grande e dispendiosa guerra entre os genoveses e os venezianos, que levou a República de Gênova a tomar grandes quantias emprestadas de seus cidadãos. Finda a guerra e não podendo pagar suas dívidas, a cidade-estado entregou aos seus credores sua alfândega, a fim de que dessa auferissem rendimentos até que inteiramente se satisfizessem daquilo que lhes era devido. Para tanto, formaram uma corporação, com conselho deliberativo e um corpo de pessoas responsáveis pela execução do que fora deliberado, dividiram seus créditos em partes inscritas em um registro, verdadeiras ações, e, de acordo com suas cotações, eram livremente negociadas no mercado. Tal empreendimento foi tão bem administrado e prosperou de tal forma que, em diversas oportunidades, financiou a administração da própria cidade, emprestando-lhe dinheiro e tomando terras em garantia. (FERREIRA, Waldemar. *Tratado de direito comercial*, v. 4. São Paulo: Saraiva, 1961, p. 8). Sobre o tema, ver: MAQUIAVEL, Nicolo. *Le istorie fiorentine*. Milano: Eduardo Sonzogno Editore, 1884, p. 335-336; COMPARATO, Fábio Konder. "Na proto-história das empresas multinacionais: O Banco Médici de Florença". *Revista de Direito Mercantil, Industrial, Econômico e Financeiro*, v. 54, p. 105-111, 1984;

B.5) MILÃO

O ducado de Milão era uma notável praça industrial[172].

Além da manufatura, Milão prosperou como centro comercial devido ao seu domínio da rica planície do Rio Pó (o maior rio da Itália, que corre por toda a sua parte norte) e das rotas italianas através dos Alpes.

Sob o domínio dos Visconti e, depois, dos Sforza, a cidade foi hegemônica na região da Lombardia e sempre desempenhou um importante papel na política e economia italianas.

E, como de costume, o poderio econômico está refletido no campo das artes: Leonardo da Vinci viveu por quase duas décadas na cidade, tendo sido comissionado para vários trabalhos importantes, entre eles a icônica "A Última Ceia", afresco para a igreja de Santa Maria delle Grazie, em Milão[173].

B.6) BOLONHA

Por sua vez, Bolonha[174], além da sua indústria, foi centro de cruzamento de diferentes rotas comerciais terrestres e marítimas em função de sua posição geográfica estratégica.

Destaca-se a criação da Universidade de Bolonha já no ano 1088, sendo essa a universidade mais antiga da Europa, onde estudaram Dante Alighieri, "pai da língua italiana", e Petrarca, considerado o criador do soneto[175].

B.7) OUTROS CENTROS URBANOS

Também desempenharam papel de relevo nessas e em outras áreas econômicas ao longo dos anos as cidades de Lucca, Nápoles, Amalfi, Pisa[176], Bruges,

172 Para aprofundamento sobre as raízes da formação de Milão, ver: NOYES, Ella. *The story of Milan*. London: Dent & Co., 1908.

173 A arte serviu, entre outros propósitos, como meio de afirmação, domínio e poder. Assim o foi, como já referido, com os Médici em Florença e com os Sforza em Milão, mas, também, com os Gonzaga em Mântua, os Este em Ferrara e assim por diante. Parte do prestígio de cada corte residia no círculo de intelectuais, inclusive pintores e escultores, que em torno dela orbitavam. Ao fim e ao cabo, o clássico "Vida dos artistas", ou, mais precisamente, "*Le vite de' più eccellenti pittori, scultori e architettori*", de Giorgio Vasari, publicado em 1550, considerado o primeiro livro de história da arte, é amplamente reconhecido com uma propaganda da república florentina e da família Médici — tendo sido, inclusive, dedicado a Cosimo I de Medici (1519-1574), Grão-Duque da Toscana.

174 Para aprofundamento sobre as raízes da formação de Bologna, ver: WIEL, Alethea. *The story of Bologna*. London: Dent & Co., 1923.

175 Sobre o prestígio e a rivalidade das universidades italianas na Idade Média, ver: BURCKHARDT, Jacob. *A cultura do Renascimento na Itália*: um ensaio. São Paulo: Companhia das Letras, 2009, p. 203 ss.

176 Sobre a história de Pisa, ver: BANTI, Ottavio. *Breve storia di pisa*. Milano: Pacini, 2011.

Antuérpia, Colonia, Champagne, Lyon, Flandres e Amsterdã[177], entre outras cidades e regiões[178].

A sequência clássica das capitais comerciais europeias inicia com Veneza, desloca-se para Antuérpia, Gênova, Amsterdã e, posteriormente, para Londres[179]-[180]. A variação deu-se em função de vários fatores, mas a mudança do eixo comercial do Mediterrâneo desempenhou um papel relevante nessa alternância.

c) Corporações de ofício

As corporações de ofícios ou guildas, por sua vez, foram as instituições econômicas básicas das cidades medievais, tendo se desenvolvido a partir do Século XI, especialmente entre os anos 1000 e 1800 (período em torno do qual passaram a ser banidas)[181].

Floresceram, inicialmente, onde a ausência de uma autoridade estatal impunha que comerciantes e membros de outros ofícios se organizassem corporativamente para que houvesse condições institucionais para o desempenho de suas atividades. Estiveram ativas durante as Idades Média e Moderna, com amplo espectro de atuação na sociedade.

Em síntese, o crescimento e o desenvolvimento do comércio exigiram a formação de associações de indivíduos que compartilhavam particularidades e escopos em comum. Essas características eram variadas (religião, nacionalidade, vizinhança, serviços militares, interesses culturais, convicções políticas e assim por diante), mas geralmente essa aproximação decorria do exercício da mesma profissão ou atividade.

Em muitos casos, só era possível ingressar em uma corporação medieval depois de um longo período de aprendizado, cujo tempo variava de dois a sete

177 Para aprofundamento sobre o desenvolvimento do capitalismo em Amsterdã, ver: BARBOUR, Violet. *Capitalism in Amsterdam in the 17th century*. 2 ed. Michigan: Arbor, 1966.

178 GOLDSCHMIDT. *Storia universale del diritto commerciale...*, p. 118-122. Sobre o tema, ver: SAPORI. *Le marchand italien au Moyen Âge...*; PIRENNE. *Medieval cities...*; PIRENNE. *História econômica e social da Idade Média...*; LE GOFF, Jacques. *A bolsa e a vida*. 2 ed. São Paulo: Brasiliense, 2004; LE GOFF. *Mercadores e banqueiros da Idade Média...*; LOPEZ. *A revolução comercial da Idade Média – 950-1350...*; GELDERBLOM. *Cities of commerce...*, p. 19 ss; GIORDANI. *História do mundo feudal...*, p. 324-400.

179 GELDERBLOM. *Cities of commerce...*, p. 5.

180 Sobre a formação de Londres, ver: HUNTINGTON, Henry of. *The history of the english people – 1000-1154*. New York: Oxford University Press, 2002, p. 6-111; MOUNT, Toni. *Everyday life in medieval London*. London: Amerley, 2015, p. 9-65.

181 BURNS. *História da civilização ocidental*, v. I..., p. 345.

anos, dependendo da profissão[182] — sendo que o acesso ao aprendizado dependia, muitas vezes, de o pretendente possuir laços familiares ou outros tipos de relações com os membros já matriculados[183].

As guildas tinham menor atuação em atividades econômicas relacionadas ao setor primário e maior prevalência em atividades industriais e terciárias, tendo na atividade mercantil seu principal e mais relevante foco de desempenho[184].

Os mercadores eram vendedores de atacado, com foco no lucro, especializados em negociar produtos que não produziam para outros vendedores, agentes e indústrias, sem contato direto com o consumidor. Segundo GROSS, não havia razão para a defesa de interesses comuns e, por conseguinte, para a formação de guildas mercantis (*merchant gilds*) até o desenvolvimento do comércio e da indústria — e sua predominância sobre a agricultura[185].

As guildas mercantis exerceram várias funções (*v.g.*, econômicas, sociais, políticas e jurídicas) no curso da história, tendo contribuído imensamente para o renascimento do comércio na Baixa Idade Média e para a resolução de problemas típicos da época medieval (*i.e.*, extorsão estatal, insegurança do comércio, inadimplemento de contratos, assimetria informacional e volatilidade econômica)[186].

Os cargos públicos nas cidades italianas eram preenchidos pelos membros das guildas. Em geral, qualquer integrante com mais de 30 anos e que não tivesse dívidas poderia se habilitar. A maioria dos postos pertencia a membros das chamadas guildas maiores (as mais ricas e poderosas, como as dos banqueiros e dos comerciantes de diversos produtos), sendo que as guildas menores (dos membros de profissões que formavam a classe média e baixa, como padeiros e barbeiros) ficavam com apenas um quarto das vagas. Assim, as cidades eram comandadas por uma oligarquia de ricos mercadores e banqueiros, que criavam condições institucionais para que o comércio se desenvolvesse.

As guildas também praticavam uma série de atos que hoje seriam considerados ilegais e contrários ao desenvolvimento do livre-comércio, como o estabelecimento de monopólios, a fixação de preços, a vedação de acesso dos

182 BURNS. *História da civilização ocidental*, v. I..., p. 346.
183 BURNS. *História da civilização ocidental*, v. I..., p. 347.
184 BURNS. *História da civilização ocidental*, v. I..., p. 345-346.
185 GROSS, Charles. *The guild merchant*. Oxford: Clarendon Press, 1890, p. 29 ss.
186 OGILVIE, Sheilagh. *Institutions and european trade*: merchant guilds – 1000-1800. New York: Cambridge University Press, 2011, p. 2-3.

não membros ao exercício de atividades profissionais, a definição de privilégios para seus membros, a discriminação de estrangeiros, a prática de suborno e assim por diante[187].

d) Ligas comerciais

Outra instituição típica deste período são as *ligas comerciais* estabelecidas entre algumas cidades mercantis, especialmente relevantes para o *comércio internacional* — negócio em que o protagonismo não era de uns poucos mercadores individualmente considerados ou mesmo de uma única corporação de mercadores. Pela sua dimensão e complexidade, essa atividade fez necessária à formação de associações mais amplas, que incluíam, inclusive, cidades com interesses afins. A mais famosa foi a Liga Hanseática Teutônica[188].

Surgida no Século XII, a Liga Hanseática chegou a ter quase 90 cidades sob o comando de Lübeck, Hamburgo e Bremen. Controlava, essencialmente, o comércio entre as Europas Setentrional e Meridional, dirigindo a comercialização de bens vindos da região báltica (*v.g.*, peles, âmbar e couro) e produtos do sul da Europa (como vinhos, especiarias e frutas)[189]. Era tão bem-organizada a ponto de poder ameaçar cidades com o abandono coletivo (espécie de "embargo comercial medieval") em caso de punição de seus mercadores[190].

e) Relação entre cidades, corporações e ligas comerciais

Há uma relação íntima entre as feiras, as cidades, as corporações de ofício e as ligas comerciais. Vale dizer, nas cidades surgiram feiras para atender a sua população crescente e, em alguns casos, as feiras mais importantes, realizadas em determinadas regiões onde não havia cidades, fixaram-se ali e deram origem a centros urbanos que brotaram a sua volta. O arranjo político-institucional

[187] OGILVIE. *Institutions and european trade...*, p. 2-3. Sobre o tema, ver, também: LOPEZ. *A revolução comercial da Idade Média – 950-1350...*, p. 137-161; BURNS. *História da civilização ocidental*, v. I..., p. 346 ss.

[188] BURNS. *História da civilização ocidental*, v. I..., p. 352.

[189] BURNS. *História da civilização ocidental*, v. I..., p. 352.

[190] GELDERBLOM. *Cities of commerce...*, p. 8. Ver ainda: MITCHELL, William. *An essay on the early history of law of merchant*. Cambridge: University Press, 1904, p. 29-31, 55. Para aprofundamento sobre o tema, ver: OGILVIE. *Institutions and european trade...*; LOPEZ. *A revolução comercial da Idade Média – 950-1350...*, p. 137-161; GELDERBLOM, Oscar; GRAFE, Regina. "The rise and fall of the merchant guilds: re-thinking the comparative study of commercial institutions in premodern Europe". *The Massachusetts Institute of Technology and the Journal of Interdisciplinary History*, Vol. 40, Iss. 4, Spring 2010, p. 477-511; BLOCKMANS, Wim. "Constructing a sense of community in rapidly growing European cities in the eleventh-thirteenth centuries". *Historical Research*, 83 (222), 2010, p. 575-587; LEFRANC. *História breve do comércio...*, p. 50-52.

das cidades era concebido pelos seus cidadãos mais poderosos: os comerciantes. Esses, por sua vez, organizavam-se em corporações. Assim, o governo das principais cidades era dirigido pelos membros das corporações (guildas), eleitos entre seus pares. Essa oligarquia mercantil tratava de transformar as cidades em ambientes institucionais cada vez mais favoráveis ao comércio. Muitas vezes, quando o comércio era de longa distância e de larga escala — e, portanto, exigia maior grau de sofisticação e organização —, as cidades se reuniam em ligas, que controlavam importantes rotas do comércio internacional.

2.3. *Organização jurídica medieval*

O renascimento comercial foi a mola propulsora da evolução do direito comum (*diritto comune*), de um lado, e da consolidação do direito particular ou especial (*ius proprium*), de outro[191].

Direito comum é o direito aplicável a todos. Direito especial é aquele reservado a uma classe ou categoria específica de pessoas[192].

No tocante ao direito especial, tem-se a especialização da disciplina jurídica comercial durante a Baixa Idade Média, com a formação de um corpo de normas aplicável aos comerciantes e suas relações[193]. Esse fenômeno deu origem ao que hoje conhecemos como direito mercantil, comercial ou empresarial[194] — que, nas suas origens, assume os contornos de "direito da nascente burguesia das cidades"[195].

A elaboração do direito comercial pelos jurisconsultos italianos do Medievo foi possível com a fusão de elementos do *direito romano* (redescoberto pelos glosadores da escola de Bologna, especialmente os preceitos do *Corpus Juris*) [196] com os *usos e costumes mercantis* desenvolvidos no comércio urbano (especialmente praticado nas repúblicas mercantis da Itália) e internacional (particularmente com Oriente), bem como nas feiras[197] — sendo que esses usos e

191 ASCARELLI. *Istituzioni di diritto commerciale*..., p. 4.

192 CAVALLI. *Direito comercial*..., p. 18.

193 REHME. *História universal del derecho mercantil*..., p. 167.

194 KULISCHER, J. M. *Storia economica del Medioevo e dell'epoca moderna*, v. I. Trad. G. Bohm. Firenze: Sansoni, 1955, p. 509 ss; KEEN, Maurice. *The penguin history of medieval Europe*. London: Penguin Books, 1991, p. 225-243.

195 ASCARELLI. *Panorama do direito comercial*..., p. 23.

196 A influência do direito romano na construção do direito comercial nesse período foi tratada em: ASCARELLI. "A idéia de código no direito privado e a tarefa da interpretação...", p. 53-54. O tema também foi destacado por: CAVALLI. *Direito comercial*..., p. 13.

197 CAENEGEM, R. C. Van. *Uma introdução histórica ao direito privado*. 2 ed. São Paulo: Martins Fontes, 2000, p. 119.

costumes consistiram na verdadeira fonte do direito comercial. Por isso se diz que a organização jurídica construída ao longo da Idade Média representa a mediação histórica entre o mundo antigo e o moderno[198].

Assim, o direito comercial tem seu berço e certidão de nascimento justamente na Itália, inspirado na civilização romana[199] e nos costumes desenvolvidos pelos *hommes d'affaires*[200]. Nesse contexto, a classe mercantil exerceu papel central[201], inclusive no que se refere à formação de novas tendências éticas, ao estabelecimento de padrões de comportamento de mercado[202] e à redescoberta da vida econômica no interior e no entorno das cidades[203].

Esse complexo universo medieval abrigou uma infinidade de ordenamentos jurídicos[204], concorrentes entre si e sem preocupação com sua imutabilidade. O princípio da pluralidade dos ordenamentos (*pluralismo jurídico*), completamente desvinculado da necessária presença do Estado para a produção do direito, vigorou durante esse período da história da Civilização[205].

Segundo Paolo Grossi, a ordem jurídica medieval apresenta um intenso particularismo (*localismo jurídico*), representando uma experiência de "múltiplos ordenamentos, uma profusão de autonomia"[206] não somente entre si, mas também do poder político que, em certa maneira, lhes era indiferente ou os tolerava[207].

De acordo com o catedrático da Universidade de Florença: "O direito comercial é, também, ele ao menos no início, aquele conjunto de usos que a classe dos mercadores — cada vez mais forte no âmbito econômico, social e político, cada vez mais consciente de seu papel e tendente a construir defesas jurídicas para seus interesses — elabora, para disciplinar de modo autônomo as transações comerciais: usos nascidos localmente na práxis de uma praça mercantil,

198 CALASSO. *Lezioni di storia del diritto italiano...*, p. 123.

199 RENOUARD. *Traité des faillites et banqueroutes*, t. I ..., p. 20.

200 RENOUARD, Yves. *Les hommes d'affaires italiens du Moyen Âge*. Paris: Texto, 1968, p. 61-62.

201 LEFRANC. *História breve do comércio...*, p. 40.

202 GUREVIC. "O mercador...", p. 165-189, p. 165; LE GOFF. *Mercadores e banqueiros na Idade Média...*, p. 85-87; CIPOLLA. *História econômica da Europa pré-industrial...*, p. 169.

203 ROBERTI, Mechiorre. *Lineamenti di storia del diritto dalle origini di Roma ai nostri giorni*, v. II. Milano: Giuffrè, 1933, p. 19.

204 BLOCH. *A sociedade feudal...*, p. 142.

205 ROBERTI. *Lineamenti di storia del diritto dalle origini di Roma ai nostri giorni*, v. I..., p. 38-44.

206 GROSSI. *A ordem jurídica medieval...*, p. 44.

207 GROSSI. *A ordem jurídica medieval...*, p. 61. Ver, também: CAVALLI. *Direito comercial...*, p. 9.

mas que posteriormente se tornaram gerais em virtude da valorização universal do *coetus mercatorum*"[208].

Nesse contexto, paulatinamente, durante a segunda metade do Medievo, criam-se, continuamente, novas ferramentas (de que são exemplos os títulos de crédito, as sociedades comerciais, a falência e os contratos de seguro), bem como simplificam-se e agilizam-se instrumentos para atender as exigências do comércio (como a representação e a cessão de crédito) — superando-se, inclusive, antigas hesitações já injustificáveis (com a aceitação do contrato em favor de terceiro, por exemplo)[209].

Com isso, um conjunto orgânico de institutos toma forma, acompanhado de uma complexa organização de classes e de profissões, seguidos da instituição de foros especiais. Nesse quadro, pode-se afirmar que o direito dos mercadores é sem dúvida um dos protagonistas do particularismo jurídico do final da Idade Média[210].

Esse localismo (ou particularismo) jurídico do direito mercantil, cuja esfera de atuação não era facilmente identificável, o distinguia de outros fenômenos[211] — era o status de comerciante atribuído a determinado sujeito, e não as fronteiras territoriais, que determinava a eficácia desse ramo do direito. Nesse sentido, "o particularismo nada mais é que o localismo jurídico. Mas existe outra manifestação particularista bastante relevante, que encontra seu limite não numa fronteira espacial, mas na qualidade dos sujeitos legitimados à fruição de determinadas regras jurídicas: é o caso do direito feudal e do direito comercial"[212].

Em decorrência de todas essas características do direito mercantil — especialmente a possibilidade de extensão dos seus efeitos a todos os locais em que o comerciante exercesse sua atividade —, o caráter internacional e multidimensional de suas normas é bastante acentuado[213], assumindo contornos cosmopolitas. Isto é, "a formação do direito mercantil não correspondia propriamente à cidade como tal, mas aos comerciantes"[214].

[208] GROSSI. *A ordem jurídica medieval...*, p. 61; Ver, também: CAVALLI. *Direito comercial...*, p. 9.

[209] GROSSI. *A ordem jurídica medieval...*, p. 276; Ver, também: CAENEGEM. *Uma introdução histórica ao direito privado...*, p. 118-119.

[210] GROSSI. *A ordem jurídica medieval...*, p. 276; Ver, também: CAENEGEM. *Uma introdução histórica ao direito privado...*, p. 118-119.

[211] CAVALLI. *Direito comercial...*, p. 11.

[212] GROSSI. *A ordem jurídica medieval...*, p. 274-275.

[213] CAENEGEM. *Uma introdução histórica ao direito privado...*, p. 118.

[214] REHME. *História universal del derecho mercantil...*, p. 66.

A origem da *lex mercatoria* está, portanto, intimamente conectada com o ressurgimento do comércio, dos mercados, dos portos e das feiras medievais[215], após os tumultuados séculos que seguiram à queda do Império Romano[216], assim como o comércio foi elemento determinante para urbanização e crescimento das cidades[217].

Por outro lado, as cidades italianas perceberam que a liberdade política, o comércio e a indústria eram fontes de poder e de riqueza, razão pela qual direcionaram suas políticas públicas para tais escopos. Na verdade, foram os mercadores, empossados nos principais cargos públicos, que criaram esses ambientes institucionais altamente favoráveis ao comércio no seu próprio interesse. Para tanto, foram favorecidos pela posição geográfica estratégica de algumas cidades em relação ao Oriente.

Tendo como base essas circunstâncias, o direito comercial desenvolveu-se rapidamente, incorporando a tradição jurídica costumeira em leis escritas (*lex scripta*), sem, no entanto, buscar a completude legislativa nem eliminar o reconhecimento de antigos usos e costumes[218]. Tudo que era útil foi aproveitado e a legislação era positivada conforme as necessidades se apresentavam.

Não é à toa que os estudos históricos do direito comercial no medievo decorrem, em larga medida, dos preciosos registros legislativos, repositórios culturais e doutrinários das cidades italianas[219]. Tudo isso especialmente a partir do Século XI, mesmo que cada região tenha alcançado seu estágio de desenvolvimento em momentos distintos, e cultivado peculiaridades locais, costumeiras e legais[220].

Como referido, essas manifestações jurídicas particularistas não tinham pretensões totalitárias. Não havia antagonismo frontal entre o *ius comune* (direito universal) e o *ius proprium* (direito particular ou especial). A rigor,

[215] A dinâmica, o funcionamento e a razão de existir das feiras medievais foram desenvolvidos com profundidade em: DAY. *Historia del comercio*, t. I..., p. 63-70.

[216] MITCHELL refere que, durante o Império Carolíngio (aproximadamente 800 a 924 d.C.), o comércio, as feiras, os mercados medievais e os próprios mercadores passaram a receber maior destaque nas legislações locais e despertar interesse dos Imperadores e chefes de província. Há, inclusive, citação de uma carta escrita pelo Imperador Carlos Magno ao Rei de Mércia, na qual garante proteção e salvo-conduto aos mercadores do referido reino que estivessem cruzando e/ou negociando em seus domínios territoriais, exigindo, em contrapartida, tratamento recíproco. Cf. MITCHELL. *An essay on the early history of law of merchant*..., p. 23.

[217] ASCHERI, Mario. *I diritto del Medioveo italiano*. Roma: Carocci, 2022, p. 188-189.

[218] MITCHELL. *An essay on the early history of law of merchant*..., p. 29-31, 55.

[219] LATTES, Alessandro. *Il fallimento nel diritto comune e nella legislazione bancaria della Republica di Venezia*. Venezia: M. Vicentini, 1880 (reimprezione), p. 3; SOUZA. *Prelecções de direito comercial*..., p. 43-44.

[220] MITCHELL. *An essay on the early history of law of merchant*..., p. 27-29; VAMPRÉ, Spencer. *Tratado elementar de direito comercial*: parte I. Rio de Janeiro: Briguiet e Cia., 1921, p. 21 ss.

manteve-se uma relação de influência recíproca entre o direito universal e o direito particular. Como relata GROSSI, os ordenamentos particulares, "no seu âmbito e ordem, integram-no, especificam-no, chegam até a contradizê-lo com variações particulares, mas não chegam a negá-lo. Pelo contrário, elas o pressupõem, colocando-se em posição dialética — ou seja, em relação, patente ou latente — com esse imenso patrimônio que circula por toda a parte e constitui o *ius*, o *ius* por excelência"[221].

2.4. *Lex mercatoria*

Nascido nas feiras e no comércio marítimo do Medievo, o direito comercial era cuidadosamente regulado na legislação estatutária[222] das diversas corporações de ofícios[223]. Estava alicerçado em certas instituições de direito romano e nos usos e costumes dos próprios mercadores (*lex mercatorum*)[224].

Tal contexto garantiu aos comerciantes um tratamento jurídico adequado às suas necessidades econômicas[225], reforçado pela concorrência entre as normas comerciais citadinas[226] e pela existência de uma jurisdição especial para o julgamento de seus processos[227].

A substituição de um poder central enfraquecido e distante por uma autoridade local eficiente e próxima das necessidades dos cidadãos facilitou o processo de criação do direito como um todo[228]-[229].

221 GROSSI. *A ordem jurídica medieval*..., p. 276-277.

222 "Quando aqui se fala de direito estatutário, deve-se entender a soma das regulamentações particulares de comunas, inclusive as pequenas, consolidações quase sempre de costumes locais, bastante desvinculadas umas das outras, expressões [...] da vida jurídica local". Cf. GROSSI. *A ordem jurídica medieval*..., p. 283-284. Ver, também: CARAVALE, Mario. *Ordinamenti giuridici dell'Europa medievale*. Bologna: Il Mulino, 1994, p. 487-488.

223 Sobre as corporações de ofício, ver: DE PAULA. "As origens das corporações de ofício. As corporações em Roma", p. 1-66.

224 ASCHERI. *I diritto del Medioveo italiano*..., p. 186 ss. Nesse sentido, vale registrar que, durante os séculos XIV e XV, identificou-se um movimento, liderado pelas cidades lombardas, de cópia literal das regras estatutárias de regiões bem-sucedidas e de guildas de maior destaque econômico, o que veio a determinar certa uniformização nas regras comerciais (incluindo a falência) das diversas regiões europeias (MITCHELL. *An essay on the early history of law of merchant*..., p. 33).

225 REHME. *História universal del derecho mercantil*..., p. 65-66; PIRENNE. *Medieval cities*..., p. 128-129.

226 ASCHERI. *I diritto del Medievo italiano*..., p. 188-189; ASCARELLI. "A idea de código no direito privado...", p. 92-93.

227 MITCHELL. *An essay on the early history of law of merchant*..., p. 40 ss; ASCARELLI. "O desenvolvimento histórico do direito comercial...", p. 238 ss; REHME. *História universal del derecho mercantil*..., p. 67.

228 GELDERBLOM. *Cities of commerce*..., p. 3.

229 "No panorama medieval, com as autonomias jurídicas, desenvolviam-se ordenamentos distintos fundados nas diferentes necessidades econômicas sentidas nas cidades, em que novas profissões e o comércio floresciam e, no campo, onde a estratificação social acentuava-se por um rígido controle sobre a propriedade imobiliária, necessário ao exercício da agricultura. A autonomia dos direitos

Em uma sociedade sem a presença do Estado (e, portanto, sem o monopólio da produção do direito[230]), esse meticuloso processo de criação e de registro das normas (executado graças aos esforços de interpretação e complementação do direito romano e à observação da realidade do mercado) garantiu ao Medievo a *maternidade do direito comercial*, inclusive em matéria bancária, societária, financeira e falimentar[231].

Comerciantes eram aqueles matriculados no *album mercatorum* das corporações de ofício — que englobavam profissões diversas, não apenas o ofício mercantil[232]. Nesse contexto, o direito comercial, que, pelo critério temporal, tende a ser o mais antigo dos direitos profissionais[233], era um conjunto de regras:

(i) criado com base nos uso e costumes da atividade comercial. Daí porque se trata de *direito consuetudinário;*

(ii) constante nos estatutos das corporações, os quais iam incorporando os usos e costumes já sedimentados. Por essa razão, é chamado de *direito corporativo, direito estatutário, direito profissional ou direito de classe;*

(iii) aplicado inicialmente apenas aos comerciantes matriculados e, posteriormente, entre comerciantes e não comerciantes, desde que o autor ou o réu fosse comerciante. Em razão disso, era chamado *direito especial*, pois aplicado a uma classe e àqueles que com ela se relacionassem (*ius mercatorum ratione mercatura*)[234]; e

(iv) aplicado por uma *justiça especial*. Eram os chamados *tribunais consulares*, embriões dos tribunais de comércio, que se baseavam em uma justiça sem formalidades (*sine strepitu et figura judicii*) e de acordo com a equidade (*ex aequo et bono*)[235].

das comunas estabelecia uma clara separação com o direito feudal, também autônomo. Formava-se, assim, a importante dicotomia entre o direito das comunas e direito feudal – aquele, direito das cidades; este, direito da lavoura". Cf. CAVALLI. *Direito comercial...*, p. 18.

230 GROSSI. *A ordem jurídica medieval...*, p. 286-288.

231 LATTES. *Il fallimento nel diritto comune...*, p. 5-6; REHME. *História universal del derecho mercantil...*, p. 65 ss.

232 REHME. *História universal del derecho mercantil...*, p. 67.

233 ESTRELLA. *Direito Comercial* (estudos)..., p. 110 ss.

234 CAVALLI. *Direito comercial...*, p. 20.

235 Por tudo: FRANÇA. *Fundamentos do direito da empresa e da atividade negocial...*

O direito comercial, então, é o *jus mercatorum* ou a *lex mercatoria*[236], criado pelos comerciantes, que tem como características ser um direito: (*a*) profissional (*corporativo; de classe*); (*b*) consuetudinário (baseado nas práticas mercantis); (*c*) urbano e essencialmente mobiliário (o comércio está relacionado à circulação da riqueza mobiliária); (*d*) afeito ao internacionalismo (tendo em vista a existência de feiras livres); e (*e*) racional (*i.e.*, não é baseado em crendices ou em simples tradições, mas nas práxis de mercado)[237].

a) Fontes

As fontes do direito comercial eram os estatutos das corporações mercantis, os usos e costumes do mercado, bem como as decisões das cúrias e tribunais consulares dos mercadores[238].

E se é verdade que as cidades serviram de base para a formação das corporações de ofício, também o é que estas cumpriram papel fundamental na construção daquelas e na modelagem de suas leis[239]: "o estatuto ou constituição das corporações era um reflexo do da cidade"[240].

À época existiram diversas compilações, tanto de costumes, como a *Consuetudines* de Gênova, de 1056, e o *Liber consuetudinem* de Milão, de 1216, quanto de decisões consulares, como as do Tribunal da Rota de Gênova e o *Capitulare Nauticum* de Veneza, de 1255. Da mesma forma se deu com o direito marítimo, de que é exemplo o *Consolato del Mare* de Barcelona (do Século XI).

A primeira obra de direito comercial, sistematizando a matéria, é atribuída a BENVENUTO STRACCA: o *Tractatus de Mercatura seu Mercatore*, datado de 1553[241].

236 As expressões *ius mercatorum* e *lex mercatoria* surgem inicialmente na linguagem jurídica em um momento posterior. São utilizadas, prevalentemente, por comentadores como BARTOLO e BALDO. Essa prática gerou uma consequência particular: passou a designar, mais do que uma divisão do direito, um modo particular de criar o direito: é *ius mercatorum* ou *lex mercatoria* não apenas porque regula a atividade dos mercadores, mas também, e sobretudo, por ser um direito criado pela classe mercantil. Então, o uso dessas expressões, especialmente da segunda, se difundiu por toda a Europa; encontra-se a expressão *lex mercatoria*, alternativamente a *Law Merchant*, no título da obra do inglês MALYNES datada do século XVII, cuja legenda faz referência, significativamente, a "negociações em todas as praças do mundo". Cf. GALGANO. *Lex mercatoria*..., p. 40.

237 FRANÇA. *Fundamentos do direito da empresa e da atividade negocial*...

238 GALGANO. *Lex mercatoria*..., p. 38-39.

239 REHME. *História universal del derecho mercantil*..., p. 66-67; CAVALLI. *Direito comercial*..., p. 20.

240 REHME. *História universal del derecho mercantil*..., p. 67.

241 ASCARELLI. "O desenvolvimento histórico do direito comercial...", p. 239. Essas referências se encontram, também, em: FRANÇA. *Fundamentos do direito da empresa e da atividade negocial*...

b) Destinatários

Tratava-se de um direito especial que conviveu lado a lado com o chamado "direito comum" (romano-canônico), este último aplicado a todos[242]. A bem da verdade, o direito comercial era aplicado em regime de concorrência ou de coexistência com relação aos demais direitos. O pressuposto de sua aplicação — nesse caso de forma obrigatória, em detrimento das demais regras — era a presença de um mercador em uma das pontas da relação[243].

Não por outra razão essa primeira fase do direito comercial é conhecida como "Período Subjetivo ou Corporativo", pois emanado e controlado pelas corporações de artes e ofícios[244]. Quanto ao objeto de regulação, as regras comerciais desse período gravitam em torno do câmbio (troca) e do mercado, os dois principais polos normativos da época[245] — com relevante repercussão social, para além da própria classe mercantil[246].

c) Contratos

Tem origem nessa fase a formação de importantes diretrizes sobre a conclusão dos contratos, já que o pujante comércio exigia um sistema contratual mais completo e elástico, assente na liberdade de formas e na possibilidade de criação de esquemas contratuais e societários atípicos[247] — em contraposição ao sistema clássico, muito apegado ao formalismo[248]. Nesse contexto, surgem normas sobre a representação, a venda, a comissão e o seguro[249].

Tome-se como exemplo o contrato de seguro: sua origem remonta à necessidade dos comerciantes de mitigar os enormes "riscos de mar", notadamente pirataria e naufrágios, decorrentes do intenso comércio marítimo praticado pelas cidades italianas costeiras. Na literatura, o comércio marítimo (e seus riscos) servem de pano de fundo para *O Mercador de Veneza*, de WILLIAM SHAKESPEARE, escrito no final do Século XVI e cujo contexto narra a disputa de uma dívida inadimplida do comerciante Antônio para com o usurário Shylock[250].

242 ASCARELLI. "O desenvolvimento histórico do direito comercial...", p. 238-239.
243 GALGANO. *Lex mercatoria...*, p. 39.
244 ASCARELLI. "O desenvolvimento histórico do direito comercial...", p. 238.
245 ASCARELLI. "O desenvolvimento histórico do direito comercial...", p. 239.
246 ASCHERI. *I diritto del Medioveo italiano...*, p. 188.
247 ASCHERI. *I diritto del Medioveo italiano...*, p. 189.
248 ASCARELLI. *Panorama do direito comercial...*, p. 24-25.
249 ASCARELLI. "O desenvolvimento histórico do direito comercial...", p. 239.
250 A crítica à usura e o dilema do inadimplemento de uma dívida de sangue são os fios condutores da trama na peça de WILLIAM SHAKESPEARE, na qual o dinheiro que Bassano pede a Antonio para

d) Sociedades

Durante o Medievo, desenvolveram-se a *compagnia* e a *commenda*, origem, de um lado, da sociedade em nome coletivo, e de outro, da sociedade em comandita simples, da sociedade em comandita por ações e da sociedade em conta de participação[251]. O período foi profícuo para o direito societário, sobretudo em razão da necessidade de ajustes associativos para a exploração do comércio marítimo.

e) Títulos de crédito

O Medievo também foi berço de inovações que auxiliaram definitivamente na formação do direito cambiário. Por exemplo, a história dos títulos de crédito tem seu marco inicial nesse período histórico, com o desenvolvimento da letra de câmbio como instrumento de pagamentos internacionais[252].

As grandes casas bancárias possuíam filiais nas principais cidades europeias e praticavam uma operação revolucionária para a época e que facilitava a vida dos viajantes, comerciantes ou não: ao invés de portarem dinheiro e correrem os riscos e dificuldades inerentes ao transporte de grandes quantias em moeda por longas distâncias, faziam depósitos em casas bancárias na cidade de origem, que, por sua vez, sacavam um título de crédito contra a sua filial na cidade de destino.

Por conta do depósito, o viajante era credor e a casa bancária devedora. De posse do título de crédito, uma ordem de pagamento, o portador-beneficiário apresentava o título à filial da casa bancária devedora, retirando a quantia, já em moeda local[253].

Mais tarde, com o advento do endosso, os comerciantes começaram a realizar pagamentos transmitindo o título em si, aumentando em muito o espectro de utilização das cambiais e a circulação do crédito.

cortejar Porcia é obtido junto ao agiota judeu Shylock, que exige como garantia pelo pagamento da dívida um pedaço da carne de Antonio (SHAKESPEARE. *O mercador de Veneza*...). Sobre o tema, Cf. CASTRO NEVES, José Roberto. *Medida por medida.* O direito em Shakespeare. 6 ed. Rio de Janeiro: Nova Fronteira, 2019.

251 WEBER, Max. *The history of commercial partnerships in the Middle Ages*. Trad. Lutz Kaelber. Lanham, Boulder, New York, Oxford: Rowman & Littlefield Publishers Inc., 2003, p. 85 ss; GOLDSCHMIDT. *Storia universale del diritto commerciale*..., p. 214; CAROSELLI, Oscar. *L'associazione in partecipazione*. Padova: Cedam, 1930, p. 48; FERREIRA. *Tratado de direito comercial*, v. 1..., p. 46.

252 GOLDSCHMIDT. *Storia universale del diritto commerciale*..., p. 309 ss; ASCARELLI. "O desenvolvimento histórico do direito comercial...", p. 239; ASCARELLI. *Panorama do direito comercial*..., p. 105.

253 Daí o nome "letra de câmbio". "Letra" vem de *lettera* (carta) e "câmbio" é uma referência à troca de moedas.

Um detalhe interessante: os Cavaleiros Templários, conhecida ordem religiosa formada por monges guerreiros que protegiam os peregrinos rumo a Jerusalém, funcionava também como espécie de casa bancária. Assim, o viajante rumo ao Oriente podia depositar dinheiro em Londres (mas especificamente na *Temple Church*) ou em qualquer outra praça onde a Ordem possuísse uma filial, recebendo em contrapartida uma carta de crédito, que era apresentada na filial templária na Terra Santa para o recebimento do numerário correspondente.

f) Escrita contábil

Institutos complementares da atividade comercial igualmente ganharam corpo, como as regras sobre os livros dos comerciantes, que assumiram relevância probatória. Aliás, é do final do período a obra que torna a escrita contábil uma ciência: a *Summa de Arithmetica, Geometria, Proportioni et Proportionalita*, publicada em Veneza em 1484. Essa obra, de autoria do frade franciscano LUCA PACIOLI, não é um livro exclusivamente contábil, como o próprio nome sugere, mas sim de matemática.

Um de seus capítulos, no entanto, é reservado à matéria contábil aplicada às empresas comerciais pelo método de partidas dobradas[254] (*Tractatus Particularis de Computis et Scripturis*), base da ciência contábil até os dias de hoje[255]. PACIOLI, amigo próximo de LEONARDO DA VINCI[256] e matemático da corte milanesa de LUDOVICO SFORZA, não foi o criador do método — na verdade ninguém sabe ao certo quem foi —, mas é considerado o pai da contabilidade por ter registrado o conhecimento e o difundido[257].

254 FERREIRA. *Tratado de direito comercial*..., p. 46.

255 "Documentos históricos nos informam que, até o século XIII, a escrituração nos livros comerciais obedecia ao método chamado das partidas simples. Cada operação, com sumária descrição, figura no livro "Jornal" ou "Diário" uma só vez, ou no deve, ou no haver, com os nomes, é claro, das respectivas pessoas. Os resultados econômicos se obtinham no fim de cada período ou exercício, confrontando o inventário feito no princípio dele com o que se levantava no seu fechamento. [...]. O método das partidas dobradas (n. 10 e 11), segundo o qual o registro de cada operação obriga a um duplo lançamento, a débito de uma pessoa e a crédito de outra, pela vantagem que oferece ao dono da empresa ou do estabelecimento de conhecer dia a dia a situação real do seu patrimônio, em face das variações por que vai este passando, generalizou-se a partir do século XV". Cf. VALVERDE, Miranda. *A força probante dos livros mercantis*. Rio de Janeiro: Forense, 1960, p. 22.

256 Ambos integraram a corte de LUDOVICO SFORZA em Milão. LEONARDO aprendeu matemática com PACIOLI, a quem retribuiu o favor desenhando uma série de ilustrações para um de seus livros, intitulado "*De divina proportione*". Aliás, as sessenta ilustrações feitas para PACIOLI foram os únicos desenhos publicados em vida por LEONARDO (ISAACSON, Walter. *Leonardo da Vinci*. Rio de Janeiro: Intrínseca, 2017, p. 176, 227-232).

257 VALVERDE. *A força probante dos livros mercantis*..., p. 22-23.

g) Firma e marca

A firma mercantil e a marca, por sua vez, aparecem como forma de diferenciar um comerciante do outro e a origem dos seus produtos[258]. Os estatutos de algumas cidades medievais italianas passaram a regular certos aspectos das firmas comerciais[259].

O instituto do nome comercial surgiu primeiramente com as sociedades e só depois foi utilizado pelo comerciante individual. Inicialmente, o comerciante singular exercia o comércio usando seu nome civil (ou simplesmente um título de fantasia afixado na fachada de seu estabelecimento), não sendo o caso de se falar, na Idade Média, em firma comercial como sinal distinto do nome civil[260].

[258] ASCARELLI. "O desenvolvimento histórico do direito comercial...", p. 239; FERREIRA. *Tratado de direito comercial*, v. 1..., p. 46.

[259] FERREIRA, Waldemar. *Tratado de direito comercial*, v. 3. São Paulo: Saraiva, 1961, p. 476. Posteriormente, os grandes códigos oitocentistas (como o Código Comercial francês de 1807 e o italiano de 1865) mencionaram a razão social, mas não se ocuparam em determinar como devia ser composta nem de elucidar seus caracteres gerais. O Código Comercial Alemão de Nuremberg foi o primeiro a regular as firmas comerciais (NAVARRINI, Umberto; FAGGELLA, Gabrielle. *Das sociedades e das associações comerciais*, vol. I. Rio de Janeiro: José Konfino, 1950, p. 411; CARVALHO DE MENDONÇA, José Xavier. *Tratado de direito comercial brasileiro*, v. II, t. I. São Paulo: Freitas Bastos, 1963, p. 143 ss).

[260] GOLDSCHMIDT. *Storia universale del diritto commerciale*..., p. 192-193; CARVALHO DE MENDONÇA, José Xavier. *Das firmas ou razões comerciais*. São Paulo: Cardozo, Filho & C., 1909, p. 12.

h) Falência e concordata

A partir dos princípios do concurso de credores romano, moldaram-se as regras da quebra, falência ou bancarrota[261] na Idade Média[262]. Já no Século XIV, o instituto da falência passou a estar delineado nos estatutos das cidades italianas, ao menos em suas linhas essenciais[263].

Da mesma forma, a concordata majoritária, conhecida como instituto humanizador da falência[264]. A bem da verdade, o Medievo é considerado o berço do direito falimentar[265] e o laboratório da falência moderna[266].

i) Outros institutos

As influências não param por aí. Há diversos outros institutos ainda hoje aplicados que remontam ao Medievo, como a matrícula do comerciante (embrião do registro de comércio), o regime das casas comerciais e filiais (estabelecimentos empresariais) e a capacidade ampliada dos menores (prevista atualmente àqueles que possuem economia própria)[267].

261 No âmbito da crise empresarial, a etimologia auxilia a compreensão da crise empresarial. "Falência" vem de "falhar". Aquele que vai à falência, "falha", "falta", "falece" — e, uma vez sem crédito, morre socialmente. Sendo mais exato: o termo *falir* tem origem no latim *fallere* e exprime o sentido de enganar, faltar ao prometido, à palavra dada — a partir do qual significou também falhar. Daí seus derivados *falimento* e *falência*, significando a omissão na observância de um dever, a falta do cumprimento exato de uma obrigação. O latim *fallere* procede da raiz sânscrita *sphall* (vacilar, mover, desviar), donde também procedem o grego *sphallen* (faltar); o alemão *fallen*, *fehlen* (cair, decair, faltar, cair em falta); o inglês *fall*, *fail* (cair, faltar); o francês *faillir*, *faillite* (enganar, pecar, faltar); e o italiano *fallire*, *falimento*, todos com o mesmo significado. Falência e falha moral estão umbilicalmente associadas. Já as expressões "quebra" e "bancarrota", sinônimas, remontam ao costume medieval de quebrar a banca do comerciante devedor que não conseguia honrar com as suas obrigações – "bancarrota" como sinônimo de banca quebrada (CARVALHO DE MENDONÇA, José Xavier. *Tratado de direito comercial brasileiro*, v. VII. 6 ed. atual. por Roberto Carvalho de Mendonça. Rio de Janeiro: Freitas Bastos, 1964, p. 7; ver, também, LEITÃO, Luis Manuel Teles de Menezes. *Direito da Insolvência*. 6 ed. Coimbra: Almedina, 2015, p. 15). Tratava-se de um costume com dupla função: em primeiro lugar, deixar evidente a todos que se tratava de pessoa sem crédito, um falido; em segundo lugar, inabilitar o falido para a mercancia, dado que, para comerciar na feira, era preciso ter uma banca. Em países de língua espanhola, emprega-se fartamente a expressão *"quiebra"* (*"derecho de quiebras"* e *"ley de quiebras"*), enquanto nos de língua inglesa é corrente o uso do termo *"bankruptcy"* (*"bankruptcy law"*). Veja-se que "falido", "quebrado" e "bancarroteiro" se tornaram expressões depreciativas, dado que, quando empregadas fora do contexto técnico do direito, exprimem um juízo de valor pejorativo acerca da pessoa.

262 SANTARELLI. *Per la storia del fallimento nelle legislazioni italiane dell'etta intermedia...*, p. 24-25.

263 LATTES, Alessandro. *Il diritto commerciale nella legislazione statutaria delle città italianne*. Milano: Ulrico Hoepli, 1884, p. 308-309.

264 FERREIRA, Waldemar. *Tratado de direito comercial*, v. 4. São Paulo: Saraiva, 1960, p. 15-18.

265 Sobre a temática, ver o nosso: TELLECHEA; SCALZILLI; SPINELLI. *História do direito falimentar...*

266 CARVALHO DE MENDONÇA. *Tratado de direito comercial brasileiro*, v. VII..., p. 17.

267 Ver: FRANÇA. *Fundamentos do direito da empresa e da atividade negocial...*

Em síntese, é possível encontrar na Idade Média a formação de diferentes disciplinas do direito comercial (ao menos o assentamento de seus principais institutos), incluindo as matérias contratual, societária, cambiária e falimentar.

Ainda, o surgimento desses institutos, a despeito da sua origem italiana, apresenta-se basicamente uniforme em campo internacional, revelando no direito comercial, já no seu período embrionário, a vocação para o cosmopolitismo e para a uniformização[268].

No que diz respeito à abrangência do direito comercial, de início não houve necessidade de regular a indústria, essencialmente artesanal, mas, sim, o comércio: o transmarino e o bancário[269]. Como será mencionado a seguir, esses contextos (econômico e jurídico) foram completamente alterados com o amadurecimento e a expansão global da Revolução Comercial e, especialmente, o advento da Revolução Industrial[270].

3. Amadurecimento do direito comercial

O acúmulo de riquezas e a formação do direito comercial e de seus institutos jurídicos a partir do renascimento comercial formaram as bases sobre as quais o capitalismo se estabelece como sistema econômico.

3.1. Revolução Comercial

O renascimento comercial (ocorrido a partir do Século XI) introduziu importantes mudanças na estrutura econômica, social, jurídica e religiosa europeia. Mas essas mudanças não ocorreram repentinamente. Muito pelo contrário, foram paulatinas e cumulativas, em um processo que durou aproximadamente 400 anos e que resultou na Revolução Comercial do Século XV.

No final desse período, comparando-se o padrão econômico dos anos 1100 com aqueles verificados a partir dos anos 1400, há alterações drásticas em diversos segmentos[271], inclusive com reflexos para o direito comercial.

Inicialmente, o ganho de produtividade nos campos liberou pessoas para as cidades, que passaram a exercer ofícios de variados tipos. Houve uma especialização das economias do campo e da cidade. Essa população urbana precisou

[268] ASCARELLI. "O desenvolvimento histórico do direito comercial...", p. 239.

[269] ASCARELLI. *Panorama do direito comercial...*, p. 22-23.

[270] CIPOLLA, Carlo M. *The Industrial Revolution*. London: Collins/Fontana Books, 1973, p. 7.

[271] BURNS. *História da civilização ocidental*, v. I..., p. 488.

ser alimentada pelo campo e o intercâmbio entre esses dois polos passou a ser exercido pelos mercadores.

O produtor, por sua vez, acostumou-se a produzir excedentes para negociação no mercado. As feiras nasceram como mecanismos de escoação da produção e os mercadores eram os agentes que faziam circular as mercadorias. O comércio renasceu e a classe mercantil tornou-se poderosa.

Assim como os profissionais de outros ofícios, os mercadores associaram-se em corporações para a defesa de seus interesses. Essas corporações passaram a dominar a vida econômica, política e cultural das cidades.

Acompanhando esse fluxo, o sistema bancário desenvolveu-se fortemente. Casas bancárias como a dos Médici, em Florença, e dos Fugger, de Augsburg, tornaram-se verdadeiros *players* internacionais do mercado de crédito.

O empréstimo de dinheiro estabeleceu-se solidamente como negócio. Os grandes banqueiros financiavam inclusive monarquias. Letras de câmbio foram utilizadas para transações internacionais. Depósitos bancários movimentados por cheques expandiram o volume de dinheiro disponível para que bancos financiassem negócios[272].

Quando os capitais se acumularam e o apetite dos mercadores se aguçou, lançaram-se ao comércio marítimo por meio de engenhosas estruturas societárias (sociedades em comandita e em conta de participação) e ajustes contratuais para limitar o risco das operações (seguros). Os mercadores dominaram o Mediterrâneo.

Para o comércio internacional de grande escala, algumas cidades associaram-se em ligas, como a Liga Hanseática, passando a dominar grandes mercados; houve intensa relação comercial entre as cidades italianas e as germânicas e da região de Flandres, assim como entre aquelas e o Oriente.

Moedas se fortaleceram, como é o caso do ducado veneziano e do florim toscano, moedas-forte medievais como hoje são o dólar e o euro[273]. Novas casas bancárias surgiram e as operações financeiras (inclusive com títulos de crédito) sofisticaram-se.

Em suma, as especulações comerciais geraram acúmulo de capitais excedentes, que ficaram à disposição para novos empreendimentos.

A partir da Revolução Comercial e dessa abundância de capitais advieram: (*i*) o *desenvolvimento do capitalismo* como sistema econômico, possível a partir

[272] BURNS. *História da civilização ocidental*, v. I..., p. 493.

[273] Sobre o tema, ver: CIPOLLA, Carlo. *Moneta e civilità mediterranea*. Bologna: Mulino, 2020.

do momento em que os comerciantes utilizaram os excedentes de capital para comprar ferramentas, empregar trabalhadores assalariados e montar oficinas, tornando-se, assim, produtores (proprietários dos meios de produção e do lucro gerado); e (*ii*) o *início das viagens de descobrimentos*, estimuladas pelos relatos das riquezas do Oriente (inclusive os de MARCO POLO), que despertaram a cobiça dos mercadores, e viabilizadas pelo capital acumulado, que tornou possível armar as dispendiosas viagens ultramarinas.

3.2. *Capitalismo*

Ainda antes que o eixo econômico europeu mudasse do Mediterrâneo para o Atlântico, em decorrência dos descobrimentos, a abundância de recursos acumulada durante a Revolução Comercial transformou a própria maneira de produzir riqueza, fazendo surgir, lentamente, um novo sistema econômico: o capitalismo[274].

Efetivamente, além do ressurgimento do comércio e do fortalecimento da classe mercantil, verificaram-se transformações substanciais nos métodos de produção[275]. A indústria artesanal — pela qual o artesão era, a um só tempo, proprietário da oficina, dos instrumentos de trabalho e da matéria-prima, atuando como pequeno empreendedor independente mediante encomenda da sua clientela — perdeu espaço para outras formas de organização, mais estruturadas e complexas, especialmente na indústria para exportação[276].

Em um primeiro momento, o mercador que havia acumulado capital adquire a matéria-prima e paga ao artesão para que a transforme em produto acabado a ser direcionado para o comércio. Posteriormente, à medida que o mercador-capitalista acumula lucros, ele adquire oficinas, máquinas e instrumentos de trabalho, passando a contratar artesãos (trabalhadores) para executar o trabalho sob sua coordenação, conta e risco. Nesse esquema, a venda dos produtos deve ser suficiente para cobrir os custos da produção, inclusive os salários, e a diferença reverte em favor do empreendedor a título de *lucro*. A primeira indústria em que ocorreu isso foi a têxtil, seguida da mineração e da fundição[277].

274 HUNT; SHERMAN. *História do pensamento econômico...*, p. 27 ss.
275 HUNT; SHERMAN. *História do pensamento econômico...*, p. 27 ss.
276 HUNT; SHERMAN. *História do pensamento econômico...*, p. 27 ss.
277 BURNS. *História da civilização ocidental*, v. I..., p. 491; HUNT; SHERMAN. *História do pensamento econômico...*, p. 27 ss.

Portanto, as vertentes de formação do sistema econômico capitalista estão presentes neste cenário: (*i*) propriedade privada dos meios de produção; (*ii*) trabalhadores assalariados que locam a sua força de trabalho para o empreendedor; e (*iii*) negócios com fito lucrativo. Como se percebe, esses traços característicos deitam raiz na Revolução Comercial[278].

Nesse contexto, o direito comercial apresenta-se como o direito do capitalismo (ou da economia de mercado), afirmando-se justamente quando este se desenvolve. Como tal, caracteriza-se pela tutela do crédito e sua circulação, visando à proteção do próprio mercado[279]; e seus diversos institutos explicam-se a partir desses objetivos.

Dentro dessa sistemática, é possível compreender, mais propriamente, a disciplina dos títulos de crédito, o anonimato no direito das companhias e a concessão de monopólio legal para os inventores no âmbito do direito industrial, situações que, em um primeiro momento, podem aparentar um privilégio voltado ao credor, ao acionista ou ao criador, respectivamente, mas que existem e se consolidaram como institutos jurídico-econômicos em função da tutela do próprio mercado e de seu desenvolvimento.

3.3. *Descobrimentos*

Toda essa evolução da matriz econômica medieval, somada ao acúmulo de capitais e ao crescente interesse pelas riquezas do Oriente (sedas, tapeçaria, perfumes e especiarias), desaguou nas viagens ultramarinas de descobrimento[280].

A bem da verdade, portugueses e espanhóis, pioneiros nesses empreendimentos, buscaram uma nova rota marítima para o Oriente face ao monopólio do comércio no Mediterrâneo exercido pelas cidades italianas, senhoras dos principais portos e entrepostos comerciais utilizados para essa atividade[281].

Com as descobertas das terras de além-mar, portugueses e espanhóis logo foram seguidos por ingleses, franceses e, mais tarde, por holandeses. Vastos impérios coloniais foram fundados.

O comércio tornou-se, verdadeiramente, mundial[282]. A variedade dos produtos aumentou tremendamente. Aportaram na Europa tabaco, milho, rum,

[278] BURNS. *História da civilização ocidental*, v. I..., p. 491.

[279] ASCARELLI. "O desenvolvimento histórico do direito comercial...", p. 243.

[280] BURNS. *História da civilização ocidental*, v. I..., p. 488.

[281] BURNS. *História da civilização ocidental*, v. I..., p. 488.

[282] BURNS. *História da civilização ocidental*, v. I..., p. 490.

cacau, chocolate, café, chá, açúcar, algodão, marfim, escravos e outras novidades; as importações multiplicaram-se muitas vezes[283]. Navios ficaram abarrotados, portos lotados e armazéns sem espaço[284].

Em especial, aumentou exponencialmente o volume de metais preciosos em circulação na Europa: vários foram os efeitos do ingresso colossal de metais preciosos no continente europeu, sendo que um dos principais residiu na possibilidade de armazenamento da riqueza para uso futuro[285] — o próprio mercantilismo, conjunto de políticas segundo o qual a riqueza de uma nação residia na acumulação de metais preciosos, desenvolve-se a partir daí.

Esse novo giro da roda da fortuna, o incremento do comércio e da produção e o aumento exponencial da riqueza na Europa gera o capital que, mais tarde, financiará a Revolução Industrial do século XVIII. Antes disso, entretanto, o eixo econômico mudou do Mediterrâneo para o Atlântico, favorecendo as nações recém-formadas (Portugal, Espanha, França e Inglaterra) e iniciando um período de estagnação e até declínio das repúblicas italianas.

Nada disso foi abrupto, porém. Pelo contrário, foi um processo paulatino, em que o eixo do poder escapa aos poucos das cidades italianas (Veneza e Florença, principalmente), onde permaneceu até o Século XV, em direção às nações da Península Ibérica (Portugal e Espanha), pioneiras na navegação do Atlântico a partir de 1492.

Superado esse período, o eixo comercial passou para os Países Baixos (Século XVII), estabelecendo-se na França e na Inglaterra, que foram suplantadas pelos Estados Unidos somente no final do Século XIX e início do Século XX[286].

Desde o renascimento do comércio por volta do Século XI até o Século XXI, são mil anos de história em que primeiro o comércio, depois a indústria e, finalmente, os serviços e a tecnologia foram propulsores da criação de riqueza.

Mesmo que o meio e o final dessa história ainda sejam objeto de análise nos itens seguintes, para compreender as nuances do período é essencial examinar o veículo jurídico concebido na Holanda em 1602 e que foi corresponsável pelo chamado "Século de Ouro dos Países Baixos", por parte significativa da riqueza inglesa e francesa e, definitivamente, pelo poderio dos Estados Unidos: a sociedade anônima.

283 BURNS. *História da civilização ocidental*, v. I..., p. 490.

284 BURNS. *História da civilização ocidental*, v. I..., p. 490.

285 BURNS. *História da civilização ocidental*, v. I..., p. 490.

286 Tendo sido desafiado pela URSS pós-1945. No século XXI, a China despontou como novo ator econômico de relevo.

3.4. Sociedades anônimas

Em uma perspectiva histórica[287], pode-se afirmar que, se as letras de câmbio, o seguro, a contratação entre ausentes, as feiras, as corporações de ofício e os tribunais do comércio, entre outros institutos surgidos ou desenvolvidos durante a Baixa Idade Média (Séculos XI a XV), marcaram o nascimento do direito comercial, este atingiu a sua maturidade com a ascensão das sociedades anônimas — a ponto de seu diploma legal ser considerado o "direito constitucional da atividade econômica"[288].

A sociedade anônima foi o principal veículo de exploração colonial, tornando possível que as terras recém-descobertas, especialmente as Américas e as novas rotas comerciais para o Oriente, fossem economicamente exploradas com sucesso[289].

As companhias consistiram no mecanismo jurídico que capturou a riqueza acumulada nos cinco séculos anteriores e disponibilizou-a para a exploração colonial, levando o direito comercial, o capitalismo e a própria humanidade a patamares de desenvolvimento inimagináveis até então[290].

287 Há diversos estudos que examinam a perspectiva histórica do direito comercial, incluindo as sociedades anônimas. Na doutrina estrangeira, quatro deles merecem destaque: GOLDSCHMIDT. *Storia universale del diritto commerciale...*; REHME. *História universal del derecho mercantil...*; GALGANO. *Lex mercatoria...*; SCIALOJA, Antonio. *Sull'origine delle società commerciali*. Saggi di vario diritto, v. I. Roma: Società Editrice del Foro Italiano, 1927, p. 225-248. Entre nós: LAMY FILHO, Alfredo; BULHÕES PEDREIRA, José Luiz. *A Lei das S/As*, v. I. 3 ed. Rio de Janeiro, 1997, p. 27-105; VALVERDE, Trajano de Miranda. *Sociedade por ações*, v. I, 2. ed. Rio de Janeiro: Forense, 1953, p. 9 ss; ASCARELLI. *Panorama do direito comercial...* Quanto à história das companhias, sugere-se a narrativa mais ampla de: MICKLETHWAIT, John, WOOLDRIDGE, Adrian. *A companhia. Breve história de uma ideia revolucionária*. Trad. de S. Duarte. Rio de Janeiro: Objetiva, 2003.

288 A expressão é atribuída a ASCARELLI em: BULHÕES PEDREIRA, José Luiz; LAMY FILHO, Alfredo. *Direito das companhias*, v. I. Rio de Janeiro: Forense, 2009, p. 2; FRANÇA, Erasmo Valladão Azevedo e Novaes. *Conflito de interesses nas assembleias de S.A. (e outros escritos sobre conflito de interesses)*. 2 ed. São Paulo: Malheiros, 2014, p. 56.

289 No elenco das instituições jurídicas que modelaram a economia moderna, provavelmente nenhuma sobreleva em importância as sociedades anônimas. Elas representam o grande modelo de negócios voltado para a exploração de atividades econômicas em mercado, em pequena, média e grande escala, garantindo, concomitantemente, a limitação da responsabilidade e a livre circulação de títulos acionários incorporados em ações (GANDARA, Luis Fernandes de La. *Atipicidad en derecho de sociedades*. Madrid: Pórtico, 1977, p. 34). TULLIO ASCARELLI afirma que a sociedade anônima (por conta da possibilidade de captação de recursos para a realização de grandes empreendimentos), os títulos de crédito (tendo em vista facilitar a circulação do crédito) e o contrato de seguro (importante mecanismo para a alocação de risco) "são os institutos jurídicos que mais profundamente caracterizam o direito privado moderno, em confronto com os anteriores e, portanto, a constituição econômica do mundo moderno, encarada sob o aspecto jurídico (cf. ASCARELLI. Evolução e papel do direito comercial..., p. 741).

290 Inspirado nesse cenário, adveio a clássica metáfora de RIPERT: "Se se quisesse passar sem a sociedade anônima, seria preciso dispensar também o alto-forno, a máquina a vapor; a força hidroelétrica. O jurista é um servidor da economia. Pediram-lhe o meio de juntar capitais necessários à criação e

O problema da exploração colonial enquanto negócio consistia no seu ciclo operacional extremamente longo e nos retornos incertos[291]. Entre a armação da expedição, o cruzar dos oceanos, a alienação das mercadorias embarcadas nas colônias e a aquisição das novas mercadorias que deveriam ser vendidas na volta para a Europa, levava-se anos. Por conta disso, o empreendimento demandava uma quantia enorme de capital, que ficava imobilizado por extenso período.

Qual foi a solução encontrada?

A *divisão do capital em ações*, as quais podiam ser livremente transferidas a terceiros quando seus titulares necessitassem resgatar o capital investido, ou seja, a *livre circulação das ações*. Tratava-se de uma ideia revolucionária, pois os tipos societários até então existentes não possibilitavam a circulação dos títulos e a substituição irrestrita dos sócios. Vigia a regra da *perpetuidade do capital*, segundo a qual o acionista não poderia pretender liquidar sua participação contra a companhia.

Outra dificuldade era o risco associado ao negócio. Viagens marítimas poderiam facilmente acabar em tragédia em função dos "riscos de mar", especialmente naufrágio e pirataria. Para convencer poupadores a investir em um negócio tão arriscado, o Estado passou a oferecer a *responsabilidade limitada* ao capital investido. Assim, em caso de falência, a perda máxima experimentada era o investimento realizado. Vale lembrar que outros tipos societários existentes à época ofereciam tal benefício apenas para uma categoria de sócios. A novidade introduzida pelas companhias foi a proteção de todos os sócios contra perdas além do capital investido.

Adicionalmente, cunhou-se a estrutura de que os sócios não precisavam estar na linha de frente da companhia. Assim, a *administração restou dissociada da figura dos seus acionistas*, os quais, por diversas razões, não estavam à frente da operação.

Dessa maneira, o advento dessas tecnologias jurídicas tornou a sociedade anônima o mecanismo extremamente eficiente para a captação da poupança popular e a sua alocação em negócios intensivos em capital[292].

à vida das grandes empresas. Ofereceu as sociedades por ações." (RIPERT, Georges. *Aspectos jurídicos do capitalismo moderno*. Trad. Gilda de Azevedo. São Paulo: Freitas Bastos, 1947, p. 61).

291 Tanto que, na Inglaterra, no processo de formação das companhias colonizadoras, seus sócios eram chamados de "aventureiros" (FISCHER, Rodolfo. *Las sociedades anónimas. Su regimen jurídico*. Trad. de W. Roces. Madrid: Editorial Reús S.A., 1934, p. 22).

292 Segundo ASCARELLI, "[...] a função econômica e social da sociedade anônima decorre do fato de constituir, ela, um instrumento jurídico para economias em vastas camadas da população,

Em virtude desses fatores, surgiram, no Século XVII, as primeiras sociedades anônimas propriamente ditas[293], as sociedades coloniais de navegação e de comércio.

A primeira sociedade anônima foi a Companhia das Índias Orientais, constituída pelo Estado holandês em 1602. Em seguida foi constituída a Companhia das Índias Ocidentais, em 1621 — pela qual MAURÍCIO DE NASSAU foi enviado

angariando assim, capitais que superam as fôrças econômicas de indivíduos isolados ou de pequenos grupos e que, entretanto, são os necessários para a industrialização do país e para a constituição das instalações industriais; democratizando assim, a colheita do capital industrial, e facultando a participação a uma emprêsa industrial também a quem não poderia, pessoal e diretamente, constituí-la e administrá-la — seja à vista da monta das suas economias, seja à vista dos seus afazeres" (ASCARELLI. *Panorama do direito comercial*..., p. 143-144; também: ASCARELLI, Tullio. *Corso di diritto commerciale*: introduzione e teoria dell'impresa. 3 ed. Milano: Giuffrè, 1962, p. 36).

293 Na investigação histórica sobre a origem dos tipos societários, não se pode confundir precedentes que apresentaram, de alguma forma, afinidades estruturais ou funcionais e que podem ter contribuído para a construção das bases de determinado modelo, com certas manifestações isoladas da vida econômica de um determinado momento histórico, às quais o instituto em estudo pode estar ou não diretamente relacionado. Feito esse alerta, apesar de a verdadeira origem das sociedades anônimas não ter conexão direta com o período do renascimento comercial, é inegável que, em alguns setores da economia italiana da Idade Média, houve instituições cujas características serão reproduzidas nas sociedades anônimas mais primitivas. Mesmo assim, diferentemente das primeiras sociedades comerciais (sociedades em nome coletivo e sociedade em conta de participação, por exemplo) que fincaram seus precedentes históricos nas sociedades medievais originadas na Itália, as sociedades anônimas sedimentam suas raízes nas companhias colonizadoras holandesas dos séculos XVII e XVIII. Nesse sentido: SCIALOJA. *Sull'origine delle società commerciali*..., p. 225-248, p. 240; BRUNETTI, Antonio. *Tratado del derecho de las sociedades*, v. II. Trad. por Felipe de Solá Cañizares. Buenos Aires: Unión Tipográfica Editorial Hispano Americana, 1960, p. 1; LAMY FILHO; PEDREIRA. *A Lei das S.A.*..., p. 28). Antes disso, as sociedades de publicanos (*societates publicanorum*) da Roma antiga foram as primeiras a apresentar certos traços hoje encontrados nas sociedades por ações. Em Roma, os impostos eram lançados e arrecadados por particulares que detinham concessões públicas. Esses particulares associavam-se em corporações para a realização dessa empreitada, as quais eram referidas como "sociedades daqueles que detinham contratos públicos", ou seja, "sociedades de publicanos". Essas espécies de sociedade se proliferaram, ganharam personalidade jurídica e exploraram desde valiosas minas de prata até grandes salinas. O mesmo ocorreu com o Banco de São Jorge (*Banca di San Giorgio*), constituído em Gênova em 1407: as *maone* eram empréstimos públicos das cidades-Estado italianas, divididos em quotas-partes de igual valor, transmissíveis e alienáveis, designadas *loca*, subscritas pelos membros da comunidade e até estrangeiros; o interesse comum na cobrança dos juros e no exercício de privilégios (exação de impostos) fez os credores se organizarem em corporações, sendo a mais famosa a Casa (depois Banco) de São Jorge. Pode-se, também, falar nas *rheederein*, que eram associações para armação de navios com prática no contato com financiadores e copartícipes, em que os interesses da expedição naval eram divididos em quotas-partes de igual valor (igualmente chamadas *loca*), transmissíveis e alienáveis. Finalmente, não podemos esquecer as corporações eclesiásticas medievais, como os mosteiros, que seriam propriedade de Deus, e cujos membros se sucediam sem alteração na titularidade (*corpus mysticus*), dependendo a personalidade dessas corporações de um ato da Igreja (um *privilégio*) (cf. GOLDSCHMIDT. *Storia universale del diritto commerciale*..., p. 227 ss; FERREIRA. *Tratado de direito comercial*, v. 4..., p. 6 ss VALVERDE. *Sociedade por ações*, v. I..., p. 9 ss; LAMY FILHO; BULHÕES PEDREIRA. *A Lei das S/As*, v. I...., p. 27 ss).

para administrar a colônia holandesa no Nordeste brasileiro (atual região de Pernambuco)[294]-[295].

Não por acaso, em associação ao advento das companhias, foi criada, na Holanda, a Bolsa de Amsterdã[296], para a negociação das suas ações, e o Banco de Amsterdã, o qual inclusive aceitava ações para caucionar operações de crédito de seus clientes como mecanismos complementares — e essenciais — ao funcionamento do então incipiente mercado de capitais que por ali surgiu[297].

Essas enormes empresas nasceram estreitamente ligadas aos Estados de vasto império ultramarino que não dispunham de recursos financeiros suficientes para mantê-los e para desenvolvê-los — entre eles, Países Baixos, Inglaterra, França, Espanha e Portugal[298].

Para que as novas terras pudessem ser exploradas de maneira vantajosa, fez-se necessária a comunhão de esforços, sobretudo de capitais, entre Estado e particulares (especialmente mercadores ricos): estes, ávidos por novas riquezas e dispostos a arriscar parcela de seu patrimônio para a consecução de tal fim; aquele, embora muitas vezes poderoso, sem condições de executar

[294] VALVERDE. *Sociedade por ações*, v. I..., p. 10-14.

[295] A Companhia das Índias Orientais foi constituída no ano de 1602 na Holanda, por meio da fusão de oito sociedades marítimas — *rheederein* —, sendo considerada a primeira e a mais exitosa das companhias colonizadoras. Todas as demais posteriores a ela (*e.g.*, holandesas, francesas, portuguesas, espanholas) são imitação e derivação desse modelo. Ver: BRUNETTI. *Tratado del derecho de las sociedades*..., n. 337; FISCHER. *Las sociedades anónimas*..., p. 23; SCIALOJA, *Sull'origine delle società commerciali*..., p. 243; ASCARELLI. *Panorama do direito comercial*..., p. 148; ASCARELLI. *Corso di diritto commerciale*..., p. 36. Portugal, e outros países, seguiram o exemplo, tendo criado a Companhia do Comércio da Índia em 1628, a Companhia de Comércio do Brasil, em 1649, em 1755, a Companhia Geral do Grão-Pará e Maranhão e, em 1779, a Companhia Geral das Capitanias de Pernambuco e Paraíba (VALVERDE. *Sociedade por ações*, v. I..., p. 14 ss).

[296] Bolsa, como local onde são negociados determinados bens, é uma instituição anterior ao advento das sociedades por ações, sendo sua ancestral mais remota a feira. Por isso, dir-se-á se tratar a bolsa como o último estágio da evolução da feira (WEBER. *The history of commercial partnerships*..., p. 35). O termo *bolsa* surgiu a partir do brasão da antiga e nobre família Van der Bourse, proprietária de um hotel em Bruges (até hoje existente), perto do qual ocorria um encontro de banqueiros, mercadores e negociantes em geral. Conta FERNAND BRAUDEL que o brasão da família, posto no frontispício do prédio, contava com três bolsas, daí o encontro que perto dali ocorria passou a ser designado como bolsa (BRAUDEL. *Civilização material, economia e capitalismo*..., p. 79). Nas primeiras bolsas eram negociados diversos bens, tais como moedas, títulos de crédito, valores mobiliários e seguros marítimos, mas, com o passar do tempo, algumas se especializaram em operações com valores mobiliários. Ver, ainda: LAMY FILHO; PEDREIRA. *A Lei das S.A*..., p. 39.

[297] FERREIRA. *Tratado de direito comercial*, v. 4..., p. 14.

[298] Era tamanha a ligação entre a sociedade anônima e o Estado, que, segundo JOAQUÍN GARRIGUES, os comercialistas dos séculos XVII e XVIII nem sequer dela se ocuparam, pois a consideravam uma entidade de Direito Público e não de Direito Privado (GARRIGUES, Joaquín. *Problemas atuais das sociedades anônimas*. Trad. Norberto da Costa Caruso MacDonald. Porto Alegre: Sérgio Antônio Fabris Editor, 1982, p. 21).

sozinho tão audaz empreendimento. Reside justamente aí a motivação que levou à criação deste tipo societário[299].

A exploração colonial era um empreendimento espetacular não só pelo vulto que assumia, mas também por seu objeto peculiar: a colonização, a conquista e o comércio entre o Velho Mundo e as terras de além-mar.

Como forma de estimular aqueles interessados em explorar atividade tão importante para o Estado — leia-se o comércio com as colônias —, foram concedidos inúmeros privilégios, razão pela qual algumas companhias alcançaram lucros fabulosos, distribuídos periodicamente, a título de dividendos, aos seus acionistas na proporção daquilo que nelas haviam empregado[300].

Dois séculos mais tarde, essa maravilhosa fórmula societária viria a ser reclamada mais uma vez, agora pela iniciativa privada, para viabilizar novo desafio empresarial igualmente grandioso: o financiamento das indústrias surgidas a partir da utilização das máquinas a vapor e de outras invenções recém-criadas, que possibilitaram ao homem multiplicar a energia de que dispunha para a produção em escala, e dos negócios relacionados ao transporte por locomotivas e por navios a vapor. Tratava-se da Primeira Revolução Industrial[301].

Mas essa história será contada mais à frente.

299 Para análise da estrita ligação entre o Estado e a criação das sociedades anônimas, ver: GARRIGUES. *Problemas atuais das sociedades anônimas...*, p. 9 ss.

300 Algumas dessas companhias possuíam monopólios comerciais e autoridade sobre os cidadãos que habitavam as colônias. A Índia era governada pela britânica *East India Company* e o Estado norte-americano da Virgínia foi, por determinado período, governado pela Companhia de Londres (BURNS, Edward McNall. *História da civilização ocidental*, v. 2. 20 ed. Porto Alegre: Globo, 1977, p. 496). Por exemplo, foram concedidos à Companhia das Índias Orientais inúmeros privilégios (denominados de *oktroi*), cuja justificativa era o objetivo a que ela se propunha: penetrar e conquistar os territórios que compusessem o perímetro entre o Golfo Pérsico e a Indonésia. A companhia tinha, também, alguns poderes e prerrogativas de Estado, tais como declarar guerra a nações inimigas, firmar tratados com Estados estrangeiros, concluir alianças e, até mesmo, cunhar moeda (LAMY FILHO; PEDREIRA. *A Lei das S.A...*, p. 33). Sabe-se, também, que a Companhia das Índias Orientais governou a Índia com um exército de mais de 260 mil soldados, duas vezes maior que o efetivo do exército britânico à época. A Companhia da Virgínia participou ativamente da Revolução Americana de 1776, com a introdução do incipiente conceito de democracia. No mesmo sentido, narra FERNAND BRAUDEL que o advogado PIETER VAN DAM, o homem que melhor conhecida a Companhia das Índias Orientais (*Oost indische Compagnie*), assim asseverou: "O Estado deve regozijar-se com a existência de uma associação que todos os anos lhe entrega somas tão vultosas que o país retira do comércio e da navegação das Índias três vezes mais lucro do que os acionistas". (BRAUDEL. *Civilização material, economia e capitalismo...*, p. 392-393).

301 SOPRANO. *Elementi di diritto commerciale...*, p. 3.

4. Estatização do direito comercial

Os descobrimentos e a passagem da Idade Média para a Idade Moderna (na virada do Século XV para o XVI), época, também, da consolidação dos Estados Nacionais, é um momento crucial para o desenvolvimento do direito comercial. Trata-se de um período marcado pela *estatização* dessa disciplina jurídica, pois o Estado Nacional, uma vez formado, avoca para si a tarefa de legislar sobre a matéria[302].

Curioso é que no final do chamado "período da estatização do direito comercial", por influência da Revolução Francesa, o sistema de direito comercial experimenta seu momento de maior liberdade (conceito normalmente dissociado da instituição Estado). Os reflexos verificados vão desde a extinção das corporações de ofício e da objetivação da qualidade de comerciante até a liberalização da constituição das companhias e a democratização da responsabilidade limitada[303].

Inicia-se, aqui, a análise do Período do Mercantilismo ou Estatal, que começa na metade do século XVI e vai até fins do século XVIII. Em termos classificatórios, está-se diante de uma continuação do Período Subjetivo (podendo-se dizer que, aqui, se tem uma Subfase Estatal do Período Subjetivo), que será examinado em um subitem apartado, intitulado "direito comercial do período liberal".

4.1. Surgimento dos Estados Nacionais

A partir da segunda metade do Século XV, impulsionado pelo término da Guerra dos 100 Anos, conflito entre franceses e ingleses ocorrido no intervalo entre os anos de 1337 e 1453, e da Reconquista da Península Ibérica, concluída em 1492, inicia-se o processo de definição do quadro geopolítico que servirá

302 SPADA, Paolo. *Diritto commerciale* – parte generale, v. I. 2 ed. Milano: CEDAM, 2009, p. 9-13; GALGANO. *Lex mercatoria*..., p. 78.

303 Como será visto adiante, essa mudança de paradigma gerou uma série de novos desafios para o direito comercial. Por exemplo, com a liberalização de acesso ao mercado — consequência direta da Revolução Francesa e de um princípio geral de liberdade —, os destinatários do direito comercial, material e processualmente, deixaram de ser aqueles que tinham matrícula em corporações de ofício ou carta régia de autorização para a exploração de determinado negócio, mas sim aqueles que efetivamente se envolviam na prática do comércio. Em resposta a essa mudança de paradigma, o Código de Comércio de 1807 estabelece uma nova *fattispecie*: os atos de comércio. Ocorre que, em certa medida, o direito comercial da codificação napoleônica não foi capaz de capturar o movimento de industrialização que mudaria completamente a dinâmica das instituições econômicas nas décadas seguintes e geraria problemas para a própria definição da figura do comerciante. Cf. SPADA, Paolo. *Diritto commerciale*..., p. 15-16.

de base para a formação dos modernos Estados nacionais europeus: Portugal, Espanha, França e Inglaterra.

As grandes navegações, a transferência do eixo marítimo do Mediterrâneo para o Atlântico com a descoberta de novos continentes ("Novo Mundo"), o comércio marítimo praticado em volumes sem precedentes e a abertura de novos mercados impulsionaram o desenvolvimento econômico e a competição na região[304].

O contexto civilizatório da Europa foi completamente alterado. Nesse particular, a estrutura política enxuta e as áreas territoriais reduzidas das repúblicas italianas (Veneza, Florença) e das cidades holandesas de maior destaque (Antuérpia e Amsterdã) se tornam um problema. Preocupadas em manter suas próprias soberanias, ignoraram os perigos geopolíticos vindouros, tornando-se alvos fáceis para as sedentas, vorazes e jovens nações europeias[305].

O avanço do capitalismo comercial, com a consolidação da burguesia como classe detentora do poder econômico, das técnicas mercantis geradoras de riqueza e do Estado como fonte de poder permite a consolidação de um novo sistema político-econômico mercantilista e absolutista[306]. O soberano fez alianças com a Igreja e manteve na concentração de forças da sua pessoa o instrumento de legitimação do princípio dinástico[307]. Em termos econômicos, inicia-se a era do mercantilismo, das economias nacionais e da preocupação com o saldo da balança comercial dos países como medida da sua riqueza e desenvolvimento[308].

O Estado nacional tendia a ser a única fonte do direito, pois o monopólio jurídico estatal se tratava de corolário de sua soberania[309]. A formação desse ente centralizado pressupunha a acentuação da sua função legislativa, fruto de sua consciência de unidade, que, para além da questão territorial e linguística,

[304] BRAUDEL. *Civilização material, economia e capitalismos...*, p. 79; BARBOUR. *Capitalism in Amsterdam in the 17th century...*, p. 11-12; DAY. *Historia del comercio*, t. I..., p. 165 ss.

[305] BARLETTA, Laura. "Introdução". In: ECO, Umberto (dir.). *Idade Média:* explorações, comércio e utopias, v. IV. Trad. Carlos Aboim de Brito e Diogo Madre Deus. Lisboa: D. Quixote, 2011, p. 25.

[306] MOUSNIER, Roland. *História geral das civilizações:* os séculos XVI e XVII, t. IV, v. 1. 2 ed. Trad. Vítor Ramos e J. Guinsburg. São Paulo: Difusão, 1960, p. 17 ss, 58 ss.

[307] MUSI, Aurelio. "A formação do Estado moderno". In: ECO, Umberto (dir.). *Idade Média:* explorações, comércio e utopias, v. IV. Trad. Carlos Aboim de Brito e Diogo Madre Deus. Lisboa: D. Quixote, 2011, p. 30.

[308] BRAUDEL. *Civilização material, economia e capitalismos...*, p. 174.

[309] ASCARELLI. "A idéia de código no direito privado e a tarefa da interpretação...", p. 55; MAC-DONALD, Norberto da Costa Caruso. "Unificação do direito das obrigações no novo Código Civil". *Revista Síntese do Direito Civil e Processual Civil.*, v. 4, n. 20, p. 27-40, nov./dez, 2002, p. 29.

também demandava a existência de um direito unitário[310] que estabelecesse de forma estruturada e organizada as linhas gerais para sua aplicação[311]. As ordenanças dos Séculos XVI e XVII são exemplos desse fenômeno e consistem nos antecedentes próximos das codificações do Século XIX[312].

4.2. Ordenação e codificação do direito comercial

Em uma perspectiva jurídica, a forte influência das cidades italianas no comércio regional foi determinante para a rápida difusão do direito comercial e de seus institutos por toda a Europa[313], inclusive aqueles relacionados à falência[314]. O direito comercial, no entanto, sofreu profunda alteração quanto ao modo de produção de suas normas — mas não quanto ao conteúdo — a partir do século XVII.

Com o declínio do poder local e o fortalecimento do poder central, marcado pela política mercantilista e pela expansão colonial, o Estado nacional avoca para si a tarefa de legislar. O direito comercial, de caráter costumeiro e nascido no seio das corporações de ofícios, passa a emanar do próprio Estado.

Ainda assim, ele continua sendo baseado na *lex mercatoria*, não havendo ruptura no que diz respeito às raízes da disciplina. Em razão disso, as ordenanças elaboradas na época não tinham aspectos jurídicos inovadores, consistindo

310 ASCARELLI. "A idéia de código no direito privado...", p. 56-57.

311 MOSSA, Lorenzo. *Historia del Derecho mercantil en los siglos XIX y XX*. Trad. Francisco Hermandéz Borondo. Madrid: Revista de Derecho Privado, 1948, p. 3; CAVALLI. *Direito comercial...*, p. 28.

312 ASCARELLI. "A idéia de código no direito privado...", p. 57-61.

313 O direito comercial concebido na Itália (especialmente nas comunas) na tardia Idade Média foi disseminado por toda a Europa, constituindo o ponto de partida do desenvolvimento sucessivo da matéria, inclusive no movimento de codificação que teve início com as ordenanças (dentre as quais merece destaque a de Luís XIV, a primeira completa em matéria comercial e que influenciou o Código Napoleônico Cf. ASCARELLI. *Istituzioni di diritto commerciale...*, p. 4-5; ASCARELLI. *Corso di diritto commerciale...*, p. 4-5.

314 Interessante é o relato de Le Goff sobre a relação entre mercadores e governantes e a real efetividade da legislação falimentar no medievo: "[...] os vínculos cada vez mais estreitos entre príncipes e mercadores no final da Idade Média levam estes a correr riscos maiores. A insolvência dos soberanos está muito ligada às estrondosas falências de banqueiros italianos nos séculos XIV e XV. Mas não é só a ela que se devem tais quebras. Outras causas tiveram seu papel nessas bancarrotas — extensão imprudente do crédito e dos negócios, influência da conjuntura econômica e especialmente da conjuntura monetária. A legislação de falências, no entanto, bem cedo lhes atenuou os efeitos mais duros. Não só as penas extremas — condenação à morte ou simplesmente prisão — foram absolutamente excepcionais, como até mesmo a venda dos bens do falido em leilões, para o ressarcimento de seus credores, foi com muita frequência evitada. Difundiu-se o costume de outorgar um salvo-conduto ao falido fugitivo por um período durante o qual ele tentava fazer um acordo amigável com seus credores." (LE GOFF. *Mercadores e banqueiros na Idade Média...*, p. 25-26).

mais em um inventário de um patrimônio jurídico herdado[315], evidenciando, portanto, uma relação de continuidade[316].

Efetivamente, "nascido no seio corporativo e fruto da elaboração dos comerciantes, o direito comercial se reafirma através da capacidade de superar suas próprias origens corporativas". Porém, o "centro de propulsão desloca-se da Itália, que não consegue tornar-se um Estado Nacional, para as grandes monarquias nacionais"[317], que abraçam o direito comercial vigente, compilando-o[318].

Assim, tem início o segundo período do direito comercial, o chamado "Período Estatal" (ou Subfase Estatal), marcado pelo advento do *Navigation Act*, de CROMWELL, em 1651, bem como pelas duas Ordenações francesas de LUÍS XIV (*Ordennance sur le commerce de terre*, chamado Código Savary, de 1673, e *Ordennance sur le commerce de mer*, de 1681)[319], ambas de iniciativa de COLBERT[320]. Essas relevantes peças legislativas francesas mantêm o direito comercial um corpo autônomo de normas.

O período culminará com o movimento das codificações dos Séculos XVIII e XIX[321].

As codificações jusnaturalistas, que tiveram seu ponto alto com os códigos napoleônicos de 1804 (Código Civil) e 1807 (Código Comercial), foram o

315 ASCARELLI. "A idéia de código no direito privado...", p. 62.

316 MOSSA. *Historia del Derecho mercantil en los siglos XIX y XX...*, p. 4.

317 ASCARELLI. "O desenvolvimento histórico do direito comercial...", p. 239.

318 ASCARELLI. "A idéia de código no direito privado...", p. 62.

319 BARRETO FILHO. "A dignidade do direito mercantil...", p. 14.

320 Sobre o mérito de COLBERT e as fontes utilizadas por ele para a elaboração das Ordenanças, ver: LISBOA, José da Silva. *Princípios de direito mercantil e leis de marinha*, t. I. 6 ed. Rio de Janeiro: Typographia Academica, 1874, p. DLXL-DLXLI.

321 "O direito comercial, no entanto, apesar de, em sua origem, aparentar-se com os direitos autônomos das diversas classes sociais existentes nas cidades, logrou manter a sua autonomia, porém sob fundamento diverso. O direito comercial afirmava-se como um corpo autônomo de normas de direito estatal legislado. Com isso, o direito comercial – produzido anteriormente pelos costumes dos comerciantes, transcendendo fronteiras territoriais e consolidado pelas corporações – passa a ser um direito legislado e estatal que, identificado com a vontade do soberano, contrastava com o direito tradicional consuetudinário que constituía a manifestação das 'liberdades tradicionais'. [...] Conquanto as ordenações tenham diminuído substancialmente o poder das corporações, o âmbito de aplicação do direito comercial foi ampliado substancialmente, pois afirmou-se um critério objetivo de identificação do âmbito comercial baseado na qualificação do ato e não na daquele que o praticasse. É que *noblesse*, os clérigos e os militarem pretendiam praticar atos regidos pelas normas comerciais sem sofrerem diminuição de seu status social. Nasceu desta forma a ficção do comerciante acidental, que influenciaria a teoria dos atos de comércio quando da codificação do direito comercial. Nesse sentido, nesses corpos autônomos de normas dava-se a transição do sistema subjetivo para um sistema objetivo, pela 'presunção de comercialidade quod actum dos que efetuassem um ato de comércio isolado'". Cf. CAVALLI. *Direito comercial...*, p. 29-30). No mesmo sentido: ASCARELLI. "A idéia de código no direito privado...", p. 56.

resultado mais importante do processo de estatização e objetivação do direito[322], com ampliação do âmbito de aplicação da lei, pelo menos no que diz respeito ao direito comercial[323].

4.3. Novo enfoque do direito comercial

Se, na primeira fase da história do direito comercial, o polo normativo gravitava em torno de regras sobre as *trocas* e sobre o *mercado*, nesta segunda etapa, em função da crescente necessidade de capital — inicialmente para viabilizar a exploração colonial, a indústria da mineração e, depois, mais para o final do período, para as manufaturas surgidas com a Revolução Industrial —, ganham relevo as construções jurídicas sobre o *crédito* e o *investimento*[324].

O crédito move a economia e sua mobilização é essencial para que os recursos fluam em direção àqueles que produzem riqueza[325]. A exigência creditícia guarda estreita relação com a possibilidade de sua *mobilização* e *circulação*.

Não é à toa que a sociedade anônima nasce no início do Século XVII fundada na ideia de livre circulação das ações, sendo a Bolsa de Valores sua expressão máxima[326]. Por outro lado, o endosso, introduzido na França no final do Século XVI, torna possível o processo de transmutação da letra de câmbio de meio de pagamento internacional para um verdadeiro título de crédito, transferível pela simples assinatura de seu titular[327].

A propósito, lembre-se de que a limitação da responsabilidade dos acionistas ao valor efetivamente aportado no capital social da sociedade e a garantia do endossante correspondem a institutos jurídicos complementares, sem os quais não haveria tamanha possibilidade de circulação e de mobilização de recursos. Aliás, sociedade anônima e títulos de crédito, ao lado do contrato

[322] Para uma perspectiva mais ampla sobre o tema, em especial os reflexos no direito comercial, ver: CAVALLI. *Direito comercial...*, p. 33-61.

[323] ASCARELLI. *Panorama do direito comercial...*, p. 29-30.

[324] ASCARELLI. "O desenvolvimento histórico do direito comercial...", p. 240.

[325] ASCARELLI. *Panorama do direito comercial...*, p. 30, 98 ss.

[326] Sobre o tema: FERREIRA. *Tratado de direito comercial*, v. 4..., p. 8-18; VALVERDE. *Sociedade por ações*, v. I..., p. 10-11; LAMY FILHO; PEDREIRA. *A Lei das S.A...*, p. 31-33; FISCHER, Rodolfo. *Las sociedades anónimas*. Trad. de W. Roces. Madrid: Editorial Reús S.A., 1934, p. 25; BRAUDEL. *Civilização material, economia e capitalismo...*, p. 392-398; MICKLETHWAIT; WOOLDRIDGE. *A companhia...*, p. 21-22; GALGANO. *Lex mercatoria...*, p. 82.

[327] ASCARELLI. "O desenvolvimento histórico do direito comercial...", p. 240; ASCARELLI. *Panorama do direito comercial...*, p. 30 ss, 108-109;

de seguro, são considerados as tecnologias jurídicas que mais profundamente impactaram o progresso material da civilização[328].

Nesse período histórico, também é possível localizar a consolidação da disciplina das patentes de invenção. Há referências à existência desse tipo de monopólio legal ainda na Antiguidade e na Idade Média. Veneza, nos séculos XV e XVI, criou leis regulando a concessão de patentes (em virtude das quais foram concedidas algumas, entre outros, a GALILEU GALILEI em Pádua)[329]. Na Inglaterra, desde o século XIV, verifica-se a concessão de monopólios legais baseados em invenções (cujas normas, posteriormente, influenciaram aquelas criadas nas colônias norte-americanas)[330].

Ainda, é neste período que a indústria começa a ser atraída para a órbita do direito comercial — utilizando-se do conceito de empresa, já substancialmente formulado por STRACCA331. Trata-se de importante desdobramento do direito comercial, ponto que será abordado mais detidamente no tópico abaixo.

4.4. Revoluções Industriais

Os séculos XVIII e XIX foram revolucionários para o sistema econômico tradicional, baseado na exploração de metais preciosos, na importação e exportação de especiarias, no comércio terrestre e marítimo, na produção manufatureira e na agricultura.

A economia transformou-se por inteiro, passando a ser caracterizada como a era da indústria pesada de escala mundial, da formação de grandes conglomerados econômicos, da expansão das sociedades anônimas, da mobilização do capital, da expansão do crédito e do capitalismo industrial[332].

Foi uma revolução sem precedentes. A partir daquele ponto, o mundo nunca seria o mesmo. O termo "revolução" foi utilizado para descrever vários eventos na História. Nunca, porém, uma revolução foi tão transformadora quanto as Revoluções Industriais ocorridas principalmente na Inglaterra e, depois, nos Estados Unidos a partir de 1750.

[328] ASCARELLI. *Panorama do direito comercial...*, p. 34.

[329] ASCARELLI. *Panorama do direito comercial...*, p. 28.

[330] LEITE, Márcio de Oliveira Junqueira. *O patenteamento de invenções de segundo uso no Brasil*. Dissertação (Mestrado em Direito). Faculdade de Direito da Universidade de São Paulo, São Paulo, 2011, p. 13 ss.

[331] ASCARELLI. "O desenvolvimento histórico do direito comercial...", p. 241.

[332] LUZZATTO, Gino. *Storia economica dell'età moderna e contemporanea*, v. II. Padova: Cedam, 1938, p. 3-14.

As Revoluções Industriais criaram um mundo completamente novo, um mundo de novas fontes de energia (como o carvão e o petróleo) que aumentaram de forma exponencial a capacidade produtiva, iluminaram, literalmente, o mundo e possibilitaram o transporte de pessoas e bens em velocidades inimagináveis até então. A partir desse ponto, foram 250 anos de ruptura atrás de ruptura em termos de inovação tecnológica[333]. E tudo isso foi possível com a utilização, novamente, das companhias e de outros institutos do direito comercial.

Com efeito, a Revolução Industrial colocou os empreendedores, comerciantes transformados em industriais, na busca de novas oportunidades de investimento para o excesso de riqueza acumulado durante a Revolução Comercial (ocorrida em torno dos anos 1400 aos anos 1700).

Além disso, a exigência de enormes quantias de capital imobilizado para as indústrias, negócios cuja maturação rompia o ciclo comum do giro comercial em razão do emprego de grande quantidade de máquinas e da grandeza dos empreendimentos, exigiu a utilização de instrumento jurídico que possibilitasse a reunião desses recursos[334].

Anteriormente a esse período, as indústrias de maior importância eram as de tecidos, metais, couros, cerveja e vinho, usualmente de propriedade de comerciantes que acumularam capitais e passaram a organizar empreendimentos industriais de pequena dimensão. Essas pequenas unidades de produção, apesar de já consistirem em importante avanço para a economia da época, ainda não faziam necessárias outras fórmulas jurídicas societárias que propiciassem capital de giro abundante[335].

Para "mobilizar capitais, no volume e nas condições que o exigiam a competição a que estava sujeito, e os grandes empreendimentos que ora se tornavam possíveis (estradas de ferro, indústrias, navegação a vapor, a construção dos grandes canais etc.), voltaram-se os empresários para aquela 'máquina', que começara a ser montada pelos Estados na época mercantilista, e que a eles servira tão bem. Passaram, por isso, a reivindicar acesso ao instituto que já se evidenciara tão eficaz na captação da poupança popular. A conquista dessa

333 CIPOLLA. *História econômica da Europa pré-industrial*..., p. 329-331.

334 LAMY FILHO; PEDREIRA. *A Lei das S.A.*..., p. 50-51; BURNS. *História da civilização ocidental*, v. 2..., p. 662.

335 LAMY FILHO; PEDREIRA. *A Lei das S.A.*..., p. 31-32.

liberdade de acesso do empresário à forma de sociedade por ações assinala nova fase na vida do instituto"[336].

A sociedade anônima viabilizou não apenas a Primeira Revolução Industrial (do ano 1750 em diante), marcada pela introdução da máquina de fiar, do tear mecânico, das máquinas a vapor, das locomotivas e do telégrafo, mas também a chamada Segunda Revolução Industrial (a partir do ano de 1850, aproximadamente), que se caracterizou pelo uso do aço, da energia elétrica, de derivados do petróleo e de motores de combustão interna (tornando possível o automóvel), entre outras novidades.

Em termos geopolíticos, a Inglaterra sedimentou sua supremacia comercial, industrial e financeira[337], especialmente com o advento da Primeira Revolução Industrial, sendo depois superada pelos Estados Unidos na passagem dos Séculos XIX para o XX. Com alguma diferença de tempo e intensidade, também se industrializaram França, Bélgica, Itália, Alemanha, Rússia e Japão.

O surgimento do processo de produção em massa e de distribuição em grande escala, o aparecimento de novos mercados consumidores, especialmente na África e na América, a organização e o escoamento em maior proporção determinaram uma radical transformação no modelo de exploração de atividades econômicas em nível mundial[338].

5. Direito comercial do período liberal

A *estatização do direito comercial* é o período a partir do qual a produção das normas jurídicas de caráter mercantil passa a emanar do Estado.

Esse período tem raízes na formação dos Estados Nacionais, sendo o *Navigation Act*, de CROMWELL, datado de 1651, e as ordenações francesas de SAVARY (*Ordennance sur le commerce de terre* ou Código Savary, de 1673, e *Ordennance sur le commerce de mer*, de 1681) os primeiros documentos legislativos de porte na seara comercial que emanaram do Estado.

Nada obstante, a Revolução Francesa (1789) e o Código Comercial Napoleônico (1807), que a prestigia ao abraçar o ideal da liberdade, inauguram, dentro

336 LAMY FILHO; PEDREIRA. *A Lei das S.A.*..., p. 51.

337 A supremacia inglesa durante esse período histórico coincide com o surgimento de um dos maiores conglomerados financeiros do mundo ocidental: a família Rothschild, cuja história foi detalhadamente explorada em: FERGUSON, Niall. *The house of Rothschild*, v. I e II. New York: Penguin, 1998.

338 CIPOLLA. *The industrial revolution*..., p. 77 ss.

desse período da estatização, uma fase de franco *liberalismo econômico*, o que se reflete também na disciplina comercial[339].

Ainda que marcado com traços revolucionários, em razão da forte defesa da liberdade[340], o movimento das codificações não nega o direito anteriormente vigente. E, ao invés de servir de mero repositório da herança jurídica herdada, preocupa-se com a sua sistematização e uma maior racionalização dos seus preceitos. Tudo fruto do intelectualismo e do racionalismo em desenvolvimento desde a Renascença (Séculos XIV a XVI), que atingiu seu apogeu com o Iluminismo (Séculos XVII e XVIII) [341].

Os códigos — sendo o comercial, de 1807, considerado um irmão caçula do civil, de 1804, e o pai dos modernos códigos de comércio[342]-[343] — assentaram-se

339 A Revolução Industrial inaugurou uma grande transformação no universo jurídico. Um novo direito, baseado nas codificações do século XIX na Europa Continental, ocupou o posto antes detido pelo direito romano, conhecido como o direito da razão e, como tal, aplicado pelos tribunais e ensinado nas universidades. Esse sistema de direito romano gravitava ao redor do direito de propriedade. Na era pré-industrial, esse era o direito por excelência, que assegurava a apropriação e a exploração de recursos, perpetuando a antiga visão de Ulpiano para quem todo o direito privado trata do modo de adquirir, conservar e perder a propriedade. Nas codificações, o centro do sistema migrou da lei para o contrato, concebido não apenas como um dos modos de transmissão da propriedade, mas também como um instrumento jurídico do intercâmbio, de que se vale o empresário para adquirir os fatores de produção e colocar o produto com o objetivo de obter utilidade (lucro). O direito romano já não era mais uma realidade presente, senão história do direito e liberação do passado. Cf. GALGANO. *La globalización en el espejo del derecho...*, p. 39.

340 Foi uma reação prometida ao povo contra os direitos da nobreza, do clero, das corporações e contra o feudalismo da terra. Se mais tarde o código foi criticado por um defeito de sociabilidade, se os juristas republicanos chegaram a chamá-lo de documento da reação e, por fim, se as classes trabalhadoras viram nele um símbolo da propriedade privada e do individualismo, tudo isso sucedeu por ter nascido uma nova economia, com abuso da liberdade em prejuízo da classe trabalhadora, ao elevar-se certos ideais e programas que não haviam tido lugar no grande movimento político de 1789, ou cujo papel não havia correspondido ao seu valor (MOSSA. *Historia del Derecho mercantil en los siglos XIX y XX...*, p. 9-10).

341 LEÃES, Luis Gastão Paes de Barros. *A responsabilidade do fabricante pelo fato do produto*. São Paulo: Saraiva, 1987, p. 11; ASCARELLI. A idéia de código no direito privado..., p. 59. HERNANI ESTRELLA cita o civilista francês MARCEL PLANIOL para explicar a razão da longevidade do Código Napoleônico: "O que fez a força do código Napoleão foi que seus autores não se aproveitaram da ocasião que se lhes deparava, para introduzirem na lei suas ideias particulares e fazerem um código à imagem de seus espíritos; esse código tem durado porque é impessoal, isento de qualquer ideia preconcebida; pois nada avelhanta mais precocemente do que os sistemas doutrinários, por isso a lei não deve ser feita somente para uso de uma geração, ou para satisfação intelectual duma escola". Cf. ESTRELLA. *Direito Comercial* (estudos)..., p. 64.

342 SUPINO, David. *Derecho mercantil*, t. I. 4 ed. Trad. Lorenzo Benito Madrid: Moderna, 1895, p. 21.

343 "O Código Comercial não foi, como o Civil, um filho genuíno da revolução. Estava muito mais conectado com o movimento de reforma das ordenanças, influenciado pela obra de juristas que se formava à luz do direito territorial prussiano. O Código Comercial se afastou naturalmente do Código Civil, na medida em que o conteúdo deste era uma negação de privilégios corporativos e uma negação de privilégios pessoais. São essas negações que constituem o momento revolucionário do Código Comercial em oposição ao direito mercantil precedente". Cf. MOSSA. *Historia del Derecho mercantil en los siglos XIX y XX...*, p. 10-11.

sobre a ideia de um corpo legal completo, definitivo e racional, que pudesse trazer soluções para todos os casos jurídicos possíveis[344].

Percebe-se a profunda influência do Iluminismo, assente na crença de que o raciocínio lógico seria capaz de resolver todos os problemas que se põem diante do homem[345]. Houve, porém, certo descuido com o porvir das atividades econômicas[346] e, especialmente, com a casuística e as preocupações sociais[347].

No âmbito geral do direito privado, os movimentos tardios de unificação na Itália e, especialmente na Alemanha, reforçaram a alteração completa das bases de estudo do direito civil[348]. Por influência direta da escola pandectística alemã[349], em substituição à escola histórica do direito[350], a ciência jurídica (avançando sobre a premissa da existência de um elemento imanente/transcendente à natureza do homem) passa a ser concebida a partir de uma racionalidade lógica estruturada, cuja base de sustentação é um sistema racional e autointegrado de disciplina das relações sociais[351].

Segundo essa orientação positivista, o método de criação e interpretação do direito deixa de ser um método exegético-histórico, passando a visar primordialmente à demonstração da lógica[352]. Nessa concepção, "a ciência jurídica estava baseada na perspectiva do positivismo científico, o qual deduzia as normas jurídicas e a sua aplicação exclusivamente a partir do sistema, dos

344 ASCARELLI. "A idéia de código no direito privado...", p. 61-62.

345 "Esse famoso monumento do saber francez foi em breve a norma de outros trabalhos do mesmo gênero nas nações europeias com exceção da Inglaterra em rasão do systema que segue em sua legislação, que repugna codificar." (LISBOA. *Princípios de direito mercantil e leis de marinha*, t. I..., p. DLXLII).

346 RIPERT. *Aspectos jurídicos do capitalismo moderno...*, p. 22; MOSSA. *Historia del Derecho mercantil en los siglos XIX y XX...*, p. 10.

347 Para críticas sobre a principiologia do Código Napoleônico, que, segundo uma parcela da doutrina, viveu "dos balões de oxigênio de uma jurisprudência conduzida pela mais inteligente magistratura do mundo", ver: GOMES, Orlando. *A crise do direito*. São Paulo: Max Limonad, 1955, p. 106-124.

348 Sobre o direito mercantil prussiano, que foi objeto de codificação específica antes do Código Napoleônico, ver: MOSSA. *Historia del Derecho mercantil en los siglos XIX y XX...*, p. 4-8, 22-24.

349 Sobre o tema, ver: WIEACKER, Franz. *História do direito privado moderno*. 3 ed. Trad. A. M. Botelho Hespanha. Lisboa: Calouste Gulbenkian, 1967, p. 475-490.

350 Sobre o tema, ver: WIEACKER. *História do direito privado moderno...*, p. 490-536.

351 Segundo Calixto Salomão Filho: "Estabelecido o racionalismo como método de construção e explicação do direito e afirmada a autossuficiência do sistema jurídico, pavimentado está o caminho para o chamado positivismo dogmático que se estabelecerá sobretudo na Alemanha no século XIX através da Pandectística. A tendência à concentração em torno de esquemas lógicos e à autointegração leva ao fechamento do sistema em torno de si mesmo. A consequência é uma proteção da doutrina e do direito contra demandas sociais e éticas. Em um sistema fechado como o racionalista-pandectista a lógica substitui o conceito de justiça, determinando-o. Daí a característica bastante formalista ainda que rigorosamente lógica de trabalhos de grandes pandectistas como Windscheid". Cf. SALOMÃO FILHO, Calixto. *Teoria crítico-estruturalista do direito comercial*. São Paulo: Marcial Pons, 2015, p. 29.

352 SALOMÃO FILHO. *Teoria crítico-estruturalista do direito comercial...*, p. 29.

conceitos e dos princípios doutrinais da ciência jurídica, sem conceder a valores ou objetivos extra-jurídicos (por exemplo, religiosos, sociais ou científicos) a possibilidade de confirmar ou infirmar as soluções jurídicas"[353].

O Código Civil Alemão (BGB), de 1897, com vigência a partir de 1900, foi concebido à luz do rigor lógico-conceitual da escola pandectística alemã. Amplamente influenciado pela ideia de compilação final e exaustiva da matéria, bem como pela renúncia quase total à casuística[354], impactou a forma de estudo e compreensão do direito comercial[355].

Esse código exerceu poderosa influência nas codificações europeias até 1945, tendo, ainda, atravessado o Oceano Atlântico e fixado suas bases teóricas no Código Civil brasileiro de 1916[356].

A despeito dessa inspiração, é interessante perceber que o atual Código Comercial Alemão (HGB), que também serviu de modelo a diversos países culturalmente próximos da Alemanha, representa uma reação ao sistema objetivista francês[357], na medida em que retoma acentos essencialmente subjetivos e profissionais[358].

[353] WIEACKER. *História do direito privado moderno...*, p. 492.

[354] "Uma apreciação deste trabalho legislativo não é possível sem um conhecimento dos seus autores. Se se perguntasse se ele era uma obra da teoria ou da prática, este Código teria que ser atribuído a homens de espírito teórico disciplinado, mas com uma visão prática limitada. [...] O BGB é – de forma correspondente ao ideal positivista da plenitude e da estrita vinculação do juiz à lei – uma codificação, i.e. um propósito de compilação final e exaustiva da sua matéria. Através de uma estrutura conceitual rigorosa e de uma renúncia quase total à casuística, ele obtém, duma só vez, as suas famosas clareza e coerência. Mediando os anteriores código do jusnaturalismo e o BGB situa-se a escola rigorosamente conceitual e sistemática da pandectística." (WIEACKER. *História do direito privado moderno...*, p. 541 e 544).

[355] LIBERTINI, Mario. *Passato e presente del diritto commerciale*. Torino: Giappichelli, 2023, p. 4 e ss.

[356] WIEACKER. *História do direito privado moderno...*, p. 557.

[357] É verdade, porém, que o Código de Comércio de 1861, aplicado ao Império germânico em 1871, com modificações relevantes nos anos de 1870 e 1884, e, posteriormente, adotado pela Áustria, sofreu influência direta do Código Comercial Francês (SUPINO. *Derecho mercantil...*, p. 21-22).

[358] "O Código alemão, embora mantendo a categoria dos atos de comércio, deu-lhes outra feição, de ordem subjetiva, para considerá-los mercantis somente quando realizados pelo comerciante no exercício de sua atividade profissional. Com sua entrada em vigor, deixaram de existir, portanto, os atos de comércio estranhos à atividade profissional dos comerciantes e os ditos atos isolados; para os propósitos da legislação comercial, passaram a interessar, apenas, os atos praticados profissionalmente, no interior da atividade desenvolvida pela pessoa do comerciante." (GONÇALVES NETO. *Direito de empresa*: comentários aos artigos 966 a 1.195 do Código Civil..., p. 51.) Nesse sentido, também: ARDUIN, Ana Lucia da Costa. *Teoria jurídica da empresa no direito brasileiro*. São Paulo Quartier Latin, 2013, p. 29.

Movimento semelhante deu-se na Itália, com o Código Civil de 1942[359], que, além do caráter subjetivo e habitual do comerciante, introduz no núcleo da matéria o sentido da empresa como organização da atividade econômica[360].

O pêndulo do direito comercial sempre se inclinou para o lado da liberdade[361] — na essência, um movimento de libertação, de evolução e de emancipação de uma simples técnica comercial especializada em direção a sua qualificação como disciplina jurídica própria[362]. E apesar de ter enfrentado um processo de transformação nesse período histórico, o direito mercantil não perdeu sua essência[363].

Efetivamente, a economicidade, o cosmopolitismo, o dinamismo e o pragmatismo das suas regras mantiveram-se presentes no movimento de codificação europeu durante o final do XIX e início do século XX, preservando os pontos centrais da disciplina — muito em virtude das suas particularidades, mas também da intensa atuação das associações comerciais na defesa de seus princípios e interesses.

No plano econômico, intensificaram-se a vida comercial e industrial. Os agentes criam livremente os contratos e instrumentos jurídicos que lhes são úteis e necessários. A rigor, o capitalismo aproveita-se da liberdade e forja suas armas jurídicas[364]. Pela sua importância, essa fase será objeto de análise apartada neste subcapítulo. Trata-se da inauguração do Período Objetivo do direito comercial, período que vai do século XIX até o Código Civil italiano de 1942.

359 Em contrapartida, vale registrar que o Código de 1865 em vigor até foi influenciado pelo Código Comercial Francês. Já o Código Italiano de 1882 foi, em parte, modelado com base no direito francês (especialmente o direito cambiário), com base no direito alemão (SUPINO. *Derecho mercantil...*, p. 22), tendo assumido um caráter misto subjetivo e objetivo (BOLAFFIO, Leon. *Il Codice di Commercio Commentato.* 2 ed. Verona: Tedeschi e Figlio, 1902, p. 7). Sobre o tema da codificação do direito italiano, ver: NAVARRINI. *Trattato elementare di diritto commerciale...*, p. 17-19.

360 Sobre o tema, ver: MOSSA. *Historia del Derecho mercantil en los siglos XIX y XX...*, p. 37 ss; FERRER CORREIA, A. *Lições de direito comercial*, v. I. Coimbra: Coimbra, 1973, p. 12-13.

361 CAVALLI. *Direito comercial...*, p. 33.

362 LIBERTINI. *Passato e presente del diritto commerciale...*, p. 5.

363 Para esse processo de transformação, ver a já citada: GOLDSCHMIDT. *Storia universale del diritto commerciale...*

364 RIPERT. *Aspectos jurídicos do capitalismo moderno...*, p. 30.

5.1. Revolução Francesa

Em uma perspectiva político-institucional, as Revoluções Gloriosa (1688-1689)[365], Americana (1776)[366] e Francesa (1789)[367] foram determinantes para a queda de modelos de Estado e estruturas sociais inspiradas em sistemas absolutistas e coloniais, as quais estavam alicerçadas na distribuição de privilégios e títulos nobiliárquicos — e, na sua grande maioria, eram excludentes da participação popular das decisões de maior relevo econômico-social[368].

De uma maneira ampla, a Revolução Francesa significou o colapso desse conjunto de privilégios feudais, aristocráticos e religiosos, derrubados pelos novos ideais de *liberdade, igualdade* e *fraternidade.* Por trás disso tudo, em uma trama complexa e multifacetada, encontra-se, também, o descontentamento da burguesia com os entraves e ineficiências do sistema econômico e fiscal vigentes, inclusive com o sistema corporativo, baseado nos poderes e controles exercidos pelas corporações de ofício, que tolhiam a liberdade de indústria e comércio.

5.2. Liberdade jurídica

A Revolução Francesa (1789) marca a passagem da Idade Moderna para a Idade Contemporânea, ao passo que a edição do Código Comercial napoleônico de 1807 determina a objetivação do direito comercial pela introdução da teoria dos atos de comércio[369], de cunho liberal e de complicada aplicação prática.

A partir deste ponto, comerciante é quem pratica os atos de comércio definidos ou listados em lei, não dependendo de registro em um órgão de classe para adquirir tal qualidade.

Vale lembrar que, até o final da Idade Moderna, somente podia praticar o comércio quem estivesse matriculado nas corporações de ofício. Essas

365 Sobre a revolução gloriosa: VALLENCE, Edward. *The glorius revolution: 1688 – Britain's fight for liberty.* London: Hachete, 2006.

366 Sobre a Revolução Americana e o processo de formação da democracia e das instituições nos EUA, ver: TOCQUEVILLE, Alexis. *A democracia na América:* sentimentos e opiniões: de uma profusão de sentimentos e opiniões que o estado social democrático fez nascer entre os americanos. Trad. Eduardo Brandão. São Paulo: Martins Fontes, 2000.

367 Para aprofundamento sobre a Revolução Francesa, especificamente porque o regime feudal foi mais detestado na França do que em qualquer outro país europeu, ver: TOCQUEVILLE, Alexis. O *antigo regime e a revolução francesa.* 2 ed. São Paulo: Martins Fontes, 2016.

368 MOUSNIER, Roland. *História geral das civilizações:* o século XVIII, t. V, v. 2. 2 ed. Trad. Vítor Ramos e J. Guinsburg. São Paulo: Difusão, 1960, p. 37 ss.

369 SPADA. *Diritto commerciale...*, p. XVII-XVIII.

associações profissionais, na prática, exerciam um rígido controle de entrada de novos participantes nos mercados, pois tinham o poder discricionário de aceitá-los ou não. Com o advento da Revolução Francesa e das leis que instituíram a liberdade de iniciativa (*i.e.*, Decreto *d'Allarde*), bem como a extinção das corporações de ofício (Édito de *Turgot*, de 1776, e Lei *Le Chapelier*, de 1791), inicia-se um novo período para o direito comercial[370], uma fase na qual a liberdade se assenta de forma quase absoluta.

A reserva de mercado até então vigente simplesmente não se coadunava com os ideais revolucionários: *liberdade*, *igualdade* e *fraternidade*. Busca-se, com a nova legislação, acabar com os privilégios de classe, inclusive dos próprios comerciantes[371]. Esse movimento gerou também uma mudança no eixo dominante em relação ao estudo do direito comercial, com destaque para a França[372] e para a Alemanha[373], em detrimento da Itália[374] — que vem recuperar, em parte, seu protagonismo apenas na virada do século XIX para o XX.

Com a instituição do princípio da liberdade de iniciativa, a regra, de origem essencialmente francesa, passa a ser clara e objetiva: é comerciante quem pratica os chamados "atos de comércio". Os privilégios e os monopólios que tanto marcaram o sistema econômico mercantilista, altamente regulamentado, são

370 ASCARELLI. "O desenvolvimento histórico do direito comercial...", p. 243.

371 O tema está amplamente tratado em RIPERT. *Aspectos jurídicos do capitalismo moderno*...

372 A partir da liderança de PARDESSUS, cujo *Cours de Droit Commercial* data de 1814, desenvolve-se a escola francesa de direito comercial, que abandona o método exegético dos comentadores e retoma as características de um direito vivo, imanente e natural. Nesse período, merecem destaque MASSÈ Y VERGÉ, DELAMARRE & LE POILVIN, BRAVARD-DEMANGEAT e, logo depois, BOISTEL, LYON-CAEN & RENAULT, THALLER, RIPERT, CHALLER, PERCEROU, JOSSERAND, AMIUAT, PICARD, HAMEL, entre tantos outros. Cf. MOSSA. *Historia del Derecho mercantil en los siglos XIX y XX*..., p. 76-79.

373 De viés eminentemente técnico, influenciada pela escola francesa e pela linha histórica, surge a escola alemã de direito comercial, muito em razão dos códigos comerciais publicados ao longo do século XIX. São referência desse período EINERT & THOL, MARTENS, HEISE, LEIBE & THOL, GOLDSCHMDIT, GELPCKE, VON GIERKE, GRUNHUT, WIEDLAND & LANGEN e LEHMANN, entre tantos outros. Cf. MOSSA. *Historia del Derecho mercantil en los siglos XIX y XX*..., p. 79-84.

374 Com a passagem do século XIX para o XX e a promulgação do Código Civil alemão, a escola italiana de direito comercial entrou em compasso de espera, tendo inclusive VIVANTE, seu grande maestro, duvidado de sua continuidade e prestígio. Com o término do processo político de unificação italiana em 1871 (Ressurgimento), a matéria comercial volta a ser objeto de estudo nas universidades, dando início ao surgimento de novas lideranças técnicas, além de VIVANTE, dentre os quais VIDARI (que, por exemplo, foi combatente voluntário na segunda guerra de independência da Itália, em 1859), MARGHIERI, SUPINO, SERAFINI, GABBA, MANCINI, ULISE, MANARA, SRAFFA (cofundador da *Rivista del diritto commercialle em 1903* juntamente com VIVANTE), LATTES, ARCANGELI, ROCCO e, logo após, BOLAFFIO, TARTUFARI, NAVARRINI, BIGIAVE, BONELLI BRUSCHETTINI, FRANCHI, ASQUINI, DE GREGORIO, SCIALOJA, MESSINEO, BRUNETTI, MONTESSORI, entre tantos outros. Cf. MOSSA. *Historia del Derecho mercantil en los siglos XIX y XX*..., p. 87-92. Um excelente apanhado histórico sobre a escola italiana de direito comercial pode ser encontrado em: BIROCCHI, Italo. Tullio Ascarelli ao tempo do regime fascista: a ascensão de um comercialista irregular (1923-1938). In: LIMA LOPES, José Reinaldo de; FRANÇA, Erasmo Valladão Azevedo e Novaes; CAMILO JÚNIOR, Ruy Pereira; PESSO, Ariel Angel (org). *Nas trilhas de Ascarelli*. São Paulo: Quartiler Latin, 2023, p. 21-92.

abolidos e substituídos por regras que pregam a liberdade no exercício da atividade econômica.

A burguesia triunfante da Revolução Francesa pôde, então, livremente financiar a Revolução Industrial[375]. No entanto, fato é que o capitalismo do início do período continua sendo prevalentemente comercial — pois a indústria, em geral, ainda mal tinha saído da fase artesanal (mesmo que a primeira Revolução Industrial já tivesse sido iniciada na Inglaterra)[376]. Somente a partir do final do Século XIX é que a industrialização (em sua segunda fase) ganhou corpo, especialmente na Inglaterra e nos Estados Unidos, primeiro com as ferrovias, depois com o domínio das indústrias do petróleo e do aço, bem como pelo uso da eletricidade e do automóvel.

De qualquer forma, desde o início desse período, foi ocorrendo, paulatinamente, a ampliação da abrangência do direito comercial, que passou a abarcar a indústria e outros ramos da atividade econômica[377]. Nesse processo, fica mais evidente a diferenciação dessas novas atividades em relação ao comércio e ao artesanato — utilizando-se, como um dos critérios diferenciadores, a existência de elementos do conceito de empresa, cujos contornos começaram a ser delineados ainda enquanto eram estudados os atos de comércio[378].

Aos poucos, novos atos de comércio são atraídos para a esfera do direito comercial, inclusive o negócio imobiliário, com a promulgação do Código Comercial italiano de 1882[379] (no Brasil, ainda demoraria muito para que os negócios imobiliários passassem a fazer parte efetiva do direito comercial). A ampliação chega a tal ponto que, por volta do final do Século XIX, praticamente todos os atos econômicos entre indivíduos tendem a ser regulados pelo direito comercial — inclusive o ato de consumo, mas não a agricultura[380].

[375] Interessante que a burguesia que triunfou na Revolução Francesa contra a autoridade régia (1789) é a mesma classe que, com o rei, aliou-se à época da formação dos estados nacionais para lutar contra os privilégios das classes feudais (Século XVI). Nesse sentido: ASCARELLI. O desenvolvimento histórico do direito comercial..., p. 243.

[376] ASCARELLI. "O desenvolvimento histórico do direito comercial...", p. 247.

[377] BARRETO FILHO. "A dignidade do direito mercantil...", p. 14.

[378] ASCARELLI. "O desenvolvimento histórico do direito comercial...", p. 241; ASCARELLI. *Panorama do direito comercial...*,, p. 34.

[379] ASCARELLI. "O desenvolvimento histórico do direito comercial...", p. 241; ASCARELLI. *Panorama do direito comercial...*, p. 34-35; MOSSA. *Historia del Derecho mercantil en los siglos XIX y XX...*, p. 28 ss.

[380] ASCARELLI. "O desenvolvimento histórico do direito comercial...", p. 241.

5.3. Atos de comércio

O Código Comercial francês de 1807 (Código Napoleônico), a serviço dos princípios revolucionários de 1789 (*liberdade, igualdade* e *fraternidade*) — ainda que em menor intensidade se comparado ao Código Civil (1804), que representa a burguesia proprietária, em contraposição à burguesia mercantil representada pelo *Code de Commerce* —, adotou um critério objetivo para definir quem seria reputado "comerciante", e, portanto, quem estaria sujeito ao direito comercial[381] — tendo influenciado os códigos comerciais espanhol (de 1829 e de 1885), português (de 1833), brasileiro (de 1850), alemão (de 1861) e italiano (1865), entre outros.

O direito comercial permanecia diretamente conectado ao conceito jurídico de comércio e suas variações de acordo com o desenvolvimento da economia e do mercado[382]. O sistema francês estava estruturado sobre o que se convencionou chamar de "*teoria dos atos de comércio*", que gozou de enorme prestígio doutrinário.

Segundo essa concepção, é comerciante quem pratica *atos de comércio*, tal como definidos ou enumerados no texto legal, independentemente de estar matriculado em uma corporação de comerciantes. É evidente que o Código Napoleônico objetivava garantir a igualdade de todos perante a lei e a liberdade de exercício de profissões e atividades econômicas, eliminando os privilégios legais oferecidos a determinadas classes sociais (nesse caso, os comerciantes)[383].

O critério para definir o comerciante deixa de ser o registro pessoal, *critério subjetivo (intuitu personae)*[384], segundo o qual é comerciante quem está

[381] Essa inovação essencial do Código Comercial francês deu um significado preponderante ao conceito de ato de comércio, isolado e separado da profissão, da qualidade de comerciante e do organismo de empresa. Mas o isolamento do ato de comércio não era, na realidade, uma exigência absoluta do Código que, verdadeiramente não a fazia, como mais tarde fez o Código Italiano, base absoluta do sistema objetivo. O direito mercantil francês estava limitado aos que realizam atos de comércio *per se* e suas empresas. Nesse sentido: MOSSA. *Historia del Derecho mercantil en los siglos XIX y XX...*, p. 12-13.

[382] Como já referido, embora materialmente distintos, a evolução histórica dos conceitos econômico e jurídico de comércio está presente em praticamente todos os manuais clássicos de direito comercial desse período, retomando os conceitos de BENVENUTO STRACCA e SIGISMONDO SCACCIA. Veja-se, por exemplo: LISBOA. *Princípios de direito mercantil e leis de marinha*, t. I..., p. XIX ss; VIDARI. *Corso de diritto commerciale...*, p. 3-53; SOUZA. *Prelecções de direito comercial*, p. 19 ss; FERREIRA. *Tratado de direito comercial...*, p. 13 ss.

[383] MOSSA. *Historia del Derecho mercantil en los siglos XIX y XX...*, p. 13.

[384] CARVALHO DE MENDONÇA, José Xavier. *Tratado de direito comercial brasileiro*, v. I, t. I. Rio de Janeiro: Freitas Bastos, 1963, p. 53-58. Sobre o tema, ver: GALGANO. *Lex mercatoria...*, p. 91 ss; FERRI, Giuseppe. *Manuale di diritto commerciale*. 13 ed. A cura de G. Angelici e G.B. Ferri. Torino: UTET, 2011, p. 5-6.

matriculado na respectiva corporação, e passa a centrar-se na efetiva prática de atos de comércio, *critério objetivo (intuitu materiae)*, segundo o qual é comerciante quem pratica atos de comércio independentemente do status pessoal do agente[385]-[386]. Justamente por isso diz-se que, aqui, se está no "Período Objetivo" do direito comercial.

Os códigos napoleônicos deveriam ser a expressão máxima do racionalismo iluminista. Para NAPOLEÃO, seriam tão perfeitos e completos a ponto de conter a solução para todos os litígios. Bastaria a leitura da lei para que o juiz encontrasse a solução da querela. Trata-se de inspiração em MONTESQUIEU, para quem um juiz deveria funcionar como a "a boca da lei" (*la bouche de la loi*).

Compreendida a boa intenção do legislador francês, é preciso registrar que a teoria dos atos de comércio é complexa e causou graves celeumas em todos os países que a adotaram por uma série de razões[387]. Assim o foi na França, na Itália, na Argentina e no Brasil. Chegou a ser dito que significava problema insolúvel para a doutrina, martírio para o legislador e enigma para a jurisprudência[388].

[385] "Article 1. Sont commerçants ceux qui exercent des actes de commerce et en font leur profession habituelle." Pode-se dizer que, aqui, já existiria o embrião da noção de atividade. De qualquer sorte, como expõe BULGARELLI, o direito francês não acompanhou da mesma maneira a discussão em torno da disciplina jurídica da empresa: "Aliás, não foi sem razão que esse período histórico inicial, em relação à empresa no plano jurídico, foi denominado (por certo sem mordacidade e mais com o significado de desprezo ou de falta de maior atenção) de 'período de ignorância' na França". Cf. BULGARELLI. *A teoria jurídica da empresa...*, p. 11, 92 ss.

[386] Com o advento da teoria dos atos de comércio, comerciante não é mais aquele inscrito na *matricula mercatorum*, prova da sua posição de comerciante, mas aquele que pratica atos de comércio de forma habitual, em função da especificidade da profissão exercida, o que outorga ao direito comercial um perfil objetivo — em contraposição ao perfil subjetivo (FERRI. *Manuale di diritto commerciale...*, p. 5). Sobre o tema, ver também: ASCARELLI. *Corso di diritto commerciale...*, p. 49; SOUZA. *Prelecções de direito comercial*, p. 48 ss. Como bem resume BOLAFFIO: "O direito privilegiado da classe dos comerciantes se transforma no direito especial que regula uma determinada matéria. A matéria comercial se contrapõe à matéria civil." (BOLAFFIO. *Il Codice di Commercio Commentato...*, p. 7).

[387] A crítica é clara: "Pretender abarcar no âmbito do direito comercial actividades isoladas e ocasionais, a pretexto de se tratar aí de 'actos objetivamente mercantis' é retirar desse ramo de direito todo o sentido e a própria razão de existir". Cf. FERRER CORREIA. *Lições de direito comercial...*, p. 25.

[388] A observação é de BRASÍLIO MACHADO e está reproduzida, entre outros, em: BARRETO FILHO. A dignidade do direito mercantil..., p. 16-17.

O problema é intrínseco e possui raízes históricas e epistemológicas[389]. Não existe o ato de comércio típica ou conceitualmente considerado[390], muito menos um critério científico "capaz de proporcionar a formulação de um conceito unitário de ato de comércio"[391].

O legislador, pretendendo objetivar a definição de comerciante, catalogou os atos praticados pelos mercadores, chamados "atos de comércio", tornando-os eixo central do sistema e seu critério distintivo[392]. Porém, ao mesmo tempo, determinou que toda pessoa que os praticasse fosse, independentemente de registro, considerada comerciante — o que deu origem a um sistema paradoxalmente misto (objetivo e subjetivo)[393].

Até pode-se considerar que a intenção foi boa, mas o resultado enrijeceu sobremaneira o direito comercial, além de gerar uma série de dúvidas e incertezas, que justamente evidenciaram a insuficiência da teoria, que logo restou superada pela permanente criatividade dos comerciantes[394]. Restou claro, posteriormente, a impossibilidade de a ciência jurídica formular um conceito teórico que unificasse e explicasse os atos de comércio para torná-los permeáveis ao desenvolvimento de novas atividades econômicas[395].

A inclusão de determinados atos na categoria "atos de comércio" deu-se respeitando a definição cunhada historicamente *daquilo que era* e *daquilo que não era* atividade de comerciante[396]. Nesse contexto, sempre que se desenvolvia

389 "A própria dicotomia, entre os atos de comércio que são executados pelos comerciantes no exercício profissional de sua atividade (atos de comércio próprios) e atos que são mercantis independentemente de que sejam ou não comerciantes os seus autores (atos de comércio impróprios) de grande voga na época, revela a insubsistência da doutrina em face de uma problemática que a superava. Esse fracasso do sistema objetivo se explica por um erro de natureza epistemológica, a que o sistema subjetivo também não era alheio; o conhecimento social, polarizado exclusivamente no sentido do sujeito, ou convergido inteiramente para a transcendência do objeto, é forçosamente incompleto e unilateral. [...] Autor (comerciante) e ato (objeto comercial) são dois elementos da práxis (comercial) que reciprocamente se exigem". Cf. LEÃES. A responsabilidade do fabricante pelo fato do produto..., p. 12.

390 BOLAFFIO. *Il Codice di Commercio Commentato*..., p. 7; SZTAJN. *Teoria Jurídica da Empresa*..., p. 82 ss; GUYENOT, Jean. *Curso de derecho comercial*, v. I. Trad. Manuel Ossorio Florit y Concepción Ossorio de Cetrálogo. Buenos Aires: Ejea, 1975, p. 67; RIVAROLA, Mario A. *Tratado de Derecho comercial argentino*, t. I. Buenos Aires: Companhia Argentina de Editores, 1938, p. 6-7.

391 GONÇALVES NETO. *Direito de empresa*: comentários aos artigos 966 a 1.195 do Código Civil..., p. 48.

392 SZTAJN. *Teoria Jurídica da Empresa*..., p. 85.

393 FERRER CORREIA. *Lições de direito comercial*..., p. 14-15.

394 GONÇALVES NETO. *Direito de empresa*: comentários aos artigos 966 a 1.195 do Código Civil..., p. 48.

395 VIVANTE. *Trattato di diritto commerciale*..., p. 77; LEÃES. "A responsabilidade do fabricante pelo fato do produto...", p. 13; SZTAJN. *Teoria Jurídica da Empresa*..., p. 82 ss; CAVALLI. *Direito comercial*..., p. 79.

396 REQUIÃO. *Curso de direito comercial*, v. 1..., p. 33 ss.

uma nova atividade econômica, levantava-se a tormentosa dúvida sobre se ela era comercial ou não, demonstrando que a teoria dos atos de comércio era inflexível e inelástica — estando, portanto, historicamente, engessada.

Vale observar que essa concepção pretendeu objetivar a definição de comerciante a partir de conceitos forjados, historicamente, no seio de um sistema corporativo, protecionista e em franco desenvolvimento, que certamente não tinha entre os seus objetivos fazer sentido do ponto de vista teórico[397].

Some-se a isso o fato de a criatividade do homem de negócios ser infinita, sendo impossível, portanto, determinar, de antemão, tudo o que ele poderá fazer e empreender — sem contar as dificuldades inerentes ao sistema, como definir se atos praticados entre comerciantes e não comerciantes seriam considerados comerciais (os quais acabaram sendo abarcados pelo direito comercial considerando a teoria dos atos mistos)[398].

O problema, portanto, era de base e não pôde ser resolvido nem mesmo pelas mentes mais brilhantes da época. Justamente quando se percebeu a impossibilidade de se formular uma teoria científica sobre o conceito de ato de comércio, partiu-se para a adoção de critérios de direito positivo, passando o legislador a oferecer listas de atos de comércio (*sistema enumerativo*)[399].

Essas enumerações geraram o problema de saber se eram exaustivas ou exemplificativas — e se, portanto, novos atos surgidos com o desenvolvimento

[397] "Quem defende a concepção objetiva do direito comercial encara-o do prisma de um direito dos negócios (*droit des affaires*), microssistema delimitado pelo conjunto de regras aplicáveis a todas as pessoas envolvidas em negócios, operações econômicas quer por exercerem atividade específica, quer pelos capitais nela investidos, ou, ainda, pelo método de trabalho utilizado". Cf. SZTAJN. *Teoria Jurídica da Empresa*..., p. 85.

[398] Sobre a teoria dos atos de comércio, em termos doutrinários, vale destacar os estudos de Rocco, que elaborou um conceito relativo de atos de comércio (aquele que realiza ou facilita a interposição na troca) tendo como base o direito positivo italiano. Em apertada síntese, o autor italiano dividiu os atos de comércio em (*i*) atos intrinsecamente comerciais e (*ii*) atos comerciais por conexão ou acessórios. Cf. ROCCO, Alfredo. *Principios de derecho mercantil*. 10 ed. Ciudad de México: Nacional, 1981, p. 148 ss. Entre nós, ver: SOUZA. *Prelecções de direito comercial*..., p. 48 ss; CARVALHO DE MENDONÇA. *Tratado de direito comercial brasileiro*, v. I, t. I..., p. 450 ss; BORGES, José Eunápio. *Curso de direito comercial terrestre*. 5 ed. Rio de Janeiro: Forense, 1975, p. 102 ss; REQUIÃO. *Curso de direito comercial*, v. 1..., p. 64 ss; CAVALLI. *Direito comercial*..., p. 71 ss).

[399] Este livro não tecerá maiores comentários sobre a teoria dos atos de comércio, até porque já superada no direito brasileiro pela adoção da *teoria da empresa* em 2002, por ocasião do advento do novo Código Civil (objeto do Capítulo 2). Importante reforçar, no entanto, o sentido do desenvolvimento da matéria comercial, que, a partir dos anos 1800, sofre profunda influência dos princípios filosóficos e econômicos ligados ao ideal da liberdade (BORGES. *Curso de direito comercial terrestre*..., p. 86 ss). Aliás, como expõe Bulgarelli, o direito francês não acompanhou da mesma maneira a discussão em torno da disciplina jurídica da empresa: "Aliás, não foi sem razão que esse período histórico inicial, em relação à empresa no plano jurídico, foi denominado (por certo sem mordacidade e mais com o significado de desprezo ou de falta de maior atenção) de 'período de ignorância' na França" (BULGARELLI. *A teoria jurídica da empresa*..., p. 11, 92 ss).

da técnica tornariam ou não comerciante aquele que os praticasse[400]. Ao fim e ao cabo, restou vencedora a corrente de que a enumeração legal era meramente exemplificativa (sendo, então, igualmente comerciais os atos por conexão ou acessórios)[401].

Por volta do final do Século XIX, o direito comercial de diversos países passa a regular a imensa maioria das atividades econômicas exploradas pelos agentes, exceto a agricultura[402] — considerada mais de subsistência do que uma atividade com escopo lucrativo. Evidencia-se, portanto, uma tendência açambarcadora do direito comercial[403], espécie de "comercialização do direito privado", materializada no fato de que os institutos mercantis como as sociedades anônimas, o seguro e os títulos de crédito se tornam de uso geral[404].

5.4. Liberdade, direito societário e direito industrial

Importante reforçar o sentido do desenvolvimento da matéria comercial, que, a partir dos anos 1800, sofre profunda influência do individualismo na economia e dos princípios filosóficos e econômicos ligados ao ideal da liberdade (em que pese esse propósito seja, em certa medida, deixado de lado pelas diferentes legislações da segunda metade do século XIX)[405].

O ideal de liberdade da Revolução Francesa acaba por influenciar o direito comercial, com especial destaque para o direito societário[406]. Porém, a liberdade de iniciativa no direito das sociedades só triunfa, plenamente, com o advento das leis que, na segunda metade do Século XIX, reconhecem a liberdade de constituição das companhias[407].

As maiores conquistas do direito societário do período estão relacionadas à liberdade: além da própria liberdade para a exploração da atividade comercial,

[400] REQUIÃO. *Curso de direito comercial*, v. 1..., p. 33 ss.

[401] GONÇALVES NETO. *Direito de empresa*: comentários aos artigos 966 a 1.195 do Código Civil..., p. 48.

[402] ASCARELLI. "O desenvolvimento histórico do direito comercial...", p. 241.

[403] É patente nessa época o aporte técnico do direito mercantil no direito civil. A marca da mercantilização do direito civil, que até esse momento era um programa do porvir, inicia com a inserção das regras comerciais no Código Civil alemão. Com esse trabalho, mesmo que não se discuta a questão da autonomia do direito mercantil, que se reafirma sem vacilações, trata-se de passar ao direito comum certas regras da experiência comercial e que não colidem nem com as necessidades nem com a psicologia do mundo civilista alienado do comércio. Cf. MOSSA. *Historia del Derecho mercantil en los siglos XIX y XX*..., p. 38-39.

[404] ASCARELLI. "O desenvolvimento histórico do direito comercial...", p. 242.

[405] BORGES. *Curso de direito comercial terrestre*..., p. 86 ss.

[406] MOSSA. *Historia del Derecho mercantil en los siglos XIX y XX*..., p. 40.

[407] ASCARELLI. "O desenvolvimento histórico do direito comercial...", p. 244.

tem-se a (*i*) a liberdade de constituição das sociedades anônimas (influenciada pelo ideal libertário da Revolução Francesa)[408], (*ii*) a liberdade para que as companhias fossem sócias umas das outras, possibilitando a criação das chamadas "sociedades *holdings*" e a formação dos conglomerados industriais da Segunda Revolução Industrial (a partir de 1850), e, finalmente, (*iii*) a democratização da responsabilidade limitada por meio da sociedade limitada (a primeira legislação sobre as sociedades limitadas é editada na Alemanha em 1892).

a) Sociedade anônima

O veículo por excelência desse desenvolvimento jurídico-econômico foi a sociedade anônima, cujo ato de constituição foi liberado na França pós-Revolução[409]. Anteriormente, era um privilégio exclusivo do Estado — e, justamente por isso, dizia-se que se estava diante do "regime do privilégio" —, sendo a sua constituição feita por meio de lei especial.

Ocorre que a conquista da liberdade societária não foi acompanhada por um senso mínimo de responsabilidade[410]. Tantos foram os abusos e fraudes cometidos com o uso da sociedade anônima[411] que o sistema fundado na liberdade de constituição foi rapidamente substituído pelo chamado "sistema de autorização".

Por meio dessa nova sistemática, os particulares podiam constituir companhias para os negócios de seu interesse, mas dependiam de autorização estatal — ingressando-se no "regime da concessão ou autorização", inaugurado pelo Código Comercial napoleônico e que foi instaurado, no Brasil, pelo Decreto 575/1849.

408 Segundo RIPERT, a origem das sociedades anônimas está diretamente relacionada ao surgimento da ação, como instrumento de participação societária, independente e *livremente transferível*, representativa de uma parcela do fundo social formado com aportes dos participantes, e fundamento da responsabilidade limitada do acionista. Percebe-se que essa visão histórica está em consonância com a que temos hoje desse tipo societário: uma sociedade empresarial baseada, fundamentalmente, no aporte financeiro irrevogável de seus acionistas, que resulta na formação de partes autônomas negociáveis — ações — e um dever de aporte e integralização limitado à quantidade subscrita. Na perspectiva da evolução legislativa, o reconhecimento das sociedades anônimas como tipo societário capaz de ser constituído por qualquer indivíduo representou a afirmação de um ideal político de liberdade: enxerga-se nas sociedades comerciais um meio de aglutinar capitais por meio da liberdade de contratar. Cf. RIPERT. *Aspectos jurídicos do capitalismo moderno...*, p. 61.

409 ASCARELLI. *Panorama do direito comercial...*, p. 35.

410 ASCARELLI, Tullio. "Usos e abusos das sociedades anônimas". *Revista Forense*, v. 38, n. 460/462, p. 5-33, out./dez. 1941; RIPERT. *Aspectos jurídicos do capitalismo moderno...*, p. 72-73, 252 ss.

411 A Companhia do Mississippi, de John Law, foi responsável por uma crise financeira que destroçou a economia francesa no século XVIII, o país mais rico da Europa. Para um breve relato, ver: MICKLETHWAIT; WOOLDRIDGE. *A companhia...*, p. 17.

Liberou-se, em contrapartida, a constituição das sociedades em comandita por ações, que também podiam emitir ações junto ao público, mas seus sócios administradores ficavam pessoalmente responsáveis pelas dívidas sociais[412] — o que certamente relativiza sua atratividade como arquétipo societário redutor do risco empresarial.

Porém, a máxima de que a lei não consegue aprisionar a realidade nem a transformar, apenas capturá-la como tal e inseri-la na ordem jurídica se impôs uma vez mais[413]. Um sistema no qual não se permite a liberdade de constituição das companhias não perdurou muito tempo em um mundo tão impregnado pelo ideário da Revolução Francesa e pelo senso de liberdade da Revolução Americana.

Alguns anos depois, nos EUA, abriu-se novamente o caminho da livre constituição das sociedades anônimas em vários ramos da indústria por meio de uma lei do estado de Nova York do ano de 1811[414]. A referida lei foi amplamente utilizada, sendo que, até o final da década de 1830, diversos estados norte-americanos criaram leis similares, formando um movimento de liberalização que perdurou até o final daquele século. No âmbito europeu, uma lei francesa de 1867 instaurou, naquele país, o "regime da liberdade", também chamado sistema da "regulamentação" ou das "disposições normativas".

A partir desse ponto, os particulares puderam constituir livremente as companhias, bastando que observassem as normas existentes[415]. Esse sistema repercutiu nos demais países sob a esfera de influência francesa — entre eles o Brasil, em que a liberalização veio a ocorrer por lei no ano de 1882 por meio da Lei 3.150.

De volta aos Estados Unidos, o Estado de Nova Jersey, em 1889, deu o último impulso de que precisavam as companhias rumo ao açambarcamento empresarial, permitindo que as sociedades anônimas fossem sócias umas das outras, possibilitando, portanto, as chamadas sociedades *holdings*. Foi o gatilho que disparou a criação dos chamados "grupos de sociedades", também parte do "fenômeno concentracionista"[416], última fase de desenvolvimento das

412 LAMY FILHO; PEDREIRA. *A Lei das S.A.*..., p. 51.

413 ESTRELLA. "Dualidade das obrigações no direito privado unificado". *Revista de Direito Mercantil Industrial Econômico Financeiro*, n. 30, a. XVII, p. 11-28, 1978, p. 16-17.

414 LAMY FILHO; PEDREIRA. *A Lei das S.A.*..., p. 52-53; ASCARELLI. "O desenvolvimento histórico do direito comercial...", p. 243.

415 RIPERT. *Aspectos jurídicos do capitalismo moderno*..., p. 70 ss.

416 A expressão é utilizada para fazer referência ao processo de concentração de empresas ou grupo de empresas para fins de exploração dos mais variados segmentos econômicos. Esse sistema de

sociedades anônimas. Por exemplo, a Standard Oil de J. D. ROCKFELLER mudou sua sede para Nova Jersey, passando, formalmente, de *trust* para *holding*.

Desde o final do Século XIX, nos Estados Unidos e nos demais países industrializados, proliferaram as chamadas *macroempresas*, resultantes do processo de concentração empresarial — mormente no setor industrial[417].

O ambiente institucional favorável da América do Norte[418] estimulou o surgimento de gigantes da indústria como a Standard Oil, a Carnegie Steel, a General Eletric e a Ford Motor Company[419], empresas capitaneadas por gigantes do capitalismo como JOHN D. ROCKFELLER, ANDREW CARNEGIE, J. P. MORGAN e HENRY FORD, indivíduos comuns que amealharam fortunas fabulosas[420]-[421].

A partir desse ponto, as sociedades anônimas passam a desempenhar uma nova função econômica: servem de veículo jurídico para a consolidação empresarial, além de possibilitar a exploração eficiente de ramos da economia que exigiam largas e crescentes somas de capital, como o petróleo, a siderurgia, os

integração (vertical ou horizontal) pode gerar condutas de domínio indevido do mercado como o cartel e, o monopólio e o *trust*, por exemplo. O direito concorrencial desenvolve-se como forma de regular o mercado e evitar a realização de tais práticas por parte dos agentes econômicos.

417 Sobre esse processo, ver estudo pioneiro de: COMPARATO, Fábio Konder. *Aspectos jurídicos da macro-empresa*. São Paulo: Revista dos Tribunais, 1970.

418 "Não há um ranking oficial de 'país mais poderoso do mundo', mas, por volta de 1895, os Estados Unidos tinham claramente ultrapassado os outros. [...] Os Estados Unidos tinham a maior população entre as nações industrializadas e eram o país mais rico sob todos os critérios – renda per capita, disponibilidade de recursos naturais, produção industrial, valor das terras produtivas e fábricas. O país dominava mercados mundiais — além de aço e de petróleo, também trigo e algodão. Tinha um grande excedente na produção de bens e ganhava destaque e importância nos serviços financeiros. Seu povo era o que tinha mais mobilidade, era o mais produtivo, o mais inventivo e, em média, o mais bem-educado". Cf. MORRIS, Charles. *Os magnatas*. 3 ed. Trad. Eduardo Barreiros. Porto Alegre: LP&M, 2007, p. 9.

419 MICKLETHWAIT; WOOLDRIDGE. *A companhia*... p. 93-107.

420 "O capitalismo americano é o mais democrático do mundo. Os Estados Unidos foram o berço das engrenagens do capitalismo popular, da produção em massa às franquias e aos fundos de investimento. Em muitos países, o capitalismo sempre foi associado à abertura e à oportunidade, possibilitando às pessoas que nasceram na obscuridade a ascender ao topo da sociedade e dando, a pessoas de todos os níveis, acesso a produtos e serviços antes limitados à elite. R. H. Macy, ex-capitão de pesca de baleias com uma das mãos tatuada, vendia 'produtos dignos do milionário a preços ao alcance de milhões, Henry Ford, filho de fazendeiro, anunciava o Modelo T como 'um carro para o homem comum'. Amadeo Giannini, um imigrante americano, fundou o Bank of America para oferecer os serviços bancários ao 'homem simples'. Pierre Omidyar, outro imigrante, criou um bazar eletrônico, o eBay, para que pessoas comuns negociassem livremente. A ascensão da América à grandeza foi marcada por inúmeras desgraças, entre as quais as principais foram o tratamento cruel dos povos indígenas e a escravidão de milhares de afro-americanos. Entretanto, no contexto da história como um todo, foi extremamente positiva. A América não só proporcionou uma vida próspera aos seus próprios cidadãos, como exportou prosperidade na forma de inovações e ideias". Cf. GREENSPAN, Alan; WOOLDRIDGE, Adrian. *Capitalismo na América*. Uma história. Trad. Catarina Pinheiro. São Paulo: Record, 2020, p. 11-12.

421 Sobre a história desses empreendedores e do ciclo de crescimento dos Estados Unidos, ver: MORRIS. *Os magnatas*...; GREENSPAN; WOOLDRIDGE. *Capitalismo na América*...

transportes e as minas — tudo em razão da necessidade de ganhar escala para ser competitivo em termos de preços[422]. Nesse movimento, a liberalização das participações entre sociedades foi indispensável[423].

b) Marcas e patentes de invenção

No campo do direito industrial, marcas e patentes de invenção passaram a ser disciplinadas de forma distinta de como vinham sendo. O próprio direito de exclusividade sobre a propriedade imaterial, reforçado no período, revelou-se como meio de realizar o ideário da Revolução Francesa: liberdade e igualdade[424].

Efetivamente, se, por um lado, outorga-se ao titular da marca o direito de utilizá-la com exclusividade, e ao detentor de uma patente de invenção a possibilidade de explorá-la monopolisticamente por certo período[425], por outro, garante-se ao consumidor acesso a produtos anteriormente inexistentes e a possibilidade de escolher aqueles da sua preferência, não sendo enganado quanto a sua origem e qualidade.

Não menos importante: a atribuição de exclusividade ao primeiro requerente estimula o investimento em pesquisa e a revelação das invenções[426], as quais são utilizadas como base de partida para novas criações, como uma espécie de corrente de desenvolvimento em que o anel anterior se engata no posterior[427].

c) Sociedade limitada

Um último ponto que merece destaque é a concepção da sociedade limitada. Surgida primeiramente na prática inglesa a partir da adaptação da sociedade

422 CHAMPAUD, Claude. *Le pouvoir de concentracion de société par action*. Paris: Sirey, 1962, p. 4 ss, e, especialmente, p. 195-205; ANTUNES, José Engrácia. "Estrutura e responsabilidade da empresa: o moderno paradoxo regulatório". *Revista Direito GV*, v. 01, n. 02, p. 29-68, 2005, p. 35.

423 "[...] não teríamos automóveis, ferrovias, aviões ou produtos químicos não fossem os instrumentos criados pelo direito comercial, entre eles o seguro, os títulos de crédito e a sociedade anônima. Leonardo da Vinci até anteviu o domínio do ar, mas sem as sociedades, a regra da responsabilidade limitada, a mobilização da poupança, a circulação das ações, as bolsas de valores, a atividade bancária, as cambiais, o desconto e as patentes, os aviões jamais subiriam aos céus". Cf. ASCARELLI. "O desenvolvimento histórico do direito comercial...", p. 244.

424 RIPERT. *Aspectos jurídicos do capitalismo moderno...*, p. 356.

425 RIPERT. *Aspectos jurídicos do capitalismo moderno...*, p. 356-357.

426 ASCARELLI. "O desenvolvimento histórico do direito comercial...", p. 245.

427 ASCARELLI. *Teoria della concorrenza e dei beni immateriali...*, p. 527-529.

anônima, foi positivada na Alemanha em 1892[428], com derrogações e mudanças determinadas em 1898[429], tendo se estendido para o direito português em 1901[430].

Não é exagero dizer que o legislador alemão fecundou *in vitro* a sociedade limitada (*Gesellschaft mit beschrankter Haftung – GmbH*)[431], o que faz dela o primeiro arquétipo societário cuja origem não é resultado direto da evolução histórica do direito comercial, dos usos e da prática negocial[432]; seu nascedouro é legislativo[433].

Concebida como um estímulo à pequena e à média empresa (já que a sociedade anônima era um veículo utilizado, especialmente, em grandes empreendimentos), ofereceu aos empreendedores limitação da responsabilidade[434] em um tipo societário mais simples e flexível[435]-[436].

428 A ideia que orientou a promulgação da lei germânica foi "encontrar um tipo de organização que enchesse o grande vazio existente entre as anônimas, completamente impessoais e rigorosamente capitalistas, e as coletivas, e comanditas, tão identificadas com a personalidade dos sócios, e no qual se congregassem as vantagens dessas formas extremas" (FEINE, E. *Las sociedades de responsabilidad limitada*. Madrid: Logos, 1935, p. 1).

429 MARCONDES, Sylvio. "Origem, evolução e conceituação das sociedades de responsabilidade limitada". In: ______. *Problemas de Direito Mercantil*. São Paulo: Max Limonad, 1970, p. 183-205, 184.

430 MARTINS, Fran. *Sociedade por quotas no direito estrangeiro e brasileiro*, v. I. São Paulo: Forense, 1960, p. 19.

431 DOMINGUES, Paulo de Tarso. *Variações sobre o capital social*. Coimbra: Almedina, 2009, p. 30, nota 48.

432 Para amplo apanhado histórico sobre a origem e a evolução das sociedades limitadas, ver: PEGLOW, Kerstin. Entstehung und Geschichte der Gesellschaft mit beschränkter Haftung im deutschen Recht. *Miscellanea Historico-Iuridica*, v. XI, p. 205-223, 2012; EISERMANN, Sven. *Die GmbH. Eine europäische Gesellschaftsform mit Geschichte*. München: Grin, 2017; RIVOLTA, Gian Carlo. Sulla società a responsabilità limitata: precedenti storici ed orientamenti interpretativi. *Rivista di diritto civile*, v. 26, p. 477-514, 1980; RICHTER JR, Mario Stella. "Profilo storico". In: IBBA, Carlo; MARASÀ, Giorgio (coord.). *Le società a responsabilità limitata*, v. I. Milano: Giuffrè, 2020. p. 1-30; RICHTER JR, Mario Stella. "La società a responsabilità limitata dalle codificazioni dell'ottocento al codice dela crisi d'impresa". *Rivista delle società*, a. LXIII, fasc. 4, p. 645-674, 2019; FERREIRA, Waldemar. *Sociedade por quotas de responsabilidade limitada*. 5 ed. São Paulo: Monteiro Lobato, 1925, p. 1-19; AMARAL, Hermano Villemor. *Das sociedades limitadas*. 2 ed. Rio de Janeiro: Briguiet, 1938, p. 15-65; MARTINS. *Sociedade por quotas no direito estrangeiro e brasileiro...*, p. 1-285.

433 JAEGER, Pier Giusto; DENOZZA, Francesco. *Appunti di diritto commerciale*, v. 1. Milano: Giuffrè, 1994, p. 133.

434 Como referem Bainbridge e Henderson: "The corporation is central to our society [...] The key feature of the corporation that makes it such an attractive form of human cooperation and collaboration is limited liability." (BAINBRIDGE, Stephen M; HENDERSON, M. Tood. *Limited liability*. A legal and economic analysis. Northampton: Eward Elgar, 2016, p. 01-02).

435 Lembre-se de que a constituição das sociedades anônimas era revestida de grandes formalismos. A necessidade de autorização do poder público, número mínimo de sócios e capital mínimo eram alguns dos entraves. Além disso, as características inerentes ao tipo sociedade anônima implicavam a adoção de uma espécie societária complexa e cercada de obrigações conexas que se faziam necessárias para a proteção dos minoritários (publicação de demonstrativos contábeis, maior formalismo para a convocação e realização das assembleias, padrões contábeis mais rígidos).

436 A origem da sociedade limitada está associada à compreensão do fenômeno da *limitação das perdas* como um estímulo à abertura de novos negócios, ao investimento privado na atividade produtiva,

A sociedade limitada propôs-se a ser uma forma societária que, sem as exigências impostas para a constituição e o funcionamento das sociedades anônimas, permitisse a limitação da responsabilidade dos sócios[437]. Garantiu, assim, a democratização da responsabilidade limitada[438]. E, como tal, foi adotada no Brasil em 1919 por meio do Decreto 3.708, tornando-se, praticamente desde o início, o tipo societário preferido do empreendedor brasileiro.

6. Direito comercial contemporâneo

O direito comercial sofreu importantes transformações no período que se seguiu ao término da Primeira Guerra Mundial (1918), fenômeno que ganhou velocidade após a Segunda Guerra Mundial (1945), especialmente com a globalização econômica e financeira dos mercados, que teve impacto direto nos ordenamentos jurídicos locais e na posição do Estado como único órgão regulador[439].

Inúmeros temas dominaram os debates em torno do chamado "direito comercial contemporâneo": (*i*) as questões decorrentes do excesso de liberalismo e do abuso do poder econômico, resultantes do fenômeno da concentração empresarial[440] por meio de grupos societários e seus efeitos concorrenciais

à criação de riqueza e, em última análise, ao desenvolvimento econômico das nações. O benefício experimentado seria, ao fim e ao cabo, não só aos empreendedores, mas a toda a sociedade — incluindo trabalhadores, fornecedores, consumidores, comunidade e Fisco —, o que justificaria uma espécie de socialização das perdas. Esse é, em linhas gerais, o *trade-off* decorrente da limitação da responsabilidade dos sócios ao capital investido no negócio. Na Economia, *trade-off* é o termo que define uma situação em que há conflito de escolha, pois ela implica uma situação de "perde-e-ganha". Isto é, a obtenção do benefício gera uma externalidade negativa (efeito colateral negativo). No caso da limitação da responsabilidade, o estímulo ao empreendedorismo e à criação de riqueza ocasiona socialização das perdas, pois, se a sociedade limitada sucumbir, credores ficarão desatendidos. Isso implica que a tomada de uma decisão requer completa compreensão tanto do lado bom quanto do lado ruim de uma escolha em particular.

437 SZTAJN, Rachel. *Contrato de sociedade e formas societárias*. São Paulo: Saraiva, 1989, p. 98.

438 CORDEIRO, António Menezes. *Manual de direito das sociedades*, v. I. 2 ed. Coimbra: Almedina, 2007, p. 377.

439 COPARI, Diego. "The evolution of private law in Global Market of the 21st Century". *Rivista del Diritto Commerciale e del Diritto Generale delle Obligazioni*. Anno CXX. n. 3, Padova: Piccin, 2022. p. 339-366; GALGANO. *La globalización en el espejo del derecho...*

440 Sobre o tema, com viés absolutamente crítico da economia capitalista em si: COMPARATO. *Aspectos jurídicos da macro-empresa...*, p. 4; COMPARATO, Fábio Konder. "Os grupos societários na nova lei de sociedades por ações". In: ____. *Ensaios e pareceres de direito empresarial*. Rio de Janeiro: Forense, 1978, p. 193-220, p. 194-195; SALOMÃO FILHO. *Teoria crítico-estruturalista do direito comercial...*, p. 13 ss.

danosos[441], dando ensejo ao direito da concorrência[442]; (*ii*) a expansão de conteúdo e de fronteiras do direito comercial, que passa a abranger cada vez mais atividades econômicas (conduzindo à própria discussão sobre a unificação do direito privado)[443]; (*iii*) os arranjos de colaboração de longo prazo e o problema da dependência econômica[444]; (*iv*) a relevância da propriedade intelectual (e os efeitos da exclusividade temporal)[445]; (*v*) os contratos de transferência de tecnologia; (*vi*) as redes contratuais e dos contratos coligados[446]; (*vii*) a busca da tutela dos hipossuficientes e o nascimento do direito do consumidor[447], a inserção de pautas antidiscriminatórias[448], ESG, entre tantos outros.

6.1. Intervenção estatal e regulação da economia

No campo econômico, a primeira metade do Século XX foi marcada por um maior intervencionismo e regulação por parte do Estado. Para a corrente histórica tradicional, foi uma reação aos males resultantes do excesso de liberdade que desaguaram em crises econômicas, em especial a Crise de 1929[449], com efeitos devastadores nas economias de diversos países[450].

441 FORGIONI, Paula. *A evolução do direito comercial brasileiro*: da mercancia ao mercado. 6 ed. rev., atual. e ampl. São Paulo: Revista dos Tribunais, 2023, 158 ss.

442 O direito concorrencial desenvolve-se nesse contexto histórico-econômico como forma de regular o mercado e evitar a realização de tais práticas por parte dos agentes econômicos. Sobre a origem do direito concorrencial, ver: FORGIONI, Paula. *Fundamentos do antitruste*. 12 ed. São Paulo: Revista dos Tribunais, 2022; SALOMÃO FILHO, Calixto. *Direito concorrencial*. 2 ed. Rio de Janeiro: Forense: 2021; FRAZÃO, Ana. *Direito da concorrência*. São Paulo: Saraiva, 2017. Sobre o direito econômico, ver: NUSDEO, Fábio. *Fundamentos para uma codificação do direito econômico*. São Paulo: Revista dos Tribunais, 1995.

443 Mantendo, portanto, sua tradição histórica de contínua expansão. Cf. VIVANTE, Cesare. *Per un codigo unico delle obbligazioni*. Bologna: Tipografia Fava e Garagnani,1888, p. 8.

444 FORGIONI. *A evolução do direito comercial brasileiro...*, p. 162 ss.

445 SILVEIRA, Newton. *Propriedade intelectual*. 6ª ed. São Paulo: Manole, 2021.

446 MARINO, Francisco. *Os contratos coligados no direito brasileiro*. São Paulo: Saraiva, 2009.

447 BENJAMIN, Antonio Herman; MARQUES, Claudia Lima; BESSA, Leonardo Roscoe. *Manual de Direito do Consumidor*. 10ª ed. São Paulo: Revista dos Tribunais, 2022.

448 SILVA; Jorge Cesa Ferreira da. *Antidiscriminação e contrato. A integração entre proteção e autonomia*. São Paulo: Revista dos Tribunais, 2020.

449 Sobre o tema, há duas perspectivas bem diferentes. De um lado, sustentado que a causa foi o excesso de regulação estatal e interferência do Estado na economia, ver: ROTHBARD, Murray. *A grande depressão americana*. Trad. Pedro Sette-Câmara. São Paulo: Instituto von Mises, 2012. De outro, defendendo que a causa foi a deficiência da própria economia americana e a política de crédito fácil: GALBRAITH, John Kenneth. *1929. O colapso da bolsa*. São Paulo: Pioneira, 1988.

450 Em apertada síntese, a partir da crise de 1929, o principal debate de ideias no campo da economia foi travado entre os economistas alinhados à escola de JOHN MAYNARD KEYNES (Keynesianismo), que sustentavam o papel protagonista do Estado na economia, especialmente em períodos de crise, e os economistas alinhados à escola de LUDWIG VON MISES e FRIEDRICH HAYEK (Escola Austríaca), que sustentavam a menor intervenção estatal possível. Em termos de políticas públicas, a doutrina vencedora foi o Keynesianismo, que deu origem ao que se denominou de *welfare state*. Sobre o tema,

O Código Comercial Napoleônico (1807) e os códigos influenciados por ele — entre os quais o Código Comercial Brasileiro (1850) — não estavam preparados para lidar com os problemas decorrentes do avanço econômico propiciado pelo liberalismo — e os problemas daí decorrentes, como o gigantismo das empresas surgidas na esteira da Segunda Revolução Industrial, de que são exemplos a Standard Oil, a U.S. Steel e a General Eletric.

Efetivamente, o Código Comercial Napoleônico (1807) é substancialmente anterior ao desenvolvimento industrial. Destaca ASCARELLI que a sociedade disciplinada pelo Código Napoleônico é ainda fundada na propriedade agrária, em um capitalismo eminentemente comercial e em uma indústria recém-saída da fase artesanal[451].

A exacerbação das posições de monopólio, a necessidade de substituir a atividade privada nos setores da economia onde seria preciso algum grau de intervenção do Estado, aliado à premência de se tutelar as classes afetadas pela empresa (comunidades, trabalhadores, consumidores, meio ambiente) foram — e seguem sendo — questões importantes para o direito comercial contemporâneo. Nesse contexto, o Estado passou a intervir na economia ora para estimulá-la, ora para impedir os excessos e abusos, como a formação de monopsônios, oligopólios, cartéis e monopólios[452]. Segundo a corrente vencedora, era preciso regulamentar o livre jogo da concorrência, reprimindo a chamada concorrência desleal e os monopólios de mercado[453].

Como ressalta FORGIONI: o "Estado que atuava na economia passa a agir mais intensamente sobre a economia"[454]. Por exemplo, situa-se nesse período histórico a formação de enormes conglomerados industriais, de que é exemplo notório a Standard Oil, de JOHN D. ROCKEFELLER, controladora de mais de 90% da indústria do petróleo nos Estados Unidos. Nessa conjuntura, foram promulgadas as leis antitrustes norte-americanas (*Sherman Act* – 1890), dando origem a um novo ramo do direito, o chamado "direito concorrencial". Também foi criada, nesse cenário, a *Securities and Exchange Comission* (SEC), agência reguladora do mercado de capitais norte-americano, fonte de inspiração da

ver: MERQUIOR, José Guilherme. *O liberalismo*. 3 ed. Trad. Henrique de Araújo Mesquita. São Paulo: É realizações, 2011, p. 186-259.

451 ASCARELLI. "O desenvolvimento histórico do direito comercial...", p. 247.

452 BARRETO FILHO. "A dignidade do direito mercantil...", p. 14-15.

453 Segundo RIPERT: "O verdadeiro espírito comercial é um espírito de criação e de luta. O capitalismo moderno aceitava a concorrência. Mas já se produz um envelhecimento do capitalismo. Todo produtor aspira ao monopólio". Cf. RIPERT. *Aspectos jurídicos do capitalismo moderno...*, p. 355.

454 FORGIONI. *A evolução do direito comercial brasileiro...*, p. 176.

Comissão de Valores Mobiliários (CVM) no Brasil, para funcionar como "xerife do mercado"[455], bem como de outras tantas agências reguladoras.

Marcam o período a ocorrência de conflitos armados em escala global[456], o advento de severas crises financeiras[457] e o desenrolar dos ciclos econômicos[458], o extremismo ideológico entre Estados Unidos e União Soviética[459] e o retorno de movimentos nacionalistas xenófobos[460].

No Brasil, o liberalismo econômico tropicalizado e o reconhecimento da necessidade de intervenção estatal no domínio econômico formarão, mais adiante no curso da História, o conjunto econômico, político e social da ordem estabelecida na Constituição Federal de 1988, objeto de análise no capítulo 5.

6.2. Direito de empresa

O Código Comercial francês (1807) foi responsável pela introdução do termo "empresa" (*enterprise*) como um dos atos de comércio. Essa escolha legislativa

455 Sobre o tema, ver: EIZIRIK, Nelson; GAAL, Ariádne B.; PARENTE, Flávia; HENRIQUES, Marcus Freitas. *Mercado de capitais*. Regime jurídico. 4 ed. São Paulo: Quartier Latin, 2019.

456 Segundo NIALL FERGUSON, a despeito do progresso incomparável, "Os cem anos depois de 1900 foram, sem dúvida, o século mais sangrento da história moderna, muito mais violentos, tanto em termos relativos quanto em termos absolutos, que qualquer período anterior. Porcentagens significativamente maiores da população mundial foram mortas nas duas guerras mundiais que dominaram o século quando comparadas àquelas mortas em quaisquer conflitos anteriores de magnitude geopolítica comparável" Cf. FERGUSON, Niall. *A guerra do mundo*: a era de ódio na história. Trad. Solange Pinheiro. São Paulo: Planeta, 2015, p. 32.

457 GALBRAITH, John Kenneth. *A crise econômica de 1929*: anatomia de uma catástrofe financeira. Lisboa: Universidade Moderna, 1954; KINDLEBERGER, Charlie P.; ALIBER, Roberto Z. *Manias, pânicos e crises*: a história das catástrofes econômicas mundiais. São Paulo: Saraiva, 2013; MARICHAL, Carlos. *A nova história das grandes crises financeiras*: uma perspectiva global – 1873-2008. Rio de Janeiro: FGV Editora, 2016; EICHENGREEN, Barry. *Crises financeiras*. Rio de Janeiro: Campos, 2003; ROGOFF, Kenneth S.; REINHART, Carmen M. *Oito séculos de delírios financeiros*: dessa vez é diferente. Rio de Janeiro: Elsevier, 2010.

458 SCHUMPETER, Joseph A. *Business Cycles*: a theoretical, historical and statistical analysis of the capitalist process. Philadelphia: Porcupine Press, 1964; HANSEN, Alvin H. *Business cycles and national income*. New York: W. W. Norton & Company, 1951; ESTEY, James Arthur. *Business cycles*: their nature, cause, and control. New York: Prentice-Hall, 1942; HAMBERG, D. *Business cycles*. New York: The MacMillan Company, 1951; DUESENBERRY, James S. *Business cycles and economic growth*. New York, Toronto and London: McGraw-Hill Book Company, 1958; MITCHELL, Wesley Clair. *Os ciclos econômicos e suas causas*. São Paulo: Nova Cultural, 1988; HAYEK, F. A. *Prices and Production and others Works*: F. A. Hayek on money, the business cycle, and the gold standard. Auburn: Ludwig von Mises Institute, 2008; MISES, L. von. *Ação Humana: um tratado de economia*. Tradução de Donald Stewart Jr. 3.1 ed. São Paulo: Instituto Ludwig von Mises Brasil, 2010; MISES, L. von. *Sobre Moeda e Inflação: uma síntese de diversas palestras*. Tradução de Evandro Ferreira. São Paulo: LVM, 2017; ROTHBARD, Murray. Depression economics: cause and cure. In: EBELING, R. M (ed). *The Austrian Theory of the Trade Cycle and other Essays*. Auburn: Ludwig von Mises Institute, 1996. p. 25-35.

459 O tema está tratado em: HOBSBAWM, Eric. *A era dos extremos*. Trad. Marcos Santarrita. São Paulo: Cia das Letras, 1995.

460 Cf. FERGUSON, Niall. *Civilização*: ocidente X oriente. 2 ed. Trad. Janaína Marco Antonio. São Paulo: Planeta, 2016.

fez com que a noção em torno da empresa fosse estudada no âmbito da teoria dos atos de comércio[461], como espécie de contrato de locação de serviços ou organismo econômico de caráter profissional e/ou instrumental para organização do capital e do trabalho (sem, no entanto, muito esmero conceitual)[462].

O Código de Comércio italiano de 1882 seguiu a tradição francesa ao tratar da matéria dos atos de comércio no seu art. 3, ainda que dela tenha divergido frontalmente ao outorgar caráter exemplificativo[463] à enumeração (*i.e.*, *reputa atti di commercio*, e não *sono atti di commercio*) — o rol não era, portanto, taxativo como na França. Com isso, na prática, o magistrado poderia reconhecer em outros atos não enunciados na letra da lei a natureza comercial para submetê-los às leis e usos do comércio[464].

Esse panorama foi alterado no curso da Segunda Guerra Mundial. O abandono da fachada objetiva do direito francês e a retomada de uma visão mais subjetivista do direito comercial, voltada para a regulação da empresa e do agente responsável pela assunção do risco no desenvolvimento de uma atividade econômica — empresário —, marcaram a evolução da matéria[465].

[461] Embora THALLER tenha dedicado pouco espaço ao tema no seu *Traitè elementaire de droit comercial* (THALLER, Edmund. *Traitè elementaire de droit comercial*. Paris: Rousseau, 1898, p. 25 ss), RIPERT, em contrapartida, dedica um capítulo inteiro à empresa comercial (*enterprise commerciale*), ressaltando, assim, a importância do fenômeno dentro dos atos comerciais (RIPERT, Georges. *Tratado elemental de derecho comercial*, v. IV. Trad. Felipe de Solá Canizares. Buenos Aires: Tea, 1954, p. 245-264). Esse reconhecimento do autor francês foi contínuo e deu origem a outros trabalhos já citados ao longo deste estudo, dentre os quais o seu clássico "Aspectos jurídicos do capitalismo moderno". O direito francês começou a dar maior importância ao tema da empresa somente a partir do pós-guerra, com a *Ordennance* de 22 de fevereiro de 1945, que criou os *comitès d'entreprise* (BULGARELLI. *A teoria jurídica da empresa*..., p. 13). De qualquer sorte, a empresa, como fenômeno econômico e jurídico, já vinha sendo estudada no continente europeu. Na Itália, os estudos intensificaram-se com a promulgação do Código de Comércio de 1882. Além disso, há referências de que as doutrinas alemãs (WILHELM ENDEMAN) e suíça (WIELAND) tiveram participação relevante na definição das bases da teoria já na discussão do Código Alemão de 1865 (ADHG), mesmo que esse ordenamento não empregasse a palavra "empresa". Sobre o tema, ver: GALGANO. *Lex mercatoria*..., p. 221 ss; BROSETA PONT; SANS. *Manual de Derecho mercantil*..., p. 51; BULGARELLI. *A teoria jurídica da empresa*..., p. 2-3, 10. No Brasil, apesar de ter sido enumerada como ato de comércio no art. 19 do Decreto nº 737/50, somente após a segunda metade do século XX é que a doutrina brasileira passa a reconhecer a relevância da empresa no âmbito do direito comercial, elevando-a a eixo de estudo da matéria. Nesse sentido, são pioneiros os trabalhos de: BARRETO FILHO, Oscar. *Teoria do estabelecimento comercial*. São Paulo: Max Limonad, 1969; MARCONDES, Sylvio. *Limitação da responsabilidade do comerciante individual*. São Paulo: Revista dos Tribunais, 1956, p. 115 ss; MARCONDES, Sylvio. *Problemas de direito mercantil*. São Paulo: Max Limonad, 1970, p. 7 ss; COMPARATO. *Aspectos jurídicos da macro-empresa*...; REQUIÃO, Rubens. *A preservação da sociedade comercial pela exclusão do sócio*. Tese (Cátedra). Faculdade de Direito da Universidade do Paraná, Curitiba, 1959; BULGARELLI. *A teoria jurídica da empresa*...

[462] ROCCO. *Principios de derecho mercantil*..., p. 163; BULGARELLI. *A teoria jurídica da empresa*..., p. 11.

[463] Para aprofundamento sobre as principais correntes doutrinárias que surgiram na Itália para a discussão do conceito e das diversas espécies de empresa na vigência do Código Comercial de 1882, Cf. ROCCO. *Principios de derecho mercantil*..., p. 33 e ss., 62 e ss.

[464] MARCONDES. *Problemas de direito mercantil*..., p. 11.

[465] MARCONDES. *Problemas de direito mercantil*..., p. 19.

Por outro lado, a unificação do direito privado na Itália trouxe novos desafios para o direito comercial, especialmente relacionados à necessidade de complementação e de integração com o direito civil (e não contraposição)[466], bem como de investigação de suas novas formas e fronteiras, considerando seu viés absolutamente expansivo[467].

As atividades econômicas eram organizadas em torno de empresas e conglomerados empresariais[468], que se tornaram o epicentro do direito comercial[469]. Em termos técnicos, o problema desse movimento é que não havia o "direito da empresa"[470]; era preciso criá-lo[471].

A partir de 1942, portanto, o legislador inaugura uma nova fase para o direito comercial com a unificação do direito privado e a adoção da "teoria da empresa"[472] pelo Código Civil Italiano[473] como nova espinha dorsal e núcleo

466 FERRI. *Manuale di diritto commerciale*..., p. 9-10.

467 SZTAJN, Rachel. *Teoria Jurídica da Empresa*. São Paulo: Atlas, 2004, p. 9; CAVALLI. *Direito comercial*..., p. 109.

468 LEÃES. "A responsabilidade do fabricante pelo fato do produto...", p. 13-14.

469 BULGARELLI. *A teoria jurídica da empresa*... p. 33-34; COMPARATO. "A reforma da empresa...", p. 57.

470 "Às hesitações da doutrina comercialista correspondeu, em contrapartida, uma tomada de posição incisiva de outros ramos do Direito, principalmente o Trabalhista. [...] Essa posição do Direito do Trabalho, como ocorreu na Itália e no Brasil, por exemplo, depois estendida a outros ramos do Direito, como o Direito Tributário e o Direito Econômico, serviu, seguramente, para dar novo relevo à situação jurídica da empresa, pressionando a própria doutrina comercialista". Cf. BULGARELLI. *A teoria jurídica da empresa*..., p. 12-13.

471 Cf. O capitalismo não se preocupa com esse direito novo. O direito comum lhe basta. A grande empresa industrial e comercial nasceu no tempo do liberalismo sob a proteção do Código Civil. Qualquer reforma será, portanto, realizada contra o capitalismo e não para ele. Acomodar-se-á, sem dúvida, com a maior parte, mas sabe que cada acordo lhe custará alguma coisa. [...] As palavras empresa e empresário pertencem à língua corrente. O uso lhes deu sentido diferente. A primeira é usada para designar toda atividade orientada para certo fim; a segunda para qualificar o homem que, profissionalmente, executa certos trabalhos". Cf. RIPERT. *Aspectos jurídicos do capitalismo moderno*..., p. 276.

472 Para além das críticas políticas, é importante registrar que "[...] a escolha do empresário e da atividade empresária como centro do novo sistema não se deve ao arbítrio do legislador [...] mas sujeita-se a um imperativo da realidade, acompanhando o panorama da economia moderna, e, como fenômeno social do maior realce, pressiona os institutos jurídicos, a maior parte, como é natural, defasada em relação à realidade econômica e em particular com referência à empresa. É tão marcante a sua presença no mundo atual que dispensa, como fato notório, ser provada". Cf. BULGARELLI. *A teoria jurídica da empresa*..., p. 8-9. No mesmo sentido, destacando que o Código Napoleônico expressou as ideias jurídicas do seu tempo, com amplo legado para o direito privado, o qual foi substituído por uma jovem e grande codificação, fortemente influenciada pela evolução e desenvolvimento da empresa em todos os campos da economia, ver: MARCONDES. *Problemas de direito mercantil*..., p. 18-19.

473 Na Itália fascista das décadas de 1930 e 1940, especialmente a partir de 1927 com a *Carta del Lavoro*, a existência de um Código Comercial (1882) representava um símbolo inaceitável do privilégio político de uma classe social (os comerciantes) sobre as demais. No Código Civil de 1942, a unificação do direito privado serve a um propósito eminentemente político e ideológico; a empresa é definida como um modelo totalizador de comportamento dos agentes produtores de riqueza na seara econômica; o estatuto geral e orgânico do empreendedor abarca, indistintamente, todos os

temático da disciplina. Alguns desses contornos já vinham sendo compreendidos e delineados pelos estudiosos há alguns anos, ainda que que sem grandes avanços jurídico-conceituais[474].

Desse ponto em diante, a aplicação das regras de direito comercial, agora chamado "Direito de Empresa" ou "Direito Empresarial", deixa de ser determinada pela prática de certos atos (chamados "atos de comércio") previamente descritos na legislação. Na nova concepção, considera-se empresário aquele que exerce uma atividade econômica direcionada à produção ou circulação de bens ou serviços, com habitualidade, voltada para a obtenção de lucro, correndo os riscos daí inerentes — risco de perdas e até de falência[475].

O curioso é que o Código italiano de 1942 não traz a definição de empresa[476] — o que reforça a dificuldade de lhe atribuir um conceito jurídico unitário, gerando confusão com sua noção econômica[477]. O termo é utilizado pelo legislador em diversos sentidos, *instrumental* e *funcional*, por exemplo, e sua noção resulta justamente do conceito de empresário[478]. Assim, quem exerce a empresa (*atividade comercial, industrial ou de prestação de serviços não intelectual*) é empresário (*sujeito titular da atividade*) e a ele se aplicam as regras de direito empresarial.

participantes do ciclo de produção e de distribuição de riqueza, servindo, também, ao objetivo de unificar o país. Cf. SPADA. *Diritto commerciale...*, p. 29-31. Sobre o tema, ver, também: FORGIONI. *A evolução do direito comercial brasileiro...*, p. 72 ss.; MARCONDES. *Problemas de direito mercantil...*, p. 20-21.

474 Segundo refere Sylvio Marcondes: "A exposição ora feita, colimando acompanhar a formação do conceito de empresa na economia, sua qualificação legal entre os atos de comércio e os juízos teóricos emitidos pela interpretação da lei, evidencia que, no quadro da codificação operada no século passado, sob influência do direito francês, os comercialistas não lograram fixar uma segura concepção unitária de empresa, em nítidos termos jurídicos. Das definições propostas, umas conferem à empresa ao menos em certos casos, os caracteres da locação de serviços ou da empreitada, tomados do Direito Civil; outras, com intento de abrangê-las na complexidade de sua composição, são levadas a receber como válida e satisfatória, no plano do Direito, a conceituação dos economistas". Cf. MARCONDES. *Limitação da responsabilidade do comerciante individual...*, p. 134. Essa dificuldade também está descrita em: RIPERT. *Aspectos jurídicos do capitalismo moderno...*, p. 276-292.

475 LAMY FILHO; PEDREIRA. *A Lei das S.A....*, p. 49; BARRETO FILHO. "A dignidade do direito mercantil...", p. 19-20.

476 Verdade é que o fenômeno da empresa e os desafios do seu delineamento jurídico compõem uma espécie de "arquitetura legal do impossível", formada por elementos de origem diversa e características multifacetadas.

477 A empresa "é um organismo econômico que recolhe e põe em obra, sistematicamente, os fatores necessários para obter um produto destinado à troca, sob o risco do empresário. A combinação daqueles vários fatores, natureza, capital e trabalho, os quais, associados, promovem resultados que, divididos, seriam impotentes para produzir, e o risco, que o empresário assume para criar uma nova riqueza, são os requisitos essenciais de toda empresa. [...] O Direito Comercial faz seu este conceito econômico de empresa". Cf. VIVANTE. *Trattato di diritto commerciale...*, p. 100-101.

478 FERREIRA. "A elaboração do conceito de empresa para a extensão do âmbito do Direito Comercial...", p. 12-13; BULGARELLI. *A teoria jurídica da empresa...*, p. 17.

Em linhas gerais, essas são as principais diretrizes histórico-conceituais[479] que sedimentaram as bases de formação da teoria da empresa e fundamentaram sua adoção pelo Código Italiano de 1942[480]. Em 2002, com a promulgação do Código Civil, esse conjunto teórico foi importado para o Brasil e adotado pelo legislador como arcabouço dogmático para regular o direito empresarial pátrio, tendo como espinha dorsal os conceitos de *empresário* (art. 966 do Código Civil)[481] e *estabelecimento empresarial* (art. 1.142 do Código Civil)[482].

7. Direito comercial no Brasil

A história do direito comercial no Brasil reproduz, em maior ou menor grau, a depender do período histórico e da maturidade do ambiente institucional vigente, as discussões travadas no direito comparado. Em razão disso, talvez fosse desnecessário tratar do tema em item separado, uma vez que já foram feitas referências sobre alguns dos principais desdobramentos da matéria no País[483].

Mesmo assim, por questões didáticas e para permitir que o leitor tenha uma visão global do progresso do direito comercial brasileiro, optou-se por um exame sucinto e apartado, destacando-se: (*i*) o período colonial; (*ii*) o período

[479] "[...] a prática, quando continuamente reiterada, de negócios jurídicos, de modo organizado e estável, por um mesmo sujeito, na busca de uma finalidade unitária e permanente cria, em torno desta, uma série de relações interdependentes que, conjugando o exercício coordenado dos atos ou negócios jurídicos, o transubstancia em atividade negocial. Como observou Hegel em sua Ciência da Lógica, os aumentos quantitativos redundam, muitas vezes, em modificações qualitativas. Contraposta aos negócios jurídicos, encarados como atos isolados, sem nenhum sentido de habitualidade, continuidade finalística e coordenação sistemática, a atividade negocial, dotada de todas as características acima, é rígida no Código em categoria jurídica diferenciada, sujeita a um regime legal distinto, no que concerne, desde a capacidade para a sua prática, até o sistema de validade e de seus efeitos jurídicos que presidem o seu exercício". Cf. LEÃES. "A disciplina do direito de empresa no novo Código Civil Brasileiro...", p. 12.

[480] Para um estudo sistemático, aprofundado e atualizado da história do direito comercial, com referências aos projetos reformadores do Código Comercial italiano de 1882 que vieram a originar, posteriormente, o Código Civil de 1942, ver: MONTI, Annamaria. *Per uma storia del diritto commerciale contemporaneo*. Pisa: Pacini, 2021.

[481] "Art. 966 – Considera-se empresário quem exerce profissionalmente atividade econômica organizada para a produção ou a circulação de bens ou de serviços. Parágrafo único. Não se considera empresário quem exerce profissão intelectual, de natureza científica, literária ou artística, ainda com o concurso de auxiliares ou colaboradores, salvo se o exercício da profissão constituir elemento de empresa."

[482] "Art. 1.142 – Considera-se estabelecimento todo complexo de bens organizado, para exercício da empresa, por empresário, ou por sociedade empresária."

[483] Sobre o tema, por todos, ver a obra (decorrente da tese para concurso de titularidade na Faculdade de Direito do Largo de São Francisco) de: FORGIONI. *A evolução do direito comercial brasileiro...* — no qual a autora não faz apenas um completo apanhado da posição dos mais importantes doutrinadores nacionais e estrangeiros sobre o direito comercial (conceito e fundamentos), como lança as bases para a discussão da evolução da disciplina nos próximos anos.

pós-independência; (*iii*) o Código Comercial de 1850 (e a teoria dos atos de comércio); e (*iv*) o Código Civil de 2002 (e a teoria da empresa).

7.1. Período colonial

Durante o período pré-colonial (1500-1530) e colonial (1530-1808), a economia brasileira viveu de ciclos esporádicos, baseados em mão de obra escrava ou regional. Assim foram os ciclos do pau-brasil, do ouro, da borracha e do açúcar.

O sistema do pacto colonial imposto pelo Reino de Portugal às suas colônias determinava que o Brasil não pudesse estabelecer comércio com nenhuma outra nação senão com a metrópole. Não era permitido concorrer com aquilo que lá era produzido. As manufaturas locais estavam proibidas por lei. Apenas o que não era cultivado ou produzido em Portugal podia sê-lo na colônia.

Assim, a economia brasileira se desenvolvia na medida do interesse da metrópole e sempre por intermédio dela[484]. Por exemplo, os portos nacionais se encontravam fechados ao comércio estrangeiro. Inexistiam indústrias[485]. Como refere WALDEMAR FERREIRA: "A vida mercantil, industrial e agrícola do Brasil tinha as suas pulsações e os seus movimentos marcados nos portos e praças portugueses"[486]-[487].

Esse contexto foi alterado em 1807 com a invasão de Portugal pelas tropas de Napoleão e a fuga da corte real portuguesa (a Dinastia de Bragança) para o Brasil. Essa fuga e a mudança para o novo continente americano decorreram de uma proposta orquestrada pela diplomacia inglesa[488]. O desembarque da

484 A literatura sobre esse tema é vasta. Ver, por exemplo: HOLANDA, Sérgio Buarque de. *As Raízes do Brasil*. 27 ed. São Paulo: Companhia das Letras, 2014; FURTADO, Celso. *Formação econômica do Brasil*. 34 ed. São Paulo: Companhia das Letras, 2007; CALDEIRA, Jorge. *História da riqueza no Brasil*. Rio de Janeiro: Estação Brasil, 2017, p. 20-181; FAUSTO, Boris. *História do Brasil*. 14 ed. São Paulo: Edusp, 2015.

485 "O Brasil é o país mais fértil do mundo em frutos e produções da terra. Os seus habitantes têm por meio da cultura, não só tudo quanto lhes é necessário para o sustento da vida, mas ainda muitos artigos importantíssimos para fazerem, como fazem, um extenso comércio e navegação. Ora, se a estas incontestáveis vantagens reunirem as da indústria e das artes para o vestuário, luxo e outras comodidades, ficarão os mesmos habitantes totalmente independentes da metrópole. É, por conseguinte, de absoluta necessidade acabar com todas as fábricas e manufaturas no Brasil". Cf. PARGENDLER, Mariana. *Evolução do direito societário:* lições do Brasil. 2 ed. São Paulo: Almedina, 2021, p. 63.

486 FERREIRA, Waldemar. *As directrizes do direito mercantil brasileiro*. Lisboa: Anuário Comercial, 1933, p. 41.

487 Embora estudos recentes demonstrem a existência de um mercado interno dinâmico e não tão dependente de Portugal Cf. CALDEIRA. *História da riqueza no Brasil...*, p. 20-181.

488 PEREIRA DA SILVA, J. M. *História da fundação do Império brazileiro*, v. 1. Rio de Janeiro: Garnier, 1864, p. 97 ss.

coroa portuguesa ocorreu em janeiro de 1808, com amplo apoio da população e vasto entusiasmo dos súditos locais[489].

O ano de 1808 constituiu uma quebra de paradigma para a vida econômica da colônia. Aconselhado por prestigiadas personalidades locais e portuguesas — dentre elas José da Silva Lisboa, o VISCONDE DE CAIRU (o primeiro comercialista brasileiro[490]) —, Dom João VI assinou uma carta régia, por meio da qual revogou as disposições que proibiam o estabelecimento de fábricas e manufaturas no Brasil, determinando, também, a abertura dos portos brasileiros ao comércio estrangeiro (Lei de Abertura dos Portos).

Esse ato real inseriu a grande colônia no contexto da economia mundial[491]. No entanto, não significou desenvolvimento econômico imediato. O Século XIX foi para o Brasil, em comparação com o mundo, um período de atraso e estagnação econômica[492].

De qualquer forma, uma série de leis e alvarás são editados, como a que cria a Real Junta de Comércio, Agricultura, Fábricas e Navegação[493]. Ainda em 1808, foram criadas as primeiras sociedades anônimas brasileiras, dentre as quais o Banco do Brasil, com a finalidade de emitir moeda para o financiamento da monarquia e o desenvolvimento do comércio e indústrias locais[494].

Em uma perspectiva jurídica, na condição de colônia portuguesa, o Brasil valeu-se da legislação vigente em Portugal, durante longo período da sua história[495]. Desta forma, aqui vigoraram as Ordenações do Reino — a saber, as Ordenações Afonsinas (1500-1514), as Manuelinas (1514-1603) e as Filipinas (1603-1916)[496].

[489] PEREIRA DA SILVA. *História da fundação do Império brazileiro*, v. 1..., p. 10-11.

[490] Para referências sobre a vida e obra de CAIRU, ver as indicações de: CARVALHO DE MENDONÇA. *Tratado de direito comercial brasileiro*, v. I, t. I..., p. 78.

[491] PEREIRA DA SILVA. *História da fundação do Império brazileiro*, v. 2. Rio de Janeiro: Garnier, 1864, p. 11 ss; FERREIRA. *As directrizes do direito mercantil brasileiro*..., p. 42; ROCHA POMBO, J. F. *História do Brasil*, v. III. Rio de Janeiro: Jackson, 1947, p. 309 ss.

[492] CALDEIRA. *História da riqueza no Brasil*..., p. 182 ss.

[493] REQUIÃO. *Curso de direito comercial*, v. 1..., p. 15.

[494] PARGENDLER. *Evolução do direito societário*..., p. 64.

[495] MARCONDES. *Direito comercial*..., p. 11.

[496] "História do Direito Civil brasileiro 'singulariza-se pela ininterrupta vigência, por mais de três séculos, das Ordenações Filipinas'. A longevidade desse corpo legislativo, organizado para Portugal do Séc. XVII impediu que o país se integrasse no movimento de renovação legislativa que empolgou as nações ocidentais no século XIX. E, assim, ao contrário do que sucedeu com outros países ibero-americanos, o Brasil não codificou suas leis civis nesse século, passando diretamente do sistema das Ordenações Filipinas ao Código Civil de 1916". Cf. GOMES, Orlando. *Raízes históricas e sociológicas do Código Civil brasileiro*. São Paulo: Martins Fontes, 2006, p. 4. Sobre o tema, ver, também: VAMPRÉ. *Tratado elementar de direito comercial*..., p. 26-28.

7.2. Período pós-Independência

Em 1821, Dom João VI se viu obrigado a retornar para Lisboa em função de uma revolução liberal iniciada na cidade do Porto, que colocava em xeque a monarquia portuguesa e questionava o status do Brasil. Antes de deixar o País, o monarca nomeia seu filho, Dom Pedro, príncipe regente do Brasil.

Ao contrário do que se poderia esperar, o retorno do soberano a Portugal não reduziu a pressão dos políticos portugueses que queriam que o Brasil retornasse à condição de simples colônia. Dom Pedro, diante da pressão dos brasileiros, declara a independência, tornando-se Dom Pedro I[497].

Mesmo depois da Independência, em 1822, sobreveio uma lei que determinou a continuidade de aplicação das leis portuguesas de então até que o Brasil legislasse sobre as diversas matérias necessárias à Nação[498]. É nesse contexto que segue vigorando a Lei da Boa Razão, legislação portuguesa de 1767 que admitia a aplicação subsidiária das leis das "nações civilizadas" na hipótese de as Ordenações do Reino não regularem determinada matéria[499].

Como relata MARIANA PARGENDLER, o "uso habitual de fonte jurídicas estrangeiras, dotadas de autoridade ou não, para resolver controvérsias jurídicas internas tornar-se-ia uma característica do Direito Civil e Comercial brasileiro por anos a fio[500]".

Embora a importação de fontes estrangeiras diversas pelos magistrados, sem qualquer critério de organização ou sistematização, tenha gerado enorme incerteza jurídica[501], foi por meio dessa desordem legislativa que o Código Comercial Napoleônico de 1807, e, mais tarde, os Códigos Comerciais da Espanha de 1829 e de Portugal de 1833 — também inspirados no ordenamento francês, verdadeiro pai de todos os seus congêneres[502] —, passaram a constituir a verdadeira legislação comercial brasileira pós-Independência[503].

[497] Para uma perspectiva contemporânea da independência do Brasil à luz da crise fiscal do período e dos efeitos nefastos da inflação na economia, ver: CARIELLO, Rafael; PEREIRA, Thales Zamberlan. *Adeus, Senhor Portugal*. São Paulo: Companhia das Letras, 2022.

[498] REQUIÃO. *Curso de direito comercial*, v. 1..., p. 15.

[499] "A Lei da Boa Razão constitui verdadeiro 'marco miliário' na evolução do Direito português, e, portanto, do Direito brasileiro. Nenhuma reforma pombalina no campo da legislação teve alcance maior, por seu sentido autenticamente revolucionário". Cf. GOMES. *Raízes históricas e sociológicas do Código Civil brasileiro*..., p. 9. Sobre o tema ver, também: VAMPRÉ. *Tratado elementar de direito comercial*..., p. 29.

[500] PARGENDLER. *Evolução do direito societário*..., p. 67.

[501] PARGENDLER. *Evolução do direito societário*..., p. 67-68.

[502] ESTRELLA. *Direito Comercial* (estudos)..., p. 64.

[503] REQUIÃO. *Curso de direito comercial*, v. 1..., p. 15.

7.3. Código Comercial de 1850

A aplicação do direito estrangeiro era uma solução apenas temporária e de elevado custo jurídico-sistêmico. A criação de um direito próprio consistia em uma das mais importantes aspirações do jovem Império, condição indispensável à afirmação de sua soberania[504].

Em 1809, a primeira tentativa de conceber um código destinado exclusivamente ao comércio foi incumbida a JOSÉ DA SILVA LISBOA, comercialista já consagrado — e, também, versado em economia e contrário à unificação das matérias civis e comerciais —, que utilizou como base para sua empreitada a doutrina francesa de PARDESSUS e o seu curso de direito comercial, de 1814[505].

A despeito da sua energia e entusiasmo, a iniciativa naufragou em razão de contingências político-militares[506]. Mesmo com a derrota momentânea, a ideia manteve-se viva e atuante, especialmente pelo fato de o fluxo mercantil ter tomado maiores proporções no país, mesmo sem ter uma legislação que o regulasse[507].

Com precocidade um tanto quanto surpreendente (1832), uma comissão, sem qualquer remuneração, formada por quatro comerciantes — fato bastante raro para a época (um deles o cônsul da Suécia), sob a presidência de um jurista —, ficou responsável pela elaboração de um projeto de código para o

504 REQUIÃO. *Curso de direito comercial*, v. 1..., p. 15.

505 "He grande e obvio o inconveniente de se englobar a Legislação Commercial no Codigo Civil: para o demonstrar bastará aqui offerecer as seguintes reflexões do maior Mestre da Sciencia do Commercio o bem conhecido Mr. Pardessus. Elle assim diz no Discurso Preliminar pag. 51 da sua eminente Obra – Curso de Direito Commercial. As leis civis não operam senão sobre o povo a quem são dadas; elas se ressentem necessariamente da influência de seus costumes, de sua organização política e de seu clima; mas as leis do comércio interessam ao universo inteiro, no qual os comerciantes foram, por assim dizer, a mesma família". Cf. LISBOA, José da Silva. *Princípios de direito mercantil e leis de marinha*, t. II. 6 ed. Rio de Janeiro: Typografica Academica, 1874, p. 931. No mesmo sentido: MARCONDES. *Problemas de direito mercantil*..., p. 8-9.

506 ESTRELLA. *Direito Comercial* (estudos)..., p. 65.

507 "Prometera a Carta Constitucional de 1824 (art. 179, nº XVIII), que se organizaria 'quanto antes um código civil e criminal, fundado nas sólidas bases da justiça e equidade [...] a despeito do silêncio da Constituição, o Código Comercial antecedeu de mais de cinquenta anos o civil, senão ainda que rompeu a barreira aparente do texto constitucional, consagrando a dicotomia do direito privado nacional. De resto, nada de extraordinário que assim fosse, porquanto a convicção generalizada e assente, tanto entre os práticos, quanto entre os versados, era da universalidade, uniformidade e especialidade da legislação mercantil, o que a tornava exigente de codificação à parte. Eis, pois, a precocidade com que despertou a ideia de um Código do Comércio, que, embora somente iniciado em 1831, para concluir-se em 1850, foi objeto de cogitação desde 1809. Como aspiração persistente da classe comercial, tinha, também, o apoio dos jurisperitos". Cf. ESTRELLA. *Direito Comercial* (estudos)..., p. 67, 136.

comércio. Apresentado ao parlamento em 1834, com intenso debate legislativo[508], inúmeras emendas e pressão por parte das associações comerciais e de classe, resultou no Código Comercial de 1850.

a) Influências

Para alguns, um marco jurídico-econômico do país[509], cujas fontes legislativas mais próximas foram os Códigos Comerciais da França (1807), da Espanha (1829), de Portugal (1833), da Holanda (1838), além da produção dos escritores mais notáveis de direito comercial da sua época[510]. Em contrapartida, para outros, o Código Comercial representou um projeto muito mais político (aproximação com nações estrangeiras, especialmente com a Inglaterra) do que técnico, já que os próprios legisladores não consideravam evidente a necessidade de uma codificação comercial para o país[511].

As polêmicas acerca do conceito de comércio e da sua abrangência e atualidade mantiveram as discussões acesas na doutrina, na tentativa de explicar e compreender o movimento de codificação da matéria nas mais diversas jurisdições[512].

508 Sobre o processo legislativo do Código Comercial, ver: MACHADO, Brasílio. "O código comercial do Brasil: Subsídios históricos da sua formação". *Revista da Faculdade de Direito de São Paulo*, São Paulo, v. XVII, p. 9-56, 1909; RUSSEL. *Curso de direito comercial brasileiro*..., p. 23-25; VAMPRÉ. *Tratado elementar de direito comercial*..., p. 33-40; FERREIRA *Tratado de direito comercial*..., p. 76; PARGENDLER. *Evolução do direito societário*..., p. 74-78.

509 "As funções econômicas do commercio se exercitam, dando valor às mercadorias e servindo de intermediário entre os produtores e os consumidores; é um agente – poderoso – para a civilização de um povo, e nas páginas históricas das nações o papel que tem representado o commercio sempre foi o da solução do grande problema social a – riqueza. [...] com seu genio cosmopolita, aproximando as distancias, tem lutado constante em prol dos mais legítimos e importantes interesses; - um povo de comerciantes é um povo laborioso e abastado – e o commercio é para as nações o que pode ser a imprensa para as letras". Cf. ORLANDO, Salustiano. *Codigo comercial do Brazil.* 5 ed. Rio de Janeiro: Laemmert & C, 1896, p. 5.

510 MACHADO. "O código comercial do Brasil: Subsídios históricos da sua formação...", p. 16 ss; REQUIÃO. *Curso de direito comercial*, v. 1..., p. 15; ESTRELLA. *Direito Comercial* (estudos)..., p. 136; VAMPRÉ. *Tratado elementar de direito comercial*..., p. 33. Para uma visão crítica sobre o Código Comercial, ver: PARGENDLER. *Evolução do direito societário*..., p. 72 ss.

511 PARGENDLER. *Evolução do direito societário*..., p. 76.

512 A evolução econômico-histórica do comércio (troca, transações, intermediação, especulação etc.) e do seu conceito jurídico (mais abrangente) está presente em praticamente todos os comentários e manuais brasileiros de direito comercial do período, com ampla referência à doutrina estrangeira. Veja-se, por exemplo: LISBOA. *Princípios de direito mercantil e leis de marinha*, t. I..., p. XIX ss; SOUZA. *Prelecções de direito comercial*, p. 19 ss; MACHADO. "Curso de direito comercial...", p. 63 ss; BENTO DE FARIA, Antonio. *Codigo Commercial brasileiro*, v. I. 3 ed. Rio de Janeiro: Ribeiro dos Santos, 1920, p. 3 ss; CARVALHO DE MENDONÇA. *Tratado de direito comercial brasileiro*, v. I, t. I..., p. 419 ss; ESTRELLA. *Direito Comercial* (estudos)...

Fiel à formação histórica do direito comercial, o Código Comercial de 1850 representa uma peça legislativa de grande precisão e apurada técnica para a época em que foi concebido, não constituindo cópia de nenhuma das legislações acima citadas[513] — aliás, durante muito tempo essa foi a visão majoritária da doutrina[514].

Tudo indica que, movida pelos conceitos de universalidade, uniformidade e especialidade, tão caros à matéria comercial, a comissão elaboradora teve o zelo de redigir o projeto com base "nos princípios adotados por todas as nações comerciantes, em harmonia com os usos e estilos mercantis, que reuniam debaixo de uma só bandeira os povos do novo e do velho mundo"[515].

Mesmo inspirados em tais princípios, os autores do projeto do código mantiveram viva a ideia de coadunar a técnica das suas diretrizes e conceitos às peculiares condições econômicas do país[516]. Assim, sem abandonar o sentido internacionalista do direito mercantil, princípio que reúne "sob uma só bandeira os povos do novo e do velho mundo", destacaram que "o código de comércio deve ser ao mesmo tempo acomodado às circunstâncias especiais

513 REQUIÃO. *Curso de direito comercial*, v. 1..., p. 15.

514 Para uma visão crítica sobre o Código Comercial, ver: PARGENDLER. *Evolução do direito societário...*, p. 72 ss.

515 ESTRELLA. *Direito Comercial* (estudos)..., p. 68.

516 LISBOA. *Princípios de direito mercantil e leis de marinha*, t. I..., p. DCXLVIII.

do povo para quem é feito"[517]-[518] — cuidado esse que permanece no centro de preocupações dos principais comercialistas contemporâneos[519].

b) Organização

O Código cuidou, de forma bastante abrangente, da temática mercantil. Na Parte Primeira, intitulada "Do Comércio em Geral" (arts. 1°-456), tratou da figura do comerciante, de seus deveres e prerrogativas, dos agentes auxiliares do comércio, dos contratos e obrigações mercantis, das garantias, das sociedades comerciais, dos títulos de crédito, entre outros temas.

Na Parte Segunda, denominada "Do Comércio Marítimo" (arts. 457-996), quase toda ela ainda em vigor, regulou as embarcações, os contratos marítimos e os conhecimentos, o seguro marítimo, o naufrágio e as avarias, entre outras matérias.

Na Parte Terceira, "Das Quebras" (arts. 797-906), tratou da concordata suspensiva, da moratória e da falência.

517 MACHADO. *O código comercial do Brasil: Subsídios históricos da sua formação...*, p. 16.

518 Essencial para a compreensão do contexto, a análise de ESTRELLA: "No respeitante, porém, à segunda parte, isto é, o condicionamento do projetado código às circunstâncias especiais do país, fôra – assevera a comissão – assaz difícil a sua tarefa, a ponto tal que quase a levara a dar 'de mão à empresa, se a necessidade de obedecer lhe não vedara'. Era esse, em verdade, ponto assaz delicado, que estava a exigir dos elaboradores do projeto de código muita circunspecção e acuidade perspícua. É que o Brasil, há pouco liberto do regime colonial, e com as portas de seu comércio abertas ao intercâmbio internacional, tinha uma população rarefeita e predominantemente litorânea. O comércio nacional, alimentado, exclusivamente, pela exportação de uns poucos artigos de produção primária e pela importação de quase tudo quanto podia constituir a massa de troca, era feito nos limites restritos consentidos da metrópole portuguesa. Por outro lado, as pessoas, até então, dedicadas à atividade mercantil, eram em absoluta maioria de descendência lusa. Mas, com a independência política, seguida à abertura dos portos ao comércio mundial, a situação do país teria necessariamente de modificar-se. A progressiva imigração de pessoas de outras nações, radicando-se aqui na vida mercantil traria em futuro próximo a confluência de usos, costumes, estilos e praxes mercantis do mais variado quilate, segundo os diferentes países de que provinham. Consequentemente, o sentido de uniformidade da legislação poderia ser ofendido, na prática negocial, por obra de usanças heterogêneas e até conflitantes. Foi, portanto, tendo em vista esse estado de coisas, que a comissão entendeu (sic): 'necessário por ao alcance de todos os comerciantes os princípios fundamentais da profissão, que se queria fazer florescer, e, portanto, estabelecer as leis protetoras da boa-fé e coercitivas da fraude e de moralidade'. Neste passo, os elaboradores do projeto do código comercial, não só revelam grande descortínio, senão ainda dão prova sobeja de quanto a profundamente conheciam todos os fatores que tinham concorrido para a estruturação da figura do comerciante e do respectivo ordenamento jurídico". Cf. ESTRELLA. *Direito Comercial* (estudos)..., p. 137.

519 FERRI. *Manuale di diritto commerciale...*, p. 9.

c) Teoria dos atos de comércio

A enumeração dos atos considerados como "atos de comércio" não foi elencada no corpo do Código Comercial. Tal se deu no art. 19 do Decreto n. 737/1850[520], que estabelecia a ordem processual do direito comercial[521]. A rigor, esse dispositivo precisava ser lido e interpretado à luz da previsão dos artigos 4º[522] e 9º[523] do Código Comercial[524], tendo restringido o alcance e a flexibilidade que o termo "mercancia" poderia ter na conceituação de comerciante[525].

Como narra Carvalho de Mendonça: "O Código Comercial não definiu nem enumerou os atos de comércio. O legislador não quis enfrentar o problema, como aliás fizera Ferreira Borges no Código Comercial português de 1833. Receou as censuras de que fora alvo o jurisconsulto português, e achou prudente silenciar. Do Código foi propositalmente afastada a expressão atos de comércio, empregando o art. 4º a palavra mercancia, sem aliás definir o seu alcance, tarefa que desempenhou o art. 19 do Regul. n. 737"[526].

O silêncio do legislador sobre a definição de ato de comércio e o emprego do termo "mercancia" — no sentido de "arte do mercador", o trato de mercadejar, ciência e prática do comércio[527] — pouco contribuíram para a construção do seu conceito e delimitação da abrangência da disciplina[528].

[520] "Art. 19. Considera-se mercancia: § 1º A compra e venda ou troca de effeitos moveis ou semoventes para os vender por grosso ou a retalho, na mesma especie ou manufacturados, ou para alugar o seu uso. § 2º As operações de cambio, banco e corretagem. § 3º As empresas de fabricas; de com missões ; de depositos; de expedição, consignação e transporte de mercadorias; de espectaculos publicos. § 4.º Os seguros, fretamentos, risco, e quaesquer contratos relativos ao cornmercio maritimo. § 5. º A armação e expedição de navios".

[521] COELHO, Fábio Ulhoa. *Curso de direito comercial*, v. 1. 15 ed. São Paulo: Saraiva, 2011, p. 36.

[522] "Art. 4 – Ninguem he reputado commerciante para effeito de gozar da protecção que este Codigo liberalisa em favor do commercio, sem que se tenha matriculado em algum dos Tribunaes do Commercio do Imperio, e faça da mercancia profissão habitual".

[523] "Art. 9 – O exercicio effectivo de commercio para todos os effeitos legaes presume-se começar desde a data da publicação da matrícula".

[524] SOUZA. *Prelecções de direito comercial*, p. 43.

[525] "E mais: trouxe para o âmbito do nosso direito comercial, pela via do processo, atos isolados não praticados necessariamente no exercício da profissão mercantil. Em outras palavras, atos de comércio acabaram por incorporar-se, em razão do Regulamento 373, ao sistema do direito comercial brasileiro que, assim, passou a ser sacudido pela tormentosa discussão acerca da matéria de comércio e pelas mesmas críticas, já então, eram feitas ao sistema do Código francês." (GONÇALVES NETO. *Direito de empresa*: comentários aos artigos 966 a 1.195 do Código Civil..., p. 57). Sobre o tema ver, também: MARCONDES. *Problemas de direito mercantil*... p. 12-13.

[526] CARVALHO DE MENDONÇA. *Tratado de direito comercial brasileiro*, v. I, t. I..., p. 440-442; MARCONDES. *Problemas de direito mercantil*... p. 13 e ss.

[527] FERREIRA BORGES. *Diccionario jurídico-commercial*..., p. 250-251.

[528] Crítica perfeitamente capturada nas palavras de Alfredo de Assis Gonçalves Neto: "Houve quem procurasse edificar, a partir das regras do direito comercial positivo, um conceito jurídico de comércio para daí concluir que o direito comercial ocupava-se do comércio em sentido jurídico.

Aliás, já nesse contexto, talvez de forma antecipada e um tanto quanto atabalhoada, a inserção do termo "empresa" (vide §3º[529]) dentre as espécies de atos de comércio no art. 19 do Decreto nº 737 inaugurou grande discussão na doutrina da época[530], especialmente com relação ao seu conceito.

Nessa temática, por exemplo, CARVALHO DE MENDONÇA identificou-se com o pensamento de VIVANTE[531]. Para o tratadista italiano, o direito comercial faz seu o conceito econômico de empresa[532], ideia que tem na *organização dos fatores de produção* pelo empresário e na *assunção do risco da atividade* seus elementos-chave.

A apropriação completa do conceito econômico de empresa pelo direito comercial evidencia a dificuldade da doutrina em estabelecer uma noção ou conceito jurídico unitário acerca do tema[533] — questão que, em certa medida, ainda desafia os estudiosos[534], como veremos ao longo deste estudo.

Expostas algumas escolhas de técnica legislativa e desafios de ordem doutrinária[535], fato é que o Código Comercial brasileiro, tal qual o Código de Comércio Napoleônico de 1807, adotou a *teoria dos atos de comércio (faits de*

Tentando fugir dessa tautologia que, por via oblíqua, conduzia à mesma perplexidade, alguns autores tentaram identificar, também, fundados nos preceitos legais então em vigor, a matéria regulada pelo direito comercial, para nela concentrar seu objeto – o que levava ao mesmo resultado. Pautado por essas ideias surgiu um dos conceitos mais prestigiados de nossa disciplina, que enunciava: o direito comercial é aquele que regula as atividades que a lei reputa mercantis e as pessoas que profissionalmente as exercem. Tratava-se, sem dúvida, de uma fórmula que, engenhosa do ponto de vista científico e arraigada no positivismo normativista kelseniano, nada explicava, porquanto, em última análise, limitava-se a dizer: o direito comercial regula aquilo que a lei lhe atribui; o direito comercial é aquilo que a lei lhe atribui. [...] As dificuldades para a delimitação do objeto do direito comercial, mercantil ou empresarial – a designação é o que menos importa – sempre decorreram do fato do seu núcleo (essência ou conteúdo) ser variável. Por fatores de natureza política, social e econômica, que justificaram o nascimento do próprio direito comercial, ele vive em permanente mutação para ajustar-se às sempre novas exigências do tráfico mercantil". Cf. GONÇALVES NETO. *Direito de empresa*: comentários aos artigos 966 a 1.195 do Código Civil..., p. 35-36.

[529] "As emprezas de fabricas; de com missões; de depositos; de expedição, consignação e transporte de mercadorias; de espectaculos publicos."

[530] VAMPRÉ. *Tratado elementar de direito comercial...*, p. 70 ss; BENTO DE FARIA. *Codigo Commercial brasileiro...*, p. 3 ss; RUSSEL. *Curso de direito comercial brasileiro...*, p. 30-34; FERREIRA. *Tratado de direito comercial...*, p. 283; MAGALHÃES. *Curso de direito comercial...*, p. 355 ss; MARCONDES. *Problemas de direito mercantil...*, p. 14-15.

[531] VIVANTE. *Trattato di diritto commerciale...*, p. 100 e 101.

[532] CARVALHO DE MENDONÇA. *Tratado de direito comercial brasileiro.* v. I, t. I..., p. 31 ss e 424 ss. No mesmo sentido: REQUIÃO. *Curso de direito comercial*, v. 1..., p. 74-75.

[533] RIPERT. *Aspectos jurídicos do capitalismo moderno...*, p. 277 ss; MARCONDES. *Problemas de direito mercantil...*, p. 14 ss.

[534] CAVALLI, Cassio. *Empresa, direito e economia.* Rio de Janeiro: Forense, 2013, p. 13, 16; GONÇALVES NETO. *Direito de empresa*: comentários aos artigos 966 a 1.195 do Código Civil..., p. 51 ss.

[535] Para aprofundamento sobre o tema e algumas de suas polêmicas, como a teoria dos atos mistos, *vis attractiva*, ato por presunção, acessórios e bifrontes, ver: CAVALLI. *Direito comercial...*, p. 73 ss.

commerce)[536]. Fê-lo, no entanto, em caráter misto (*objetivo* e *subjetivo*[537]), segundo boa parte da doutrina[538].

Essa sistemática reproduziu em terras brasileiras[539] algumas fadigas e dificuldades enfrentadas na França[540]. Vejamos algumas delas.

O art. 4º do Código Comercial definia como comerciante aquele que "faça da mercancia a sua profissão habitual". Por sua vez, o Decreto 737 de 1850, que o regulamenta, enumera os atos de comércio, ou seja, aquelas atividades

536 "No Brasil, a doutrina parte do estudo dos atos de comércio, imprimindo traço objetivo à análise. Não houve aqui uma primeira fase do direito mercantil nos moldes europeus. Os autores do Código Comercial de 1850 evitaram enfrentar nesse texto normativo o problema do ato: adotam posição subjetivista no art. 4º, caracterizando como comerciante quem fazia da mercancia profissão habitual. A definição de mercancia não era estabelecida pelo Código, mas pelo Regulamento 737, igualmente de 1850, que disciplinava 'a Ordem do juízo no Processo Commercial'. Como também entre nós a determinação da matéria do direito comercial era questão de jurisdição, nada mais natural do que tratá-la em diploma processual, servindo de norte para a identificação da atividade mercantil e, consequentemente, da matéria comercial. A disciplina centrada no ato de comércio encerra força atrativa peculiar: aqueles que negociam com os comerciantes (inclusive os consumidores) sujeitam-se ao direito e à jurisdição especiais. Entretanto, a definição de ato de comércio não bastava para circunscrever a matéria de comércio porque o Código Comercial disciplinava também a atividade dos comerciantes em si. [...] Com efeito, 'o direito comercial é o direito dos comerciantes e dos atos de comércio', na máxima francesa muito difundida entre nós. O brasileiro era sistema misto, pois assumia aspecto objetivo (disciplina dos atos de comércio) e subjetivo (disciplina dos comerciantes)". Cf. FORGIONI. *A evolução do direito comercial brasileiro...*, p. 41-42. Sobre o tema, ver também: CARVALHO DE MENDONÇA. *Tratado de direito comercial brasileiro...*, p. 16.

537 SOUZA. *Prelecções de direito comercial*, p. 48. Como refere Ferrer Correia: "Não há, portanto, sistema subjectivo puro, nem sistemas radicalmente objetivos. Todos utilizam, afinal, a noção de acto de comércio e em todos assume importância maior ou menor a noção de comerciante." (FERRER CORREIA. *Lições de direito comercial...*, p. 17).

538 Favoráveis à teoria mista: SOUZA. *Prelecções de direito comercial...*, p. 48; FERREIRA, Waldemar. *Instituições de direito comercial*, v. 1. Rio de Janeiro: Freitas Bastos, 1944, p. 146-161; BENTO DE FARIA. Direito comercial. v. 1. Rio de Janeiro: Coelho Branco F, 1947, p. 59-63, p. 159 ss; CARVALHO DE MENDONÇA. *Tratado de direito comercial brasileiro...*, p. 16, 419-515. Sustentando que o Código Comercial adotou a teoria objetivista: MENDES, Octavio. *Fallencias e Concordatas*. São Paulo: Saraiva e C, 1930, p. 16 e ss. Sustentando que a linha seguida é a subjetivista, tal qual a adotada pelo Código Alemão: BORGES. *Curso de direito comercial terrestre...*, p. 90. Para apanhado sobre a doutrina da época, ver: GONÇALVES NETO. *Direito de empresa*: comentários aos artigos 966 a 1.195 do Código Civil..., p. 57-58; CAVALLI. *Direito comercial...*, p. 71.

539 "Estabeleceu-se, então, um critério theorico para determinar quaes os actos de commercio, que tomam, por força de lei, a natureza comercial. Como, porém, não existe diferença radical entre o acto comercial e o não comercial, o legislador, atirando-se desse modo à casuística, viu-se obrigado a falhar ao critério scientifico preestabelecido. Assim, em qualquer dessas enumerações nós encontramos um critério mixto, isto é, actos de commercio que o são objectivamente, por si mesmos, sem consideração à pessoa que os pratica, e actos de commercio subjectivos que só o são porque praticados por comerciante; e ainda mais, actos que não sendo de commercio, nem objectiva, nem subjectivamente, a lei, empiricamente, os considera atos." (SOUZA. *Prelecções de direito comercial...*, p. 48). No mesmo sentido: CARVALHO DE MENDONÇA. *Tratado de direito comercial brasileiro*, v. I, t. I..., p. 430 ss; RUSSEL. *Curso de direito comercial brasileiro...*, p. 21.

540 Para aprofundamento sobre as críticas, ver: RIPERT. *Tratado elemental de derecho comercial*, v. IV..., p. 3-13; FERRER CORREIA. *Lições de direito comercial...*, p. 18-20; NAVARRINI. *Trattato elementare di diritto commerciale...*, p. 35 ss; VIDARI. *Corso de diritto commerciale...*, p. 57 ss; MARGHIERI, Alberto. *Il diritto commerciale italiano*, v. I. 2 ed. Napoli: Riccardo Marguieri, 1886, p. 158; CARVALHO DE MENDONÇA. *Tratado de direito comercial brasileiro*, v. I, t. I..., p. 420 ss.

que considera "mercancia" para fins de aplicação do código, dando ares mais objetivos à disciplina.

Ainda, entendeu-se que se tratava de lista exemplificativa, seguindo a tradição italiana, admitindo, portanto, a analogia com outros atos ali não catalogados, o que comprova a natureza expansiva e espontânea do direito comercial[541].

Em síntese, comerciante, para fins da proteção outorgada pelo Código, era aquele que estava registrado nos Tribunais do Comércio do Império e praticava, de forma habitual, quaisquer dos atos enumerados pelo art. 19 do Decreto n. 737 de 1850[542].

O registro era tido como obrigatório apenas para fins de obtenção de certas prerrogativas e/ou benefícios. Era indispensável, porém, a prática habitual da mercancia[543].

Para que uma determinada obrigação ficasse ao abrigo do direito comercial, não era exigido que todas as partes fossem comerciantes, bastava que uma só exercesse a atividade mercantil[544].

d) Relação com o direito civil

Tendo precedido o primeiro Código Civil brasileiro em mais de 60 anos (porque esse veio a lume apenas em 1916), o Código Comercial continha inúmeros princípios e regras de puro direito civil, razão pela qual, no meio da difusa, insuficiente e esparsa legislação civil da época, passou a regrar inúmeras relações da vida civil, inclusive aquelas relativas a obrigações e contratos.

[541] CARVALHO DE MENDONÇA. *Tratado de direito comercial brasileiro*, v. I, t. I..., p. 460; SOUZA. *Prelecções de direito comercial*..., p. 48; REQUIÃO. *Curso de direito comercial*, v. 1..., p. 38-39; MARCONDES. *Problemas de direito mercantil*..., p. 14.

[542] Veja-se, por exemplo, acórdãos datados do final do século XIX que examinam a lista do Art. 19 do Decreto n. 737/1850: "Carpinteiros, mestres de obras e empreiteiros, com casa aberta e coletada são comerciantes."; "A venda de gêneros para consumo feita por comerciante a comerciante não é mercantil"; "A compra e venda de animaes, a inscripção deles para corridas não é acto do commercio"; "Os farmacêuticos são comerciantes, suas contas de débito são sujeitas ao foro mercantil". Cf. ORLANDO. *Codigo comercial do Brazil*..., p. 588, nota 25.

[543] "Do confronto dessa disposição com a do art. 11 do decreto n. 916, de 24 de outubro de 1890, conclue-se que os comerciantes são: matriculados e não matriculados, e estes têm ou não firma comercial registrada na Junta do Commercio. Os matriculados gozam de prerrogativas e vantagens; os não matriculados com firma registrada, apenas de vantagens. Indispensável, porém, é que façam da mercancia (Reg. N. 737, de 1850, art. 19) profissão habitual. As prerrogativas são as constantes dos arts. 21, 22, 309, 310, e do título único, arts. 14 e 15, todos do codigo [...] As vantagens resultam da faculdade que tem o comerciante, com firma registrada, de usar os meios preventivos da fallencia." (BENTO DE FARIA. *Codigo Commercial brasileiro*..., p. 27-28).

[544] CARVALHO DE MENDONÇA. *Tratado de direito comercial brasileiro*, v. I, t. I..., p. 452.

Não por outro motivo, TEIXEIRA DE FREITAS extraiu do código de comércio diversos preceitos para sua notável Consolidação das Leis Civis (1858)[545], embora fosse contrário à coexistência de dois códigos de direito privado (e, portanto, favorável à unificação)[546].

A Consolidação das Leis Civis condensou, de forma magistral, os resultados da experiência jurídica brasileira e lusitana lentamente acumulada sobre o que ainda restava da já putrificada Ordenações valetudinárias. "Não fora essa exímia condensação, e, por certo, as Ordenações do Reino, não se teria vivido até 1917. É verdade que o Código civil a ela não se ateve. Mas a Consolidação facilitou a vida do codificador"[547].

O Código Civil de 1916, bastante avançado em inúmeros temas jurídicos[548], não tratou expressamente da matéria comercial, mantendo a autonomia formal do direito comercial em relação ao direito civil. Não se pode negar, porém, que algumas de suas normas impactaram o campo de abrangência das regras comerciais. Por exemplo, o art. 1807 do referido código determinava: "Ficam revogadas as Ordenações, Alvarás, Leis, Decretos, Resoluções, Usos e Costumes concernentes às matérias de direito civil reguladas neste Código".

A partir de 1961 iniciam-se os trabalhos de reformulação dos Códigos Privados no Brasil, sendo os diversos projetos de lei sobre o tema objeto de discussão no Congresso Nacional. No entanto, foi apenas no ano de 2002 (mais de 40 anos depois), quando veio a lume o novo Código Civil, que o direito brasileiro abandonou definitivamente a teoria francesa dos atos do comércio em favor *teoria da empresa* — de origem italiana, tendo sido adotada na Itália no Código Civil de 1942.

É verdade, porém, que, com o passar do tempo, algumas matérias e/ou institutos importantes foram retirados do âmbito de abrangência do Código Comercial — ou simplesmente deixaram de existir[549].

[545] ESTRELLA. *Direito Comercial* (estudos)..., p. 125-126.

[546] COMIRAN, Giovana. *Os usos comerciais:* da formação dos tipos à interpretação e integração dos contratos. São Paulo: Quartier Latin, 2019, p. 35-36.

[547] GOMES. *Raízes históricas e sociológicas do Código Civil brasileiro...*, p. 12.

[548] Para uma visão crítica do Código Civil de 1916, ver: GOMES. *Raízes históricas e sociológicas do Código Civil brasileiro...*, p. 14-23.

[549] Como observa CARVALHO DE MENDONÇA: "Dissemos que o Código Comercial apresenta-se deficientíssimo nas matérias de direito comercial. Estão fora do seu texto instituições importantes indispensáveis à vida jurídica comercial, muitas reguladas por leis subsequentes. Depois da publicação do Código quase 80 anos são passados, e hoje ele não é mais que uma árvore, cujos galhos mortos lhe prejudicam o desenvolvimento e a vida. A revisão é necessidade indiscutível". Cf. CARVALHO DE MENDONÇA. *Tratado de direito comercial brasileiro*, v. I, t. I..., p. 110-111.

Por exemplo, em 1875, sobreveio lei que extinguiu os Tribunais do Comércio, unificando o processo judicial em apenas uma jurisdição.

Em 1890, toda a terceira parte do Código, reservada à matéria falimentar, foi derrogada pela pena do jurista Carlos de Carvalho, por meio do Decreto 917. Em 1908, o Decreto 2.044, chamado "Lei Geral das Cambiais", passou a regular os títulos de crédito.

A história legislativa extravagante é extensa (inclusive posteriormente a 1916) e foge ao escopo do presente estudo[550]. Fato é que, com o advento do Código Civil em 1916, alicerçado na superioridade técnica e estrutural de muitos de seus dispositivos e aliado à consagração nesses de inúmeros princípios inerentes à vida mercantil da época, outorgou à lei civil codificada, concebida sob a liderança segura de CLÓVIS BEVILAQUA551, influência determinante sobre o texto de 1850, suprindo muitas de suas lacunas[552].

Mesmo assim, embora revogado e ab-rogado em algumas partes, e retrógrado em outras tantas, a parte central do Código Comercial seguiu sendo a lei básica a regular a atividade comercial brasileira por mais de 150 anos[553], até 2002, quando da promulgação do atual Código Civil.

550 Para exemplos adicionais, ver: GONÇALVES NETO. *Direito de empresa*: comentários aos artigos 966 a 1.195 do Código Civil..., p. 59 ss.

551 BEVILAQUA era contrário à ideia da unificação do direito privado, pugnando, inclusive, que eventual retorno à unificação seria um verdadeiro retrocesso. Nesse sentido: SOUZA. *Prelecções de direito comercial*..., p. 43.

552 ESTRELLA. *Direito Comercial* (estudos)..., p. 126.

553 Em 1950, foi comemorado, com entusiasmo, o centenário do Código Comercial brasileiro. Veja-se o relato de HERNANI ESTRELLA sobre a sua exuberância: "O segredo da vitalidade do nosso velho Código pode explicar-se por várias razões. A primeira delas parece ser a decorrência lógica do seu merecimento intrínseco, isto é, a sabedoria e grande acuidade com que foi composto. Seus autores, à semelhança dos redatores dos códigos napoleônicos, não 'introduziram na lei suas ideias particulares', nem pretenderam 'fazer um código à imagem de seu espírito'. Tão pouco tiveram idéias preconcebidas, ou se deixaram escravizar por sistemas doutrinários e dogmas de escolas. Impregnados de alto senso prático (pois que a maioria dos redatores do projeto era de profissionais comerciantes) cuidaram fazer uma lei tanto quanto adaptável ao progresso e contínua mutabilidade do comércio. Para isto, não só procuraram imprimir acentuado cunho de universalidade e generalidade às normas básicas das operações mercantis, senão ainda que tiveram em muito em conta as circunstâncias especiais do país, para estavam a legislar. Na justa conciliação destes elementos, deram ao Código tal plasticidade, que lhe permitiu conservar-se sempre atual a despeito de uma realidade objetiva em constante renovação". Cf. ESTRELLA. *Direito Comercial* (estudos)..., p. 73.

7.4. Código Civil de 2002

Em 2002, o novo Código Civil unificou o direito obrigacional brasileiro[554]-[555], revogando toda a primeira parte do Código Comercial de 1850. Por outro lado, a parte referente ao direito marítimo segue em vigor[556].

Além da unificação do direito privado (que será examinada no Capítulo 2 abaixo), o objeto do direito comercial muda de foco[557]: abandona-se o estudo dos atos de comércio e eleva-se a *empresa* à categoria fundamental da matéria[558].

554 "Ao contrário do Código Civil italiano, o novo Código brasileiro não teve o propósito de promover a unificação de todo o Direito Privado, mas, apenas, a unificação do Direito comum em matéria de obrigações; assim como não alimentava a ambição de abranger todas as relações privadas, mas tão-somente a de se constituir como 'lei básica, mas não global, do direito privado, conservando, em seu âmbito, o direito das obrigações, sem distinção entre obrigações civis e mercantis' [...] Daí também porque enfatiza a exposição de motivos que o projeto 'não é global, como ressaltamos, ficando, destarte, excluídas as matérias que reclamam disciplina especial autônoma, tais como a falência, letras de câmbio, e outras que a pesquisa doutrinária ou os imperativos da política legislativa imponham'. O Código acompanha, portanto, a tese da autonomia substancial do Direito Mercantil e adota o processo de unificação parcial do Direito Privado, na parte relativa ao Direito das Obrigações [...]". Cf. LEÃES. "A disciplina do direito de empresa no novo Código Civil Brasileiro...", p. 9. No mesmo sentido: MARCONDES. *Questões de direito mercantil...*, p. 29.

555 É interessante notar, porém, que no Brasil "[...] o direito comercial não se apresentou historicamente como uma disciplina absolutamente distinta e autônoma do direito civil, pois, em primeiro lugar, os princípios de direito comercial, que marcavam a autonomia desse direito em relação ao direito civil em diversos ordenamentos europeus, ingressaram no direito brasileiro por meio do direito civil. Outros institutos típicos do direito comercial jamais foram introduzidos no direito brasileiro, como é o exemplo da presunção de solidariedade passiva nas obrigações". Cf. CAVALLI. *Direito comercial...*, p. 95.

556 Sobre o processo de elaboração do Código Civil de 2002, ver: REALE, Miguel. *História do novo código civil*. São Paulo: Revista dos Tribunais, 2005. Para uma visão do tratamento dispensado à empresa nos diversos projetos de código civil apresentados ao Congresso Nacional ao longo do século XX, ver: BULGARELLI. *A teoria jurídica da empresa...*, p. 262, 298 ss.

557 Na visão de Orlando Gomes: "O problema da unificação do Direito Privado simplifica-se quando considerado na perspectiva mais estreita do Direito das Obrigações. A concentração num só estatuto das obrigações civis e mercantis já se realizou em Códigos elaborados com esse propósito, ou mais ambiciosos na aspiração unificadora. A Suíça deu o exemplo de unificação parcial com o Código federal das obrigações. Nos Códigos da U.R.S.S. e da Itália, o direito das obrigações é um só. O processo de unificação parcial mutila desnecessariamente o Código Civil, sendo preferível realizá-la no seu corpo, admitindo como parte comum as relações civis e mercantis, dado que, se mutilação deve haver, impõe que a sofra o Código Comercial, por seu um direito especial, unificando-se pela codificação do Direito Privado das relações civis e mercantis. Contudo, a unificação, hoje facilitada pela comercialização da vida civil, enfrenta ainda dificuldades. Posto sejam os princípios gerais comuns aos dois Direitos, não se justificando uma teoria geral para o Direito Civil e outra para o Direito Comercial, há institutos que carecem da generalidade indispensável à sua inserção num código que se destine a todas as pessoas". Cf. GOMES, Orlando. *Obrigações*. 17 ed. atual. por Edvaldo Brito. Rio de Janeiro: Forense, 2007, p. 12-13.

558 FORGIONI. *A evolução do direito comercial brasileiro...*, p. 55.

a) Teoria da empresa: influência e gradual aceitação doutrinária

Por influência direta do Código Civil Italiano (de viés reconhecidamente fascista)[559], o Código Civil adotou a chamada "teoria da empresa" em substituição à "teoria dos atos de comércio", deslocando o eixo da matéria comercial para o fenômeno da empresa e seus desdobramentos[560].

Como bem resume FORGIONI: "Abandona-se o estudo da empresa como ato de comércio para considerá-la forma de organização típica da moderna economia[561]", resolvendo-se, satisfatoriamente, o problema de qualificação do empreendedor que deveria se submeter ao direito comercial/empresarial[562].

559 Sobre essa influência, com ampla bibliografia, ver: FORGIONI. *A evolução do direito comercial brasileiro...*, p. 67 ss; BULGARELLI. *A teoria jurídica da empresa...*, p. 8 ss.

560 Para destacar a relevância do fenômeno da empresa, já em 1955, quase cinquenta anos antes da promulgação do Código Civil de 2002, WALDEMAR FERREIRA, influenciado pelos transtornos causados pelo dirigismo estatal, que certamente contamina a ideia em torno da empresa, como foco do direito empresarial, traça conhecido paralelo crítico entre a empresa e o filme *Rebecca, a mulher inesquecível*, de Alfred Hitchcock: "No desenrolar dos quadros falados daquela fita muito se falava naquela dama. Todos a relembravam a cada instante. Exaltavam-lhe a beleza física a par da beleza de espírito e de coração. Os espectadores aguardavam, de momento em momento, a aparição da mulher falada, amada e até desejada. Ela não transitou uma vez sequer diante das máquinas de projeção, mas ficou na retina de todos, como visão imaginária e consoladora. Era a mulher inesquecível... [...] Assim aconteceu com a empresa. É a fórmula apregoada, proclamada, desejada pelos inovadores do direito moderno, embevecidos com a palavra inesquecível... Pois não é?" (FERREIRA, Waldemar. "A elaboração do conceito de empresa para a extensão do âmbito do Direito Comercial". *Revista Forense*, n. 158, p. 35-42, 1955, p. 40). Em outra obra, o autor destaca: "Não poucos vêem no Direito Comercial o Direito da Empresa. Passou esta, por isto e ainda por outras e mais poderosas razões políticas e sociais, para plano muito mais alto que o de simples organização dos fatores produtivos [...] ou seja do exercício profissional de indústria ou comércio, transmutada em cédula mater do organismo estatal [...] É voz do passado a adquirir ressonância entre os modernos, tão ciosos de novidades velhas [...] A empresa constitui, atualmente, o verdadeiro critério da comercialidade. O Direito Comercial deve ser o das empresas. Esta ideia o unifica. Restitui-lhe o caráter profissional, sem que regresse ao direito de casta e de formalismo antigo" (FERREIRA. *Tratado de direito comercial...*, p. 211-212). FORGIONI lembra que o "[...] espírito liberal de Waldemar Ferreira – que chegou a ser exilado por Getúlio Vargas – não poderia acolher doutrina que, à época, sabia-se umbilicalmente ligada à ingerência do Estado na atividade privada. Com a derrota de São Paulo na Revolução Constitucionalista, Waldemar Ferreira foi preso e exilado por dois anos. Nesse período, proferiu admiráveis conferências posteriormente reunidas na obra *As directrizes do direito mercantil brasileiro*, publicada em 1933" (FORGIONI. *A evolução do direito comercial brasileiro...*, p. 57). Com o passar dos anos, WALDEMAR FERREIRA, cujo Tratado de Direito Mercantil Brasileiro tem sua primeira edição em 1934, evolui na compreensão do fenômeno da empresa, tendo produzido variada obra sobre a teoria da empresa, com destaque para a teoria dos círculos concêntricos. Essa evolução está resumida em: MARCONDES. *Limitação da responsabilidade do comerciante individual...*, p. 156 ss; MARCONDES. *Problemas de direito mercantil...*, p. 35-38.

561 FORGIONI. *A evolução do direito comercial brasileiro...*, p. 58.

562 Não se nega, porém, que o Código Civil "[...] apresenta alguns dos defeitos de seu congênere, o código fascista de Mussolini de 1942: falta-lhe uma disciplina das atividades econômicas ainda que tenha procurado, sem sucesso, ao denominar o Livro II de Direito de Empresas, resolver o problema. É que a disciplina das obrigações deixa pouco espaço para a criação de diferentes estruturas nas relações negociais. O legislador brasileiro de 1850 apreendeu melhor do que o de 2002 a importância do costume nas relações mercantis, a ponto de, expressamente, preservá-lo como fonte

Passa-se do "ato de comércio" à "atividade empresarial organizada pelo empresário e destinada ao mercado (empresa)"[563]. Não era novidade que o substrato teórico do Código Comercial estava obsoleto. O direito comercial brasileiro exigia um novo paradigma de estudo, pelo menos para resolver antigos dilemas, estabelecer outras referências e inaugurar novas discussões. Esse ponto nodal passa a ser a empresa em suas múltiplas perspectivas[564].

No entanto, a evolução do tema não se deu sem grandes entraves. A doutrina jurídica, especialmente a italiana, dedicou longos anos ao debate sobre o conceito jurídico da empresa — tendo, de certa forma, relegado a segundo plano o estudo de outros temas tradicionais do direito comercial, como os contratos mercantis e da sua teoria geral[565], que acabaram abarcados pelas regras obrigacionais do direito civil[566].

Sobre a temática "empresa" propriamente dita, o esclarecedor estudo de Asquini, datado de 1943[567], um ano após a promulgação do Código Civil Italiano (1942), que colocou em evidência o seu caráter poliédrico, não foi tão

integrativa dos contratos (art. 121), determinando sua aplicação antes das regras de direito comum". Cf. SZTAJN. *Teoria Jurídica da Empresa...*, p. 87-88.

563 "A satisfação das necessidades do mercado exige não só uma organização especializada e diferenciada, como reclama a instrumentalização técnica e, mais ainda, uma atividade criadora que não existe na vida civil. Na atividade mercantil, as relações econômicas apresentam-se e são reguladas tendo em vista sua atuação dinâmica, não sua posição estática [...] Assim, a empresa não serve por si só para delimitar o conceito do direito mercantil, senão quando é referida a um sujeito – o empresário – e à atividade por este desenvolvida; é por meio da empresa que um sujeito realiza de determinada forma uma atividade econômica (conceito instrumental de empresa) [...] Por isso, a empresa serve para qualificar a comercialidade do empresário e de sua atividade externa." Sob o ponto de vista econômico, conceitua-se a empresa como organização de capital e de trabalho destinada à produção ou mediação de bens ou de serviços para o mercado, coordenada pelo empresário, que lhe assume os resultados e os riscos". Cf. BARRETO FILHO. *Teoria do estabelecimento comercial...*, p. 17 e 29. No mesmo sentido, sob influência da obra do economista italiano Giuseppe Ugo Papi: MARCONDES. *Limitação da responsabilidade do comerciante individual...*, p. 118. A evolução do tema foi abordada em: FORGIONI. *A evolução do direito comercial brasileiro...*, p. 58 ss.

564 O fenômeno da empresa já era objeto de análise pela doutrina muito antes da promulgação do Código Civil de 2002. Por exemplo, Honório Monteiro, em obra datada de 1937, já dizia: "Deixou-se à margem o conceito de ato de comércio para calcar a legislação pertinente ao comércio no conceito de empresa" (MONTEIRO. *Preleções de direito comercial...*, p. 2).

565 Na Itália, por exemplo, há corajoso estudo de Dalmartello sustentando que a unificação de 1942 não extinguiu a categoria dos contratos empresariais: DALMARTELLO, Arturo. *I contratti delle imprese commerciali*. Padova: Cedam, 1962, p. 3-31.

566 FORGIONI. *A evolução do direito comercial brasileiro...*, p. 143 ss. A defesa do resgate da importância da teoria geral dos contratos empresariais foi objeto de excelente estudo da autora em: FORGIONI, Paula. *Contratos empresariais*. 7 ed. São Paulo: Revista dos Tribunais, 2022.

567 ASQUINI. "Perfis da empresa...", p. 108-126.

bem recebido em terras italianas[568]. Em nosso país, por outro lado, foi adotado integralmente pelo Código Civil de 2002[569].

RUBENS REQUIÃO, em sua tese da cátedra de 1959, após realizar profunda investigação sobre o tema da empresa, com referências a diversas posições doutrinárias, dentre as quais, as de FERRARA[570] e BRUNETTI[571], conclui que "a doutrina italiana não se pôde desprender do critério adotado pelo Código e formulou o conceito de empresa, deduzindo-o do dispositivo expresso que definiu a figura do empresário. E isto porque não foi possível aos comercialistas ultrapassar o conceito econômico, elaborando um original e próprio conceito jurídico. Estamos ainda, nesse particular, décadas atrás, no mesmo plano de Vivante. A emprêsa, na sua concepção jurídica, é, em nossos dias, aquela mesma organização dos fatores da produção para a criação de bens e serviços destinados ao mercado, que conhecemos na ciência econômica"[572].

A discussão acerca do fenômeno da empresa evoluiu rapidamente nos anos seguintes — até pela necessidade prática que o tema suscitava. Já em 1947, JOAQUIN GARRIGUES declara que a empresa se tornou o "núcleo central do direito mercantil"[573].

Ao fim e ao cabo, apesar das críticas[574], a visão poliédrica de ASQUINI esclareceu as dificuldades de estabelecer uma definição jurídica unitária de empresa — as definições podiam ser diversas, segundo o perfil considerado[575] —, tendo

568 Sobre o tema, ver: MARCONDES. *Problemas de direito mercantil...*, p. 22 ss.

569 "De acordo com a concepção existente no Código Civil italiano, a disciplina do Direito das Empresas, concebida por Sylvio Marcondes, parte da tese de Alberto Asquini, hoje generalizadamente acolhida, de que a empresa é um fenômeno econômico unitário, que se apresenta, no entanto, no mundo do Direito, fragmentado, encarado sob aspectos diversos em relação aos diferentes elementos que nele concorrem, não cabendo, por isso num esquema jurídico único" (LEÃES. A disciplina do direito de empresa no novo Código Civil Brasileiro..., p. 13).

570 FERRARA, Francesco. *Teoria jurídica de la hacienda mercantil*. Trad. José Maria Navas. Madrid: Revista de Derecho Privado, 1950, p. 94 ss.

571 BRUNETTI, Antonio. *Tratado del derecho de las sociedades*, v. I. Trad. Felipe de Solá Canizares. Buenos Aires: Uteha, 1960, p. 67 ss.

572 REQUIÃO. "A preservação da sociedade comercial pela exclusão do sócio...", p. 95-96. O professor paranaense publica a primeira edição do seu clássico "Curso de Direito Comercial", no qual já aborda a mudança do eixo temático do direito empresarial para a empresa, reconhecendo que a teoria e doutrina da época ainda não haviam construído definitivamente o conceito jurídico da empresa. Sobre esse momento histórico, ver: FORGIONI. *A evolução do direito comercial brasileiro...*, p. 63.

573 GARRIGUES, Joaquin. *Tratado de Derecho mercantil*, t. I. Madrid: Revista de Derecho Mercantil, 1947, p. 28.

574 A inserção da empresa como centro de estudo do direito empresarial tem curso bastante irregular e tons constantemente críticos. Por exemplo, em seu Curso de Direito Comercial, em edição datada de 1976, GARRIGUES refere a existência de uma crise no direito mercantil, afirmando haver uma inexatidão conceitual no estabelecimento da empresa como núcleo ao redor do qual se funda o moderno direito empresarial. Cf. GARRIGUES. *Curso de derecho mercantil...*, p. 27.

575 ASQUINI. "Perfis da empresa...", p. 108-126; MARCONDES. *Problemas de direito mercantil...*, p. 22.

prosperado e influenciado as posições e os contornos doutrinários acerca do estudo da empresa[576].

Entre nós, por exemplo, WALDEMAR FERREIRA[577], SYLVIO MARCONDES[578], OSCAR BARRETO FILHO[579] e FÁBIO K. COMPARATO[580] realçaram em seus estudos a relevância do tema. Em obra datada de 1985, WALDIRIO BULGARELLI, de forma pragmática e aparentemente neutra, mas sem desconsiderar a questão ideológica que tanto assombrou os italianos[581], arremata a discussão afirmando que a empresa "foi se impondo, pouco a pouco, com fluxos e refluxos, sempre, porém com uma constância remarcável". Tanto que assume "um papel de capital importância de plano jurídico, abalando e transformando a estrutura e a função do direito comercial"[582] — no mesmo estudo, na versão original e na atualizada, teceu ácidas críticas ao tratamento dado pela doutrina à teoria propriamente dita[583].

576 Em termos contextuais, é importante registrar que, na Alemanha, o tema da empresa também era objeto de intensos debates e estudos na doutrina. Por exemplo, JULIUS VON GIERKE "[...] também frisava que a ordem jurídica considera e regula três aspectos essenciais da empresa econômica: em sentido subjetivo, como atividade do empresário (*Betriebstatigkeit*); em sentido objetivo, como conjunto patrimonial a serviço daquela atividade (*Betriebsgeschaft*); e em sentido corporativo, como a comunidade de trabalho composta pelo empresário e seus auxiliares (*Betriebsgemeinschaft*)". Cf. LEÃES. "A disciplina do direito de empresa no novo Código Civil Brasileiro...", p. 13.

577 FERREIRA. A elaboração do conceito de empresa para a extensão do âmbito do Direito Comercial...

578 MARCONDES. *Limitação da responsabilidade do comerciante individual*...; MARCONDES. *Questões de direito mercantil*...; MARCONDES. *Questões de direito mercantil*...

579 BARRETO FILHO. *Teoria do estabelecimento comercial*...

580 COMPARATO. *Aspectos jurídicos da macro-empresa*...; COMPARATO. "A reforma da empresa...".

581 Por exemplo, ASCARELLI se recusava a reduzir o direito comercial ao fenômeno da empresa em razão da ideologia dirigista que fundamentava a adoção da teoria da empresa pelo Código Civil de 1942. Conclui dizendo que o referido código — assim como a unificação do direito privado — foi "fruto de exigências ideológicas, antes de que de uma profunda maturação". Cf. ASCARELLI. *Corso di diritto commerciale*..., p. 133-135. Autores italianos contemporâneos como BUONOCORE e OPPO sustentam que a teoria da empresa "resistiu à passagem do regime fascista para o democrático e 'constituiu a tranquila base para o desenvolvimento ordenado de novas questões geradas pela evolução da sociedade e da economia. Na realidade – é sempre Buonocore quem afirma – a influência do corporativismo no *Codice Civile* seria bastante mitigada ('mais na forma que na substância). Isso porque a empresa já se encontrava no centro da doutrina 'piú autorevole' antes de adquirir esse nomen iuris e a centralidade normativa que lhe é reconhecida pelo Codice Civile. OPPO, por sua vez, entende que o epicentrismo da empresa deve-se ao liberalismo econômico, sem qualquer influxo corporativista ou fascista. Também os manuais italianos mais difundidos atualmente passam ao largo da questão da origem fascista da empresa pois, no seu entender, a revogação dos arts. 2088 a 2092 do *Codice Civile* teria apagado as regras em que a ideologia estava fixada (como exemplo, G.f. Campobasso, Diritto commerciale, 16)". Cf. FORGIONI. *A evolução do direito comercial brasileiro*..., p. 81-82.

582 BULGARELLI. *A teoria jurídica da empresa*..., p. 3.

583 BULGARELLI, Waldirio. *Tratado de direito empresarial*. 4 ed. São Paulo: Atlas, 2000, p. 26, 126.

b) Teoria da empresa: consagração legislativa e doutrinária

A partir de 2002, o fulcro do direito comercial positivo passou a ser o empresário e a empresa[584], aquela como ente protagonista e organizador dos fatores de produção para desenvolvimento de uma atividade econômica voltada para o mercado, explorada individualmente ou por meio de uma sociedade empresária — sendo essa atividade a própria *empresa*[585].

A doutrina abraçou a mudança de paradigma e passou a aprofundar o estudo da teoria geral da empresa, as novas perspectivas e, também, os problemas e desafios daí decorrentes, dentre os quais se destaca a dificuldade de estabelecer um conceito jurídico unitário de empresa[586].

Exemplos disso são obras, cursos e manuais, de reconhecidos autores contemporâneos publicados sobre a matéria tais como Rubens Requião[587], V. H. de Mello Franco[588], Alfredo A. Gonçalves Neto[589], Sérgio Campinho[590], Fábio Ulhoa Coelho[591], Gladston Mamede[592], Haroldo Verçosa[593], André S. C. Ramos[594], Paula Forgioni[595], Rachel Sztajn[596], Gustavo Saad Diniz[597], Marcelo Sacramone[598], Marlon Tomazette[599], Cássio Cavalli[600], dentre outros tantos.

Com uma abertura conceitual muito mais elástica (até porque juridicamente indefinida), e, portanto, adequada ao fenômeno multifacetado (poliédrico) que pretendeu regular[601], a *teoria da empresa* dispõe que é empresário aquele que exerce atividade comercial, industrial ou de prestação de serviços não

[584] BARRETO FILHO. *Teoria do estabelecimento comercial...*, p. 28.

[585] MARCONDES. *Questões de direito mercantil...*, p. 8.

[586] Sobre o tema, com amplo e aprofundado apanhado doutrinário, ver: CAVALLI. *Empresa, direito e economia...*

[587] REQUIÃO, Rubens. *Direito comercial*, v. 1. 33 ed. São Paulo: Saraiva, 2014.

[588] FRANCO, Vera Helena de Mello. *Direito empresarial*, v. I. São Paulo: Revista dos Tribunais, 2012.

[589] GONÇALVES NETO. *Direito de empresa*: comentários aos artigos 966 a 1.195 do Código Civil...

[590] CAMPINHO, Sérgio. *Curso de direito comercial*. 18 ed. São Paulo: Saraiva, 2022.

[591] COELHO, Fábio Ulhoa. *Curso de direito comercial*, v. 1. 24 ed. São Paulo: Saraiva, 2022.

[592] MAMEDE, Gladson. *Manual de direito empresarial*. 16 ed. São Paulo: Atlas, 2022.

[593] VERÇOSA, Haroldo Malheiros Duclerc. *Direito comercial*. Teoria geral, v. 1. 5 ed. São Paulo: Dialética, 2022.

[594] RAMOS, André Santa Cruz. *Manual de direito empresarial*. 12 ed. São Paulo: Juspodivm, 2022.

[595] FORGIONI, Paula. *A evolução do direito comercial brasileiro*: da mercancia ao mercado. 5 ed. São Paulo: Revista dos Tribunais, 2021.

[596] SZTAJN. *Teoria Jurídica da Empresa...*

[597] DINIZ, Gustavo Saad. *Curso de direito comercial*. São Paulo: Atlas, 2022.

[598] SACRAMONE, Marcelo. *Manual de direito empresarial*. 3 ed. São Paulo: Saraiva, 2022.

[599] TOMAZETTE, Marlon. *Curso de direito empresarial*, v. I. 13 ed. São Paulo: Saraiva, 2022.

[600] CAVALLI. *Direito comercial...*; CAVALLI, Cassio. *Empresa, direito e economia...*

[601] ASQUINI. "Perfis da empresa...", p. 108-126; MARCONDES. *Problemas de direito mercantil...*, p. 21-22.

intelectual, de forma habitual, organizada e com intuito lucrativo[602] (Código Civil, art. 966).

A caracterização do empresário será mais propriamente examinada no Capítulo 4. Diga-se, desde já, no entanto, que o conceito de empresário abarca todos os agentes econômicos, exceto os prestadores de serviços intelectuais, as cooperativas e os produtores rurais não matriculados no Registro de Empresas[603] (essas exceções estão dispostas nos arts. 966, parágrafo único, 971, 982, parágrafo único, e 984 do Código Civil).

[602] Esclarecedor, nesse sentido, é o comentário de Waldemar Ferreira sobre o Código Italiano de 1942, que inspirou o Código Civil de 2002: "o Código não dá a definição da empresa, mas a sua resulta da definição de empresário. É empresário quem exercita profissionalmente atividade econômica organizada para o fim da produção ou da troca de bens e serviços (art. 2082). A empresa é, pois, em sentido instrumental, a organização do trabalho que dá lugar à atividade profissional do empresário, em sentido funcional, a atividade profissional organizada pelo empresário. [...] Resultou disso, inequivocamente, não ter a empresa, em face do Código Civil italiano, a subjetividade que se timbrou em conferir-lhe, porque essa subjetividade é do empresário, ou seja, do que exercita a atividade profissional como explorador da universalidade de bens, que constitui a empresa. Ou é assim, ou a empresa e empresário são expressões absolutamente sinônimas. Se se atribuísse subjetividade à empresa, não a teria o empresário. Um desses sujeitos de direito seria demasiado, estaria a sobejar, e a que sobrou foi justamente a empresa." (FERREIRA. A elaboração do conceito de empresa para a extensão do âmbito do Direito Comercial..., p. 12-13). No mesmo sentido, ver: MARCONDES. *Questões de direito mercantil*..., p. 27-29; GONÇALVES NETO. *Direito de empresa*: comentários aos artigos 966 a 1.195 do Código Civil..., p. 51 ss.

[603] Sobre esse tema, são esclarecedores os comentários de Leães sobre o histórico legislativo do Código Civil e a abrangência do termo "atividade negocial", que, embora eliminado do Código, permanece presente na sua sistemática: "[...] no artigo inaugural, fixado no capítulo relativo à 'atividade negocial', que seria posteriormente eliminado, o anteprojeto estabelecia que o exercício dessa atividade, nos termos acima descritos, poderia ser desempenhado 'por empresários, ou sociedades, tenham estas, ou não, por objeto, o exercício de atividade organizada de empresa.' Quer dizer, o exercício da atividade negocial poderia ser desempenhado por profissionais que se organizassem para o exercício habitual de negócios, constituindo a empresa uma das formas de tal organização (art. 966, in fine). Apesar da relevância reconhecida à atividade empresarial, esta não abrange, portanto, todas as formas habituais de atividade negocial, cujas peculiaridades o Código teve o cuidado de preservar. Assim, 'não se considera empresário quem exerce profissão intelectual, de natureza científica, literária ou artística, ainda que com o concurso de auxiliares ou colaboradores, salvo se o exercício da profissão constituir elemento de empresa' (art. 966, parágrafo único). Igualmente o Código assegura tratamento diferenciado e simplificado ao 'empresário rural e ao pequeno empresário' [...] Parece, portanto, que o nomen iuris 'atividade negocial', fixada no anteprojeto, seria de maior rigor científico, na abrangência das matérias tratadas no tópico em questão, do que a denominação 'atividade empresarial' e 'direito de empresa', que foram, por fim, sufragadas no Código, já que ali não se trata apenas do exercício da atividade profissional praticado por empresas e sociedades empresárias. É de se concordar, porém, que a parcela principal desse Código é dedicada ao Direito das Empresas, constituindo exceção os dispositivos relacionados com atividades profissionais não-empresariais, o que justificaria, ou ao menos explicaria, a denominação adotada, desde que não se perca de vista o conceito mais abrangente de atividade negocial que está sempre presente no Código". Cf. LEÃES. "A disciplina do direito de empresa no novo Código Civil Brasileiro...", p. 12-13. No mesmo sentido: BULGARELLI. *A teoria jurídica da empresa*..., p. 320 ss.

c) Organização

O Código Civil (ou, mais especificamente, o seu Livro II da Parte Especial, intitulado "Do Direito de Empresa") funciona como eixo normativo de todo o direito empresarial.

Isso porque:

- **(i)** define quem é empresário e, portanto, estabelece a quem se aplica a respectiva legislação;
- **(ii)** apresenta os dois sujeitos que podem exercer a atividade empresarial: empresário individual e a sociedade empresária;
- **(iii)** dispõe sobre as obrigações do empresário (registro, escrituração contábil e levantamento das demonstrações financeiras);
- **(iv)** cuida de todo o direito societário (parte geral e sociedades em espécie, com a exceção das sociedades por ações e das cooperativas, reguladas, por sua complexidade, em legislação apartada);
- **(v)** trata do conjunto de bens que o empresário utiliza para exercer a sua atividade (estabelecimento);
- **(vi)** dispõe sobre o nome com o qual o empresário atua no mercado; e
- **(vii)** estabelece regras sobre os títulos de crédito não regulados em legislação especial (Livro I da Parte Especial, mais especificamente no seu Título VIII).

Ainda gravitam em torno do Código Civil as matérias que o legislador entendeu por bem manter apartadas, seja pela sua complexidade ou, ainda, por estarem mais sujeitas à alteração (sempre lembrando que existe uma tendência de estabilidade das matérias reguladas em um código, embora essa visão esteja cada vez contraposta pela dinamicidade da realidade econômica).

Em síntese, o Código Civil estabelece as bases da teoria geral do direito empresarial (Capítulo 4, *infra*). Por sua vez, o núcleo principiológico da atividade econômica está na Constituição Federal (Capítulo 5, *infra*). Ambos os temas serão explorados em maiores detalhes nos capítulos vindouros.

CAPÍTULO 2

UNIFICAÇÃO DO DIREITO PRIVADO

O movimento de unificação do direito privado tem uma história bastante peculiar e possivelmente atingiu seus objetivos por caminhos bastante distintos daqueles inicialmente traçados por seus idealizadores.

1. Origens

Em apertada síntese, a ideia surge a partir de uma reflexão acadêmica crítica acerca das razões que fundamentam a dicotomia disciplinar no âmbito do direito privado, bem como dos benefícios e prejuízos de mantê-la em termos legislativos.

Nesse tema em particular — e em muitos outros ao longo do desenvolvimento do direito comercial —, VIVANTE teve participação destacada em pelo menos dois momentos históricos distintos[1]. O primeiro deles foi em 1892 quando, em sua aula inaugural ministrada na Universidade de Bologna,

[1] Em termos históricos, deve-se registrar que GIUSEPPE MONTANELLI, professor da Universidade de Pisa, inaugurou a discussão sobre a unificação do direito privado em 1847, na sua dissertação sobre a filosofia do direito comercial positivo (MONTANELLI. *Introduzione filosofica allo studio del diritto commerciale positivo*..., p. 36-37). Na mesma linha, merece referência o fato de que a ideia acerca da unificação do direito privado esteve presente no Esboço do Código Civil, de autoria do notável jurista baiano TEIXEIRA DE FREITAS (1816-1883), cujo primeiro fascículo foi entregue ao governo imperial em 1860 e o derradeiro em 1864, que acabou sendo posteriormente rejeitado por quem o contratou.

sustentou que a dicotomia entre as duas áreas (civil e comercial) deveria ser superada em razão da fragilidade dos fundamentos que a mantinham — dentre eles, (*i*) o fato de a divisão se manter mais por tradição do que por razões ontológicas e (*ii*) o prejuízo de cunho científico que a divisão impunha ao direito comercial, já que a dicotomia afastava os comercialistas do estudo das regras gerais, mantendo-os no meio do caminho entre o empirismo da prática e as doutrinas tradicionais do direito civil[2].

O segundo momento ocorreu na década de 1920, quando o mestre italiano foi incumbido de elaborar o anteprojeto de lei para reformar o Código Comercial italiano, experiência que alterou sua posição sobre o tema e fundamentou sua retratação quase 30 anos depois da sua primeira manifestação sobre o assunto. O programa do jovem VIVANTE era muito ambicioso para a época[3] — e quiçá para a visão de mundo do próprio autor, já que muitas das premissas da unificação não resistiram ao seu próprio amadurecimento intelectual[4].

A retratação e suas razões encontram-se expostas na introdução da 5ª edição do seu *Trattato de diritto commerciale*. Na defesa do direito comercial, foram elencados como motivos para a manutenção da sua autonomia formal: o cosmopolitismo da matéria, a especialização técnico-científica, a exclusividade de uma série de institutos, a diferença de método com relação ao direito civil e a

2 VIVANTE. *Per un codigo unico delle obbligazioni*..., p. 4; VIVANTE, Cesare. *Tratado de derecho mercantil*, v. I. Trad. Cesar Silió Belena. Madrid: Reus, 1932, p. 15. Ver, também: FORGIONI. *A evolução do direito comercial brasileiro*..., p. 106.

3 A ideia de unificar o direito civil e o direito comercial pressupunha a plena emancipação do direito comercial, a superioridade da sua técnica — que se estenderia para todo o direito privado — e a possibilidade de estabelecer um maior equilíbrio entre direito comercial, direito civil e a nascente tutela do consumidor. Não por acaso no ano de 1903, VIVANTE, em conjunto com SRAFFA, fundou uma revista para difusão da matéria comercial, cujo nome é *Rivista del diritto commerciale e del diritto generale delle obbligazioni*, que teve papel determinante na evolução e consolidação da disciplina comercial ao longo do XX. Em certa medida, as guerras mundiais e as crises econômicas atrapalharam os planos de VIVANTE. Seu otimismo com relação ao protagonismo doutrinário comercial complementado por um iluminado reformismo legislativo de todo direito privado não obteve êxito, pelo menos da forma que esperava. Cf. LIBERTINI. *Passato e presente del diritto commerciale*..., p. 12-13, 18-19.

4 Sobre o ato de retratação propriamente dito, a reflexão do jurista italiano merece destaque: "a convicção nova precisa gozar de mais autoridade do que a que foi abandonada, pois o escritor de boa-fé, para mudar seu próprio convencimento, deve enfrentar não apenas as razões que originalmente o convenceram, mas também as que sucessivamente, por coerência, contribuíram para isso" (tradução livre). Cf. VIVANTE. *Tratado de derecho mercantil*..., p. 15-16.

realização de operações em escala, dentre outros[5]-[6]. Em virtude dessas razões, a fusão entre os dois ramos do direito privado causaria um grave prejuízo para o direito comercial[7].

O perfil inquietante, o espírito questionador e a posterior retratação de VIVANTE realçam a força do próprio direito comercial e a importância e influência de seus institutos no seio da prática jurídico-privatista. O movimento de unificação do direito privado, que veio a ocorrer na Itália, não decorreu de um suposto desprestígio do direito comercial ou de perda potencial da sua importância frente ao direito civil, como muitos creem de forma errônea e, talvez, até oportunista[8]. Muito pelo contrário: a ideia subjacente à unificação está

[5] Nesse ponto, vale refletir sobre a argumentação de ASQUINI: "Qual é o segredo do direito comercial? 1. O direito comercial sempre foi um direito popular, livre do brilho do tecnicismo, da lógica abstrata de um sistema fechado, estando sempre aberto para os efeitos da ação renovatória dos usos, conservando frescor, plasticidade e ductibilidade. 2. O direito comercial contrapõe-se à visão individualista e atomista do direito civil, assumindo um viés constantemente alimentado pelo espírito das necessidades reais e sociais; o espírito social da antiga corporação, do antigo comerciante, da antiga comenda, o espírito de comunhão dos navios, onde o contrato de trabalho teve sua primeira regulação coletiva. 3. O direito comercial antecipou as exigências da economia moderna, enquanto o direito civil manteve sua atenção para elementos tradicionais da economia familiar e da pequena empresa rural, confessando sua incapacidade de lidar e dominar a complexa estrutura da economia moderna." (ASQUINI, Alberto. "Una svolta storica del diritto commerciale". *Rivista del diritto commerciale e del diritto generali delle obligazioni*. Ano XXXVIII. Parte prima. Milano: Francisco Vallardi, 1940, p. 509-517, p. 510).

[6] Um contraponto fundamentado ao propósito da unificação do direito privado, tal como proposto por VIVANTE, pode ser encontrado: ROCCO. *Principios de derecho mercantil*..., p. 58 ss. Nas primeiras décadas do século XX, período histórico que define o início da segunda fase do direito comercial italiano contemporâneo, ROCCO foi um dos autores que ganhou maior projeção. Na sua perspectiva, o monopólio estatal na definição das fontes do direito não é mais posto em discussão. Direito civil e direito comercial são duas matérias distintas e complementares entre si, no âmbito de um direito estatal único. A autonomia do direito comercial afirma-se no plano do método científico, que possui quatro focos de pesquisa: (*i*) o estudo técnico-econômico dos fatos sociais do direito comercial; (*ii*) o estudo histórico-comparativo; (*iii*) o estudo exegético das normas de direito comercial positivo italiano; (*iv*) o estudo sistemático dos princípios do direito comercial italiano, sua relação com as normas e os princípios gerais do direito civil e com os princípios gerais do direito positivo italiano. A partir de 1930, as produções acadêmicas de outros autores, como ASQUINI, MOSSA e ASCARELLI começam a ganhar maior projeção no estudo da matéria. Sobre o tema, ver: LIBERTINI. *Passato e presente del diritto commerciale*..., p. 15-16.

[7] VIVANTE, Cesare. *Progetto preliminare per il nuovo Codice di Commercio*. Milano: Ulrico Hoepli, 1922, p. 200; VIVANTE. *Tratado de derecho mercantil*..., p. 15-20; LIBERTINI. *Passato e presente del diritto commerciale*..., p. 12 e ss. Ver, também: FORGIONI. *A evolução do direito comercial brasileiro*..., p. 106; CAVALLI. *Direito comercial*..., p. 59, 83 ss.

[8] Sustentando o equívoco dessa visão: REQUIÃO. *Curso de direito comercial*, v. 1..., p. 20.

diretamente relacionada a causas e circunstâncias históricas — muitas delas hoje inexistentes[9]; outras, bastante questionadas[10].

Em que pese questionáveis e até mesmo atualmente inexistentes algumas das causas históricas que ensejaram a unificação do direito privado que veio a ocorrer na Itália, depreende-se que tal movimento não encontra seus fundamentos no desprestígio do direito comercial ou na perda de sua importância frente ao direito civil.

2. Autonomia do direito comercial

Não se questiona que o empirismo, a qualidade e a potência açambarcadora do direito comercial fizeram, no curso da história, com que a sua aplicação se alargasse para além da esfera dos comerciantes propriamente ditos[11]: com o tempo, a indústria e os serviços não intelectuais passaram a ser atividades consideradas empresárias.

É inegável que inúmeros institutos comerciais se tornaram de uso geral dentro das mais diversas esferas do direito privado (*e.g.*, mora *ex re*, seguros, títulos de créditos, sociedades limitadas)[12], razão pela qual a discussão em torno da necessidade de se manter uma separação formal e absoluta entre os dois ramos do direito privado deve ser vista como consequência natural dessa influência e fluidez (e suposto problema), mas não como um imperativo ontológico.

A inexistência de autonomia formal em nada invalida o desenvolvimento, muito menos a relevância da disciplina comercial. Aprende-se, com a história, que a especialidade do direito comercial não deriva apenas de características intrínsecas da matéria regulada nem pode ser considerada uma exigência

9 "Foi até certo ponto, estimulado por aquela histórica aversão a toda sorte de privilégio de casta ou de classe. O ideal utópico da completa igualdade, apanágio da Revolução Francesa, era dominante e conquistava todos os espíritos". Cf. ESTRELLA. "Dualidade das obrigações no direito privado unificado...", p. 18.

10 "Importa repisar que nem os suíços nem os italianos conseguiram realizar genuína unificação substancial dos dois ramos do Direito Privado 'a despeito da unificação formal'. A doutrina italiana através de prestigiosa corrente continua a sustentar que não obstante a unificação legislativa, o Direito Comercial continua autônomo, tendo conservado seus princípios próprios e sendo mantida a distinção entre atividade mercantil e civil". Cf. GOMES. "A comercialização do direito civil...", p. 89.

11 Aliás, como refere Requião, citando as lições de Vivante: "[...] será ilusória a unificação do direito obrigacional se permanecer a falência como instituto especificamente mercantil. Não será possível atingir a verdadeira unificação enquanto persistir a divisão básica no trato do empresário civil e do empresário comercial, da sociedade civil e da sociedade comercial, no que diz respeito à insolvência". Cf. REQUIÃO. *Curso de direito comercial*, v. 1..., p. 47.

12 Durante todo o tempo, o direito mercantil exerceu influência sobre o direito civil, porque também é, em linhas gerais, direito civil. Exemplos dessa influência são o direito cambiário e as sociedades comerciais. Cf. MOSSA. *Historia del Derecho mercantil en los siglos XIX y XX...*, p. 3.

técnica imutável. Trata-se, essencialmente, de fruto do desenvolvimento histórico e da experiência jurídica empírica e investigativa dos objetivos e dos interesses das partes no negócio, ainda hoje em movimento[13].

No momento, por exemplo, mesmo que o direito comercial mantenha sua autonomia material (vide Capítulo 3), há grande plasticidade em seus contornos, o que reforça a evidência de que as fronteiras entre o direito empresarial e o direito civil vêm se tornando cada vez mais fluidas[14] e os seus limites individuais menos visíveis com o tempo[15], gerando algumas vezes distúrbios e consternações.

Nesse particular, é importante retomar as origens e o desenvolvimento do direito comercial para aclarar a situação. O direito comercial surgiu em função da insuficiência do direito comum em regular a dinâmica atividade mercantil[16], que passava por um processo de forte expansão durante o Renascimento Comercial (Século XI). A dicotomia do direito privado (direito civil versus direito comercial) foi um desdobramento histórico natural desse processo, não uma questão meramente teórica. Em outras palavras, a explicação para a dicotomia possui raiz histórica, não ontológica ou acadêmica[17].

Para tanto, basta lembrar que, em países de direito anglo-saxão (*Common law*), cujo desenvolvimento da ciência jurídica foi diverso do direito romano-germânico, a separação entre empresários e não empresários nem sequer existe. E, a bem da verdade, nem mesmo os romanos distinguiam esses dois

[13] ASCARELLI. "O desenvolvimento histórico do direito comercial...", p. 242; ROCCO. *Principios de derecho mercantil...*, p. 62 e ss.

[14] Em sentido distinto, mas não necessariamente contrário, entende WALDEMAR FERREIRA: "mas são inconfundíveis [...] Nitidamente perceptível é ela (linha fronteiriça). Divisa-se com segurança idêntica à com que se traçam e enxergam certas linhas divisórias de existência imaginária. A do equador, por exemplo. As diferenças lindeiras de Direito Comercial e do Direito Civil, os dois ramos do Direito Privado, tidas por Lorenzo Benito como mais históricas e circunstanciais que de fundo, por não deixar de ser o Direito Contratual também Direito Econômico, resultam de corresponder aquêle, mais que este, às necessidades da vida econômica." (FERREIRA. *Tratado de direito comercial...*, p. 10-11).

[15] "Fica patente, portanto, que, se por imperdoável descuido, omitir-se o futuro código único, no atendimento a essa indisfarçável diferenciação, se isto acontecer, terá tornado mais promíscua e obscura os lindes entre direito civil e o comercial. Mas nem assim impedirá o surto de situações e relações, que não encontram guarida direta no recesso do direito civil." (ESTRELLA. "Dualidade das obrigações no direito privado unificado...", p. 12).

[16] Lembre-se, a esse propósito, da rigidez e do formulismo do direito civil romano, que, entre outras coisas, dificultavam a contratação entre ausentes, tão importante para o comércio de longa distância.

[17] ESTRELLA. "Dualidade das obrigações no direito privado unificado...", p. 11-28, p. 13; REQUIÃO. *Curso de direito comercial*, v. 1..., p. 17; ROCCO. *Principios de derecho mercantil...* p. 38 e ss.

ramos do direito privado (civil e comercial), por uma legítima ausência de necessidade prática[18].

Não por acaso a autonomia do direito comercial nos países da *Civil Law* atingiu seu auge durante a Baixa Idade Média no momento em que se tratava de um direito (*i*) fundado nos costumes nascidos da prática comercial (*direito consuetudinário*), (*ii*) constante nos estatutos das corporações, que iam incorporando os costumes dos comerciantes que já estivessem sedimentados (*direito corporativo, direito estatutário, direito profissional ou direito de classe*), (*iii*) aplicado inicialmente apenas aos comerciantes matriculados (*direito especial*) e (*iv*) submetido a uma justiça especial (pelos *tribunais consulares*, embrião dos tribunais de comércio)[19].

Tamanha era a força dos comerciantes e a qualidade desse direito que a *lex mercatoria* se expandiu em diversos sentidos, matizes e direções, inclusive no âmbito do direito internacional. A intensidade desse movimento, especialmente após o processo de codificação, gerou um efeito relevante que a doutrina comercialista denominou — não sem uma pitada de picardia — de a "comercialização do direito privado"[20].

3. Expansão do direito comercial

Deixando de lado a controversa terminologia, merece destaque o fato de se tratar de um alargamento e de uma influência direta do direito comercial na esfera de abrangência do direito civil. No mesmo sentido, evidencia uma forte

18 VIVANTE. *Per un codigo unico delle obbligazioni...*, p. 4-5.

19 FRANÇA. *Fundamentos do direito da empresa e da atividade negocial...*

20 Há quase cem anos se debate na doutrina especializada a influência do direito comercial sobre o direito civil. Esse fenômeno avassalador e absorvente está, ora a desfigurá-lo completamente, ora a confundir-lhe as linhas mestras (ESTRELLA. *Direito Comercial* (estudos)..., p. 122). Os argumentos da corrente favorável a esse entendimento, liderada por Lyon Caen (1904) e sustentada por mestres como Ascarelli (1955) são traduzidos magistralmente por Ripert: "O espírito comercial penetra no direito civil e transforma as suas instituições. Atrai todas as sociedades, impõe as suas cédulas e os seus títulos, transforma as dívidas e os seus modos de cessão; rege todos os transportes, abre os bancos e as bolsas aos capitalistas, mobiliza as fortunas, e destrói praticamente todas as regras que o direito civil havia dado para a estabilidade dos bens, a transmissão familiar, a aquisição de direitos. São, hoje, as regras dos comerciantes que imperam na sociedade civil". Cf. RIPERT. *O regimen democrático e o direito civil moderno...*, p. 401. Broseta Pont refere que o fenômeno da "generalização do direito mercantil" ou "comercialização do direito civil" foi primeiramente identificado pelo alemão Riesser, em obra de 1894 e, posteriormente, por Ripert, no seu *La commercialisation du droit civil français*, de 1934, que destacou a influência a matéria comercial na vida cotidiana das pessoas, que também chamou a atenção de Garrigues e do próprio Broseta Pont (BROSETA PONT, Manuel. *La empresa, la unificación del derecho de obligaciones y el derecho mercantil*. Madrid: Tecnos, 1965, p. 19-20). Sobre o tema, ver, também: RIPERT. *Aspectos jurídicos do capitalismo moderno...*; LIBERTINI. *Passato e presente del diritto commerciale...* GOMES. "A comercialização do direito civil...".

tendência de absorção completa deste por aquele no que diz respeito à exploração da atividade econômica e dos seus ramos correlatos.

Efetivamente, houve uma expansão dos destinatários das normas de direito comercial. Nesse sentido, por exemplo, aplicado inicialmente apenas aos comerciantes matriculados, o direito comercial passou, posteriormente, a ser utilizado para resolver conflitos entre comerciantes e não comerciantes, desde que o autor ou réu fosse mercador[21].

Ora, de um *"direito dos comerciantes"*, passou, com o tempo, a ser o *"direito de quase todos aqueles que exploram uma atividade econômica"*. Isso é consequência direta dos constantes elastecimentos do seu conteúdo, que decorre, por sua vez, de uma tendência legislativa moderna e expansiva diretamente conectada com necessidades práticas[22].

Veja-se, nesse particular, a ordem correta dos fatores: primeiro, o direito comercial alcançou a atividade industrial; depois, os serviços não intelectuais; então, os negócios imobiliários; até mesmo a atividade agrícola organizada vem sendo, cada vez mais, atraída por ele. À medida que essas atividades foram surgindo ou ganhando força, o direito comercial foi regulando-as, pois sempre tendeu a ser o *direito dos negócios*. Eis a força açambarcadora do direito comercial.

No seio desse movimento, os institutos típicos surgidos no bojo do direito comercial passaram a ser utilizados também por não comerciantes. Assim se deu com o seguro, com os títulos de crédito, com as marcas, as invenções e com diversas sociedades[23]. Em muitos ordenamentos jurídicos, chega-se a utilizar a sociedade anônima como veículo para a exploração de atividade tida como civil à época, como é o caso da prestação de serviços, *comercializando-se pela forma* o que mercantil não era — até mesmo sujeitando essas companhias, materialmente civis, ao instituto da falência[24].

21 FRANÇA. *Fundamentos do direito da empresa e da atividade negocial...*

22 Esse movimento foi identificado por: VIVANTE. *Per un codigo unico delle obbligazioni...*, p. 8 ss; ROCCO. *Principios de derecho mercantil...*, p. 64; e, recentemente, ressaltado por: GALGANO. *Lex mercatoria...*, p. 125.

23 ASCARELLI. "O desenvolvimento histórico do direito comercial...", p. 242; FERRER CORREIA. *Lições de direito comercial...*, p. 6-7.

24 ASCARELLI. "O desenvolvimento histórico do direito comercial...", p. 242; FERRER CORREIA. *Lições de direito comercial...*, p. 6-7.

4. Unificação na Itália

Toda essa expansão do direito comercial trouxe à tona o questionamento sobre se a dicotomia do direito privado realmente fazia sentido[25], especialmente diante de alguns importantes movimentos legislativos verificados no decorrer dos Séculos XIX e XX, como a unificação do direito obrigacional suíço (1881)[26] e do direito civil italiano (1942)[27].

Porém, a decisão de unificação do direito privado na Itália teve seus peculiares desdobramentos, inerentes à sua própria fundamentação teórica e política[28], resultando naquilo que Natalino Irti chamou de "decodificação do direito privado"[29]: a proliferação de legislações esparsas de direito privado, isto é, leis editadas para além do texto codificado[30].

Na prática, o resultado desse fenômeno foi a criação de sistemas normativos com certa autonomia, que, em alguma medida, comprometeram a posição

25 A doutrina discute as razões que geraram a dicotomia no direito privado: "Pode-se discutir, e ainda hoje se discute, se a dicotomia do direito privado, que nesses precedentes tem o seu ponto de partida mais impressivo, foi a resultante imediata dos anseios de uma classe, ou, ao contrário, a lógica consequência da diversidade essencial de uma categoria particular de relações, para as quais o direito vigente se mostrava omisso." (ESTRELLA. *Direito Comercial* (estudos)..., p. 106). Como refere Ripert: "Os que exerceram a mesma profissão têm o sentimento agudo duma solidariedade de interesses. Pensam de boa mente que deve haver regras que lhe sejam próprias: forma, no Estado, uma pequena sociedade particular, que pretende ser regida por disposições especiais. [...] o mais antigo dos direitos profissionais é o direito de comércio." (RIPERT, Georges. *O regimen democrático e o direito civil moderno.* Trad J. Cortezão. São Paulo: Saraiva, 1937, p. 394-396). Sobre o tema da unificação, com ampla referência à bibliografia, ver: ROCCO. *Principios de derecho mercantil...*, p. 64 ss; FERRER CORREIA. *Lições de direito comercial...*, p. 20 ss; FERREIRA. *Tratado de direito comercial...*, p. 150 ss; VERÇOSA, Haroldo Malheiros Duclerc. *Curso de direito comercial*, v. 1. São Paulo: Malheiros, 2006, p. 79 ss; CAVALLI. *Direito comercial...*, p. 81-97. No curso dessa discussão, uma parcela da doutrina já sustentou a necessidade de coexistência de três códigos autônomos: (i) Código Civil; (ii) Código das Obrigações; (iii) Código Comercial (BROSETA PONT. *La empresa, la unificación del derecho de obligaciones y el derecho mercantil...*, p. 250-251).

26 O próprio Vivante, no opúsculo no qual sustenta a unificação do direito privado, registra o fato de o ordenamento obrigacional suíço ter conteúdo essencialmente mercantil (VIVANTE. *Per un codigo unico delle obbligazioni...*, p. 8).

27 Sobre o tema: BULGARELLI. *A teoria jurídica da empresa...*, p. 8-9.

28 Deve-se registrar, porém, que a unificação dos códigos de direito privado em um único código civil obedeceu, na Itália, a pelo menos, duas ordens de razão distintas: a primeira, de caráter ideológico (*i.e.*, privilégio da classe mercantil); a outra de natureza político-econômica (*i.e.*, capitalismo de Estado), mas ambas conectadas com a experiência autoritária que o país vivia nesse período histórico. Cf. GALGANO. *Lex mercatoria...*, p. 132. Verdade é que a decisão final sobre a unificação dos códigos civil e comercial coube pessoalmente ao próprio Mussolini (*Il Duce*) em setembro de 1940. Diferentemente do que se presume, na época, os estudiosos que defendiam a unificação eram, inclusive, minoria. Sobre o tema: LIBERTINI. *Passato e presente del diritto commerciale...*, p. 13-14, 506-508.

29 IRTI, Natalino. *L'Etad della decodificazione.* 4 ed. Milano: Giuffrè, 1999. Entre nós, ver: DELGADO, Mário Luiz Regis. *Codificação, descodificação e recodificação do direito civil brasileiro.* São Paulo: Saraiva, 2011.

30 "O direito comercial brasileiro sempre se desdobrou em diplomas esparos, de forma que a atividade dos agentes econômicos é disciplinada por regras postas além das fronteiras do Código Comercial". Cf. FORGIONI. *A evolução do direito comercial brasileiro...*, p. 177-178.

unificadora do Código Civil como "sede dos princípios gerais e como núcleo das garantias e direitos dos particulares, que passaria a ser assumido exclusivamente pela constituição"[31].

De qualquer forma, mesmo com a proliferação de legislação esparsa em matéria civil e comercial, a Itália mantém, até hoje, a linha de estabelecer um código como centro do direito privado. Essa unificação do direito privado "em apenas um código é uma peculiaridade do direito italiano, conservando os demais países da Comunidade Europeia de tradição romanística a divisão tradicional entre Código Civil e Código Comercial, o que vem motivando esse pleito de nova separação"[32].

Mais recentemente, em decorrência do desenvolvimento da economia da região, a discussão acerca da regulação empresarial ultrapassou as fronteiras nacionais e passou a ocupar espaço nas pautas políticas de entidades multilaterais como a Organização Mundial do Comércio (OMC), a Organização para a Cooperação e o Desenvolvimento Econômico (OCDE) e, especialmente, a União Europeia (EU), com o movimento de integração dos direitos nacionais ao direito europeu comum — numa tentativa de homogeneização das normas nacionais dos países membros[33].

5. Unificação no Brasil

Finalmente, no caso do direito brasileiro, contribuiu para esse movimento em prol da unificação do direito privado: (*i*) a extinção dos Tribunais do Comércio a partir de 1875, com a revogação do Regulamento 738 (e, na sequência, a unificação das jurisdições civil e comercial em 1890); (*ii*) a influência de institutos comerciais em matérias civis; (*iii*) a dificuldade em torno de uma noção exata do conceito de "atos de comércio"; (*iv*) e o emprego das disposições do Código Comercial para disciplinar vários atos econômicos de natureza civil[34].

Além disso, é digno de nota que, no Brasil, por mais de 60 anos, houve apenas Código Comercial (1850), sem Código Civil (que só veio a lume em 1916), razão pela qual suas disposições foram frequentemente aplicadas aos não comerciantes. É verdade, também, que a própria unificação de parte do direito

[31] LEÃES, Luiz Gastão Paes de Barros. "A disciplina do direito de empresa no novo Código Civil Brasileiro". *Revista de Direito Mercantil, Industrial, Econômico e Financeiro*, v. 41, n. 128, p. 7-14, 2002, p. 10.

[32] LEÃES. "A disciplina do direito de empresa no novo Código Civil Brasileiro...", p. 11.

[33] GALGANO. *Lex mercatoria...*, p. 139-143; SPADA. *Diritto commerciale...*, p. 41.

[34] RUSSEL, Alfredo. *Curso de direito comercial brasileiro*, t. I. Rio de Janeiro: Mendonça & Cia, 1923, p. 14.

privado em torno de um Código Civil (2002) reacendeu a polêmica entre nós, ainda que em linhas diversas da italiana.

Afinal, o modelo de unificação adotado na Itália e os efeitos dele decorrentes foram distintos nos dois países, inclusive pelo tratamento dispensado pela doutrina ao tema[35]. Em uma rápida perspectiva histórica, a questão já foi levantada por TEIXEIRA DE FREITAS em meados do Século XIX[36] e por INGLEZ DE SOUZA no início do Século XX[37], dentre outros notáveis juristas[38].

6. Direito empresarial como direito dos negócios

Porém, trata-se de um grave equívoco imaginar que a unificação do direito privado em torno de um código que disciplina conjuntamente o direito obrigacional civil e comercial (ou mesmo parte do direito societário como ocorre no Código Civil de 2002) significa a perda de autonomia do último[39]. Muito

[35] Porém, o "modelo adotado pelo Código Civil brasileiro procura passar ileso a essas críticas e percalços, optando, como linha diretriz, pela adoção de regras jurídicas gerais, dotadas de estabilidade, objetivando compor, repita-se, uma 'lei básica, mas não global, do direito privado', que admitisse a edição concomitante de leis especiais em matérias candentes, sujeitas a transformações inevitáveis, que reclamam disciplina autônoma. A reforçar essa linha reguladora, introduz o Código uma Parte Geral, de longa tradição no Direito brasileiro, tal como existia no Código de Clóvis Bevilacqua e na Consolidação das Leis Civis de Teixeira de Freitas, desconhecida do modelo italiano, cujas disposições preliminares adotam tão-somente as fontes e os critérios de interpretação. A estrutura sistemática adotada pelo Código brasileiro é, assim, distinta do modelo italiano, procurando disciplinar apenas aquilo que é nuclear na disciplina das relações privadas, evitando ser omnicompreensiva. Sob esse prisma, o fenômeno da proliferação da legislação especial de Direito Privado até reforça a centralidade do Código, que se torna, destarte, o ponto de referência obrigatório para o desate de eventuais contradições entre as leis, dado o número excessivo destas e sua crônica carência de coordenação". Cf. LEÃES. "A disciplina do direito de empresa no novo Código Civil Brasileiro...", p. 10.

[36] Provavelmente desconhecendo as obras dos professores italianos, a ideia da unificação foi desenvolvida no seu esboço de Código Civil, feito sob encomenda de Dom Pedro II em 1859. A esse respeito: "Descontada a rispidez de algumas expressões, própria do temperamento impulsivo do grande jurisconsulto e, quiçá, pródomo da grave enfermidade, que algum tempo depois apagaria tão sublime inteligência, a crítica, quanto ao aspecto substancial, não diferente daquela que, quase meio século depois, viria a fazer Vivante, na célebre preleção de 1882, da sua cátedra na Universidade de Bologna. A veemência é mais ou menos a mesma; os argumentos são do mesmo teor. Com igual repulsa à indiscriminada excepcionalidade do direito comercial em confronto ao civil, este o direito comum a todos os cidadãos e aquele o direito exclusivo de uma classe, de par com esta censura, nega-se, lá e cá, que existam razões ponderáveis para justificar a malsinada dualidade de leis". Cf. ESTRELLA. *Dualidade das obrigações no direito privado unificado...*, p. 18-19.

[37] SOUZA. *Prelecções de direito comercial...*, p. 47 ss.

[38] Sobre o tema, com excelente apanhado histórico (inclusive com as posições dos principais autores), ver: ESTRELLA. "Dualidade das obrigações no direito privado unificado...", p. 11-28; RUSSEL. *Curso de direito comercial* brasileiro..., p. 9-14; VAMPRÉ. *Tratado elementar de direito comercial...*, p. 47-48. Para estudo atualizado, ver: LEÃES. "A disciplina do direito de empresa no novo Código Civil Brasileiro..."; FORGIONI. *A evolução do direito comercial brasileiro...*, p. 104-109; MARCONDES. *Questões de direito mercantil...*, p. 4-6; VERÇOSA. *Curso de direito comercial*, v. 1..., p. 93 ss.

[39] O próprio Código Comercial de 1850 antecipara a discussão sobre a unificação do direito privado. Por exemplo, o art. 121 do referido diploma legal estabelecia: "As regras e disposições do Direito Civil para os contratos em geral são aplicáveis aos contratos comerciais, com as modificações e

pelo contrário, a força do direito comercial tende a atrair para a sua órbita irresistível todas as atividades econômico-privadas, reunindo-as em uma mesma disciplina, o chamado "direito dos negócios" ou "da atividade negocial"[40].

Essa verdadeira *vis attractiva* que o direito comercial exerce sobre as atividades de cunho econômico permanece atual. A rigor, a julgar pela esfera da influência entre os institutos jurídicos, a tendência parece ser no sentido da completa comercialização do direito civil[41] — absorção do direito civil pelo direito comercial[42] —, pelo menos no que diz respeito às atividades econômicas privadas[43].

Mais ainda: o fecho da abóboda tende a ser a necessária integração do direito da insolvência, o último ponto relevante de resistência da unificação formal do direito privado entre nós[44]. Nessa seara, a equiparação entre empresários e não empresários ainda não existe formalmente, mas já está em curso, de certa forma, por força jurisprudencial, com a admissão do processamento de recuperações judiciais e extrajudiciais de associações, cooperativas e até de fundações[45].

Quando essa marcha se consolidar, com a erosão formal da dicotomia, restará completo um processo de mil anos de desenvolvimento do direito privado continental, pouco importando se a disciplina da atividade negocial está ou não dentro de um corpo legislativo mais abrangente, denominado de código[46]. A substância sobrepujará a forma. Não haverá mais abalos de lado a lado;

restrições estabelecidas neste Código". Não por acaso, a doutrina comercialista sustentava que a unificação era uma verdadeira tradição evolutiva do nosso direito: "Portanto, já em 1850, o Código Civil era a matriz da matéria obrigacional, com as modificações determinadas pelo Código Comercial, e só com estas modificações. [...] A unificação da matéria obrigacional não é, pois, uma novidade no Direito brasileiro e constitui, ademais, uma vocação da nossa doutrina". Cf. MARCONDES. *Questões de direito mercantil...*, p. 5. No mesmo sentido: COMPARATO, Fábio Konder. *Novos ensaios e pareceres de direito empresarial*. São Paulo: Revista dos Tribunais, 1989, p. 251.

40 Embora o trabalho desenvolvido por Sylvio Marcondes tenha embasamento técnico, há críticas conceituais e semânticas sobre o uso dessa expressão pelo projeto de Código Civil (ESTRELLA. "Dualidade das obrigações no direito privado unificado...", p. 27).

41 A expressão foi título do relevante — e aqui já citado — ensaio de Orlando Gomes, no qual aponta que "o Direito Civil, comercializa-se" (GOMES, Orlando. "A comercialização do direito civil". *Revista Forense*, v. 259, a. 72, fasc. 877, 872, 873, p. 87-91, jan./mar. 1976, p. 87).

42 As principais causas para esse fenômeno foram apontadas em: BROSETA PONT. *La empresa, la unificación del derecho de obligaciones y el derecho mercantil...*, p. 193.

43 BROSETA PONT. *La empresa, la unificación del derecho de obligaciones y el derecho mercantil...*, p. 251 ss.

44 É verdade, porém, que algumas leis esparsas ainda garantem benefícios exclusivos aos empresários, como as que autorizam a emissão privativa de alguns títulos e crédito, por exemplo (FORGIONI. *A evolução do direito comercial brasileiro...*, p. 115-123).

45 SCALZILLI, João Pedro; SPINELLI, Luis Felipe; TELLECHEA, Rodrigo. *Recuperação de empresas e falência*. Teoria e prática. 4 ed. São Paulo: Almedina, 2023, p. 196-199.

46 REQUIÃO. *Curso de direito comercial*, v. 1..., p. 19-21.

direito empresarial e direito civil poderão tranquilamente conviver em um código unificado sem que aquele perca a sua autonomia material e a sua potência atrativa de todas as atividades econômicas[47].

7. Simbiose equilibrada

Ocorrerá, curiosamente, um justo meio-termo: o direito comercial residirá, formalmente, dentro da legislação civil — à exceção da legislação extravagante. Porém, regulará, materialmente, toda a atividade econômico-privada. Seria isso o triunfo do direito comercial frente ao direito civil? Evidente que não, até porque não há disputa ou competição entre essas duas searas jurídicas. Na verdade, a história do desenvolvimento do direito privado ensina que direito civil e direito comercial se beneficiam mutuamente, em uma dialética constante que já é milenar e típica da sociedade contemporânea[48] — além das disciplinas em si terem origem comum[49].

A convivência é, portanto, pacífica e precisa ser aceita como natural, por mais paradoxal que possa parecer, independentemente de os dois ramos do direito privado estarem unificados em apenas um código[50]. A rigor, o direito geral especializa-se da mesma forma que o direito especial se generaliza. O problema parece muito mais teórico do que prático, dado que as múltiplas soluções — em prol ou contra a unificação — adotadas no direito comparado não são isentas de polêmicas[51].

Nesse contexto, o direito comercial, mais jovem, deita suas raízes sobre as fundações do direito civil. Este, mais antigo, concebeu os institutos que são os átomos com os quais se constroem as moléculas mercantis lançadas no mercado. Prova disso é que não há direito comercial sem as pessoas, os bens e os fatos jurídicos, todos eles regulados no âmbito do direito civil. Por outro lado, o direito comercial representa a força renovadora do direito civil em matéria

[47] BROSETA PONT. *La empresa, la unificación del derecho de obligaciones y el derecho mercantil...*, p. 249.

[48] A discussão em torno da interrelação de temas e disciplinas, bem como das influências recíprocas havidas entre elas, ultrapassa a esfera jurídica, podendo ser considerada uma característica marcante da sociedade contemporânea. Nesse sentido, vejam-se movimentos de "economização da cultura" e "culturificação da economia". Cf. HAN, Byung-Chul. *A sociedade paliativa*. Trad. Lucas Machado. Petrópolis: Editora Vozes, 2021, p. 17.

[49] SUPINO. *Derecho mercantil...*, p. 16.

[50] MARCONDES. *Questões de direito mercantil...*, p. 29.

[51] VICENTE Y GELLA, Agustin. *Introducción al derecho mercantil comparado*. 3 ed. Barcelona: Labor S/A, 1941, p. 16-17.

econômica, uma vez que seus institutos são, depois de algum tempo, incorporados à vida de todas as pessoas, sejam elas empresárias ou não[52].

Por conta disso, por exemplo, em nosso sentir, não faz sentido a necessidade de um novo Código Comercial a pretexto de recuperar a dignidade ou a autonomia do direito empresarial (inclusive no Brasil)[53]. Não há fundamento histórico, ontológico, lógico ou mesmo econômico para isso; muito menos para acreditar que um projeto nesse sentido possa ter um efeito "renovador" ou "revigorante" da matéria em si. Na verdade, não há nem sequer razão para acreditar que seja necessário recuperar a autoridade do direito comercial, pois essa nunca foi perdida[54].

Uma das conclusões de VIVANTE — em sua retratação — parece resumir com precisão a querela em torno da unificação: deve-se reservar ao direito comercial a função de tricotar a trama jurídica da sua própria matéria para posteriormente transferir, com cautela e discernimento, as soluções concebidas para o direito civil[55].

8. Atualidade do debate

Apesar de identificarmos uma profícua simbiose entre direito empresarial e direito civil, não havendo, portanto, contradição entre eles (nos termos como acima descrito), isso não significa que não subsistam debates em torno da relação entre essas duas disciplinas. Pelo contrário, apesar de algumas notas críticas[56], a discussão em torno do tema da unificação do direito privado permanece acesa e relevante.

[52] BULGARELLI. *A teoria jurídica da empresa...*, p. 66.

[53] Porém, há fundamentadas posições favoráveis à promulgação de um novo código comercial. Sobre o tema, ver: COELHO, Fábio Ulhoa. *O futuro do direito comercial*. São Paulo: Saraiva, 2011.

[54] De um lado, a aspiração ideológica da unificação não correspondeu a uma coerente realização prática; a própria noção de empresa, como unificadora da atividade produtiva, pode assumir acepções diversas. De outro lado, o resultado da unificação superou o dualismo que distinguia atividades comerciais e civis, determinando a massiva utilização de institutos do direito comercial em relações originariamente civis, como ocorreu em tema de contrato, representação e mandato, títulos de crédito, entre outros. Esse movimento foi denominado de comercialização do direito civil. Cf. TOFFOLETTO, Alberto; DENOZZA, Francesco; GIUSTO, Jaeger Pier. *Appunti di direito commerciale*. 8 ed. Milano: Giuffrè, 2019, p. 7.

[55] VIVANTE. *Tratado de derecho mercantil...*, p. 19.

[56] Para FORGIONI, a discussão em torno da unificação do direito privado "arrasta-se ao longo de décadas mais por amor ao debate do que por necessidade". Cf. FORGIONI. *A evolução do direito comercial brasileiro...*, p. 108.

Tanto isso é verdade que, de tempos em tempos, retoma-se — especialmente na Itália, berço da unificação do direito privado[57] — a discussão em torno da extensão dos efeitos e dos contornos contemporâneos do que se convencionou chamar, para alguns, de "civilização do direito comercial" (OPPO), para outros de "comercialização do direito civil" (FERRI) e, mais recentemente, com roupagem mais paradigmática, de "recomercialização do direito comercial" (PORTALE), ou, ainda, de uma forma mais conservadora, de "os limites da comercialização do direito privado" (LIBERTINI)[58] — são diferentes nomenclaturas, mesmo que muitos desses rótulos tenham como premissa de partida o papel central da empresa (e do mercado) no ordenamento jurídico e os desdobramentos direta ou indiretamente relacionados.

Em síntese, os movimentos posteriores à unificação do direito privado (com especial destaque na Itália) retomam uma discussão acadêmico-existencial sobre a função e o papel de cada dos ramos do direito privado no universo jurídico contemporâneo (*i.e.*, civil e comercial)[59].

[57] O movimento de unificação do direito privado gerou instigantes debates no direito europeu (especialmente no italiano e francês) acerca da "civilização do direito comercial" ou "comercialização do direito civil". Ainda que tendencioso no sentido de uma pretensa superioridade teórico-técnica de uma das áreas, o resumo do civilista ANGELO LENER evidencia a intensidade dos debates: o direito comercial descobre os problemas ao passo que o direito civil constrói as soluções. Cf. ANGELICI, Carlo. In tema de 'recommercializzazione del diritto commerciale'. *Rivista di Diritto Commerciale e del Diritto Generale delle Obbligazioni*, v. CXVII. Parte prima. Milano: Piccin, 2019, p. 7-23, p. 11.

[58] Sobre o tema, ver: ANGELICI. "In tema de 'recommercializzazione del diritto commerciale'..."; LIBERTINI, Mario. "Appunti sull'autonomia del diritto commecialle dedicati a Pippo Portale". *Rivista di Diritto Commerciale e del Diritto Generale delle Obbligazioni*, v. XI, Parte II. Milano: Piccin, 2019, p. 37-55; KINDLER, P. "La commercializzazione imperfetta del diritto civile tedesco: cenni sistematici ed interpretatitivi". *Rivista di Diritto Commerciale e del Diritto Generale delle Obbligazioni*, v. XI, Parte II. Milano: Piccin, 2019, p. 55-79; PORTALE, Giuseppe B. "Dale codici civile del 1942 alle (ri)codificazioni: la ricerca di um nuovi diritto commerciale". *Rivista di Diritto Commerciale e del Diritto Generale delle Obbligazioni*, v. XI, Parte II. Milano: Piccin, 2019, p. 79-95; SPADA, Paolo. "Ricommercializzare o legittimare il diritto commerciale. Cenni conclusivi". *Rivista di Diritto Commerciale e del Diritto Generale delle Obbligazioni*, v. XI, Parte II. Milano: Piccin, 2019, p. 95-99; BROSETA PONT. *La empresa, la unificación del derecho de obligaciones y el derecho mercantil...*; AULETTA, Giuseppe; *et all. 1882-1982.* Cento anni del codice del comercio. 54 Quaderni di giurisprudenza commerciali. Milano: Giuffrè, 1984; PETIT. "Historia del derecho mercantil..."; BUONOCORE. *Le nuove frontiere del diritto commerciale...*; LIBERTINI. *Passato e presente del diritto commerciale...* Entre nós, além dos estudos já citados ao longo do presente item, o tema está amplamente abordado em: VERÇOSA. *Curso de direito comercial*, v. 1..., p. 79-118.

[59] Na Alemanha, por exemplo, a discussão caminhou para uma especialização de conteúdo do direito comercial em relação ao direito privado em geral, a ponto de se manter uma dicotomia – direito civil e direito comercial – como dado estrutural do sistema normativo do direito privado. Em matéria comercial, o avanço se deu na direção de uma interseção entre o direito privado e o direito público na regulação da atividade econômica, a ponto de se cogitar, teoricamente, uma possível absorção do direito comercial em um ramo jurídico mais amplo denominado de 'direito da economia". Cf. LIBERTINI. *Passato e presente del diritto commerciale....*, p. 37, 57.

Com relação ao direito comercial, em particular, a problemática retoma certos pressupostos teóricos de contornos já conhecidos, com uma tendência ao fechamento (*i.e.* especialização) da matéria comercial em torno de si mesma, com especial atenção à autonomia científica da disciplina, à metodologia aplicável e à independência criativa das suas fontes[60] — mesmo que isso não impeça, ao menos no Brasil, a atração, para a esfera do direito empresarial, de agentes econômicos que tradicionalmente não estão abarcados por essa disciplina, especialmente no que diz respeito ao direito concursal.

Fato é que a disciplina empresarial optou por concentrar seus esforços acadêmicos e doutrinários em desdobramentos de conteúdos de fundo bastante específicos, mais particularmente na figura jurídica da empresa, na sua qualificação e nas disciplinas correlatas relacionadas ao seu funcionamento no mercado — cuja regulação não se ajusta aos modelos civilistas tradicionais[61]. Por outro lado, matérias que nasceram no seio do direito comercial — como o direito industrial, o direito marítimo, o direito dos transportes e o direito dos seguros — dele se desprendem em maior ou menor grau para se tornarem disciplinas de uso generalizado[62].

A dialética não cessa.

60 Para uma parte da doutrina, trata-se de uma tentativa de reconquistar a autonomia jurídica do direito comercial, disciplina dotada de um passado glorioso, mas também fragilizada na sua identidade, pelo menos na Itália, após a reforma de 1942 e dos seus desdobramentos. Insere-se nesse contexto o movimento de defesa da *nuova lex mercatória* (normas de formação espontânea, sem participação estatal, ajustadas pela jurisprudência e pela autonomia privada das partes) e as premissas específicas de interpretação dos fenômenos econômicos contemporâneos que têm em GALGANO (*Lex mercatoria...*) e BUONOCORE (*Le nuove frontiere del diritto commerciale...*) alguns de seus principais representantes. GALGANO, por exemplo, defende, de um lado, que a unidade do direito privado é um fato histórico inquestionável, não havendo mais razão para sustentar a autonomia do direito comercial, mesmo a científica; de outro, que as práticas formadas pela *nuova lex mercatoria* devem ser consideradas no movimento de evolução do direito comercial. Cf. LIBERTINI. *Passato e presente del diritto commerciale...*, p. 38-53, 59.

61 Aqui merece destaque a proposta dogmática inovadora de PAOLO FERRO-LUZZI, que será abordada no Capítulo 4, e reforça a autonomia do direito empresarial sustentando a impossibilidade de qualificar e disciplinar a empresa (na condição de atividade dinâmica e organizada para a consecução de um fim econômico) pelos institutos e regras tradicionais do direito civil (*e.g.* ato jurídico, direito subjetivo, nulidade etc.). O foco do trabalho de FERRO-LUZZI está no fenômeno associativo (sistema e atividade), cujos desdobramentos não são objeto do presente estudo. Sobre o tema: FERRO-LUZZI, Paolo. *I contratti associativi*. Giuffrè: Milano, 1971. Entre nós, no âmbito da discussão sobre a unificação do direito privado, o tema foi tratado por: MARCONDES. *Questões de direito mercantil...*, p. 6 e ss.

62 Nesse sentido, é interessante perceber que matérias tradicionalmente cobertas pelo direito comercial passaram a receber tratamento autônomo e independente com o passar dos anos. Exemplos típicos desse movimento de redução de escopo são: o direito marítimo, o direito dos transportes e o direito dos seguros. Para uma parcela da doutrina, isso representa uma perda de ambição cultural do direito comercial, que explica uma espécie de reducionismo a matérias específicas e um abandono de interesses mais amplos e conectados com as normas gerais de direito privado — em sentido contrário ao que defendiam alguns dos mais renomados comercialistas como VIVANTE e ASCARELLI, por exemplo. Sobre o tema: LIBERTINI. *Passato e presente del diritto commerciale...*, p. 57 ss).

CAPÍTULO 3

DOGMÁTICA

Após o exame da formação histórica do direito empresarial, serão examinados, neste terceiro capítulo, temas ainda preambulares, porém essenciais à compreensão da disciplina jurídica: (*i*) seu conceito, isto é, os contornos e o objeto do direito empresarial; (*ii*) o nome da disciplina; (*iii*) as suas principais características; (*iv*) e a delimitação de conteúdo a partir da sua confrontação com o direito civil.

O tema da dogmática jurídica é bastante controvertido em matéria empresarial, especialmente no que diz respeito à tentativa doutrinária de reduzir certos fenômenos empresariais dinâmicos e variados (*e.g.* títulos de crédito e sociedades) a conceitos e tipos jurídicos demasiadamente estáticos, possivelmente incapazes de capturar a totalidade dos seus elementos caracterizadores.

O estudo não ignora essa problemática, embora não se proponha a aprofundá-la[1]. GOLDSCHMIDT, VIVANTE, ASCARELLI, FERRI, GALGANO e BUONOCORE dela se ocuparam em algumas de suas obras, para as quais remetemos o leitor interessado em tal aprofundamento. Para todos os fins do presente livro, por exame da dogmática do direito empresarial, entende-se o estudo dessa

[1] Sobre o tema, ver os escritos críticos de ASCARELLI sobre o papel da doutrina jurídica, a interpretação do direito, a linguagem normativa, a conceitualística e a construção tipológica. Tais materiais foram produzidos após 1950, quando o autor já havia retornada à Itália. Alguns deles estão publicados em ASCARELLI, Tullio. *Saggi di Diritto Commerciale*. Milano: Giuffrè, 1955; *Problemi giuridici*. 2 v. Giuffrè: Milano, 1959.

disciplina jurídica a partir de certas premissas e conceitos pré-estabelecidos (*dogmas*), que, em um primeiro momento, não serão objeto de questionamento.

Essa abordagem não significa a ausência de indagação acerca dos fundamentos das normas, dos institutos e dos regimes objeto de estudo. Consiste, todavia, em um viés de pesquisa, um enfoque que aceita certas realidades como dadas e certas — como espécies de marcos da ordem vigente[2], sem prejuízo das críticas que serão oportunamente endereçadas.

1. Conceito

O direito empresarial consiste na *disciplina jurídica do mundo dos negócios*. Trata-se de ramo do direito que regula a atividade do empresário e os instrumentos jurídicos desenvolvidos no curso da história para resolver problemas decorrentes da prática negocial[3].

Seus institutos estão entre os mais importantes da contemporaneidade, entre eles as sociedades que oferecem responsabilidade limitada aos sócios, os títulos de crédito, os seguros, as marcas e as invenções patenteáveis. Mesmo que muitas dessas ferramentas jurídicas sejam hoje de uso generalizado nas mais diversas áreas da experiência humana, sua sede jurídica própria continua sendo o direito empresarial.

Constitui tarefa difícil medir a importância do direito empresarial para o mundo contemporâneo. Na clássica lição de ASCARELLI, sem o direito comercial e seus institutos, não haveria automóvel, avião ou produtos químicos; sem uma conveniente regulação das sociedades anônimas, das cambiais, dos

[2] Outro tipo de pesquisa se dá com o exame zetético, mais questionador, cujo viés pode colocar em xeque as estruturas mais básicas da disciplina. Exemplificativamente, tem-se que, no concursal, parte integrante do direito empresarial, aplica-se apenas aos agentes econômicos empresariais. Assim está definido na legislação vigente (art. 1° da Lei 11.101 de 2005 – Lei de Recuperação de Empresas e Falência). Em uma abordagem dogmática, essa é uma realidade posta, a partir da qual se desdobra o estudo do direito concursal brasileiro. Por outro lado, em um exame com viés zetético, pode-se questionar a razão pela qual se exclui do âmbito dessa disciplina jurídica os agentes econômicos não empresários (como as associações e as sociedades de profissionais que exercem atividade intelectual, por exemplo) e se não seria melhor incluí-los nesse âmbito. Para além disso, talvez seja possível analisar por qual razão não se pode dar tratamento jurídico unitário a todos os sujeitos de direitos, independentemente se exercem atividade econômica ou não. Investigações sociológicas, filosóficas, históricas e econômicas do fenômeno jurídico são exemplos de pesquisas zetética. Nelas, há uma abertura constante para o questionamento dos temas objeto de análise, que passam a ser estudados com uma maior profundidade, inclusive de forma especulativa. Podem emergir dessas investigações, por exemplo, os valores subjacentes às normas, as bases econômicas de um instituto, a crítica ideológica acerca de um determinado regime jurídico e as raízes históricas e sociais de certo fenômeno. Sobre o tema da dogmática e da zetética, ver: FERRAZ JR., Tércio Sampaio. *Introdução ao estudo do direito*: técnica, decisão e dominação. 4 ed. São Paulo: Atlas, 2003, p. 44 ss.

[3] BUONOCORE. *Le nuove frontiere del diritto commerciale...*, p. 11.

seguros, das patentes de invenção, e assim por diante, o mundo de hoje nos termos que o conhecemos seria impensável. Se o gênio de Leonardo da Vinci antecipou o domínio do ar e muitas outras invenções nos mais diversos campos do conhecimento, sem as sociedades comerciais, a responsabilidade limitada, a circulação das ações, os bancos, as letras de câmbio e as patentes, os aviões não atravessariam os céus[4].

Viu-se, também, que o direito empresarial foi construído historicamente para acompanhar e dar suporte ao desenvolvimento do sistema capitalista[5]. Lembremos que o capitalismo é um modelo econômico que concebeu seu próprio direito — em um processo contínuo e ainda em curso[6].

Portanto, não é exagero afirmar que a história do desenvolvimento e da expansão do capitalismo pode ser contada por meio da história dos principais institutos do direito comercial. Em certa medida, é a história que contamos no Capítulo 1. Agora, lançadas as bases históricas da disciplina e compreendida essa correlação entre direito e mercado, parte-se para o exame dos demais temas da dogmática do direito empresarial.

2. Terminologia

Na mitologia, Mercúrio (ou Hermes, para os gregos) é o deus romano *promotor do comércio*, deidade que facilita a conclusão dos contratos e assegura a liberdade de movimento dos comerciantes pelas estradas do mundo[7]. A etimologia do nome Mercúrio é reveladora: há *comércio* em sua própria denominação, já que "*merx*" significa, em latim, "mercadoria".

Mercadoria é o objeto primário de trabalho do comerciante. No direito romano, a expressão *commercium* foi utilizada para designar todas as relações jurídicas entre homens relativas à utilização dos bens. Desse modo, dizia-se que as coisas eram *in commercio* ou *extra commercium*[8]. Com o passar do tempo, a expressão "comércio" passou a ter uma aplicação mais restritiva, ligada apenas à atividade de "mercadejar" (lidar com mercadorias, transacionar, barganhar) como ofício.

4 ASCARELLI. "O desenvolvimento histórico do direito comercial e o significado da unificação do direito privado...", p. 244.
5 SALOMÃO FILHO. *Teoria crítico-estruturalista do direito comercial...*, p. 13.
6 RIPERT. *Aspectos jurídicos do capitalismo moderno...*, p. 23.
7 GRAVES. *Os mitos gregos*, v. I..., p. 106.
8 HUVELIN. *Études d'histoire du droit commercial romain...*, p. 8 ss.

Tanto "direito comercial" quanto "direito mercantil" são, em essência, o direito do comércio. Isto é, trata-se da disciplina jurídica das pessoas que vivem de *negociar*.

Já a expressão "negócio" vem de "*negotium*", combinação do advérbio de negação "*nec*" com a expressão "*otium*" (ócio). Portanto, nessa concepção, negócio é o antônimo de ócio, algo que se poderia resumir como "trabalhar", "gerar", "produzir". Assim, direito comercial ou mercantil é também "direito dos negócios".

Mais tarde no curso da História, com o constante alargamento das espécies de atividades econômicas, que passaram a abarcar a indústria e alguns serviços, vem à tona a expressão "empresa".

Trata-se de um *nomem* designativo de um fenômeno mais amplo, que compreende não só a atividade de circulação de mercadorias, mas a sua produção (*indústria*), bem como a prestação de serviços (*fazer algo para alguém mediante o recebimento de certo preço*). Daí a expressão "direito da empresa" ou "direito empresarial", de caráter mais abrangente, ambas fortemente em uso no País.

Há para uma mesma disciplina jurídica uma variedade de nomes:

- direito comercial;
- direito mercantil;
- direito negocial;
- direito empresarial.

E assim por diante.

E o que de relevante há nisso?

Vejamos. Um dos desafios do direito é o correto uso da *linguagem*. No caso do direito empresarial, o problema avança para o campo da *semiótica* e da *teoria do conhecimento* por uma razão específica: a doutrina não conseguiu traduzir, em linguagem jurídica, a integralidade do fenômeno da empresa moderna e contemporânea[9] (vide Capítulo 1, item 6.2., *supra*).

Em certa medida, ainda que por diferentes ângulos e motivos, essa situação já havia assombrado comercialistas quando do enfrentamento da *teoria dos atos de comércio* e, mais remotamente, na busca pela definição de *mercador* (vide Capítulo 1, item 5.3., *supra*).

[9] Para uma perspectiva mais ampla: ECO. *Kant e o ornitorrinco...*

Numa perspectiva histórica, o nome da disciplina esconde o dilema da linguagem e a dificuldade da conceituação do fenômeno objeto do estudo. As nomenclaturas "direito mercantil", "direito comercial", "direito empresarial", e outras formas já utilizadas ao longo dos séculos para dar nome a essa disciplina jurídica evidenciam a tentativa tradicional da doutrina de capturar a essência da matéria que constitui sua base de estudo e de encapsulá-la em um *nomem*[10].

Em especial, verifica-se um esforço de tentar capturar pelo nome a tendência expansiva dessa disciplina[11]. Ainda que válida, a tarefa é ingrata, senão impossível, dada a amplitude e a ambiguidade do fenômeno. Sendo assim, as variações existentes pouco importam; apenas refletem a preferência ou o costume de quem as emprega ou, ainda, o particular interesse da doutrina em ressaltar alguma de suas características ou um de seus estágios de desenvolvimento[12].

Efetivamente, cada nomenclatura remonta a um período da história do desenvolvimento da disciplina e segue sendo utilizada por conta das preferências ou costumes, bem como para se referir a certas características. Assim, de uma maneira geral, as nomenclaturas acima podem ser utilizadas indistintamente, embora seja preciso registrar que, desde a adoção da *teoria da empresa* pelo Código Civil de 2002, há certa preferência pela utilização do termo *direito empresarial*[13].

Essa tendência fica evidenciada especialmente nos textos legislativos que se seguiram, no trabalho dos doutrinadores e até no nome das disciplinas dos currículos e nas grades dos cursos de direito. Tudo isso sem olvidar que, em função da parcial unificação (ao menos no plano legislativo) do direito privado, talvez fosse mais consentâneo com a realidade do fenômeno jurídico em

[10] SALOMÃO FILHO. *Teoria crítico-estruturalista do direito comercial...*, p. 7, 13.

[11] FERRER CORREIA. *Lições de direito comercial...*, p. 4-5); CORREIA, Luis Brito. *Direito comercial*, v. 1. Lisboa: AAFDL, 1987, p. 3-8; SUPINO. *Derecho mercantil...*, p. 5-8; SOPRANO. *Elementi di diritto commerciale...*, p. 1; LA LUMIA, Isidoro. *Corso di diritto commerciale*. Milano: Giuffrè, 1950, p. 10-11; GARRIGUES, Joaquín. *Curso de derecho mercantil*, t. I, Madrid: Aguirre, 1976, p. 8 ss. Entre nós, a distinção também está em: MACHADO, Brasílio. "Curso de direito comercial". *Revista Da Faculdade De Direito De São Paulo*, v. 49, p. 51–150, 1954, p. 65-84; SOUZA. *Direito commercial...*, p. 37-38; BORGES. *Curso de direito comercial terrestre...*, p. 7-10; BENTO DE FARIA. *Codigo Commercial brasilieiro...*, p. 3; CARVALHO DE MENDONÇA. *Tratado de direito comercial brasileiro*, v. I, t. I..., p. 31-32; VAMPRÉ. *Tratado elementar de direito comercial...*, p. 12; MAGALHÃES. *Curso de direito comercial...*, p. 1-82.

[12] GRAZIANI, A.; MINERVINI, G.; BELVISO, U.; SANTORO, V. *Manuale d diritto commerciale*. 18 ed. Milano: CEDAM, 2020, p. 3 ss; GALGANO, Francesco. *Il diritto commerciale in 25 lezioni*. Milano: Giuffrè, 2007, p. 2; FORGIONI. *A evolução do direito comercial brasileiro...*, p. 13; COUTINHO DE ABREU, Jorge Manuel. *Da empresarialidade*. Coimbra: Almedina, 1999, p. 4 ss.

[13] BULGARELLI. *A teoria jurídica da empresa...*, p. 71.

questão o emprego do nome "direito dos negócios", como pretendeu Sylvio Marcondes[14]. É o que nos parece.

Não que a nomenclatura da disciplina tenha grande importância ou traga alguma consequência prática para o estudo do tema. Veja-se o que se passa com: *direito penal* ou *direito criminal*; *direito do trabalho* ou *direito laboral*; *direito falimentar, direito concursal, direito da insolvência* ou, ainda, *direito da empresa em crise*. Essas são variações existentes dentro do espectro de outras disciplinas jurídicas (ou mesmo subdivisões dessas) e ninguém minimamente atento é induzido em erro por conta disso.

A discussão em torno da unificação das nomenclaturas — ou mesmo sobre uma suposta prevalência de uma delas em detrimento das outras — é tão inútil ou inverossímil quanto seria sustentar a necessidade de abolir o uso dos sinônimos na prática dos idiomas, razão pela qual apenas se registra aqui, como esclarecimento prévio, a nossa quase total indiferença acerca do nome adotado para essa disciplina. Neste livro, portanto, utilizar-se-ão, indistintamente, as diferentes nomenclaturas em foco. E nada mais merece ser dito sobre essa questão[15].

3. Características

Como disciplina autônoma, o direito empresarial foi forjado no curso da História (*historicidade*), a partir da interpretação do direito romano, da adaptação de suas regras à realidade histórica do período, sobretudo em função das necessidades práticas dos homens de negócios (*método indutivo*)[16]. As atividades exercidas por tais agentes (homens de negócios) são essencialmente guiadas por interesses econômicos (*economicidade*)[17]. Trata-se de um ramo do direito com tendência à uniformização internacional (*cosmopolitismo*), cujo objetivo último é assegurar a fluidez e a segurança das relações no mercado (*prevalência do interesse do mercado*).

14 Porque abrangeria tanto os negócios empresariais quanto os negócios não empresariais. Importante destacar que Sylvio Marcondes foi um dos autores do anteprojeto do Código Civil de 2002, tendo ficado responsável pelo livro que abrange os arts. 966 a 1.195, originalmente designado "Do Direito dos Negócios", depois alterado durante o processo legislativo para "Do Direito de Empresa". Esse tema será retomado no Capítulo 4 quando tratarmos da Teoria da Empresa.

15 Ressalva deve ser feita ao estudo da evolução histórica do direito empresarial, cuja análise revela interesse prático e acaba por descortinar algumas nuances dos diferentes nomes da disciplina jurídica à luz do estágio econômico do período em questão. Cf. GALGANO. *Il diritto commerciale in 25 lezioni...*, p. 2-3.

16 ASCARELLI. *Panorama do direito comercial...*, p. 26.

17 GALGANO. *Lex mercatoria...*, p. 13.

Com o passar dos séculos, esse direito especial foi absorvido pelo conjunto de regras estatais e transformado em código (com ou sem autonomia legislativa), bem como em leis esparsas. Para melhor compreendê-lo, cabe examinar um pouco mais detidamente suas características.

3.1. Método indutivo

O estudo do *método* de uma disciplina é central para sua teorização. Tal não é diferente com o direito empresarial[18]. Se a história do direito privado moderno, especialmente a área de concentração do direito civil, é caracterizada por traços dogmáticos rígidos, de índole ontológica, lógico-dedutiva e prescritiva[19], o direito comercial, por seu turno, carrega consigo um caráter controverso e multifacetado[20], formado a partir de uma intensa influência da prática do mundo dos negócios[21].

Não por outra razão, o direito comercial caracteriza-se por um método histórico-indutivo[22], que parte da observação da realidade para chegar à disciplina jurídica aplicável ao fenômeno sob análise[23]. Com efeito, no curso da história, as normas de direito empresarial não foram concebidas *in vitro* por estudiosos e legisladores[24]. Pelo contrário, surgiram espontaneamente nas feiras,

18 Para um resumo contemporâneo sobre o tema, com referências à discussão travada na doutrina clássica antes da promulgação do Código Civil de 1942, ver: CIAN, Marco. *La scienza del diritto commerciale*. Appunti sul método. Torino: Giappichelli, 2023.

19 WIEACKER. *História do direito privado moderno*..., p. 13 ss; GOLDSCHMIDT. *Storia universale del diritto commerciale*..., p. 12-13; LIBERTINI. *Passato e presente del diritto commerciale*..., p. 8; GONÇALVES NETO. *Direito de empresa*: comentários aos artigos 966 a 1.195 do Código Civil..., p. 38-40.

20 THALLER. *Des faillites en droit comparé*, t. I..., p. 2.

21 SOUZA. *Prelecções de direito comercial*..., p. 43.

22 VIVANTE. *Tratado de derecho mercantil*..., p. 16; ASCARELLI. *Corso di diritto commerciale*..., p. 82 ss; MOSSA. Scienza e metodi del diritto commerciale..., p. 97-99; ROCCO. *Principios de derecho mercantil*..., p. 73 e ss; FORGIONI. *A evolução do direito comercial brasileiro*..., p. 13-14.

23 BOLAFFIO, Leon. *Derecho mercantil*. Trad. José L. De Benito. Madrid: Reus, 1935, p. 28-29; ROCCO. *Principios de derecho mercantil*..., p. 73-80; MOSSA. "Scienza e metodi del diritto commerciale...", p. 113; ROCCO. *Principios de derecho mercantil*..., p. 73-74; GOMES. A comercialização do direito civil..., p. 88; VERÇOSA. *Curso de direito comercial*, v. 1..., p. 84; BULGARELLI. *A teoria jurídica da empresa*..., p. 25; GONÇALVES NETO. *Direito de empresa*: comentários aos artigos 966 a 1.195 do Código Civil..., p. 38-41.

24 É verdade, porém, que a metodologia proposta por VIVANTE estava baseada em duas pedras angulares da metodologia ortodoxa civilista: (*i*) a fidelidade à lei, isto é, o respeito à vontade estabelecida pelo legislador; (*ii*) a confiança na dogmática conceitualística, reconhecida como a ciência que define ontologicamente os institutos que formam o ordenamento jurídico, que era considerado um todo orgânico, no qual as normas legais surgiam como uma espécie de epifania legislativa decorrente da natureza jurídica subjacente aos institutos em si, cabendo ao jurista dogmático identificar o fenômeno e descrever sua essência. Diante dessas premissas, os comercialistas da época professavam o respeito ao texto normativo e a busca pela definição dogmática da essência ou da natureza jurídica dos institutos estudados, o que, em certa medida, os aproxima dos estudiosos do direito civil. A metodologia de VIVANTE foi posteriormente criticada pela doutrina comercialista,

nos mercados e nas bolsas, fruto da prática reiterada dos homens de negócios para, posteriormente, com inspiração da técnica jurídica romana, serem organizadas e sistematizadas pelos jurisconsultos italianos dos séculos XVI e XVII como base da ciência do direito comercial[25].

A velocidade e a dinamicidade desse ambiente determinam o forjar das regras legais e costumeiras, nas quais direito e economia se entrelaçam de tal forma que os limites fronteiriços de cada área se embaraçam, assumindo uma intensa e profícua relação de troca[26]. O direito comercial, nesse contexto, instrumentaliza e regula, sob o formato da técnica, a realidade do mundo dos negócios, muitas vezes assimétrica e desigual, bem como o desenvolvimento dos mercados[27].

Sua eventual fragilidade técnica é compensada pela imediata aderência aos fenômenos da vida econômica[28]. Assim, o coração da economia dá origem ao direito comercial[29]. Prática que precede a norma. Norma atenta à prática.

Natural, portanto, que as normas de direito comercial sejam forjadas na *prática econômica* e não em experimentos de laboratórios, do assombro ou invento do intelecto ou, ainda, do arbítrio de algum legislador. Ora, o "direito não se inventa, não nasce do arbítrio, nem surge espontaneamente dos congressos legislativos. Desenvolve-se no terreno social, num ambiente histórico em relação ao grau de civilização, aos usos e costumes, à organização política dos estados"[30]. São exemplos concretos dessa tradição empírica o endosso no

inclusive por ASCARELLI, um dos seus principais pupilos. De qualquer forma, em uma perspectiva histórica, acredita-se que o perfil técnico proposto por VIVANTE afastou críticas oportunistas quanto ao suposto empirismo da dogmática comercial ao mesmo tempo em que fortaleceu o processo de construção de bases conceituais próprias (LIBERTINI. *Passato e presente del diritto commerciale*..., p. 11-12, 21-23).

25 MOSSA. *Historia del Derecho mercantil en los siglos XIX y XX*..., p. 94; GARRIGUES. *Curso de derecho mercantil*..., p. 7. Nesse particular, interessante o apontamento de ESTRELLA: "[...] é inegável que, sem os precedentes da técnica jurídica romana, o direito comercial dificilmente teria alcançado o esplendor em que hoje se ostenta. Isto que foi um imenso bem, foi, por outro lado (em que pese o paradoxo), o germe que, talvez, o leve à destruição. É que quanto mais assemelhado ao direito comum escrito, tanto mais haveria de sofrer-lhe a poderosa influência, assim nos princípios gerais como nas instituições básicas, transplantadas deste último para aquele. Consequência imediata deste enquadramento do direito mercantil no âmbito do direito privado, como simples seção especializada por motivos óbvios, foi desprender-se ele da sua fonte consuetudinária autônoma para entrar na órbita do legislativo estatal". Cf. ESTRELLA. *Direito Comercial* (estudos)..., p. 115. No mesmo sentido: MOSSA. *Historia del Derecho mercantil en los siglos XIX y XX*..., p. 39 ss.

26 MACHADO. *Direito commercial*..., p. 214; SOUZA. *Prelecções de direito comercial*..., p. 51.

27 MOSSA. Scienza e metodi del diritto commerciale..., p. 126; LIBERTINI. *Passato e presente del diritto commerciale*..., p. 8; BULGARELLI. *A teoria jurídica da empresa*..., p. 25 ss.

28 VIVANTE. *Tratado de derecho mercantil*..., p. 16.

29 A expressão é atribuída a THALLER, maior expoente da escola mercantilista francesa. Cf. MOSSA. *Historia del Derecho mercantil en los siglos XIX y XX*..., p. 111.

30 CARVALHO DE MENDONÇA. *Tratado de direito comercial brasileiro*, v. I, t. I..., p. 46.

direito cambiário, a limitação da responsabilidade no direito societário e o seguro no direito marítimo[31].

Embora extremamente rica e proveitosa, essa aparente flexibilidade metodológica demanda o trabalho árduo de identificar as raízes históricas dos institutos, o momento no qual foram concebidos e os problemas práticos que eles tentam solucionar. Somente a reconstrução histórica permite ao intérprete capturar a essência econômica dos institutos jurídicos, identificando sua longevidade funcional e sua utilidade para o direito contemporâneo[32] — ficando, aqui, uma importante advertência ao legislador que pretende intervir no sistema normativo empresarial: é preciso conhecer a origem e a funcionalidade das normas e dos institutos jurídico-empresariais, pois, nessa seara, talvez mais do que em qualquer outra, o apertar ou afrouxar de qualquer parafuso altera toda a dinâmica e o desempenho da máquina econômica.

VIVANTE, no prefácio do *Trattato di diritto commerciale,* já alertava para a importância da investigação histórica e técnica do direito comercial[33] — conselho absolutamente coerente para alguém que dedica o primeiro volume da sua grande obra a LEVIN GOLDSCHMIDT, emérito professor da Universidade de Berlim, cuja *Universalgeschichte des Handelsrechts* consiste em um dos marcos fundamentais do estudo das origens desse ramo do direito. Descer às entranhas mais profundas dos institutos ou dos seus regimes jurídicos é tarefa investigativa que revela elementos cruciais para a sua boa compreensão e contextualização no universo jurídico[34].

É justamente isso que ocorre com o direito empresarial, não restando dúvidas de que a compreensão da lógica que perpassa o funcionamento da atividade comercial é condição indispensável para o entendimento da sistemática que circunda a matéria[35]. Está correto, portanto, PONTES DE MIRANDA, para quem "não se pode conhecer o presente, sem se conhecer o passado, não se pode

31 MOSSA. *Historia del Derecho mercantil en los siglos XIX y XX...*, p. 95; GARRIGUES. *Curso de derecho mercantil...*, p. 15-16.

32 WIEACKER. *História do direito privado moderno...*, p. 5-6; MOSSA. *Historia del Derecho mercantil en los siglos XIX y XX...*, p. 94-97.

33 VIVANTE. *Trattato di diritto commerciale*, v. I..., p. IX-X.

34 SORANI. *Il fallimento, note e ricordi dell'esercizio...*, p. XIV.

35 Sobre a história do comércio, ver: BONFANTE. *Lezioni di storia del commercio*, v. I,...; LUZZATTO, Gino. *Storia del commercio*, v. I. Firenze: G. Barbera Editore, 1914; SEGRE, Arturo. *Storia del commercio.* Torino, Genova: S. Lattes & Co. Editori, 1923; SCHMIDT, Max Georg. *História do comércio.* Rio de Janeiro: Athena Editora, 1933; LEFRANC. *História breve do comércio...*

conhecer o que é, sem se conhecer o que foi"[36]. Também está ASCARELLI quando afirma que: "O jurista assim terá o seu ponto de partida na história e voltará a olhar para a história no seu ponto de chegada"[37].

O presente trabalho não é um livro de história. No entanto, a investigação histórica perpassa todo o seu conteúdo, pois constitui subsídio essencial para a compreensão funcional dos elementos fundamentais do direito empresarial que se quer apresentar.

3.2. Historicidade

O direito comercial é uma *categoria histórica*[38]. Isso significa que o surgimento e o aperfeiçoamento de seus institutos decorrem da necessidade de resolver problemas práticos enfrentados pelos comerciantes no curso da História[39]-[40]-[41].

Foi assim que foram desenvolvidos os títulos de crédito, o contrato de seguro, o instituto da responsabilidade limitada e a sociedade anônima, por exemplo — algumas das principais contribuições do direito comercial para o desenvolvimento material da humanidade[42].

Por conta disso, a história do comércio e do desenvolvimento econômico são subsídios indispensáveis para o estudo do direito comercial[43], disciplina cuja compreensão depende, fundamentalmente, do conhecimento de suas

[36] PONTES DE MIRANDA. *Tratado de direito privado*, v. I. 4 ed..., p. XV. No mesmo sentido: HOLMES JR., Oliver Wendell. *The common law* (reprint; originally published, Boston: Little, Brown & Co., 1881). New York: Dover Publications, 1991, p. 1.

[37] ASCARELLI, Tullio. Antigona e Porcia. In: ________. *Problemi giuridici*, t. I. Milano: Giuffrè, 1959, p. 15.

[38] ASCARELLI. *Istituzioni di diritto commerciale...*, p. 3; ASCARELLI. *Corso di diritto commerciale...*, p. 79; ASCARELLI. *Panorama do direito comercial...*, p. 38, 46; GALGANO. *Lex mercatoria...*, p. 25-27; GARRIGUES. *Curso de derecho mercantil...*, p. 28; BROSETA PONT; SANS. *Manual de Derecho mercantil...*, p. 40; FORGIONI, Paula. *A evolução do direito comercial brasileiro*: da mercancia ao mercado. 6 ed. rev., atual. e ampl. São Paulo: Revista dos Tribunais, 2023, p. 77.

[39] BUONOCORE. *Le nuove frontiere del diritto commerciale...*, p. 11.

[40] É um traço que lhe é muito peculiar e peça central para a boa compreensão da dogmática de seus institutos, atribuindo-lhe uma diferença de posição (não necessariamente de estrutura, de objeto ou de agente) e de instrumentalidade/dinamicidade com relação ao direito civil. Cf. FERRI. *Manuale di diritto commerciale...*, p. 11-12.

[41] Aqui não aderimos à conclusão de FORGIONI sobre a transformação do direito comercial em uma categoria também ontológica. Segundo a professora: "Não se trata mais de uma categoria apenas histórica, como havia apontado Ascarelli, mas também ontológica, na medida em que compreende precipuamente a organização e as relações entre empresas, que existem e acontecem no mercado". Cf. FORGIONI. *A evolução do direito comercial brasileiro*. 6 ed..., p. 82.

[42] ASCARELLI. *Panorama do direito comercial...*, p. 34.

[43] GOLDSCHMIDT. *Storia universale del diritto commerciale...*, p. 11.

próprias raízes, bem como dos mecanismos de funcionamento da empresa e da economia[44].

A compreensão da historicidade do direito comercial contribuiu para sua formação como disciplina jurídica própria e autônoma em relação ao direito civil e a outras matérias do direito privado. Claro que não se trata da única disciplina jurídica com essa característica, tampouco se desconhece que, em certa medida, todos os ramos do direito são históricos. Mas o direito empresarial, particularmente, carrega consigo a marca indelével da *historicidade*, estando entre os campos de estudo em que a compreensão da sua história consiste em elemento decisivo para o correto entendimento da funcionalidade de seus institutos.

A história contada no Capítulo 1 é a história de um direito que foi concebido essencialmente na Baixa Idade Média (séculos XI-XIV), por ocasião do renascimento comercial ocorrido nos países europeus, em especial nas cidades italianas. É um direito que só ganha autonomia em relação ao direito comum quando a atividade comercial e a classe mercantil passam a dominar o cenário econômico, político, social e cultural europeu, a ponto de conseguir produzir um direito próprio e aderente às suas necessidades.

O direito comercial é um direito nascido do comércio[45], para os comerciantes, cujas regras, com o passar dos anos, passaram a tutelar o chamado "interesse geral do comércio" ou, em uma linguagem contemporânea, "o interesse geral do mercado".

Um direito que, inicialmente, regula apenas a atividade econômica comercial — inexistia, na época, atividade industrial[46] —, mas que vai sofrendo, ao longo de sua história, alargamentos de conteúdo para abranger outras atividades que não se limitavam à circulação de mercadorias (comércio), como a industrial (especialmente a partir da Revolução Industrial), a prestação de serviços não intelectuais, os negócios imobiliários, as operações financeiras e, mais recentemente, o agronegócio[47].

Trata-se de um direito que, com o declínio do poder local e o fortalecimento do poder central (nascimento dos Estados Nacionais Modernos a partir do Século XVI), passa a ser produzido pelo Estado, que avoca para si a tarefa de

44 VIVANTE, Cesare. *Trattato di diritto commerciale...*, p. IX-X.

45 ESTRELLA. *Direito Comercial* (estudos)..., p. 7.

46 Havia apenas o pequeno artesanato, trabalho manual de fabricação de utensílios pelo próprio artesão e talvez por uns poucos ajudantes-aprendizes, mediante encomenda.

47 GALGANO. *Il diritto commerciale in 25 lezioni...*, p. 2.

legislar. É o início da fase das grandes codificações. Ainda assim, é uma disciplina que encontra suas raízes nos costumes dos mercadores, entalhados nas legislações estatais. Assim o foi com *L'Ordonnance pour le Commerce* de 1673 e com o posterior Código Napoleônico de Comércio de 1807, já que esses monumentos legislativos, ao invés de negar a *lex mercatoria* (o direito dos comerciantes), encontraram e fundaram nela toda a sua base.

Em síntese, é um direito que é fruto da revolução comercial do Medievo (Século XIII) e, partir de então, participa e viabiliza, por meio de seus institutos (títulos de crédito, seguro, sociedade anônima, marcas, patentes de invenção), grande parte dos principais eventos históricos da humanidade, passando pelos descobrimentos (Século XVI), pela colonização do Novo e do Novíssimo Mundo, pela Revolução Francesa (Século XVIII), pelas revoluções industriais e tecnológicas (Séculos XVIII, XIX e XX) e pela globalização (Século XXI), chegando aos dias de hoje.

É uma linda história, que, em maior profundidade, foi objeto de exame no Capítulo 1, supra.

3.3. *Cosmopolitismo*

O direito comercial possui vocação internacional dada a globalização dos mercados e das práticas mercantis, ao passo que o direito civil é essencialmente nacional, destinado a endereçar as regras gerais de convivência de uma determinada sociedade, bem como orientar a vida social nas suas mais diversas vertentes e roupagens.

Em maior ou menor dimensão, todo agente econômico percebe a influência em seu negócio das práticas globais de mercado, que acabam por direcionar o rumo do seu desenvolvimento e da sua evolução[48]. O progresso da técnica e os novos instrumentos se multiplicam e se expandem com extrema rapidez e dinamicidade.

Ainda, talvez não haja outra área do direito em que a tendência à uniformização internacional das normas seja tão marcante. O cosmopolitismo caracteriza o direito da empresa desde sua origem. A existência de empresas multinacionais, ao menos desde a Renascença, é bastante sintomática nesse sentido[49].

[48] VIVANTE. *Tratado de derecho mercantil...*, p. 18.

[49] COMPARATO. "Na proto-história das empresas multinacionais..."; VIVANTE. *Tratado de derecho mercantil...*, p. 18.

Isso porque as empresas tendem a conquistar mercados independentemente de fronteiras[50]. O mundo dos negócios é naturalmente inclinado à globalização. Povos de diferentes culturas possuem em comum a prática do intercâmbio comercial, a despeito de serem muito diferentes entre si. A rigor, a diferença, considerando o interesse empresarial, serve como atração de interesse.

Árabes e ocidentais podem ter as suas vidas privadas regidas por regras muito distintas de direito de família e sucessões. Costumes podem ser inconciliáveis em certos aspectos e casos. A organização política e constitucional pode variar consideravelmente entre as diferentes nações. Todavia, o comércio entre os povos, de uma maneira ou de outra, floresce e os aproxima de forma tênue e silenciosa[51].

Por isso, as regras de direito empresarial dos diferentes países tendem a se aproximar a fim de favorecer as transações. Essa é uma característica histórica da matéria que se acentua cada vez mais. Foi nesse sentido que surgiram as regras uniformes sobre a compra e venda internacional de mercadorias (Convenção de Viena), sobre os títulos de crédito (Leis Uniformes de Genebra) e sobre a proteção da propriedade industrial (Convenção da União de Paris), todas relevantes para suas respetivas disciplinas.

Veremos nos próximos itens como o cosmopolitismo se manifesta em alguns dos principais núcleos de estudo do direito empresarial.

3.3.1. Cosmopolitismo e direito contratual

Existe uma tendência cada vez mais acentuada de formação de um direito transnacional próprio das relações comerciais internacionais, um direito transfronteiriço e cada vez mais desnacionalizado[52].

São inúmeras as manifestações do cosmopolitismo do direito empresarial em matéria contratual, valendo mencionar, entre outras, (*i*) a Convenção de Viena sobre Compra e Venda Internacional de Mercadorias, (*ii*) os *International Commercial Terms* e (*iii*) os princípios do UNIDROIT.

A Convenção de Viena sobre Compra e Venda Internacional de Mercadorias (Convenção), elaborada em 1980, durante a conferência das Nações Unidas sob

50 CAMPOBASSO, G. F. *Diritto commerciale*, v. 1 – diritto dell'impresa. 7 ed. Torino: UTET, 2013, p. 16.

51 FRANKOPAN, Peter. *O coração do mundo*. Uma nova história do mundo universal a partir da rota da seda: o encontro entre oriente com ocidente. São Paulo: Planeta, 2019, p. 15-16.

52 GAMA E SOUZA JR., Lauro da. "Os princípios do UNIDROIT relativos aos contratos comerciais internacionais e sua aplicação nos países do Mercosul". In: RODAS, João Grandino (coord.). *Contratos internacionais*. 3 ed. São Paulo: Saraiva, 2002, p. 428.

os auspícios da UNCITRAL[53]-[54], busca promover a adoção de regras uniformes para reger os contratos de compra e venda internacional de mercadorias, que contemplem os diferentes sistemas sociais, econômicos e jurídicos, a fim de eliminar obstáculos jurídicos às trocas internacionais[55].

Os INCOTERMS (*International Commercial Terms*) surgiram em 1936, quando a Câmara Internacional do Comércio (CCI), com sede em Paris, interpretou e consolidou as diversas formas contratuais que vinham sendo utilizadas no comércio internacional[56]. Trata-se de um rol de siglas (FOB, CIF, EXW) que, uma vez adotadas contratualmente, definem as principais obrigações de parte a parte[57].

Os *International Commercial Terms* (INCOTERMS) refletem a força normativa das práticas de comércio nos contratos de venda, a tendência cosmopolita do direito empresarial, bem como a potência da autonomia da vontade (*autonomia negocial*) como fonte criadora de normas no direito empresarial (sobre este último ponto, vide item 7, *infra*).

Por sua vez, os Princípios Relativos aos Contratos Comerciais Internacionais, elaborados pelo Instituto Internacional para Unificação do Direito Privado (Princípios do UNIDROIT) em 1994, são fruto do trabalho de estudiosos de diversas nacionalidades acerca de vários aspectos da relação contratual, desde a sua formação, validade, interpretação e execução[58].

Por serem emanados de uma organização independente, não possuem força vinculante como fonte do direito. Emanam efeitos como *soft law*. Nesses termos, os Princípios são empregados, por exemplo, (*i*) quando adotados contratualmente pelas partes, (*ii*) quando necessários para a interpretação e

[53] A Convenção conta, atualmente, com a participação de mais de 70 países, dentre os quais o Brasil, os membros do Mercosul (Argentina, Uruguai, Paraguai) e algumas das principais economias do mundo, incluindo Estados Unidos, China, Alemanha e França.

[54] A Convenção foi promulgada em território nacional pelo Decreto 8.327 de 2014.

[55] A Convenção unifica e regulamenta as condições de formação dos contratos de compra e venda internacional de mercadorias, determina as obrigações do vendedor e comprador, a conformidade das mercadorias, preço, risco, bem como estabelece medidas em caso de perdas e danos por violação contratual e outras formas de descumprimento.

[56] AMARAL, Antonio Carlos do (coord.). *Direito do comércio internacional*: aspectos fundamentais. São Paulo: Aduaneiras, 2004, p. 269.

[57] Bem como os principais custos e riscos envolvidos na entrega de mercadorias, incluindo tarefas necessárias para deslocamento da mercadoria do local onde é elaborada até o local de destino final (zona de consumo), embalagem, transportes internos, licenças de exportação e de importação, movimentação em terminais, transporte e seguro internacionais, assim por diante.

[58] AMARAL. *Direito do comércio internacional...*, p. 232-233.

integração de um instrumento contratual internacional ou, ainda, (*iii*) como modelo ao legislador nacional ou internacional[59].

3.3.2. Cosmopolitismo e direito cambiário

O direito cambiário é cosmopolita. A própria origem dos títulos de crédito está intimamente associada à necessidade de realizar transações transfronteiriças de valores.

Foi assim com a cambial, título surgido na Idade Média como instrumento emitido contra o recebimento de valores em uma localidade para pagamento em outra em moeda diversa.

Essa tendência à uniformização se afirmou com as Convenções de Genebra, que deram origem às Leis Uniformes sobre letra de câmbio e nota promissória (1930) e aquela sobre cheque (1931), ambas internalizadas pelo Brasil em 1966 (Decretos 57.663 e 57.959, respectivamente, ainda em vigor).

3.3.3. Cosmopolitismo e direito industrial

O direito industrial talvez seja o mais cosmopolita subsistema do direito empresarial. Isso porque a tutela dos direitos industriais, tanto no plano interno quanto no âmbito internacional, é exigência inafastável do desenvolvimento econômico[60].

Com efeito, quando as revoluções industriais legaram ao mundo um número até então sem precedentes de inventos, muitos dos quais amplamente divulgados nas grandes feiras universais do final do Século XIX, a criação *pari passu* de um sistema de proteção dos direitos industriais em nível internacional se mostrou indispensável[61].

E em sistema de proteção da propriedade intelectual deve ser necessariamente internacional[62]. Não há como conceber uma economia verdadeiramente globalizada sem a proteção transfronteiriça dos direitos industriais[63], porque admitir que o inventar esteja protegido apenas em uma ou em algumas

59 Inclusive, tem-se notícia de sua aplicação em diversos casos por tribunais judiciais e arbitrais. Cf. GAMA E SOUZA JR. "Os princípios do UNIDROIT relativos aos contratos comerciais internacionais e sua aplicação nos países do Mercosul...", p. 430).

60 ASCARELLI. *Teoria della concorrenza e dei beni immateriali...*, p. 527-529.

61 BARBOSA, Denis Borges. *Uma introdução à propriedade intelectual*. 2 ed. Rio de Janeiro: Lumen Jurus, 2003, p. 149 ss.

62 BARBOSA. *Uma introdução à propriedade intelectual...*, p. 149 ss.

63 BARBOSA. *Uma introdução à propriedade intelectual...*, p. 150.

jurisdições causaria grandes distúrbios, desequilíbrios e, em última análise, desincentivo à atividade criadora[64]. Por isso, o direito industrial demanda alto grau de convergência internacional.

Em função dessa consciência, nasceu, em 1883, a Convenção União de Paris (CUP), revisada em várias oportunidades e ainda em vigor.

A CUP deu origem ao hoje denominado "Sistema Internacional da Propriedade Industrial", tentativa bem-sucedida de harmonização internacional dos diferentes sistemas jurídicos nacionais relativos à matéria[65].

Atualmente com 176 países signatários[66] — número que expressa o elevadíssimo grau de cosmopolitismo do direito industrial —, a CUP foi elaborada de modo a permitir razoável grau de flexibilidade às legislações nacionais, desde que fossem respeitados alguns princípios gerais de proteção aos direitos de propriedade industrial (obrigatórios para os países signatários): como o (*i*) da prioridade, (*ii*) da igualdade de tratamento, (*iii*) da territorialidade e o (*iv*) da independência legislativa.

Em complemento a essa sistemática, veio a lume, em 1994, o Acordo TRIPs (*Agreement on Trade-Related Aspects of Intellectual Property Rights*).

Trata-se de um tratado internacional de grande amplitude, integrante do conjunto de acordos celebrados no contexto da criação da Organização Mundial do Comércio (OMC)[67].

O TRIPs consiste, em última análise, em instrumento multilateral para a globalização das leis de propriedade intelectual, dado que estabelece requisitos mínimos de proteção aos direitos de propriedade intelectual, define procedimentos e mecanismos de correção para garantir o seu cumprimento em nível internacional, entre outras ferramentas[68].

64 SILVEIRA, Newton. *Curso de propriedade industrial*. São Paulo: RT, 1977, p. 2.

65 Veja-se que, poucos anos antes, em 1873, o Império Austro-Húngaro promoveu uma grande exposição internacional em Viena. Porém, os Estados Unidos recusaram-se a participar do evento, dada a inexistência de um sistema que protegesse seus inventos. Essa recusa ajudou a impulsionar as discussões internacionais que deram origem à CUP de 1833. Cf. BARBOSA. *Uma introdução à propriedade intelectual*..., p. 150-151.

66 O Brasil está entre os quatorze países fundadores.

67 A inclusão de provisões sobre propriedade intelectual no âmbito do sistema multilateral de comércio ocorreu, sobremaneira, por influência dos Estados Unidos, atendendo a demandas de suas empresas, notadamente das indústrias farmacêutica e de químicos ligados ao agronegócio. Cf. DI BLASI, Gabriel; GARCIA, Mario Soerensen; MENDES, Paulo Parente M. *A propriedade industrial*. Rio de Janeiro: Forense, 1997, p. 135 ss.

68 "Um aspecto marcante do Trips, que o diferencia de outros tratados internacionais que regularam a matéria de propriedade intelectual no passado, é que ele está atrelado a toda a estrutura de solução de controvérsias imposta pela OMC. O Trips é, portanto, um instrumento de direito internacional público" (AMARAL. *Direito do comércio internacional*..., p. 306).

Como ratificar o TRIPs é requisito obrigatório para a filiação à OMC, qualquer país buscando obter acesso mais amplo aos mercados internacionais deve adequar sua legislação interna relativa ao direito industrial aos padrões estipulados pelo TRIPs, o que reforça o caráter cosmopolita da disciplina em questão[69].

3.3.4. Cosmopolitismo e direito societário

Outra demonstração acerca da tendência à uniformização é a verificação de que os tipos societários mais relevantes estão presentes em praticamente todos as legislações nacionais dos países, com um núcleo rígido de características.

Assim ocorre, por exemplo, com as sociedades anônimas e com as sociedades limitadas, sendo as primeiras usualmente reservadas aos negócios de grande porte, ao passo que as segundas são veículos da pequena e da média empresa.

Ainda que de maneira pendular, o movimento de convergência internacional também se verifica no que diz respeito ao tema do interesse social, isto é, à delimitação da *razão de ser* (objetivo) das sociedades, em especial das sociedades anônimas[70].

3.3.5. Cosmopolitismo e direito concursal

Também se percebe a busca pela confluência no campo do direito da insolvência. Inserem-se nesse contexto os *Principles and Guidelines for Effective Insolvency and Creditor Rights Systems* (aprovados no ano de 2001 e revisados em 2005, 2011 e 2015) do Banco Mundial e o *Insolvency and Creditor Rights Standard* (ICR Standard, revisado em 2011), fruto do esforço conjunto do Banco Mundial, da UNCITRAL e do FMI.

69 BARBOSA. *Uma introdução à propriedade intelectual...*, p. 194 ss.

70 Sobre o tema da convergência no direito societário, ver, entre outros: HANSMANN, Henry; KRAAKMAN, Reinier. *The Anatomy of Corporate Law.* A Comparative and Functional Approach. 2 ed. Oxford: Oxford University Press, 2009; GILSON, Ronald J. Globalizing, Corporate Governance: Convergence of Form or Function (May 2000). *Stanford Law and Economics Olin Working Paper No. 192*; LA PORTA, Rafael; LOPEZ-DE-SILANES, Florencio; SHLEIFER, Andrei. "Corporate ownership around the world". *Journal of Finance*, n. 54, p. 471-518, 1999; GILSON, Ronald J. Controlling Shareholders and Corporate Governance: Complicating the Comparative Taxonomy (August 2005). *Stanford Law and Economics Olin Working Paper No. 309*; COFFEE, John Jr., "The rise of dispersed ownership: the roles of Law and the state in the separation of ownership and control". *Yale Law Journal*, n. 111, 2001. Entre nós, há ótimo estudo de: TOMAZETTE, Marlon. *Direito societário e globalização.* São Paulo: Atlas, 2014.

De uma maneira geral, essas iniciativas refletem uma espécie de consenso internacional acerca das melhores práticas a serem adotadas pelos sistemas mundiais de insolvência, na tentativa de promover mais certeza e previsibilidade nos resultados dos processos concursais, bem como dar tratamento adequado a devedores e credores em situações de crise econômico-financeira.

Essas iniciativas influenciaram fortemente reformas legislativas nas leis de insolvência das principais economias ocidentais (EUA, Inglaterra, Alemanha, França, Itália, Espanha, Portugal, Argentina), exercendo importante influxo sobre a Lei 11.101/05 (Lei de Recuperação de Empresas e Falência brasileira) e seu processo reformador (*e.g.*, Lei 14.112/20).

Por exemplo, mais recentemente, no âmbito da União Europeia, veio a lume a Diretiva (EU) 2019/2013, fruto do esforço comunitário em prol da adoção de estratégias de reestruturação preventiva, de liberação dos débitos do empreendedor insolvente e de incremento da eficiência dos procedimentos concursais — consistindo na primeira diretiva com propósito de harmonização do direito material dos Estados membros em matéria de crise da empresa[71].

Na mesma linha caminham os esforços internacionais para regular as insolvências transnacionais — crise de uma (macro)empresa com estabelecimentos espalhados por diversos países —, dentre eles, a incorporação, como legislação interna, da lei-modelo da UNCITRAL sobre insolvência transfronteiriça de 1997 (já realizada, entre outros países, por Estados Unidos, Canadá, Reino Unido, Japão e, agora, por força da Lei 14.112/2020, pelo Brasil) e a adoção, no âmbito da União Europeia, do Regulamento (CE) 1.346/2000 sobre a mesma temática, gerando algum grau de uniformização no tratamento das matérias.

3.3.6. Cosmopolitismo: síntese

Em suma, o caráter internacional do direito comercial revela-se nas tentativas de padronização dos procedimentos e das técnicas. Tal processo ocorre por meio da uniformização das mais diferentes normas destinadas a regê-lo[72]. Do direito societário, passando pelos direitos contratual, industrial e cambiário,

[71] NIGRO, Alessandro; VATTERMOLI, Daniele. *Diritto della crisi delle imprese* – le procedure concorsuali. 5 ed. Bologna: Il Mulino, 2021, p. 37.

[72] CAMPOBASSO. *Diritto commerciale*, v. 1..., p. 3 e 16-18; BULGARELLI, Waldirio. *Direito comercial*. 14 ed. São Paulo: Atlas, 1999, p. 17.

inclusive no que diz respeito ao tema da crise empresarial[73], verifica-se a vocação cosmopolita do direito empresarial[74].

3.4. *Economicidade*

O direito empresarial regula a atividade da maior parcela dos empreendedores (CC, art. 966)[75], sujeitos que, por definição, atuam, racional e egoisticamente, visando ao lucro[76].

Trata-se de uma disciplina com íntima conexão com a economia de mercado[77], tendo, por conseguinte, substrato econômico[78].

Por conseguinte, tanto a organização da atividade econômica voltada para mercados quanto o conceito de *lucro* exercem papel central no sistema empresarial[79], influenciando sobremaneira a concepção de princípios e regras, sua interpretação e a aplicação em todos os seus subsistemas (*e.g.*, societário, contratos, títulos de crédito etc.).

3.4.1. Economicidade e o direito societário

Pelo aspecto subjetivo, os sujeitos do direito empresarial — o empresário individual e a sociedade empresária — exercem atividade com *escopo lucrativo.* Aliás, dentre as pessoas jurídicas, a sociedade é aquela cuja natureza é econômica — sendo esse seu substrato econômico e seu traço característico[80]-[81].

73 NIGRO; VATTERMOLI. *Diritto della crisi delle imprese...*, p. 36.

74 Esse processo de padronização não ocorre apenas no direito. As normas contábeis vêm passando ao longo dos últimos anos por um processo de padronização internacional. Exemplo são *as International Financial Reporting Standards* (IFRS), editadas pelo *International Accounting Standards Board* (IASB), cujo objetivo é definir diretrizes a serem atendidas internacionalmente.

75 À exceção daqueles que exploram atividade intelectual e do produtor rural não matriculado no Registro de Empresas.

76 WILLIAMSON, Oliver. *The economic institutions of capitalism*: firms, markets, relational contracting. New York: Free Press, 1985, p. 47; KRUGMAN, Paul; WELLS, Robin. *Introdução à Economia.* Rio de Janeiro: Elsevier, 2007, p. 7.

77 BULGARELLI. *A teoria jurídica da empresa...*, p. 2.

78 FERREIRA. *Tratado de direito comercial*, v. 1..., p. 40; GARRIGUES. *Curso de derecho mercantil...*, p. 15; BROSETA PONT; SANS. *Manual de Derecho mercantil...*, p. 40; AULETTA, Giuseppe. *Elementi di diritto commerciale.* Milano: Giuffrè, 1955, p. 3-4.

79 RIPERT. *Aspectos jurídicos do capitalismo moderno...*, p. 352.

80 COMPARATO. "A reforma da empresa...", p. 63.

81 Importante registrar que o exercício de atividade econômica por associações e fundações não as desnatura juridicamente quando essa atuação tem por finalidade possibilitar a consecução dos seus objetivos finais não econômicos. Exemplificativo é o caso da associação recreativa que confecciona e vende camisetas e brindes para possibilitar a construção de uma nova sede social. Nesse caso, nada há de errado, desde que o resultado positivo eventualmente alcançado seja única e exclusivamente reinvestido na atividade fim da associação. A distribuição do excedente, em qualquer hipótese, é vedada, sob pena de desnaturar a associação e transformá-la em sociedade. Outro exemplo é o

O tema da economicidade é o liame natural entre o fenômeno da empresa e o direito societário[82], bem como espaço fértil para discussão das diversas teorias acerca do real significado e extensão conceitual da expressão "fim ou interesse social"[83].

Veja-se que, no caso das sociedades empresárias, seu objeto é o exercício de uma atividade econômica (*escopo-meio*) e o seu objetivo é a obtenção de lucro (*escopo-fim*).

A rigor, o objetivo da sociedade não se satisfaz com a simples consecução do lucro, porque a partilha dos resultados faz parte do propósito societário. Por conta disso, não pode haver sociedade em que o sócio seja excluído dos

caso de uma associação que possui em sua sede um restaurante por ela explorado. Mesmo que seja superavitário, se os resultados daí advindos não forem distribuídos aos associados, não há qualquer irregularidade, pois o exercício da atividade superavitária é instrumental em relação ao fim perseguido pela associação.

82 COMPARATO. *Aspectos jurídicos da macro-empresa...*, p. 4 ss; BULGARELLI. *A teoria jurídica da empresa...*, p. 276.

83 O presente trabalho adota uma visão contratual do interesse social, no sentido de que o objetivo da empresa é satisfazer o interesse dos seus acionistas enquanto acionistas. Não será aprofundada a discussão acerca dos contornos jurídicos do interesse social. Sobre o assunto, com referência às mais diversas correntes, ver: RATHENAU, Walther. Do sistema acionário – uma análise negocial. Trad. e introdução de Nilson Lautenschleger Jr. Reprodução do texto clássico. *Revista de Direito Mercantil, Industrial, Econômico e Financeiro*, Nova Série, v. 41, n. 128, p. 199-223, out./dez. 2002; JAEGER, Pier Giusto. *L'interesse sociale*. Milano: Giuffrè, 1972; JAEGER, Pier Giusto. "Interesse sociale rivisitato (quarant' anni dopo)". *Giurisprudenza Commerciale*, n. 1, p. 795-812, 2000; BERLE, Adolph A. "Corporate powers as powers in trust". *Harvard Law Review*, v. 44, p. 1049-1079, 1931; DODD JR., Merrick E. "For whom are corporate managers trustees?". *Harvard Law Review*, v. 45, p. 1145-1163, 1932; HANSMANN, Henry; KRAAKMAN, Reinier. The end of history for corporate law. *Georgetown Law Journal*, Washington, n. 89, p. 439-468, jan. 2001; CLARK, Robert. *Corporate law*. Boston: Little Brown and Company, 1986, p. 20, 675-681, 702; EASTERBROOK, Frank H.; FISCHEL, Daniel R. *The economic structure of corporate law*. Cambridge: Harvard University Press, 1996; COMPARATO, Fábio Konder; SALOMÃO FILHO, Calixto. *O poder de controle na sociedade anônima*. 4 ed. Rio de Janeiro: Forense, 2005; LEÃES, Luiz Gastão Paes de Barros. *Comentários à Lei das Sociedades Anônimas*, v. 2. São Paulo: Saraiva, 1980, p. 248; BULGARELLI, Waldirio. *Regime jurídico da proteção às minorias*. Rio de Janeiro: Renovar, 1988, p. 70-74; FRANÇA, Erasmo Valladão Azevedo e Novaes. *Conflito de interesses nas assembléias de S.A.* São Paulo: Malheiros, 1993, p. 21-63; MUNHOZ, Eduardo Secchi. *Empresa contemporânea e direito societário*: poder de controle e grupos de sociedade. São Paulo: Juarez de Oliveira, 2002, p. 36-60; SALOMÃO FILHO, Calixto. Interesse social: a nova concepção. In: ____. *O novo direito societário*. 4. ed. rev. e ampl. São Paulo: Malheiros, 2011, p. 27-51; SZTERLING, Fernando. *A função social da empresa no direito societário*. Dissertação (Mestrado em Direito). Faculdade de Direito da Universidade de São Paulo, São Paulo, 2003.

lucros ou dos prejuízos (a chamada "sociedade leonina")[84]. Essa situação representaria a própria negação do conceito de sociedade[85].

Essa concepção advém de uma longa (e pendular) evolução histórica. Desde *Dodge vs. Ford Motor Company*, ficou assentado (mesmo que essas discussões reapareçam de tempos em tempos, sendo impossível precisar seu fim)[86] que a função principal das sociedades era a maximização da riqueza dos acionistas (*shareholder primacy*). Faz parte desse conceito, para além da simples consecução do lucro, a sua posterior partilha em benefícios dos sócios[87].

O fim social está presente em todas as fases da vida da sociedade e exerce influência dominante sobre todos os seus aspectos. A busca pelo lucro permeia as organizações societárias com finalidade econômica, da sua constituição até

[84] As expressões "sociedade leonina", "contrato leonino" e "cláusula leonina" derivam de uma fábula antiquíssima que narra uma caçada empreendida por um leão em sociedade com outros animais. Muitos atribuem a fábula a Fedro (15 a.C. – 50 a.C.), muito embora haja versões dela em Esopo (620 a.C. – 564 a.C.) — em quem possivelmente Fedro se inspirou — e La Fontaine (1621–1695). Embora as versões variem, de uma maneira geral, o leão convida uma cabra e uma ovelha para caçar (o número de animais associados na caçada e as espécies variam dependendo da versão da fábula), com a combinação de dividir o produto do esforço comum. Graças ao trabalho dos três, um veado foi abatido, razão pela qual havia a expectativa de que a carne fosse dividida em partes iguais. Adiantando-se, o leão toma para si o primeiro pedaço, alegando que aquela primeira parte era dele, afinal de contas, "ele era o leão". Diante disso, a ovelha e a cabra nada objetaram, pois se tratava do combinado. Porém, surpreendentemente, o leão avoca para si os outros dois pedaços, sob o pretexto de que um deles lhe cabia porque o leão era "o mais forte" e o outro porque era "mais valente". Em resumo, a sociedade leonina é aquela em que um ou mais sócios são privados da participação nos lucros, enquanto o contrato leonino é aquele que traz vantagens abusivas para uma das partes.

[85] VERÇOSA, Haroldo Malheiros Duclerc. *Curso de direito comercial*, v. 2. São Paulo: Malheiros, 2006, p. 129.

[86] Como tentaram fazer: HANSMANN; KRAAKMAN. "The end of history for corporate law...".

[87] *Dodge vs. Ford Motor Company, 204 Mich. 459, 170 N.W. 668 (Mich. 1919)*. Nesse caso, julgado em 1919, a Suprema Corte de Michigan estabeleceu que a Ford deveria ser administrada no melhor interesse dos acionistas e não em benefício de seus empregados e consumidores, como queria (ou justificava) HENRY FORD. Esse caso é comumente citado como aquele que afirmou a *shareholder primacy* nos Estados Unidos. Em resumo, segundo a visão defendida por HENRY FORD, os lucros deveriam ser reinvestidos na construção de novas fábricas, que empregariam mais e mais empregados, e produziriam veículos a um custo cada vez mais baixo, beneficiando também os consumidores. Os minoritários, entre eles os irmãos DODGE, detentores de cerca de 10% (dez por cento) do capital da Ford, questionaram judicialmente essa forma de conduzir a companhia, alegando, em suma, que a função da companhia deveria ser de produzir lucros e distribuí-los aos acionistas e que qualquer outra forma de administrá-la equivaleria a transformá-la em algo parecido com uma instituição de caridade — o que, em última análise, corresponderia a uma expropriação dos seus ativos. Na sua decisão final, a Corte de Michigan ordenou um pagamento suplementar de dividendos em favor dos acionistas, consignando que as companhias deveriam ser administradas no interesse destes últimos. Interessante salientar, como uma curiosidade do caso, que parte dos dividendos recebidos pelos irmãos DODGE no caso foi utilizada para impulsionar a Dodge Brother Company (hoje parte do conglomerado Fiat Chrysler), criada por eles alguns anos antes como fornecedora de peças para a indústria automotiva e que, a partir de então, passaria a produzir automóveis completos, o que teria enfurecido ainda mais HENRY FORD.

a sua dissolução, pois elas são constituídas com esse objetivo[88,89] e acabam dissolvidas quando exaurido ou inexequível o fim social[90]. É a chamada "eficácia constitutiva" do fim social.

Por outro lado, as relações entre os sócios e entre esses e a sociedade também são marcadas pelo fim comum. É a chamada "eficácia funcional" do fim social. Por isso, quando alguém se associa a outras pessoas para formação de uma sociedade, acaba perdendo parcela da sua liberdade em razão da vigência do *princípio da maioria*[91] — isto é, aliena-se uma parcela da liberdade em função do fim social (mas, por exemplo, se uma deliberação da companhia se afastar do fim social, é possível anulá-la).

Além disso, o acionista controlador deve usar seu poder societário com o fim de fazer a companhia realizar o seu objeto (poder-dever)[92]; os administradores

88 Art. 981 do Código Civil e art. 2° da Lei das S.A.

89 Daí a vedação à sociedade leonina (Código Civil, art. 1008) e à obrigação dos sócios de contribuírem para a formação do fundo social (Código Civil, arts. 981, 997, IV e V e 1.004 ss).

90 Art. 1.034, II, do Código Civil e art. 206, II, "b", da Lei das S.A.

91 Sobre o tema, ver: VON GIERKE, Otto. "Sulla storia del principio di maggioranza (Über die Geschichte des Majoriätsprinzips)". *Rivista delle Società*, a. VI, n. 6, p. 1.103-1120, nov./dez. 1961; GALGANO, Francesco. *La forza del numero e la legge della ragione*. Storia del principio di maggioranza. Bologna: Muldino, 2007.

92 Art. 116, parágrafo único, da Lei das S.A. Não será objeto deste escrito o exame do poder de controle em si. Sobre o assunto, indica-se, fundamentalmente: COMPARATO; SALOMÃO FILHO. *O poder de controle*...; GUERREIRO, José Alexandre Tavares. "Sociedade anônima: poder e dominação". *Revista de Direito Mercantil, Industrial, Econômico e Financeiro*, Nova Série, v. 23, n. 53, p. 73-80, jan./mar. 1984; GUERREIRO, José Alexandre Tavares. Sociologia do poder na sociedade anônima. *Revista de Direito Mercantil, Industrial, Econômico e Financeiro*, Nova Série, v. 29, n. 77, p. 50-56, jan./mar. 1990. Ainda: EIZIRIK, Nelson. "O mito do "controle gerencial" – alguns dados empíricos". *Revista de Direito Mercantil, Industrial, Econômico e Financeiro*, Nova Série, v. 23, n. 66, p. 103-106, abr./jun. 1987; MACEDO, Ricardo Ferreira de. *Controle não societário*. Rio de Janeiro: Renovar, 2004. Finalmente, para uma visão geral, ver: BERLE, Adolf; MEANS, Gardiner. *A moderna sociedade anônima e a propriedade privada*. Trad. de Dinah de Abreu Azevedo. São Paulo: Abril Cultural, 1984; LA PORTA, Rafael; LOPEZ-DE-SILANES, Florencio; SHLEIFER, Andrei. *Corporate ownership around the world*. Harvard Institute of Economic Research Paper No. 1840, 1998, p. 19. Disponível em: <https://papers.ssrn.com/sol3/papers.cfm?abstract_id=103130>. Acesso em: 20 fev. 2008; ROE, Mark J.; BEBCHUK, Lucian. "A theory of path dependence in corporate ownership and governance", 52 *Stanford Law Review 127* (1999); DYCK, Alexander; ZINGALES, Luigi. "Private benefits of control: an International. Comparison". *The Journal of Finance*, v. 59, n. 2, p. 537-600, 2004; NENOVA, Tatiana, "The value of corporate votes and control benefits: a cross-country analysis, *Journal of Financial Economics*, v. 68, p. 325-351, 2001; GILSON. Controlling shareholders and corporate governance..."; GORGA, Érica. "Changing the paradigm of stock ownership from concentrated towards dispersed ownership? Evidence from Brazil and consequences for emerging countries", *Cornell Law Faculty Working Papers, Paper 42*, 2008. Disponível em: <https://papers.ssrn.com/sol3/papers.cfm?abstract_id=1121037>. Acesso em: 6 jan. 2020.

devem perseguir o fim social[93]; e, nas sociedades limitadas, o ato do sócio que coloca em risco o seu atingimento pode levar à sua exclusão[94].

Qualquer acionista, ao votar, tem de fazê-lo no interesse da companhia[95]. Atos gratuitos e liberalidades são excepcionais e devem ser interpretados restritivamente[96]. A Lei das Sociedades por Ações (Lei 6.404/76) dispõe, expressamente, ser vedado ao administrador praticar ato de liberalidade às custas da companhia (LSA, art. 154, §2º, "a"). O fim social, portanto, dirige todos os estágios da vida da sociedade.

E tal não seria diferente com o patrimônio social. As organizações societárias são finalísticas também na medida em que o seu fim impõe toda uma dinâmica ao patrimônio, ficando ele — assim como os bens que o compõem — totalmente funcionalizado para a exploração de uma atividade lucrativa[97]. Em razão disso, há um verdadeiro *poder-dever* por parte do titular desses bens[98]: um *poder* de vinculá-los a certo objetivo; e um *dever* de aproveitá-lo em consonância com os interesses protegidos pela ordem jurídica, o que não significa que não possa haver harmonização entre um e outro[99].

93 Art. 1.017 do Código Civil e arts. 154 e 158, II, da Lei das S.A. Sobre a responsabilidade civil dos administradores, ver, por todos: ADAMEK, Marcelo Vieira von. *Responsabilidade civil dos administradores de S/A (e as ações correlatas)*. São Paulo: Saraiva, 2009.

94 Art. 1.085 do Código Civil. Sobre o tema, ver: SPINELLI, Luis Felipe. *A exclusão de sócio por falta grave na sociedade limitada*: fundamentos, pressupostos e consequências. Tese (Doutorado em Direito). Faculdade de Direito da Universidade de São Paulo, São Paulo, 2014; ADAMEK, Marcelo Vieira von. Anotações sobre a exclusão de sócios por falta grave no regime do Código Civil. *Revista de Direito Mercantil Industrial, Econômico e Financeiro*, v. 158, p. 111-134, 2011.

95 São regras que apontam para um interesse de não só assegurar a garantia dos credores, mas, também, conservar a produtividade do organismo societário.

96 FERREIRA. *Tratado de direito comercial*, v. 1..., p. 189.

97 Embora não compartilhemos do alcance das conclusões de FÁBIO KONDER COMPARATO, não deixa de chamar a atenção o fato de que a empresa personificada tornar-se-á, de acordo com o entendimento do ilustre professor da Universidade de São Paulo, um patrimônio finalístico, tal como a fundação, devendo o empresário servi-la, e não se servir dela. COMPARATO. "A reforma da empresa...", p. 70.

98 Importante frisar que se trata de *bens de produção*. Sobre o tema, ensina COMPARATO: "Já vimos que a classificação dos bens em produtivos e bens de consumo não se funda em sua natureza ou consistência, mas na destinação que se lhes dê. Ora, fixar essa destinação ou função dos bens, no ciclo econômico, não é tarefa que deva ficar inteiramente submetida ao princípio da autonomia privada. A acumulação particular de terras agriculturáveis para fins de especulação, ou a retenção de terras públicas do mesmo tipo sem utilização compatível com os interesses da coletividade representam manifesto abuso de propriedade. O mesmo se diga do entesouramento de metais preciosos" (COMPARATO, Fábio Konder. "Função social da propriedade dos bens de produção". *Revista de Direito Mercantil, Industrial, Econômico e Financeiro*, v. 25, n. 63, p. 71-79, jul./set. 1986, p. 77).

99 COMPARATO. *Função social da propriedade dos bens de produção...*, p. 75.

Assim, se os bens de produção estiverem inseridos em uma organização empresarial, eles devem desempenhar, efetivamente, *função de produção*, consistindo em abuso a sua não utilização ou má utilização[100].

Dessa constatação decorrem consequências importantíssimas, com repercussão inclusive no plano da eficácia da personalidade jurídica, pois o desvio dos bens que compõem o patrimônio da sua função de produção — assim como o afastamento da pessoa jurídica da finalidade para a qual a ordem jurídica reconhece a sua existência como um centro autônomo de imputação de direitos e deveres — pode ocasionar a aplicação dos remédios corretivos previstos na legislação, como a teoria da desconsideração da personalidade jurídica[101].

3.4.2. Economicidade e o direito contratual

No campo contratual, pressupõe-se que toda e qualquer operação praticada pelo empresário, em última análise, seja voltada à obtenção de benefício econômico: *onerosidade presumida dos atos praticados pelo empresário*.

Em regra, na vida comercial, nada se faz gratuitamente; ou melhor dizendo, há pouca tolerância com os atos de pura liberalidade[102]. Como o empresário age, profissional, racional e egoisticamente, buscando oportunidades de maximizar o seu bem-estar, esse comportamento deve ser levado em consideração na interpretação dos contratos empresariais[103] — além de ser entendido como absolutamente natural.

3.4.3. Economicidade e o direito industrial

Para o direito industrial, o interesse material dos indivíduos constitui o estímulo fundamental à inovação[104], desde que o inventor possa esperar uma vantagem econômica de seu próprio labor inventivo — no caso, o monopólio legal de exploração do invento por determinado período[105].

[100] COMPARATO. *Função social da propriedade dos bens de produção...*, p. 79.

[101] Sobre o tema do abuso da personalidade jurídica e sua desconsideração, ver: OLIVEIRA, José Lamartine Corrêa de. *A dupla crise da personalidade jurídica*. São Paulo: Saraiva, 1979; SCALZILLI, João Pedro. *Confusão patrimonial no direito societário e no direito falimentar*. 2 ed. São Paulo: Almedina, 2020.

[102] BULGARELLI. *Direito comercial...*, p. 18; ESTRELLA. "Dualidade das obrigações no direito privado unificado...", p. 12, 16.

[103] Sobre o tema, ver: FORGIONI. *Contratos empresariais...*

[104] GRECO, Paolo. *Lezioni di diritto industriale*. Torino: Giappichelli, 1948, p. 93.

[105] RAMELLA, Agustín. *Tratado de la propriedade industrial*, t. I. Madrid: Hijos de Reus, 1919, p. 12.

Do contrário, praticamente ninguém se interessaria em empregar seus esforços e recursos em investigações dessa natureza, causando enorme dano à sociedade, despojada que estaria dos inúmeros benefícios decorrentes dos inventos[106].

Assim, verifica-se que o interesse econômico também está na base do direito industrial.

3.4.4. Economicidade e o direito cambiário

O desejo de impulsionar os lucros também é a mola propulsora por trás da utilização exponencial do crédito e a sua posterior mobilização via títulos de crédito.

Com efeito, o uso intensivo do crédito antecipa o consumo e financia a indústria, criando riqueza. Os negócios necessitam dele da mesma forma que o homem não pode prescindir do ar que respira[107]. Em virtude dos títulos de crédito, o direito consegue vencer o tempo e o espaço[108].

Trata-se de conquista tão relevante para o desenvolvimento da civilização que seria possível compará-la ao domínio do fogo pelo homem; e, tal como este último, o crédito e as dívidas são conquistas que envolvem perigo[109].

3.4.5. Economicidade e o direito concursal

A crise, passageira ou duradoura, faz parte do ciclo de vida da empresa, fruto, entre outros fatores, do mal uso do crédito e, também, da concorrência e de erros decisórios na condução dos negócios.

A luta pela clientela, a busca incessante pela inovação, a conquista de mercados e, em última análise, a batalha pelo lucro faz da empresa empresarial uma atividade de risco. Em um jogo em que é impossível todos ganharem na mesma medida, lucram os mais eficientes, sobrevivem os medíocres e perecem os mais fracos.

O lucro, ou melhor, a ausência dele, está, pois, na base do direito recuperatório e falimentar. O colapso patrimonial do devedor gera uma espécie de

106 RAMELLA. *Tratado de la propriedade industrial*, t. I..., p. 12. Em sentido contrário, sustentando que a ausência de propriedade intelectual é benéfica para o mercado, inclusive em termos de inovação: KINSELLA, Stephen. *Contra a propriedade intelectual*. Trad. Rafael Hotz. São Paulo: Mises Brasil, 2010.

107 THALLER. *Des faillites en droit comparé*, t. I..., p. 128.

108 ASCARELLI, Tullio. *Teoria geral dos títulos de crédito*. 2 ed. São Paulo: Saraiva, 1969, p. 3.

109 WARREN; WESTBROOK; PORTER; POTTOW. *The law of debtors and creditors...*, p. 4.

associação para repartição dos danos (*associazione pel riparto dei danni*)[110] ou comunhão de perdas (*Grundsatz der Verlustgemeinschaft*), da qual participam, em menor ou maior grau, todos os envolvidos[111]. Os efeitos decorrentes da impossibilidade de operar com lucro são graves; as questões jurídicas e econômicas, tormentosas[112].

A falência é um fenômeno paradoxal: significa, concomitantemente, *morte* e *renascimento*[113]. É capaz de levantar profundas questões de ordem moral, cuja solução exige doses elevadas de pragmatismo[114]. Nesse contexto, é preciso reconhecer que um agente econômico falhou em seu propósito econômico, que a vida deve seguir e que novas oportunidades fazem parte desse caminho.

O tema da extinção das obrigações do falido é o amálgama de toda essa complexidade. Essa extinção é designada em ordenamentos jurídicos estrangeiros pela expressão "*discharge*" (algo como "desobrigar", "liberar"), instituto que se insere no contexto mais amplo do "*fresh start*" ("perdão" ou "direito de recomeçar")[115].

A introdução dos princípios da liberação do falido (*fresh start*) e do fomento ao empreendedorismo pela Lei 14.112/2020 (na reforma da Lei 11.101/05) consubstancia o reconhecimento de que não se pune o empresário por ter falhado na sua tentativa de empreender.

Com efeito, levando-se em consideração que: (*i*) o exercício da atividade empresarial é econômica e socialmente relevante, devendo ser estimulado; (*ii*) as falhas, além de parte indissociável de qualquer atividade humana, são instrumentos valiosos para o aprendizado; (*iii*) cada tropeço maximiza a chance

110 VIVANTE. *Il fallimento civile*..., p. 4.

111 KOHLER, Josef. *Lehrbuch des Konkursrechts*. Stuttgart: Ferdinand Enke, 1891, p. 1-2; HESS, Harald. *Insolvenzrecht*: Groβkommentar in zwei Bänden. 2 Aufl. Heidelberg: F. C. Müller, 2013, p. 5.

112 RIPERT. *Tratado elemental de derecho comercial*, v. IV..., p. 199-200.

113 SULLIVAN, Teresa A.; WARREN, Elizabeth; WESTBROOK, Jay Lawrence. *As we forgive our debtors*: bankruptcy and consumer credit in America. New York/Oxford: Oxford University Press, 1989, p. 4.

114 GROSS. *Failure and forgiveness*..., p. 7; SULLIVAN; WARREN; WESTBROOK. *As we forgive our debtors*..., p. 8-9.

115 A legislação falimentar norte-americana de 1898 foi a primeira a reconhecer existência de interesse público no *discharge* do devedor honesto e desafortunado — liberação que beneficia a todos ao reconhecer o devedor como um membro produtivo da sociedade, e não como um criminoso (TABB, Charles Jordan. The Historical Evolution of the Bankruptcy Discharge (1991). *American Bankruptcy Law Journal*, v. 65, p. 325-371, 1991, p. 365-366). Sobre o *discharge* e o *fresh start* como produtos da reforma promovida pela Lei 14.112/20, ver: COSTA, Thiago Dias; AZZONI, Clara Moreira. "O fresh start empresarial – extinção das obrigações do falido na Lei 14.112/2020". In: VASCONCELOS, Ronaldo; PIVA, Fernanda; ORLEANS E BRAGANÇA, Gabriel José de; HANESAKA, Thais D'Angelo da Silva; SANT'ANA, Thomaz Luiz. *Reforma da Lei de Recuperação e Falência (Lei n. 14.112/20)*. São Paulo: IASP, 2021, p. 1109-1128, p. 1110.

de acertos futuros; e (*iv*) o exercício da atividade empresarial se faz por tentativa e erro (tal qual o proceder de uma criança quando está aprendendo a caminhar)[116], não deveria ser objeto de discussão que o tratamento mais adequado a ser dispensado pela ordem jurídica ao empresário que falhou é o *discharge*, instituto por meio do qual o falido entrega todos os seus bens para serem liquidados, ficando liberado para reempreender (*fresh start*)[117]. Afinal, se o exercício da atividade econômica é constitucionalmente incentivado (CF, art. 170), parece lógico que o direito de recomeçar esteja implícito nesse contexto.

3.4.6. Economicidade: síntese

Do exposto, é possível afirmar que a busca pelo lucro perpassa todo o direito empresarial e todas as fases da vida de uma empresa, razão pela qual deve ele ser entendido como um dos pilares centrais do sistema.

Os sujeitos de direito empresarial operam objetivando o lucro; celebram contratos que devem ser interpretados levando em conta esse desiderato; inovam para conquistar a clientela e para vencer a concorrência; antecipam o crédito para impulsionar o negócio e maximizar ganhos; e entram em crise quando toda essa complexa atividade não resulta exitosa, cabendo a eles e aos seus credores (aqueles que acreditaram na capacidade econômica da empresa) decidirem pela reestruturação do negócio ou pela sua liquidação.

Assim, do direito societário, passando pelos direitos contratual, industrial e cambiário, até o direito concursal, a economicidade está sempre em pauta, como uma *estrela polar*, apontando a direção, lembrando a razão pela qual o empresário se lança ao mercado, como devem ser lidos seus atos e porque seu negócio em algumas circunstâncias precisa ser liquidado.

Muito embora a *economicidade* não seja característica exclusiva do empresário, não há empresário que não se defina por ela, porque o escopo lucrativo é inerente à sua atividade, inclusive como dispõe o art. 966 do Código Civil. Assim, toda e qualquer querela que envolva o empresário e os institutos jurídicos que lhes são próprios terá na economicidade (*aninus lucrandi*) um relevante *cânone hermenêutico* — quiçá o mais fundamental de todos —, preceito a ser tido sempre em conta para a aplicação do direito.

116 GROSS. *Failure and forgiveness...*, p. 97.

117 COSTA; AZZONI. "O fresh start empresarial...", p. 1111-1112.

3.5. Prevalência do mercado

O direito empresarial é um direito voltado ao mercado. Esse traço possui implicações e desdobramentos diversos, que facilitam o cotejo das normas empresariais com aquelas oriundas do direito civil.

Efetivamente, mais do que a proteção do empresário em si, o principal bem jurídico tutelado pelo direito empresarial é o *mercado propriamente dito*[118], *locus* onde ele atua e onde trava suas relações negociais[119].

Isso porque o direito comercial nasce no mercado e regula as relações negociais estabelecidas no mesmo ambiente que o concebeu[120]. Se bem observadas, percebe-se que, de uma maneira geral, grande parte das normas jurídicas empresariais revelam preocupação com a fluidez do tráfego negocial e com a segurança das relações.

Esse é o mote que impulsiona o desenvolvimento da disciplina, como busca-se demonstrar nos itens abaixo.

3.5.1. Dinamicidade vs. conservadorismo

O direito comercial é um direito dinâmico. O direito civil, por sua vez, consiste em um direito tendencialmente conservador.

Com efeito, a atividade econômica exige que as relações sejam travadas de forma ágil e dinâmica[121]. Abandonam-se os prismas estático e isolado que tanto marcam o direito civil, porque a empresa atua em ambientes institucionais com agentes econômicos diversos (inclusive com outras empresas em relações complexas e de interdependência) e suas relações precisam ser travadas com fluidez e celeridade. Esses ambientes a condicionam e são por ela condicionados[122].

Por sua vez, o direito civil é um direito mais solene. Alguns de seus principais institutos são a propriedade imobiliária e seus desdobramentos, os direitos reais, o casamento e o testamento, todos cercados de elevado grau de

[118] "Situado o direito empresarial contemporâneo, cumpre reconhecer que o mercado – e não mais o ato de comércio ou a empresa isoladamente considerada – imprime as notas diferenciadoras do estudo da matéria. [...] na origem, o direito comercial brasileiro marcou-se pelo ato de comércio; posteriormente, pela empresa. Hoje, o epicentro dogmático repousa no mercado e em sua disciplina jurídica. O movimento é claro: antes, o ato; depois, a empresa (atividade); hoje, o mercado" (FORGIONI. *A evolução do direito comercial brasileiro*..., p. 31).

[119] FERRI. *Manuale di diritto commerciale*..., p. 3.

[120] HUVELIN. *Études d'histoire du droit commercial romain*..., p. 80.

[121] THALLER. *Traitè elementaire de droit comercial*..., p. 3; ESTRELLA. *Curso de direito comercial*..., p. 34.

[122] FORGIONI. *A evolução do direito comercial brasileiro*..., p. 32.

formalismo. O foco é a regulação de negócios singulares (*atos*) e não a atividade (*série de atos direcionados a um fim*). Em sentido oposto, o direito comercial tende a ser um direito informal (com exceção da disciplina tradicional dos títulos de crédito), de viés instrumental e flexível, já que serve ao desenvolvimento da economia e à regulação de negócios em massa.

3.5.2. Dinamicidade nos direitos contratual e societário

Se a simplicidade das formas (*e.g.*, contratos celebrados por simples ajuste verbal, contratos entre ausentes, e assim por diante) é hoje regra no direito privado, foi justamente no âmbito do direito comercial que ela se desenvolveu. Por exemplo, essa mesma sistemática se deu com (*i*) a prevalência da regra da maioria (princípio majoritário) no direito societário, que impede que a formação da vontade social fique engessada diante da rígida regra da unanimidade, e (*ii*) a força normativa das práticas de comércio nos contratos de compra e venda materializada nos INCOTERMS.

3.5.3. Dinamicidade e segurança do mercado

Essa necessária dinamicidade é decorrência do caráter instrumental do direito empresarial, cujos mecanismos visam a atender as necessidades da vida econômica, sem depender de formalidades excessivas[123]. Em contrapartida ao perfil dinâmico anteriormente retratado, deve-se conferir segurança aos participantes do mercado. Por exemplo, determinadas matérias empresariais — como as relacionadas à emissão de títulos de créditos, ao sistema fechado dos tipos societários, às regras exigidas para a constituição de sociedades anônimas e às práticas de *full disclosure* do mercado de capitais — obedecem a requisitos formais rígidos, em atenção à tutela do crédito e dos investidores.

3.5.4. Prevalência do mercado e registro empresarial

A obrigatoriedade de registro dos empresários e das sociedades empresárias no Registro Público de Empresas Mercantis garante que os participantes do mercado possam ter acesso aos dados básicos acerca do titular da atividade (*e.g.*, sede, objeto, capital, administradores, sócios). Se hoje as sociedades não empresárias também devem ser registradas — no Registro Civil de Pessoas

[123] BULGARELLI. *Direito comercial...*, p. 17.

Jurídicas —, não se pode esquecer que o registro nasce no seio do direito comercial medieval, particularmente nas cidades italianas.

3.5.5. Prevalência do mercado e direito concursal

O próprio direito concursal caminha na mesma direção. Seu princípio basilar é o da preservação da empresa[124], especialmente diante de todos os interesses que gravitam em torno dela[125]. E a busca pelo atingimento desse objetivo — a preservação da empresa — deve perpassar a interpretação dos principais dispositivos legais da Lei 11.101/05[126].

A função social da empresa se revela com o exercício de uma atividade lucrativa e com as externalidades decorrentes desse empreendimento. Isso porque, ao perseguir o lucro, o empreendedor reúne os fatores de produção e coloca ao alcance das pessoas a maior parte dos bens e serviços consumidos. Ao explorar a sua atividade, promove interações econômicas com outras empresas, movimentando a economia; compra, vende, paga salários e tributos, ajuda o desenvolvimento da comunidade em que ela está inserida; cria e, ao seu modo, distribui riqueza. É exatamente assim que a empresa cumpre função social e é por isso que a sua preservação importa para o mercado.

Além disso, a capacidade de o sistema falimentar preservar e otimizar a utilização produtiva dos bens, dos ativos e dos recursos produtivos da empresa (inclusive os intangíveis) gera condições de igualdade de tratamento e de oportunidades no mercado; permite a liquidação célere das empresas inviáveis, com vistas à realocação eficiente de recursos na economia; e fomenta o

[124] CEREZETTI, Sheila Christina Neder. *A recuperação judicial de sociedade por ações* – o princípio da preservação da empresa na Lei de Recuperação e Falência. São Paulo: Malheiros, 2012, p. 300; STJ, 2ª Seção, AgRg no CC 129.079/SP, Rel. Min. Antonio Carlos Ferreira, j. 11/03/2015; STJ, 2ª Turma, AgRg no REsp 1.462.032/PR, Rel. Min. Mauro Campbell Marques, j. 05/02/2015; STJ, 4ª turma, REsp 1.173.735/RN, Rel. Min. Luis Felipe Salomão, j. 22/04/2014; STJ, 2ª Seção, CC 111.645/SP, Rel. Min. Paulo de Tarso Sanseverino, j. 22/09/2010; STJ, 2ª Seção, CC 108.457/SP, Rel. Min (Des. Conv.) Honildo Amaral de Mello Castro, j. 10/02/2010; STJ, 1ª turma, REsp 844.279/SC, Rel. Min. Luiz Fux, j. 05/02/2009; STJ, 1ª Seção, CC 79.170/SP, Rel. Min. Castro Meira, j. 10/09/2008; STJ, CC 129.626/MT, Rel. Min. Nancy Andrighi (decisão monocrática), 15/08/2013; STJ, CC 115.081/SP, Rel. Min. Marco Buzzi (decisão monocrática), j. 06/02/2012; e TJSP, Câmara Especial de Falências e Recuperações Judiciais de Direito Privado, AI 461.740-4/-00, Rel. Des. Pereira Calças, j. 28/02/2007 (assim decidindo: "a preservação da empresa é o maior princípio da Lei n. 11.101/2005, não se olvidando que os princípios têm peso e densidade, devendo ser mensurados. Violar um princípio é mais grave do que violar uma regra, mercê do que, havendo conflito entre um princípio e uma regra, o juiz deve dar prevalência ao princípio").

[125] CEREZETTI. *A recuperação judicial de sociedade por ações*..., p. 300. Sobre o tema, ver, ainda: SILVA, Vinicius Spaggiari. *O princípio da preservação da empresa na LRE 11.101/2005:* conceito e crítica. Dissertação (Mestrado em Direito). Faculdade de Direito da Universidade de São Paulo, São Paulo, 2013.

[126] CEREZETTI. *A recuperação judicial de sociedade por ações*..., p. 206, 208, 236.

empreendedorismo, inclusive por meio da viabilização do retorno célere do empreendedor falido à atividade econômica. A insolvência contemporânea, especialmente após a reforma promovida pela Lei 14.112 de 2020, está cada vez mais orientada para essa direção, na linha dos demais ordenamentos jurídicos de vanguarda.

3.5.6. Prevalência do mercado e direito industrial

Até mesmo os direitos industriais são justificados em função do mercado e do interesse público. Nessa direção, o monopólio legal concedido ao inventor se justifica apenas quanto aos tipos de criações intelectuais em relação às quais possa haver proveito para a coletividade[127].

Vale lembrar que a concessão da exclusividade de exploração econômica ao primeiro requerente estimula a criação de inventos e outros bens intelectuais que beneficiam a todos (desfrute geral), bem como a sua rápida revelação em troca do benefício (monopólio legal de exploração)[128]. Isso tudo é tão importante que, mesmo as leis que buscaram acabar com os privilégios da velha ordem, não cogitaram abolir o monopólio legal do inventor[129].

Por fim, quanto às marcas e às indicações geográficas, importante lembrar que ao interesse do empresário de conservar a sua clientela corresponde o interesse do consumidor de não ser enganado[130].

3.5.7. Prevalência do mercado: síntese

O direito empresarial é um direito voltado ao mercado. O objetivo da disciplina sempre foi tutelar o exercício das atividades econômicas — ou, na expressão da doutrina de direito comercial clássica: o "interesse geral do comércio"[131].

Por mais contraintuitivo que pareça ser, o propósito do direito empresarial é a defesa do *mercado como um todo*, e não dos comerciantes propriamente

127 ASCARELLI. "O desenvolvimento histórico do direito comercial...", p. 245.

128 ASCARELLI. "O desenvolvimento histórico do direito comercial...", p. 245.

129 ASCARELLI. "O desenvolvimento histórico do direito comercial...", p. 245. Em sentido contrário, sustentando que a ausência de propriedade intelectual é benéfica para o mercado, inclusive em termos de inovação: KINSELLA. *Contra a propriedade intelectual...*

130 ASCARELLI. "O desenvolvimento histórico do direito comercial...", p. 245.

131 A expressão foi utilizada por Carvalho de Mendonça ao tratar da relevância da contabilidade e da escrituração mercantil para o direito comercial (CARVALHO DE MENDONÇA. *Tratado de direito comercial brasileiro*, v. I, t. I..., p. 188). Em sentido semelhante: LA LUMIA. *Corso di diritto commerciale...*, p. 14-15. Há uma ampla e profunda introdução sobre a origem e relevância do comércio mundial e das legislações comerciais em Cairu: LISBOA. *Princípios de direito mercantil e leis de marinha*, t. I..., p. XIX-DCLVIII.

ditos[132] (o que daria ao direito comercial, nesta última hipótese, um viés classista, como se observa no direito do trabalho, por exemplo).

Dessa forma, as obrigações suportadas pelo empresário (*v.g.*, registro, escrituração e contabilização de suas operações, publicação de demonstrações financeiras, e assim por diante) e benefícios legais disponíveis (*v.g.*, regimes recuperatórios) devem ser compreendidos, explicados e justificados mais propriamente como salvaguardas do mercado em si, e não dos agentes econômicos empresariais.

Esse conjunto de características se materializa na concepção de mecanismos intrinsicamente ligados ao funcionamento dos mercados e à preservação dos interesses dos diversos agentes afetados pela atividade empresarial. Regulam o empresário ao mesmo tempo em que criam e estabelecem um ambiente institucional para a realização dos negócios. Carregam consigo, por conseguinte, valores que transcendem a figura do próprio empresário e que só podem ser compreendidos dentro da lógica empresarial concebida em um regime de livre mercado[133].

4. Delimitação

Um dos grandes desafios do direito comercial diz respeito à delimitação da extensão das suas regras e à correta identificação dos temas que devem ser objeto de regulação — discussão que, em grande medida, envolve outras áreas do direito, como o civil, o administrativo e a tutela do consumidor[134].

Como vimos, nas primeiras décadas do século XX, vislumbra-se o abandono de uma visão comercial individualista centrada nas figuras do comerciante singularmente considerado e do ato de troca propriamente dito, passando-se a compreender holisticamente o fenômeno da "empresa" como elemento central da atividade econômica e da disciplina geral da organização produtiva. Nesse contexto, a figura jurídica da empresa e sua atuação em mercado surge como pilar do novo direito comercial, inclusive com um sensível entrelaçamento entre o direito privado e o direito público[135].

[132] LISBOA. *Princípios de direito mercantil e leis de marinha*, t. II..., p. 875 ss; FORGIONI. *A evolução do direito comercial brasileiro...*, p. 14-15; SZTAJN. *Teoria Jurídica da Empresa...*, p. 88.

[133] ESTRELLA. "Dualidade das obrigações no direito privado unificado...", p. 14-15.

[134] LIBERTINI. *Passato e presente del diritto commerciale...*, p. 9.

[135] LIBERTINI. *Passato e presente del diritto commerciale...*, p. 19, 5-51.

Por essas razões, parece-nos correto dizer que a empresa é uma espécie de ornitorrinco do direito comercial[136]. Explica-se: diante da dificuldade de conceituá-la juridicamente — e, portanto, de compreender todas as suas dimensões —, a técnica comparativa permite ressaltar os traços fundamentais da disciplina por meio da análise e do realce de um objeto alheio tão próximo quanto distante: no caso de outra disciplina jurídica, o direito civil.

Tanto em termos históricos quanto em uma perspectiva dogmática, o exercício comparativo oferece elementos interessantes para compreender a configuração e o papel de cada uma dessas disciplinas no universo jurídico do direito privado.

Antes disso, porém, é preciso dar um passo atrás. É necessário localizar, topologicamente, direito civil e direito empresarial no ordenamento jurídico como um todo.

Tradicionalmente, o direito é dividido em dois grandes ramos (sistemas): o *direito público*, que disciplina as relações nas quais o Estado atua com poder soberano (*v.g.*, direito administrativo, direito tributário); e o *direito privado*, que regula as relações dos particulares entre si, e tem por principais características uma pressuposta igualdade entre os sujeitos e sua capacidade de autodeterminação — consubstanciada no amplo espaço de atuação da autonomia privada (*v.g.*, direito civil, direito empresarial)[137].

136 A referência ao ornitorrinco (descoberto na Austrália no final do século XVIII) remete à dificuldade que a ciência teve de classificar esse animal em termos de ordem e das espécies até então catalogadas (após anos de discussão, chegou-se à conclusão de que é mamífero e ovíparo). Além disso, vale destacar que, diante de fenômeno do desconhecido, a tendência natural é que reajamos por aproximação, buscando num recorte conhecido, já presente em nossa enciclopédia, que bem ou mal parece prestar contas com o fato novo. Essa situação também ocorreu quando Marco Polo viu rinocerontes em Java e, como nunca tinha visto animais com essas características antes, aproximou-os dos unicórnios, assim os designando, mas não sem registrar seu estranhamento (ECO. *Kant e o ornitorrinco...*, p. 55). A empresa, no campo jurídico, enfrenta desafio semelhante ao do ornitorrinco (ou do rinoceronte de Marco Polo) no campo da dogmática jurídica e de suas rígidas classificações. Sobre a história do ornitorrinco, Eco destaca que: "Qual é a moral da história? [...] A história do ornitorrinco, então, serviria para demonstrar que, em última análise, os fatos vencem as teorias (e que, como desejava Pierce, a Tocha da Verdade que segue sempre, de mão em mão, apesar das dificuldades). Mas, embora leiamos na literatura em questão, ainda não terminamos de descobrir muitas e inesperadas propriedades do ornitorrinco, e poderíamos dizer que isto acontece porque a teoria vencedora desejou-o entre os mamíferos. Peirce nos tranquilizaria: basta esperar, e no fim a Comunidade encontrará um ponto de consenso. [...] A história do ornitorrinco é uma história de uma longa negociação." (ECO. *Kant e o ornitorrinco...*, p. 205-211).

137 GUYENOT. *Curso de derecho comercial*, v. I..., p. 19; REALE, Miguel. *Lições preliminares de direito*. 24 ed. São Paulo: Saraiva, 1998, p. 341-342.

- Direito
  - Direito público
  - Direito privado

O caráter distintivo central entre esses ramos jurídicos diz respeito à natureza da relação entre os sujeitos: no direito público, a relação é de *subordinação* (*relação vertical*), ao passo que no direito privado a relação é de *coordenação* (*relação horizontal*). Além disso, no direito público, o interesse imediato e prevalecente é o *geral*, enquanto no direito privado é o *particular*[138].

Muito embora essas delimitações teóricas entre o direito público e o direito privado estejam cada vez menos claras — como em questões envolvendo direito do consumidor, as sociedades de economia mista e o direito da concorrência —, a distinção ainda tem utilidade, pelo menos para fins didáticos.

Assim como o direito público, o direito privado também se subdivide. Tem-se que o direito empresarial é, ao lado do direito civil, uma parte integrante do direito privado, de modo que este e aquele seriam "dois lados de uma mesma moeda", como chegou a afirmar THALLER[139].

- Direito privado
  - Direito civil
  - Direito empresarial

Atualmente, no País, a disciplina fundamental do direito empresarial está inserida no Código Civil, mais especificamente no Livro II da Parte Especial (arts. 966 a 1.195), intitulado "Do Direito de Empresa" — daí porque se diz que o Código Civil brasileiro é um *código de direito privado*, tema que será aprofundado ao longo dos próximos capítulos.

Partindo do Código Civil, o eixo do sistema de direito privado no País, o direito empresarial se ramifica em leis especiais que disciplinam aspectos mais ou menos específicos da matéria (como a Lei de Registro de Empresas, o Estatuto da Microempresa e da Empresa de Pequeno Porte, o Código da Propriedade

[138] REALE. *Lições preliminares de direito...*, p. 341-342.

[139] THALLER. *Traitè elementaire de droit comercial...*, p. 2.

Industrial, a Lei das Sociedades por Ações, a Lei das Duplicatas e assim por diante)[140].

A relação entre direito empresarial e direito civil é de especialidade[141], pois o primeiro é especial em relação ao segundo, do qual historicamente deriva[142]. Em outras palavras, é correto dizer que o direito comercial é *direito privado especial*[143] — marcado por uma evolução histórica particular[144], em certa medida, bastante fragmentada e encapsulada em torno da singularidade de suas fontes, regras e princípios jurídicos[145].

De um lado, o direito civil é a disciplina que regula as relações jurídicas concernentes às pessoas em geral, aos seus bens e demais relações[146]. É o *código da vida privada*, pois, do nascimento à morte da pessoa, passando pelo seu estado e capacidade, regula quase todos os aspectos da vida privada, incluindo as relações dominiais, sucessórias e familiares[147].

O direito empresarial, por sua vez, consuetudinário e profissional, é um ramo do direito voltado, inicialmente, para o comércio[148]-[149]. Com o passar dos anos, transformou-se no direito especialmente aplicado às pessoas que exploram a empresa e aos negócios realizados em ambiente de mercado (CC, art. 966)[150].

140 Respectivamente, Lei 8.934/94, LC 123/06, Lei 9.279/96, Lei 6.404/76 e Lei 5.474/68.

141 Para Ascensão, por exemplo: "Está generalizada a qualificação do Direito Comercial como um ramo de Direito especial em relação ao direito civil. A especialidade é uma relação de concretização, que consiste em adaptar um regime a circunstâncias particulares, sem contrariar o princípio normativo em causa. O Direito Comercial será especial porque adapta o Direito Civil às circunstâncias particulares do comércio [...]. Mas esta posição dominante não é unívoca. Ripert afirma que o Direito Comercial é um Direito excepcional. Já Rocco e Ruggiero consideram que o Direito Comercial é *ius singulare*". Cf. ASCENSÃO, José Oliveira de. *Direito comercial*. Parte geral, v. I. Lisboa: s/n, 1988, p. 28-29. No mesmo sentido: SOPRANO. *Elementi di diritto commerciale...*, p. 1-2; LIBERTINI. *Passato e presente del diritto commerciale...*, p. 9; FERREIRA. *Tratado de direito comercial*, v. 1..., p. 135.

142 CAMPOBASSO. *Diritto commerciale*, v. 1..., p. 5; MAXIMILIANO, Carlos. *Hermenêutica e aplicação do direito*. 13 ed. Rio de Janeiro: Forense, 1993, p. 318.

143 VISENTINI, Gustavo. *Principi di diritto commerciale*. Milano: CEDAM, 2006, p. 14-16.

144 A tese da contraposição entre o direito romano comum e o direito comercial tem origem em Levin Goldschmidt. Cf. GOLDSCHMIDT. *Storia universale del diritto commerciale...*

145 FERRI. *Manuale di diritto commerciale...*, p. 9; FORGIONI. *A evolução do direito comercial brasileiro...*, p. 19; ASCARELLI. *Panorama do direito comercial...*, p. 24.

146 GONÇALVES NETO. *Direito de empresa*: comentários aos artigos 966 a 1.195 do Código Civil..., p. 35.

147 RÁO, Vicente. *O direito e a vida dos direitos*, v. 1. São Paulo: Max Limonad, 1960, p. 269; THALLER. *Traitè elementaire de droit comercial...*, p. 3; VAMPRÉ. *Tratado elementar de direito comercial...*, p. 14.

148 URIA, Rodrigo. *Derecho mercantil*. Madrid: Aguirre, 1975, p. 5.

149 "Comércio" do latim *commutatio mercium* — *cum*, no sentido de portar, *e merx*, mercadoria. Vide: MACHADO. Curso de direito comercial..., p. 64; BORGES. *Curso de direito comercial terrestre...*, p. 7; CAVALLI. *Direito comercial...*, p. 10.

150 THALLER. *Traitè elementaire de droit comercial...*, p. 3. Ver, também: GONÇALVES NETO. *Direito de empresa*: comentários aos artigos 966 a 1.195 do Código Civil..., p. 35-69.

Como já foi destacado, o objetivo do direito empresarial sempre foi tutelar o exercício das atividades econômicas (ou, o "interesse geral do comércio"). O propósito é, portanto, a defesa do *mercado como um todo*, e não dos comerciantes singularmente considerados[151].

Aqui uma primeira delimitação: o direito empresarial é aplicado aos empresários, ou seja, às pessoas que exploram a empresa — sendo esta, por disposição legal, *uma atividade industrial, comercial ou de prestação de serviços não intelectuais, exercida com escopo lucrativo e em caráter profissional e organizado*[152] (CC, art. 966). Em síntese, enquanto o direito civil é chamado de *direito privado geral* (ou comum), o direito empresarial é o *direito privado especial*, já que é aplicado especialmente aos empresários[153]-[154].

Assim, o direito comercial deve ser visto como o *direito privado da atividade produtiva*, cujo vértice central é o conceito de empresário e o foco de atuação é o mercado, no qual se materializam todas as operações empresariais. O direito comercial, hoje, busca organizar as atividades da empresa em um regime de mercado.

No decorrer dos séculos, o direito comercial manteve sua vitalidade original e sua força expansiva, características responsáveis por estender os confins de sua abrangência até compreender todos os setores da economia comercial, industrial e de serviços não intelectuais. Na mesma linha, mesmo com o

[151] "[...] apesar da crítica sobre ser o Direito Comercial criado por comerciantes para disciplinar sua atividade, ele não é um direito classista. Ele pretendia ser o direito das atividades econômicas, uniforme, universal, regendo práticas iguais ou muito próximas em diferentes locais". Cf. SZTAJN. *Teoria Jurídica da Empresa*..., p. 88.

[152] Nessa linha, Giuseppe Ferri: "o direito comercial é um complexo de normas que regulam a organização e o exercício profissional de uma atividade intermediária voltada à satisfação das necessidades do mercado como um todo e, consequentemente, dos atos singulares por meio dos quais essa atividade se materializa". Cf. FERRI. *Manuale di diritto commerciale*..., p. 9.

[153] A compreensão da natureza e dos efeitos gerados nas relações mantidas entre comerciantes está na essência do objeto do direito comercial desde seus primórdios. Cf. THALLER. *Traitè elementaire de droit comercial*..., p. 2-3.

[154] Mas nem sempre foi assim. Em termos históricos, a especialidade do direito empresarial surge apenas com o nascimento dessa disciplina durante a Baixa Idade Média, por ocasião do Renascimento Comercial (Século XI), com estreita conexão com o desenvolvimento da atividade dos comerciantes, isto é, o comércio. A construção do direito empresarial é fruto de um tortuoso e pendular caminho de progresso da Civilização — trajetória essa que não pode ser entendida nem interpretada senão à luz dos acontecimentos históricos que lhe deram origem. Cf. SANTARELLI, Umberto. *L'esperienza giuridica basso-medievale*. Torino: Giappichelli, 1977, p. 3; GROSSI. *A ordem jurídica medieval*..., p. 27; ASCARELLI. Antigona e Porcia..., p. 9-10; CARVALHO DE MENDONÇA. *Tratado de direito comercial brasileiro*, v. I, t. I..., p. 46), sendo que essa é uma das linhas condutoras do presente livro (vide a narrativa histórica desenvolvida no Capítulo 1).

movimento de codificação, o direito comercial, pela própria natureza, continua sendo o instrumento de renovação do direito civil[155].

Nessa linha, como já sustentado, pode-se dizer que é o ramo do direito privado que regula o regime jurídico do empresário em atuação no mercado. Por isso, disciplina: (*i*) a constituição e o registro da empresa; (*ii*) o regime jurídico dos bens do empresário; (*iii*) a sociedade empresária em todos os seus aspectos; (*iv*) os contratos celebrados entre empresários; (*v*) a propriedade industrial; (*vi*) a emissão de títulos que mobilizam e circulam o crédito; (*vii*) bem como o tratamento e os efeitos da crise empresarial, por meio dos institutos da recuperação de empresas e da falência.

Nesse contexto conceitual, ajustado à contemporaneidade, o grande desafio do direito comercial permanece sendo transportar para o plano jurídico o fenômeno socioeconômico da empresa[156]. Como examinado no decorrer do livro, a evolução do estudo desse tema ao longo do século XX foi notável e de grande relevância para o aprimoramento técnico da matéria empresarial[157].

Em última análise, o direito empresarial é um campo temático particular da experiência jurídica que tutela a atividade econômica organizada voltada ao mercado[158], com especial atenção para o sujeito que a explora com escopo lucrativo — empresário individual (CC, art. 966) ou sociedade empresária (CC, art. 981) — e os bens que formam seu estabelecimento (CC, art. 1.142).

Esse conceito está conectado a algumas áreas historicamente correlatas ao seu perímetro de atuação[159], mas nem por isso busca tutelar a integralidade das questões e temas jurídicos relacionados ao mercado[160], as quais serão objeto de

155 ASQUINI. "Una svolta storica del diritto commerciale...", p. 510, 516.

156 BULGARELLI. *A teoria jurídica da empresa...*, p. 72.

157 Segundo FORGIONI: "O patrimônio jurídico do direito comercial deve ser analisado sob essa ótica: o ordenamento considerará e admitirá a racionalidade jurídica dos agentes apenas enquanto mostrar-se útil ao sistema, dentro da racionalidade jurídica [...] o direito comercial não busca a proteção dos agentes econômicos singularmente considerados, mas da torrente de suas relações. [...] desempenha seu papel como conjunto de regras e de princípios jurídicos que regem a organização das empresas e as relações entre empresas, no âmbito do mercado" (FORGIONI. *A evolução do direito comercial brasileiro...*, p. 15-17).

158 SALOMÃO FILHO. *Teoria crítico-estruturalista do direito comercial...*, p. 35.

159 SPADA. *Diritto commerciale...*, p. XVII-XVIII.

160 Segundo FORGIONI: "Temos um novo período de evolução do direito comercial, em que se supera a visão estática da empresa para encará-la, também, em sua dinâmica. De um direito medieval de classe, ligado à pessoa do mercador, passamos ao critério objetivo e liberal dos atos de comércio e, finalmente, à atividade da empresa. Urge estudá-la a partir do pressuposto de que sua atividade somente encontra função econômica, razão de ser do mercado. Fomos 'do ato à atividade'. Agora, passamos ao reconhecimento de que a atividade das empresas conforma e é conformada pelo mercado. Enfim: ato, atividade, mercado. Eis a linha de evolução do direito comercial". Cf. FORGIONI. *A evolução do direito comercial brasileiro...*, p. 18, 100.

regulação de outras searas jurídicas, tais como o direito concorrencial, o direito do trabalho, o direito econômico, a propriedade intelectual e, até mesmo, o direito do consumidor.

5. Autonomia

Discussões acerca da autonomia de uma disciplina jurídica são históricas e tradicionalmente polêmicas, especialmente porque põem em xeque a própria autoridade da matéria objeto de exame[161].

A bem da verdade, parece que manuais, cursos e tratados de direito direcionados a uma matéria específica discutem a autonomia do ramo do direito objeto de sua análise em uma tentativa, mais ou menos profunda, de reafirmar a dignidade da disciplina jurídica sob exame. O esforço é louvável, muito embora nem sempre bem-sucedido.

Para tratar do tema da autonomia de uma disciplina jurídica com a profundidade necessária, deve-se entender as razões pelas quais se discute a independência dessa matéria com relação às demais integrantes do seu respectivo grupo de origem, no caso, do direito privado. Nesse diapasão, apresentam-se abaixo alguns dos tópicos em torno dos quais se desenvolve essa discussão.

5.1. Qual o interesse na discussão?

Nos dias de hoje, discutir a autonomia do direito empresarial — e a importância de se regular, separadamente, os institutos utilizados para o exercício da empresa dentro de um sistema com lógica e principiologia próprias — parece uma temática obsoleta, mas não é.

Embora haja diversas explicações para a má compreensão acerca da relevância do debate — especialmente a unificação parcial (e formal) do direito privado com o Código Civil de 2002 —, essa conclusão é apressada e razoavelmente equivocada. Com efeito, a autonomia do direito empresarial assume repercussões práticas, razão pela qual compreender os fatores de autonomia do direito empresarial está longe de ser desimportante.

A rigor, perceber o direito empresarial como uma disciplina autônoma gera consequências práticas de primeira ordem para os profissionais do direito,

161 No direito italiano, por exemplo, o tema da autonomia é objeto de intensa discussão no final do século XIX, com posições incisivas favoráveis à completa independência da matéria com relação ao direito civil. Nesse sentido, ver, por exemplo: GALLUPPI, Enrico. *Istituzione di Diritto Commerciale*. Vol. I. Fratelli Bocca: Firenze, 1873, p. 11-13.

notadamente no campo da *hermenêutica e da interpretação* do próprio direito em questão.

Por exemplo, qual princípio jurídico se aplica a uma determinada situação fática? Quais as premissas interpretativas de determinado dispositivo legal? Como preencher uma lacuna na lei? Todas essas e muitas outras questões são impactadas diretamente pela compreensão do direito empresarial como autônomo e unitário.

Como se verá abaixo, não parece haver maiores dúvidas acerca da autonomia do direito empresarial em relação a outras disciplinas jurídicas, em especial no que diz respeito ao direito civil, ramo do qual deriva — sem negar, no entanto, que há entre eles diversos pontos de contato e certa fluidez de contornos.

A querela em torno da autonomia da disciplina apareceu com maior força em dois períodos históricos específicos. Em uma primeira oportunidade, isso ocorreu no momento da sua sistematização tardia, no final do Século XIX. Nesse contexto, a afirmação de autonomia do direito empresarial em relação ao direito civil era questão crucial para a construção de uma principiologia e dogmática próprias.

Mais tarde, a discussão voltou à tona quando do questionamento acerca da unificação do direito privado na Itália em 1942, que veio a influenciar a preparação do Código Civil de 2002. Foi a vez, então, de se reafirmar a autonomia do direito empresarial diante da aparente ameaça de desprestígio decorrente da perda da morada formal própria.

Contemporaneamente, a controvérsia arrefeceu. Restam, evidentemente, os interesses acadêmico e didático na exploração do tema, os quais, longe de serem desprovidos de consequências práticas, justificam-se pelas naturais consequências da compreensão do direito empresarial como um sistema unitário e autônomo, marcado por princípios particulares e uma lógica própria de funcionamento — notadamente as implicações práticas no campo da *interpretação e da aplicação* do direito empresarial e a forma como essa disciplina dialoga com outras searas jurídicas.

5.2. Critérios

Normalmente, reconhece-se um ramo do direito como materialmente autônomo quando ele possui (*i*) objeto próprio, (*ii*) institutos diferentes dos pertencentes a outros ramos do direito, e quando (*iii*) é regido por princípios, regras, conceitos e uma lógica que lhe são peculiares.

A autonomia formal, por sua vez, diz respeito à regulação da matéria em um corpo legal apartado daquele existente para outras disciplinas.

Por fim, a autonomia didática diz respeito ao ensino da disciplina separadamente de outras nas escolas de direito.

Esses fatores representam um breve apanhado do que pontuam renomados juristas acerca do que seria determinante para a autonomia de uma disciplina jurídica[162].

É sabido que a questão é razoavelmente mais complexa do que isso e não se esgota nos critérios acima elencados, da mesma forma que se reconhece que os referidos critérios não são universalmente aceitos pela doutrina especializada. De qualquer forma, para fins de estabelecer as balizas iniciais de uma discussão em torno da autonomia do direito empresarial, parece que essas referências são suficientes.

5.3. *Sistematização tardia*

A matéria empresarial é animada por um espírito próprio e possui uma lógica de funcionamento diversa das demais disciplinas jurídicas. Trata-se de direito livre, espontâneo, vivo, inquieto[163], de viés revolucionário — no sentido de ser inovador, ousado, renovador.

Precisamente em razão disso, o seu estudo exige um trabalho de compreensão dos fenômenos empíricos que lhe são subjacentes e se materializam na sua experiência concreta. Ao aliar a captura da essência da disciplina com a transposição dessa mecânica para um sistema legal organizado, estabelecem-se fontes normativas próprias, alimentadas por uma lógica particular de funcionamento[164].

Esse processo foi moroso e historicamente picotado. Por exemplo, até o final do século XIX, a doutrina comercialista não havia cumprido adequadamente

[162] Sobre o tema, com excelente apanhado histórico (inclusive com as posições dos principais autores), ver: ESTRELLA. "Dualidade das obrigações no direito privado unificado...", p. 11-28; RUSSEL. *Curso de direito comercial* brasileiro..., p. 9-14; VAMPRÉ. *Tratado elementar de direito comercial*..., p. 47-48. Para estudo atualizado, ver: LEÃES. "A disciplina do direito de empresa no novo Código Civil Brasileiro..."; FORGIONI. *A evolução do direito comercial brasileiro*..., p. 104-109; MARCONDES. *Questões de direito mercantil*..., p. 4-6; VERÇOSA. *Curso de direito comercial*, v. 1..., p. 93 ss.

[163] MOSSA, Lorenzo. *Diritto commerciale*. Parte I. Milano: Giuffrè, 1937, p. 8-9.

[164] MOSSA. *Diritto commerciale*..., p. 9.

sua missão de sistematizar a matéria que lhe diz respeito, pelo menos com base em critérios minimamente científicos.

Coube a VIVANTE, após identificar a pobreza dogmática do direito comercial, que permanecia sempre "no meio do caminho entre o empirismo da prática e as doutrinas e estudos tradicionais do direito civil"[165], detalhar, organizar e precisar cientificamente os princípios, os conceitos e as características particulares desse ramo jurídico especial[166].

Como ressalta FERRARA, até nos estudos pioneiros do mestre italiano — a primeira edição do seu *Tratatto di Diritto Commercial* é de 1893 —, o direito comercial vivia escondido entre "o empirismo da prática e a rigidez dos dogmas do direito civil"[167].

Como veremos ao longo do presente estudo, de lá para cá, o desenvolvimento da matéria empresarial foi exponencial[168].

5.4. *Por que o direito empresarial é autônomo?*

O direito empresarial compõe o direito privado especial, contando com uma lógica e uma dinamicidade próprias, típicas das disciplinas unitárias e autônomas.

Sua autonomia decorre das seguintes características:

(i) **objeto próprio:** a *empresa* — tratando-se de um ramo do direito predisposto ao mercado, voltado para regular um tipo de atuação dinâmica, a *atividade empresarial*, e não uma relação estática e atos isolados, como é próprio do direito civil;

(ii) **institutos diferentes dos pertencentes a outros ramos do direito:** sociedades que oferecem limitação da responsabilidade aos sócios, títulos de crédito, institutos recuperatórios e concursais, bens

165 VIVANTE. *Tratado de derecho mercantil*..., p. 15.

166 FERRARA, Francesco. *Empresarios y sociedades*. Trad. Francisco Javier Osset. Madrid: Revista de Derecho Privado, 1949, p. 7-9; BULGARELLI. *A teoria jurídica da empresa*..., p. 26-27.

167 FERRARA. *Empresarios y sociedades*..., p. 7. Como resume BULGARELLI, "[...] os autores se limitavam, quando muito, a descrever suas instituições, sem tentar enquadrá-las nos princípios, ou se tentavam fazê-lo tão logo tropeçavam em alguma dificuldade atribuíam à peculiaridade do Direito Mercantil, terminando por dizer que se tratava de uma instituição *sui generis*". Cf. BULGARELLI. *A teoria jurídica da empresa*..., p. 26-27.

168 Para um apanhando histórico do direito comercial sob o prisma da doutrina italiana, especialmente da influência de Tullio Ascarelli, que tanto contribuiu para o desenvolvimento do direito comercial brasileiro, ver: LOPES, José Reinaldo de Lima; FRANÇA, Erasmo Valladão e Novaes; JUNIOR, Ruy Pereira Camilo; PESS, Ariel Engel (org.). *Nas trilhas de Ascarelli*. São Paulo: Quartier Latin, 2022.

da propriedade industrial — que, mesmo utilizados por agentes não empresariais, possuem sua origem e regulação jurídica dentro do âmbito do direito empresarial; e

(iii) **princípios, regras, conceitos e uma lógica que lhe são peculiares:** notadamente aquelas verificadas nas subáreas do direito empresarial, como os direitos societário, cambiário, industrial, concursal e assim por diante[169].

Esses fatores são determinantes para a autonomia do direito empresarial[170]. Além disso, essa autonomia impõe-se pela relevância da matéria que regula, a *empresa*, bem como pela autoridade dos seus princípios e institutos. São temas e questões atinentes ao próprio *modo de produção capitalista* e ao *funcionamento dos mercados.*

Nessa disciplina jurídica, a prática e o conhecimento empírico ganham destaque; direito e economia se entrelaçam[171]. O direito comercial, nesse contexto, instrumentaliza, sob o formato da técnica, a realidade do mundo dos negócios[172]. Trata-se de fenômeno que demanda uma regulação jurídica especial, um regramento que leve em conta a atividade do agente econômico voltada ao mercado, e não o ato isoladamente considerado[173].

Sendo uma disciplina intimamente ligada aos mercados, é essencial conhecer a origem e a funcionalidade das regras e dos institutos jurídico-empresariais[174], já que, nessa área do direito, talvez mais do que em qualquer outra, a mínima modificação legislativa pode alterar o próprio funcionamento da economia[175].

169 Nessa linha: FRANÇA. *Fundamentos do direito da empresa e da atividade negocial...*

170 Como bem refere FORGIONI: "O direito comercial tem fundamentos próprios, mesmo diante de um código obrigacional único. Há muito, Goldschmidt explicou que o que é uma qualidade no direito civil pode ser um defeito no direito comercial [como a formalidade, por exemplo]. No auge de sua experiência, Vivante afirmou que o espírito de classe e a lógica da especulação imprimem à atividade comercial um 'ímpeto de iniciativa' e uma 'refinação técnica' diversos do direito civil. O direito comercial obedece à lógica diversa do direito civil ou consumerista, o que influencia sua essência e, consequentemente, sua interpretação/aplicação". Cf. FORGIONI. *A evolução do direito comercial brasileiro.* 6 ed..., p. 83.

171 MACHADO, Brasílio. *Direito commercial.* São Paulo: Mignon, 1909, p. 214; SOUZA. *Prelecções de direito comercial...*, p. 51.

172 MOSSA, Lorenzo. "Scienza e metodi del diritto commerciale". *Rivista di Diritto Commerciale*, v. XXXIX, n. I, 1941, p. 126.

173 FRANÇA. *Fundamentos do direito da empresa e da atividade negocial...*

174 VIVANTE. *Trattato di diritto commerciale*, v. I..., p. IX-X.

175 "Mesmo que ao jurista não agrade o largo emprego da matemática de que se servem os economistas para modelarem os fenômenos por eles examinados; que à sua forma de pensamento oponham

Daí porque o direito empresarial será sempre, em relação ao direito civil, um direito autônomo e especial[176] — ainda que regulado dentro de um mesmo corpo legislativo. Trata-se de uma autonomia fundada não só em sua formação — que é empírica e de cunho eminentemente histórico[177] —, mas, sobretudo, pelo seu conteúdo legislativo, sua posição dentro do sistema jurídico privado, sua dinamicidade e íntima conexão com o funcionamento dos mercados[178].

5.5. *Expansão não leva à heteronomia*

O fato de que os instrumentos jurídicos empresariais são, hoje, utilizados, quase indistintamente, por empresários e não empresários, não muda o estado das coisas — na verdade, essa constatação contribui para a compreensão do estágio atual de interação dos fenômenos. Isso reforça sobremaneira que a inexistência de um código próprio para o direito empresarial não deprecia a sua autonomia, nem diminui sua relevância[179].

forte resistência; que há valores comportamentais e princípios éticos, fundamentais para os juristas, colocados, por vezes, em planos secundários na visão dos economistas – os quais, alega-se estão preocupados apenas com a eficiência na circulação da riqueza; tudo isto não justifica a separação extremada entre essas duas áreas do conhecimento. A maioria das críticas dirigidas à análise dos economistas na avaliação das normas jurídicas está fundada na rejeição aos critérios de eficiência por eles adotados, partindo-se da premissa de que as pessoas, ao decidir sobre suas condutas, nunca se utilizam de critérios próprios da relação custo-benefício, mesmo intuitivamente. Mas análise empírica dos comportamentos permite questionar tal premissa, uma vez que é comprovável o fato de que as pessoas agem estrategicamente. Mais ainda, que levam em conta as estratégias que as outras pessoas com as quais se relacionam adotarão; que pesam os efeitos decorrentes de suas ações e adotam uma ou outra conduta segundo lhes pareça não virão a ser punidas. Desta maneira, pode-se pensar a função promocional do direito, como fez Norberto Bobbio, juntamente com modelos econômicos, visando a compreender e valorar comportamentos individuais em face de instituições sociais. Bastaria pensar que o legislador parte desse conjunto de premiações e punições repetidas e consolidadas e, em processo de abstração crescente, define os elementos básicos que refletem o núcleo do costume, para poder, a partir daí, desenhar a norma positivada. Esta visão explica porque normas mais rentes às instituições sociais sofrem menor rejeição das pessoas, sendo sua aceitação mais fácil". Cf. SZTAJN, Rachel. A incompletude do contrato de sociedade. *Revista da Faculdade de Direito da Universidade de São Paulo*, v. 101, p. 283-302, jan./dez. 2004, p. 287-288.

176 CAMPOBASSO. *Diritto commerciale*, v. 1..., p. 2.

177 MOSSA. "Scienza e metodi del diritto commerciale...", p. 97-99; ASCARELLI. Antigona e Porcia..., p. 9-10; ASCARELLI. *Panorama do direito comercial*..., p. 27; ROCCO. *Principios de derecho mercantil*..., p. 73-74; BOLAFFIO. *Derecho mercantil*..., p. 28-29; SOUZA. *Prelecções de direito comercial*..., p. 43.

178 FERRI. *Manuale di diritto commerciale*..., p. 12.

179 "O direito das obrigações se comercializa, segundo a frase do insigne comercialista e isto a tal ponto que, quando (como sucedeu em alguns países, por exemplo, o Brasil) o código civil é posterior ao comercial, é no civil e não no comercial que se encontram aqueles princípios que se apontam ao invés como propriamente comercialísticos. O direito civil permanece o direito de família, das sucessões, dos direitos reais; os princípios comercialisticos se aplicam de fato a todo o mundo dos negócios, fora daqueles no âmbito da agricultura". Tradução livre de: ASCARELLI, Tullio. *Saggi di Diritto Commerciale*. Milano: Giuffrè, 1955, p. 14. No mesmo sentido: FERRER CORREIA. *Lições de direito comercial*..., p. 23.

Se hoje os institutos societários, contratuais, cambiários e de direito industrial são de uso mais ou menos geral — em função da já analisada "comercialização do direito civil" —, seu berço e certidão de nascimento são por todos conhecidos. É na história do direito comercial que se podem conhecer as circunstâncias que originaram esses mecanismos jurídicos de exploração da empresa. É na prática empresarial que se pode compreender seu funcionamento. É o direito comercial a sua morada natural[180].

Se agentes não empresariais se valem da tecnologia jurídica empresária (contratação entre ausentes, seguro, sociedades limitadas, notas promissórias, duplicatas, marcas, invenções, dentre outros), é porque do direito empresarial tomaram emprestado[181].

Nesse contexto, uma instituição (*empresa*) que define a própria civilização ocidental contemporânea — porque representa célula central da economia de mercado, unidade básica de produção e circulação de bens e serviços básica na economia[182] — demanda uma disciplina jurídica própria, que disponha sobre (*i*) a sua caracterização, (*ii*) o regime jurídico do seu titular, o empresário, e dos bens por ele utilizados (estabelecimento), (*iii*) a mobilização do crédito por ela utilizado, (*iv*) os mais variados aspectos de sua crise, entre outros temas sensíveis.

Em última análise, o protagonismo da empresa traz à tona uma série de questões que demandam solução jurídica adequada, dentro de uma disciplina que lhe seja própria.

5.6. *Dimensões da autonomia*

Parte da doutrina costuma examinar a autonomia do direito empresarial a partir de três dimensões. São elas as já referidas: (*i*) autonomia formal; (*ii*) autonomia material; e (*iii*) autonomia didática[183]. Embora esse método seja discutível, seguiremos sua estrutura para fins didáticos.

180 A compreensão jurídica-comercial do fenômeno da empresa e sua regulação pelo Código Civil Italiano (unificado) representaram a garantia de autonomia científica (material) e acadêmica (didática) do direito comercial. Cf. LIBERTINI. *Passato e presente del diritto commerciale*..., p. 23-25.

181 Para um aprofundamento, ver o Capítulo 2 que trata da Unificação do Direito Privado e do movimento de comercialização do Direito Civil.

182 COMPARATO. "A reforma da empresa...", p. 57; COMPARATO, Fabio Konder. "Estado, empresa e função social". *Revista dos Tribunais*, São Paulo, v. 732, a. 85, p. 38-46, out. 1996; ANTUNES. "Estrutura e responsabilidade da empresa...", p. 29.

183 No passado, havia uma quarta dimensão autonomia, a chamada "autonomia legislativa", que dizia respeito à fonte da qual emanava o direito. Historicamente, ela se fez presente na Idade Média,

5.6.1. Autonomia formal

Do ponto de vista formal, uma disciplina seria juridicamente autônoma quando regulada em um corpo legal apartado de outras.

Essa foi, por exemplo, a situação do direito comercial brasileiro até o ano de 2002, quando vigente o Código Comercial de 1850 (hoje revogado pelo Código Civil, exceto na parte de comércio marítimo).

Com a promulgação do Código Civil de 2002, regulando toda a parte geral do direito empresarial e a parte geral do direito societário, bem como alguns tipos societários, questionou-se se tal fato significaria a perda de autonomia do direito empresarial frente ao direito civil[184].

Essa discussão parece, em grande medida, desprovida de maior fundamento, pois a existência ou não de um diploma legal específico é questão de oportunidade e conveniência no plano da política legislativa[185].

Ora, a existência de um código albergando conjuntamente as matérias civil e comercial não retira a especificidade dos institutos de direito empresarial e em nada prejudica sua autonomia material[186]-[187], especialmente porque não se pode fundir objetos e áreas que são irredutíveis à fusão[188].

Mesmo no âmbito do direito privado, é claramente identificável um complexo orgânico de normas aplicáveis a uma determinada categoria de sujeitos (os empresários), ainda que essas normas também possam ser aplicáveis a sujeitos não empresários.

É verdade, porém, que a forma de examinar a disciplina jurídica empresarial e, especialmente, o modo de resolução de problemas interpretativos, hermenêuticos e de preenchimento de lacunas legislativas restaram alterados com a unificação parcial das obrigações em torno do Código Civil.

quando o direito comercial provinha de fontes diversas do direito civil (FRANÇA. *Fundamentos do direito da empresa e da atividade negocial...*).

184 No Capítulo 1, reservado ao estudo da história do direito empresarial, foi examinado, em item próprio, o movimento de unificação do direito privado (item 6.2).

185 BARRETO FILHO. "A dignidade do direito mercantil...".

186 ESTRELLA. "Dualidade das obrigações no direito privado unificado...", p. 18-19.

187 O fim do Código de Comércio e a unificação formal das fontes do direito privado não acarretou o fim do direito comercial como categoria autônoma do direito privado e como sistema normativo distinto do direito patrimonial comum e geral (direito civil). Porém, essa distinção não corresponde mais, como há pouco tempo, a sistemas segregados de normas, materializadas e códigos distintos e regidos por princípios diversos; há uma integração sistemática entre essas disciplinas, que se influenciam e se retroalimentam constantemente, mantendo próprias suas respectivas bases principiológicas e dogmáticas. Cf. GALGANO, Francesco. *Diritto privato.* 18 ed. Milano: Cedam, 2019, p. 51.

188 SUPINO. *Derecho mercantil...*, p. 14.

De qualquer forma, entende-se que a especialidade das normas, seu aspecto dinâmico-funcional-instrumental e a lógica própria de funcionamento do direito comercial são premissas que devem ser sempre consideradas para a boa interpretação das regras jurídicas empresariais pelo profissional e aplicador do direito[189].

Vale lembrar que há, ainda, todo um corpo legislativo esparso, formado por diversas leis especiais, a regular especificamente cada matéria de direito empresarial, embora seus institutos possam, em alguma medida, ser aproveitados por não empresários. É o caso do Estatuto da Microempresa e da Empresa de Pequeno Porte (LC 123/06), do Código da Propriedade Industrial (Lei 9.279/96), da Lei das Duplicatas (Lei 5.474/68), da Lei do Cheque (Lei 7.359/85) e assim por diante. Esse fenômeno já foi considerado alhures como uma espécie de "comercialização do direito privado"[190].

No mesmo sentido, seguem sendo leis formais e específicas para empresários a Lei das S.A. (Lei 6.404/76) e a Lei de Recuperação de Empresas e Falência (Lei 11.101/05), embora esta última venha sendo utilizada, cada vez mais, por força jurisprudencial, por sujeitos não empresários.

Fato é que, mesmo com toda essa fluidez de limites e contornos, permanece existindo um direito privado especial da empresa, dentro e fora dos códigos, no qual se identifica o moderno direito comercial[191] — ainda que a independência formal não seja mais tão clara como foi anteriormente.

5.6.2. Autonomia material

A unificação parcial do direito privado — com a inserção das normas comerciais dentro do Código Civil — encerrou a discussão acerca da autonomia formal do direito comercial. Em contrapartida, a autonomia material da matéria comercial permanece presente, e com cada vez mais destaque, materializada na particularidade do fenômeno regulado pela lei, que se traduz, inevitavelmente, na especialização e na diferenciação da sua disciplina jurídica[192].

Materialmente, os institutos e as regras de direito empresarial possuem valores e princípios particulares[193], que só podem ser compreendidos se levadas

[189] FERRI. *Manuale di diritto commerciale...*, p. 11-12.
[190] BUNOCORE. *Le nuove frontiere del diritto commerciale...*, p. 20-21, 49.
[191] CAMPOBASSO. *Diritto Commerciale*, v. 1..., p. 13.
[192] FERRI. *Manuale di diritto commerciale...*, p. 11.
[193] ROCCO. *Principios de derecho mercantil...*, p. 74. No mesmo sentido: GARRIGUES. *Curso de derecho mercantil...*, p. 31 ss.

em consideração uma dinâmica e uma racionalidade próprias embasadas numa disciplina jurídica voltada à tutela do mercado[194]. Não se trata de uma diferença de estrutura, nem de uma diferença do destinatário da norma, mas de uma diferença de posição do fenômeno jurídico, cuja relevância para o direito está na diversidade e na dinamicidade dos fenômenos jurídico-econômicos regulados[195].

A maior preocupação do direito empresarial é com o funcionamento do mercado. Veja-se, nesse sentido, os princípios cambiários da *cartularidade*, da *literalidade*, da *autonomia* e da *abstração*. Na mesma linha, os princípios concursais da *preservação da empresa*, *retirada da empresa inviável do mercado* e da *liberação do falido*, e os princípios societários da *limitação da responsabilidade dos sócios*, da *livre circulação das ações* e da *tipicidade dos tipos de sociedade*.

São todos princípios intrinsicamente ligados ao funcionamento dos mercados e à preservação dos interesses dos diversos agentes afetados pela atividade empresarial. Protegem o empresário na medida em que criam um ambiente institucional adequado, seguro e previsível para a realização dos negócios. Carregam consigo valores que transcendem a figura do próprio empresário e que só podem ser compreendidos dentro da lógica empresarial[196].

5.6.3. Autonomia didática

Do ponto de vista didático, a autonomia é ainda mais clara[197]. Tradicionalmente, considera-se uma exigência lógica o ensino do direito empresarial

194 FORGIONI. *A evolução do direito comercial brasileiro...*, p. 19.

195 FERRI. *Manuale di diritto commerciale...*, p. 11-12.

196 "O espírito mercantil imprime marca tão característica a um sempre crescente número de relações de conteúdo econômico, que estas se tornam inconfundíveis. Por seu turno, a prática contratual comercial engendra as mais diferentes e sofisticadas figuras típicas e atípicas, para as quais o direito objetivo comum não oferece adequada solução. Associados, espírito mercantil e prática contratual geram extensa gama de atos e contratos, com feição e cunho especialíssimos". Cf. ESTRELLA. "Dualidade das obrigações no direito privado unificado...", p. 14-15.

197 Os primeiros estudos específicos de direito comercial remontam aos comentadores medievais do século XIV, especialmente BARTOLO e BALDO. A fama de BARTOLO era tamanha que, no caso de divergência entre os intérpretes da lei, a aplicação da sua visão era obrigatória aos juízes. Essa orientação foi adotada pelas Ordenações Filipinas de 1603 ("na ausência de lei romana ou canônica ou da glosa de Accursio, veja-se a opinião de BARTOLO, porque sua opinião é comumente conforme a razão") e, por conseguinte, teve vigência no Brasil. Sobre a relevância de BARTOLO e BALDO para o desenvolvimento da matéria jurídica na Idade Média, sendo o primeiro, inclusive, equiparado a personalidades ilustres do período como DANTE, GIOTTO e CATARINA DE SIENA, ver: CALASSO, Francesco. *Medio evo del diritto*. Milano: Giuffrè, 1954, p. 572 ss.

separadamente do direito civil[198]. Por isso, as escolas de direito mantêm disciplinas próprias para o direito empresarial em seus currículos[199].

No Brasil, a autonomia didática de tal ramo da ciência jurídica teve início em 1827, quando foi determinado que se lecionasse no 4º ano dos cursos jurídicos de São Paulo e de Olinda a cadeira de direito mercantil e direito marítimo separadamente da disciplina de direito civil[200].

Atualmente, a matéria mantém-se academicamente autônoma, ganhando cada vez mais importância em razão da maior complexidade que vêm ganhando os fenômenos econômicos que regula[201].

6. Fluidez dos contornos

O *sfumato* é a técnica de pintar sem linhas ou traços fronteiriços definidos, de modo que as formas se definem por variações de tons na passagem da luz para a sombra, sem despertar demasiada atenção do observador. Essa técnica artística, associada à Leonardo da Vinci, tem seu nome relacionado ao termo italiano "*sfumare*", cujo significado remete à ideia daquilo que "evapora como fumaça".

Em nosso sentir, a questão envolvendo os contornos do direito empresarial lembra, de certa forma, a técnica do *sfumato*, dada a fluidez e a imprecisão de

198 ESTRELLA. *Curso de direto comercial*..., p. 36.

199 Sustenta-se que, no século XVI, o direito comercial adquiriu autonomia científica com a obra de Benvenuto Stracca. A partir do século XVII, tais estudos tornaram-se mais difusos, com destaque para Scaccia (1620), Rocco, de Turris (1641), de Luca (1683), Casageris (1719) (ASCARELLI. *Istituzioni di diritto commerciale*..., p. 9). Sobre o tema, com indicação de autores e obras precursoras em matéria comercial, ver: SUPINO. *Derecho mercantil*..., p. 29-31; VIVANTE. *Trattato di diritto commerciale*..., p. 38-42. Entre nós, indicações sobre a bibliografia clássica de direito comercial podem ser encontradas em: RUSSEL. *Curso de direito comercial brasileiro*..., p. 30-34; CARVALHO DE MENDONÇA. *Tratado de direito comercial brasileiro*, v. I, t. I...; FERREIRA. *Tratado de direito comercial*, v. 1..., p. 58; CAVALLI. *Direito comercial*..., p. 20 ss; LEME, Ernesto. Os mestres de direito comercial na Faculdade de Direito de São Paulo. *Revista Da Faculdade De Direito De São Paulo*, v. 72 n. 1, p. 15-30, 1977. Esse interessantíssimo estudo de Leme traz uma referência completa dos professores da matéria na Universidade de São Paulo, concluindo que: a história do Direito Comercial no Brasil se divide em três fases distintas: a de José da Silva Lisboa, o Visconde de Cairu (1756--1835); a de José Xavier Carvalho de Mendonça (1861- 1930); e a de Waldemar Martins Ferreira (1885-1964).

200 BORGES. *Curso de direito comercial terrestre*..., p. 76.

201 Em 1944, o programa do curso de Bacharelado de Direito Comercial da Universidade de São Paulo indicava a disciplina de "Direito Comercial, sob a regência de Waldemar Martins Ferreira, como matéria obrigatória do segundo ano letivo. A disciplina era formada por 3 (três) títulos. O Título I, que mais interessa ao presente estudo, era formado por 4 (quatro) capítulos: (I) a formação histórica e o conceito de direito comercial; (II) os característicos, a autonomia e as divisões do direito comercial; (III) o conteúdo do direito comercial; (IV) as fontes, a interpretação e o método do direito comercial. Cf. Programas do Curso de Bacharelado. Ano letivo de 1944. São Paulo: Revista dos Tribunais, 1944, p. 78-83.

seus contornos. Em outras palavras, as fronteiras entre o direito empresarial e o direito civil, bem como entre aquele e outras disciplinas jurídicas, sempre foram — e vêm se tornando cada vez mais — indeterminadas; e, por conseguinte, seus contornos se tornam cada vez mais sutis e menos visíveis com o passar tempo[202].

Essa tendência acompanha a evolução do direito comercial e sua relação com outros ramos jurídicos[203]. Por exemplo, os agentes econômicos não empresários também podem se valer de institutos regulados no bojo do direito empresarial — isso ocorre com o direito das sociedades, com os títulos de crédito e com a propriedade industrial —, assim como o empresário, no exercício da sua atividade, trava relações que determinam a incidência de outras disciplinas jurídicas, como é o caso do direito do consumidor e do direito do trabalho.

A própria divisão do direito privado em direito civil e direito empresarial por vezes se embaralha[204]. A crescente importância das atividades econômicas intelectuais (por definição legal, *atividades não empresárias* — parágrafo único do art. 966 do CC), o caráter dúplice da atividade rural (CC, arts. 971 e 984) e a utilização de institutos tipicamente mercantis indistintamente por empresários e não empresários escancaram a fluidez e o caráter fugidio dos confins entre as matérias, bem como a fragilidade das classificações.

Fato é que a unificação parcial do direito privado no bojo do Código Civil de 2002 contribui ainda mais para que as linhas de fronteira entre direito civil e direito empresarial se esvanecessem[205], como as águas de uma corrente que já se misturam com as de outra em certo trecho de um rio, sem permitir a identificação da sua nascente[206].

Entre nós, os principais baluartes da dicotomia entre direito civil e empresarial seguem sendo — muito mais por razões históricas do que por causas ontológicas:

(i) **a restrição de acesso a certas atividades de caráter civil** (as chamadas "profissões regulamentadas", *v.g.*, advocacia, contabilidade, medicina, arquitetura, as quais demandam formação superior, sujeição a regramentos deontológicos, inscrição em órgão de classe e, por

[202] Também nessa linha: ESTRELLA. *Direito Comercial* (estudos)..., p. 121-122.
[203] VIVANTE, Cesare. *Instituciones de derecho comercial*. Trad. Ruggero Mazzi. Madrid: Reus, 1928, p. 3-4.
[204] GALGANO. *Il diritto commerciale in 25 lezioni*..., p. 4.
[205] ESTRELLA. *Direito Comercial* (estudos)..., p. 116.
[206] MAXIMILIANO. *Hermenêutica e aplicação do direito*..., p. 316.

vezes, exame de ingresso nas carreiras), o que não se verifica no direito empresarial, seara onde o acesso às atividades econômicas é livre (isto é, qualquer pessoa, mediante simples inscrição, pode explorar o comércio, a indústria e os serviços não intelectuais);

(ii) a existência de um **registro próprio** para os empresários;

(iii) a persistente, porém, cada vez mais vulnerável, **impermeabilidade do direito falimentar**[207].

Se, por um lado, a autonomia substancial do direito empresarial muito se explica pela *índole econômica* dos empresários — o que justificaria uma disciplina jurídica que leva em conta esse especial modo de agir —, por outro, esse argumento perde força ao se verificar que inúmeras atividades com escopo lucrativo são exploradas profissionalmente no âmbito do direito civil (advocacia, medicina, contabilidade, atividade rural, e daí por diante). Por essa razão, o elemento da "economicidade" não ampara sozinho a dicotomia *"direito civil versus direito empresarial"*.

A própria *organização dos fatores de produção* (capital, trabalho, tecnologia e natureza), elemento que já se pretendeu como definidor da atividade empresarial, parece ser cada vez questionado como fator delimitador da figura do empresário pela constatação de que, por exemplo, as sociedades de advogados, as de auditoria e cooperativas (por definição legal, entidades não empresárias) organizam-se cada vez mais em torno de complexas estruturas, congregando centenas e até milhares de profissionais.

O mesmo pode ser dito de associações e fundações que, embora sem escopo lucrativo, cada vez mais se parecem, na essência e no funcionamento, com empresas — vide inúmeros exemplos de entidades que atuam na área hospitalar, de ensino e até do desporto, entre outras, e que se organizam na forma de associação ou de fundação.

Além disso, algumas atividades empresariais podem ser exploradas sem a combinação de todos os fatores de produção, como é o caso de muitos microempreendedores individuais (MEI) ou de negócios completamente automatizados, que podem prescindir do trabalho alheio.

[207] Claro, essas são *consequências* da caracterização como empresário (registro próprio e sujeição à Lei de Recuperação de Empresas e Falência), não *causas* ou fatores para a classificação de um sujeito como tal.

Nessa linha, a união dos agentes econômicos (pessoas que exploram atividade profissionalmente e com escopo lucrativo) em torno de uma disciplina jurídica da atividade negocial (*direito dos negócios*), submetendo-se todos a um sistema registral unificado e ao direito concursal (recuperação e falência), parece fazer muito mais sentido — essa unificação parcial era, inclusive, a vontade originária da comissão de juristas que elaborou o anteprojeto do Código Civil.

Quanto à unificação do sistema registral, não parece ser tarefa ou providência de maior envergadura, eis que essencialmente administrativa. Por outro lado, evidente que a universalização — ou, ao menos, uma maior amplitude — do direito concursal demandaria seu aparelhamento com regimes diferenciados para distintos tipos e portes de destinatários. O profissional liberal falido, por exemplo, não poderia ficar tolhido de exercer a profissão para a qual está habilitado por ocasião da sua quebra. Da mesma forma, regimes de reestruturação simplificados, menos custosos e eficientes para pequenos negócios, seriam ainda mais necessários.

De mais a mais, colocar todos os agentes econômicos sob uma mesma disciplina jurídica — "direito dos negócios" ou "direito negocial" — atende ao imperativo de se regular igualmente aqueles que exercem, em essência, uma atividade voltada para o mercado e cujo propósito é o mesmo: o lucro (ainda que a exploração de certas profissões intelectuais — por exemplo, medicina, odontologia e advocacia — possa continuar demandando a observância dos respectivos regramentos profissionais).

Um olhar atento para as tendências do direito comparado não apenas contribui para o estudo do tema, mas também indica os caminhos que têm sido trilhados em outras jurisdições. Por exemplo, um sistema concursal unificado — que possa abarcar inclusive aqueles que não exploram atividade econômica — aproximaria o Brasil dos direitos da insolvência vigentes nos Estados Unidos e no bloco europeu[208].

Vale lembrar, nesse particular, a amplitude do *Bankruptcy Code*, com regimes de reestruturação e de liquidação destinados a empreendedores, consumidores assalariados, produtores rurais e municipalidades, bem com a Diretiva

[208] Diante desse cenário, salta aos olhos a oportunidade perdida pelo legislador brasileiro, dado que a Lei 14.112/20, mesmo tendo reformado amplamente o sistema recuperatório e falimentar brasileiro, não alargou o rol de destinatários da Lei 11.101/05. O preço da omissão legislativa fica cada vez evidente: pululam casos de associações, cooperativas, fundações e até empresas públicas ajuizando ações de recuperação judicial, vários deles com deferimento deferido e confirmado pelos Tribunais.

(EU) 2019/1023, que dispõe expressamente sobre a possibilidade de os países membros alargarem a legitimidade para os processos ali referidos a fim de abarcar não empresários.

Essa visão expansiva do direito empresarial não nega sua autonomia material como ramo jurídico; tampouco põe em xeque o fato de que as relações jurídicas decorrentes da atividade do empresário possuem uma racionalidade e uma dinâmica que lhes são próprias — em função da onerosidade presumida de seus atos, por exemplo.

Um contrato celebrado entre empresários continua demandando um esforço interpretativo diverso daquele realizado entre não empresários[209]. Institutos que não lhes dizem respeito, como a lesão (CC, art. 157), seguem não sendo aplicados ao empresário.

Mas é inegável que, cada vez mais, os contratos travados entre agentes econômicos do direito civil ou entre um deles e um agente econômico empresarial tendem a ser lidos e interpretados da mesma forma (sem negar a necessidade de se atentar para especificidades), pois o propósito de todos (empresários ou não) é, como regra, egoístico: a maximização dos ganhos[210].

Afinal, o direito contemporâneo não comporta mais a tentativa de encapsular as matérias civil e comercial em compartimentos jurídicos isolados (com premissas e principiologias estanques)[211]. Em razão disso, parece mais adequado atrair para uma disciplina jurídica unitária todas as atividades econômicas, empresariais ou não.

Como já referido, também parece não se justificar a existência de um duplo registro para os agentes econômicos: (*i*) Registo de Empresas, a cargo das Juntas Comerciais, para empresários; e (*ii*) Registro Civil de Pessoas Jurídicas para sociedades não empresárias[212]. Vale lembrar que, por razões de ordem técnica e prática, as próprias sociedades cooperativas (por força de lei, entidades não empresárias) são registradas nas Juntas Comerciais, sem que isso cause qualquer embaraço.

Muito pelo contrário, os Registros de Empresas, em que pese a necessidade de aprimoramento, apresentam-se mais preparados para lidar, por exemplo, com o registro de pessoas jurídicas. Desse modo, parece desejável que as Juntas

209 FORGIONI. *Contratos empresariais...*

210 Interpretação diversa se aplica mais propriamente diante dos chamados "contratos existenciais".

211 ASCARELLI. *Istituzioni di diritto commerciale...*, p. 4.

212 Para advogados, o registro das sociedades é perante a Ordem dos Advogados do Brasil.

Comerciais absorvam os serviços hoje prestados pelos cartórios civis de pessoas jurídicas, sem prejuízo de se manterem os órgãos de classe (Ordem dos Advogados, Conselho de Medicina, e assim por diante) para o registro individual dos profissionais que exercem profissões regulamentadas, em razão das especificidades deontológicas de cada uma delas.

Em síntese, o agrupamento dos agentes econômicos em torno de uma disciplina jurídica unitária traria maior coesão e lógica ao sistema empresarial, atendendo, como referido, ao imperativo de se regular igualmente aqueles que exercem, em essência, uma atividade cujo propósito é o mesmo: o lucro. Além de alinhada com a prática internacional, essa agenda contribuiria, no mínimo, para a sistematização da disciplina — uma iniciativa mais proveitosa do que a maioria dos projetos de lei que tratam da matéria empresarial atualmente em tramitação no Congresso.

7. Fontes

O Direito consiste em um conjunto de normas, ou regras de conduta, que regulam boa parte das ações do homem, do seu nascimento até a sua morte[213]. Essas normas provêm de "algum lugar", que se convencionou chamar de "fontes do direito".

O tópico das fontes do direito é razoavelmente intrincado, não havendo, na doutrina, unanimidade quanto aos conceitos e às classificações[214]. Ainda assim, é tema da mais alta relevância, merecendo um olhar atento por parte dos estudiosos que pretendem a adequada compreensão de um sistema[215].

Isso porque os ordenamentos jurídicos são complexos[216]; caracterizam-se pela ordenação e unidade sistêmica[217], sem prejuízo de se reconhecer uma multiplicidade de fontes — isto é, uma pluralidade de canais de onde afluem

[213] BOBBIO, Norberto. *Teoria da norma jurídica*. 2 ed. Bauru: EDIPRO, 2003, p. 23-24.

[214] Para uma visão contemporânea e crítica sobre o tema, com viés voltado para o direito constitucional, ver: CALLEJÓN, Francisco Balahuer. *Fuentes del derecho*. Madrid: CEPC, 2022.

[215] "O conhecimento científico e prático das fontes do direito comercial é indispensável tanto ao advogado quanto ao magistrado. Se este quanto ao fato está atado *juxta allegata et probata*, deve saber a norma de direito relativa à controvérsia (*curia novit jus*). Na sentença ele tem por obrigação declarar [...] a lei, uso ou estilo em que se fundar. Se desconhece as fontes, se as viola por ignorância, falta à religião do seu sacerdócio". Cf. CARVALHO DE MENDONÇA. *Tratado de direito comercial brasileiro*, v. I, t. I..., p. 121.

[216] BOBBIO, Norberto. *Teoria do ordenamento jurídico*. 10 ed. Brasília: Editora UnB, 1997, p. 37.

[217] CANARIS, Claus-Wilhelm. *Pensamento sistemático e conceito de sistema na ciência do direito*. 4 ed. Lisboa: Fundação Calouste Gulbenkian, 2008, p. 12 ss.

seus elementos atômicos (as normas)[218]. Isso decorre da reconhecida incapacidade de um único poder de suprir toda a necessidade de regras de conduta[219].

É verdade, também, que existe uma longa e profunda discussão acadêmica acerca das fontes do direito comercial[220]. Em certa medida, essa disciplina, essencialmente formada no pluralismo jurídico medieval e na elasticidade das fontes, representou uma seara de resistência ao primado único e exclusivo da lei como fonte máxima do direito — até porque, em determinado período histórico, o comércio e suas práticas foram tratados como uma verdadeira necessidade do homem civilizado[221].

O debate acerca das fontes do direito comercial é extenso e extrapola os contornos introdutórios deste trabalho[222]. Para os fins aqui pretendidos, a expressão "fonte do direito" aponta, ao mesmo tempo:

(i) **para o processo de formação das normas jurídicas** de um determinado ordenamento[223] (*v.g.*, *processo legislativo*), as quais pressupõem uma determinada estrutura de poder que as legitime e que garanta sua produção, promulgação, vigência e eficácia[224], bem como

218 BOBBIO. *Teoria do ordenamento jurídico...*, p. 37.

219 BOBBIO. *Teoria do ordenamento jurídico...*, p. 38 e 40-41.

220 O Código Comercial Italiano de 1882, por exemplo, ao elencar as fontes do direito, inseriu as leis civis depois dos usos comerciais. Além disso, a doutrina comercial clássica (dentre eles, VIDARI, VIVANTE e ASQUINI) tratavam da "natureza das coisas" como uma das fontes do direito comercial. Na mesma linha, MOSSA foi um dos autores italianos a defender a existência de um sistema próprio de fontes do direito comercial. ROCCO superou o problema das fontes a partir uma visão monopolista do estado na sua definição e produção do direito. Mais recentemente, GALGANO (GALGANO. *Lex mercatoria...*,) também dá destaque ao papel da *nuova lex mercatória* na formação da disciplina comercial. Em nosso sentir, a posição sustentada por FERRI parece ser a mais adequada e ainda bastante atual: o direito comercial é autônomo didática e cientificamente no âmbito de um sistema fundado nas mesmas fontes do direito civil, tendo como base princípios próprios dentro de um mesmo código civilista. Sobre o tema, ver: LIBERTINI. *Passato e presente del diritto commerciale...*, p. 6-15, 133-159, 346.

221 CESARINI, Emidio. *Principii della giurisprudenza commerciale*. 2ª ed. Macerata: Roma, 1840, p. 1.

222 Para aprofundamento sobre o tema, ver: VIDARI, Ercole. *Rapporti del diritto commerciale colla pubblica economia e col diritto civile*. Archivio Giuridico, p. 97-132, 1870; ASQUINI, Alberto. *La natura dei fatti come fonte di diritto*. Archivio Giuridico, v. 86, no. fasc. 2, p. 129–147, 1921; MOSSA, Lorenzo. Scienza e metodi del diritto commerciale. *Rivista di Diritto Commerciale*, v. XXXIX, n. I, p. 97-126, 1941; AULETTA, Giuseppe *et all*. *1882-1982*. Cento anni del codice del comercio. 54 Quaderni di giurisprudenza commerciali. Milano: Giuffrè, 1984; LIBONATI, Berardino. *La categoria del diritto commerciale*. *Rivista delle Società*, v. 47, n. 1, p. 1-26, 2002.

223 NAVARRINI. *Trattato elementare di diritto commerciale...*, p. 25.

224 REALE, Miguel. *Fontes e modelos do direito*. São Paulo: Saraiva, 2002, p. 11, 54-56.

(ii) **para os meios em si dos quais se vale o direito objetivo para se manifestar exteriormente** (formas pelas quais as normas jurídicas se exteriorizam, de que é exemplo a *legislação*)[225].

A identificação das estruturas e dos meios dos quais proveem os modelos de conduta que regem as relações jurídicas entre pessoas[226] — e, portanto, que disciplinarão suas questões[227] — é de crucial importância para a compreensão do ordenamento jurídico[228].

7.1. Classificação

As fontes do direito podem ser classificadas como diretas (*próprias*) e indiretas (*impróprias*). Entende-se que são fontes propriamente ditas do direito empresarial no ordenamento jurídico brasileiro: (*i*) a legislação (em sentido amplo), (*ii*) os usos e costumes; (*iii*) os princípios gerais de direito; e (*iv*) a autonomia privada[229]. Por meio dessas fontes, o direito comercial exterioriza-se[230].

Por outro lado, jurisprudência e doutrina são fontes indiretas ou impróprias na medida em que interpretam e aplicam o direito vigente, embora este não provenha diretamente daquelas[231].

Em apertada síntese, a doutrina consiste no conjunto de ensinamentos dos jurisconsultos sobre determinada temática, possuindo autoridade científica e poder de influir na interpretação do direito vigente, mas possui não força

[225] URIA. *Derecho mercantil*..., p. 5.

[226] REALE. *Fontes e modelos do direito*..., p. 11.

[227] VIDARI. *Corso de diritto commerciale*..., p. 73; URIA. *Derecho mercantil*..., p. 15.

[228] LIBERTINI. *Passato e presente del diritto commerciale*..., p. 137.

[229] REALE. *Fontes e modelos do direito*..., p. 12.

[230] REALE, Miguel. *Lições preliminares de direito*. 27 ed. São Paulo: Saraiva, 2006, p. 139-141. Sobre o tema, ver: FERRAZ JR., Tércio Sampaio. *Introdução ao estudo do direito*. 6 ed. São Paulo: Atlas, 2010, p. 190 ss.

[231] Como referido, autores divergem quanto aos conceitos e classificações no que diz respeito às fontes do direito. No âmbito nacional, os autores clássicos do direito comercial brasileiro do século XIX e início do século XX classificam as fontes da matéria em primárias/diretas ou subsidiárias/indiretas. Entre as primeiras, estariam o Código Comercial e as leis esparsas sobre a matéria; entre as segundas, as leis civis e os usos e costumes. Carvalho de Mendonça acrescenta entre as primeiras a jurisprudência. Vampré, por sua vez, acomoda os princípios gerais em um grupo denominado de fontes complementares, assim como o faz com a jurisprudência dos tribunais, a legislação dos povos cultos, entre outras. Cf. CARVALHO DE MENDONÇA. *Tratado de direito comercial brasileiro*, v. I, t. I..., p. 122 ss; SOUZA. *Prelecções de direito comercial*..., p. 56-57; VAMPRÉ. *Tratado elementar de direito comercial*..., p. 52 ss; MAGALHÃES. *Curso de direito comercial*..., p. 144 ss; RUSSEL,. *Curso de direito comercial brasileiro*..., p. 23. Para referência no direito italiano, ver estudo de: LIBERTINI. *Passato e presente del diritto commerciale*....

obrigatória[232]. Exatamente em razão dessa última característica, não é usualmente considerada fonte direta do direito.

Quer dizer, a doutrina não se impõe senão por suas próprias qualidades. Mesmo não sendo fonte do direito, não deixa de ser uma de suas molas propulsoras, agente de vanguarda e força racional do ordenamento jurídico, com destacada função de esclarecer a significação e o alcance das normas legais[233], bem como de assegurar a contínua atualização e operabilidade do sistema[234].

A jurisprudência, por sua vez, entendida como um conjunto de decisões acerca de um dado tema, aponta o sentido da aplicação do direito no caso concreto. Além de aplicar o direito, consiste em importante fonte de interpretação, dita interpretação autêntica[235], dado que a tarefa jurisprudencial consiste, justamente, em decifrar norma à luz do caso concreto[236]. Assim, embora possa não ser considerada fonte direta do direito, não se pode negar-lhe a condição de fonte mediata.

Além disso, dada a natural incompletude e a necessidade de aperfeiçoamento da ordem jurídica posta[237], que é dinâmica e não estática[238], não se pode desconsiderar o papel tanto da doutrina quanto da jurisprudência como agente renovador do sistema jurídico.

7.2. Legislação

A lei estatal, seja ela civil ou mercantil, resultante do processo legislativo, é a principal fonte de direito nos países de tradição romano-germânica[239] (*Civil Law*), segundo a tradicional classificação dos sistemas jurídicos.

232 Sobre o tema, ver: MARTINS-COSTA, Judith. *Modelos de direito privado.* São Paulo: Marcial Pons, 2014, p. 9-40.

233 REALE. *Fontes e modelos do direito...*, p. 11-12; REALE, Miguel. *Teoria tridimensional do direito.* 5 ed. São Paulo: Saraiva, 2003, p. 108; FERRAZ JR. *Introdução ao estudo do direito.* 6 ed..., p. 246-247; REALE. *Lições preliminares de direito.* 24 ed..., p. 139-175-178; GUSMÃO, Paulo Dourado de. *Introdução ao estudo do direito.* 24 ed. Rio de Janeiro: Forense, 1999, p. 127-130.

234 REALE. *Teoria tridimensional do direito...*, p. 114.

235 GRAU, Eros. *Ensaio e discurso sobre a interpretação/aplicação do direito.* 5 ed. São Paulo: Malheiros, 2009, p. 277.

236 MOSSA. "Historia del Derecho mercantil en los siglos XIX e XX...", p. 154.

237 CANARIS. *Pensamento sistemático e conceito de sistema na ciência do direito...*, p. 106-109.

238 REALE. *Teoria tridimensional do direito...*, p. 108.

239 MAGALHÃES. *Curso de direito comercial...*, p. 144-145; BROSETA PONT; SANS. *Manual de Derecho mercantil...*, p. 70; URIA. *Derecho mercantil...*, p. 15.

Essa prevalência se dá inclusive em matéria comercial[240], mesmo que algumas jurisdições tenham mantido, durante muito tempo, sistemas de fontes nos quais os usos e costumes assumiam papel relevante em detrimento da legislação civil, por exemplo[241].

7.2.1. Constituição Federal

O Brasil é filiado à tradição romano-germânico (*Civil Law*). Trata-se, portanto, de um país em que a legislação ocupa um papel central como fonte do direito, inclusive com relação ao direito comercial.

Nesse contexto, a Constituição Federal está no topo da pirâmide normativa quando se trata de hierarquização das normas, pois é a partir dela que as normas inferiores retiram seu fundamento de validade[242].

Se, do ponto de vista dogmático, é possível discutir se a constituição possui normas de direito empresarial propriamente dito, do ponto de vista pragmático, é inegável a relação dos princípios da atividade econômica (arts. 170 e seguintes) com a disciplina jurídica empresarial, como veremos no Capítulo 5.

Essa ligação se dá em razão de um ou mais dos seguintes fatores: (*i*) porque os referidos princípios constituem a base institucional/econômica, pressuposto da existência da própria atividade empresarial; (*ii*) porque podem ser considerados direitos fundamentais econômicos, verdadeiras garantias dos empreendedores contra o Estado[243]; ou (*iii*) porque fundamentam e subjazem o tecido normativo de um sistema ou subsistema de direito empresarial. Entre

[240] Como refere Ascarelli: "Fonte de direito é a lei. O costume constitui fonte de direito apenas quando é invocado pela lei e dentro dos limites em que o invoca" (ASCARELLI, Tullio. *Derecho mercantil*. Trad. Felipe de J. Tena. México: Porrua, 1940, p. 28).

[241] VICENTE Y GELLA. *Introducción al derecho mercantil comparado...*, p. 23-25; BOLAFFIO. *Il Codice di Commercio Commentato...*, p. 6. Note-se, por exemplo, que, na visão de FERRER CORREIA, no âmbito do direito português: "As normas de direito civil aplicam-se, é certo, em matéria comercial, sem contudo se converterem em direito comercial. O direito civil não é fonte de direito comercial, mas simples elemento de integração do regime das relações comerciais. [...] A norma legal pode, em vez de ela própria estabelecer o regime de certa relação, indicar os elementos a que há de recorrer-se para, com base neles, o determinar. O uso e costume bem integrar o conteúdo do preceito da lei. A lei não manda obedecer ao uso e costume como direito, mas o uso e costume só se torna vinculativo porque incorporado e depois de incorporado por um preceito legal. O fenômeno que se observa aqui não é de recepção formal, senão material: o costume comporta-se, não como direito, mas como matéria de direito. [...] Fonte do direito comercial português é apenas, por conseguinte, a própria lei comercial: o Código Comercial e a legislação mercantil avulsa". Cf. FERRER CORREIA. *Lições de direito comercial...*, p. 48.

[242] A essência dessa construção está em: KELSEN, Hans. *Teoria pura do direito*. Trad. João Baptista Machado. São Paulo: Martins Fontes, 1998.

[243] MOREIRA, Vital. *A ordem jurídica do capitalismo*. 4 ed. Lisboa: Editorial Caminho, 1987, p. 112-113.

eles estão (*i*) o princípio da livre iniciativa (CF, arts. 1º, IV e parágrafo único, e 170) e (*ii*) o princípio da livre concorrência (CF, art. 170, IV).

7.2.2. Leis complementares e ordinárias

Abaixo da Constituição, tem-se a legislação complementar e ordinária, cada uma exercendo seu papel dentro do sistema[244].

Entre as leis de direito empresarial, destaca-se o Código Civil (arts. 966 a 1.195), eixo normativo do sistema privado, peça legislativa que define a figura do empresário e determina, assim, *a quem se aplica* o direito empresarial — daí o seu papel central.

A) LEGISLAÇÃO REGISTRAL

Considerando que o direito empresarial brasileiro exige que todo empresário obtenha o registro antes de iniciar regularmente a sua atividade (CC, art. 967), são de grande relevância as disposições da Lei 8.934 de 1994 (Lei do Registro de Empresas). Essa peça legislativa trata dos atos sujeitos a registro e disciplina todo sistema registral.

Complementa-a o Decreto 1.800 de 1996, emitido pelo antigo DNRC (Departamento Nacional de Registro do Comércio, agora denominado DREI (Departamento Nacional de Registro Empresarial e Integração), regulamento de alta importância para os profissionais que atuam perante as Juntas Comerciais.

B) LEGISLAÇÃO PARA PEQUENOS E GRANDES NEGÓCIOS

Diante da complexidade das obrigações a que estão sujeitos os empresários (registro, manutenção de contabilidade e levantamento de demonstrações financeiras etc.), o Estatuto da Microempresa e da Empresa de Pequeno Porte (LC 123/06) estabelece um regime jurídico simplificado e favorecido aos empresários de menor porte[245].

[244] No caso de conflito de leis, aplicam-se os princípios gerais de hermenêutica jurídica, dentre os quais está o da especialidade, qual seja: a norma particular prevalece sobre a norma geral. Por muito anos, esse princípio foi o fundamento para a prevalência do direito comercial em face do direito civil (ASCARELLI. *Istituzioni di diritto commerciale*..., p. 25).

[245] O estatuto em questão é um polo normativo relevante dentro do sistema de direito empresarial, pois, de acordo com dados do SEBRAE, mais de 90% (noventa por cento) dos negócios no Brasil estão classificados como microempresas e empresas de pequeno porte — os quais são responsáveis por 50% (cinquenta por cento) dos empregos com carteira assinada e 27% (vinte e sete por cento) do PIB nacional (Panorama dos Pequenos Negócios – 2018. Disponível em: http://www.sebrae.com.br/

A rigor, melhor teria andado o legislador se o sistema fosse simplificado para todos, não apenas para os empresários de menor envergadura. Não o fez, contudo.

Em se tratando de empresas de grande porte, a Lei das Sociedades por Ações (Lei 6.404/76) e a Lei sobre o Mercado de Valores Mobiliários (Lei 6.385/76) formam o sistema societário mais afeito aos negócios de vulto.

Importante lembrar, nesse ponto, que as sociedades anônimas são o veículo societário apto para coletar a poupança popular e alocá-la em atividade produtiva, sendo o mercado de valores mobiliários o ambiente econômico-institucional em que esse processo ocorre.

C) LEGISLAÇÃO CAMBIÁRIA

Ainda no que diz respeito ao financiamento da atividade empresarial, é de se destacar o papel do mercado de crédito, ainda mais em uma economia em que a capitalização via valores mobiliários é restrita a um pequeno grupo de grandes e sofisticadas companhias, como o Brasil[246].

O crédito é o oxigênio da economia, razão pela qual é preciso mobilizá-lo para que os recursos fluam em direção daqueles que dele necessitam para produzir riqueza[247]. Os títulos de crédito são os veículos por excelência de mobilização e circulação do crédito[248], daí a sua crucial importância para a economia e para o próprio direito empresarial[249].

O subsistema que regula os instrumentos de crédito está estabelecido, fundamentalmente, em legislação esparsa, como a Lei Uniforme de Genebra sobre Letra de Câmbio e Nota Promissória (internalizada pelo Decreto 57.663/66), a Lei da Duplicata (Lei 5.474/68), a Lei do Cheque (Lei 7.357/85), a Lei da Cédula de Produto Rural (Lei 8.929/94), entre outras.

Sebrae/Portal%20Sebrae/UFs/SP/Pesquisas/Panorama_dos_Pequenos_Negocios_2018_AF.pdf. Acesso em: 6 de jan. de 2020).

246 Menos de 500 empresas brasileiras possuem valores mobiliários negociados no mercado.

247 ASCARELLI. *Panorama do direito comercial...*, p. 30 e 98 ss.

248 ASCARELLI. *Teoria geral dos títulos de crédito...*, 1969, p. 3.

249 "Se nos perguntassem qual a contribuição do direito comercial na formação da economia moderna, outra não poderíamos talvez apontar que mais tipicamente tenha influído nessa economia que o instituto dos títulos de crédito. A vida econômica moderna seria incompreensível sem a densa rede de títulos de crédito; às invenções técnicas teriam faltado meios jurídicos para a sua adequada realização social; as relações comerciais tomariam outro aspecto. Graças aos títulos de crédito pode o mundo moderno mobilizar as próprias riquezas; graças a eles o direito consegue vencer tempo e espaço, transportando, com a maior facilidade, representados nestes títulos, bem distantes e materializando, no presente, as possíveis riquezas futuras". Cf. ASCARELLI. *Teoria geral dos títulos de crédito...*, p. 3.

Nesse contexto, as regras do Código Civil atinentes ao direito cambiário cumprem um papel apenas subsidiário, regulando os títulos de crédito não dispostos em lei especial.

D) LEGISLAÇÃO CONCURSAL

Se, por um lado, o crédito é parte essencial da economia contemporânea[250] — e a manutenção e o crescimento dos negócios estão umbilicalmente relacionados à sua disponibilidade[251] —, por outro lado, há que se ter muito cuidado com sua utilização. Frequentemente, uma crise empresarial é deflagrada pelo mau uso do crédito. E o direito concursal é a disciplina jurídica projetada para lidar com tais problemas.

Para as crises reversíveis, normalmente são utilizadas as recuperações extrajudicial e judicial. Para as irreversíveis, tem-se a falência. Esses regimes jurídicos estão regulados na Lei 11.101 de 2005 ("Lei de Recuperação de Empresas e Falência"), eixo normativo do sistema de direito da crise empresarial, legislação aplicada à generalidade das empresas.

Gravitam em torno dessa as chamadas "leis parafalimentares", projetadas para empresas que operam negócios especialmente sensíveis e que importam em risco sistêmico ou cuja crise pode gerar distúrbios sociais. É o caso das Instituições Financeiras (Lei 6.024 de 1974), das entidades de previdência privada (LC 109 de 2001), das operadoras de planos de saúde (Lei 9.656 d 1998) e das seguradoras (DL 73 de 1966), todas sujeitas à intervenção extrajudicial de entidades reguladoras.

E) LEGISLAÇÃO CONTRATUAL

No campo contratual, para além dos tipos contratuais previstos no Código Civil — e dos contratos atípicos expressamente admitidos no art. 425 do referido código —, há uma série de leis relevantes, como a Lei do Representante Comercial (Lei 4.665/65), a Lei da Concessão Comercial (Lei 6.729/79) e a Lei de Franquia (Lei 13.966/2019), por exemplo.

250 Trata-se de conquista tão relevante para o desenvolvimento da civilização que seria possível compará-lo ao domínio do fogo pelo homem; e, tal como este último, o crédito e as dívidas são conquistas que envolvem perigo. Cf. WARREN, Elizabeth; WESTBROOK, Jay Laurence; PORTER, Katherine; POTTOW, John A. E. *The law of debtors and creditors*. New York: Wolters Kluwer, 2014, p. 4.

251 THALLER. *Des faillites en droit comparé*, t. I..., p. 128.

F) LEGISLAÇÃO INDUSTRIAL

Em se tratando de propriedade industrial, tem-se a Lei da Propriedade Industrial (Lei 9.279 de 1996), também chamada de "Código da Propriedade Industrial", uma vez que regula, em um só documento, e de maneira ampla, marcas, indicações geográficas, invenções, modelos de utilidades e desenhos industriais.

G) ENTRECRUZAMENTO DOS SUBSISTEMAS

Na linha do movimento de decodificação do direito privado[252], esses são os principais subsistemas de direito empresarial — societário, cambiário, concursal, contratual e industrial, respectivamente — e algumas das leis mais importantes que formam o seu tecido normativo. O direito empresarial é, hoje, um ramo do direito com uma pluralidade de leis especiais que formam verdadeiros subsistemas.

Apesar de manterem entre si certa autonomia formal e didática, todas essas disciplinas jurídicas entrecruzam-se em larga medida, fenômeno de que é exemplo o chamado "direito societário da crise", um dos temas de vanguarda no âmbito no direito comunitário europeu e cujas implicações práticas começam a emergir na prática concursal brasileira também[253] — em razão da frequência e da intensidade da relação existente entre normas societárias e de insolvência.

7.2.3. Atos normativos

Além da legislação ordinária, cumprem importante função no sistema jurídico empresarial os atos normativos oriundos de diversas autarquias — quais sejam, as instruções normativas do Departamento de Registro Empresarial e Integração (DREI) e da Comissão de Valores Mobiliários (CVM), as resoluções do Instituto Nacional da Propriedade Industrial (INPI) e do Conselho Administrativo de Defesa Econômica (CADE).

252 IRTI. *L'Etad della decodificazione...*; LORENZETTI, Ricardo Luis. *Fundamentos do direito privado*. Trad. Vera Maria Jacob de Fradera. São Paulo: Revista dos Tribunais, 1998, p. 56, 77 ss.

253 TOMBARI, Umberto. "Principi e problemi di 'diritto societário dela crisi'". In: TOMBARI, Umberto (a cura di). *Diritto societário e crisi d'impresa*. Torini: Giappichelli, 2014, p. 5-33.

Estes atos normativos contêm um comando geral do Poder Executivo, incluindo seus órgãos administrativos, visando à correta aplicação da lei, na medida em que a explicitam ou complementam, tornando-a exequível[254].

São inferiores, hierarquicamente, à legislação ordinária aplicável à matéria, não podendo inová-la nem a contrariar — ou seja, não podem criar direitos, impor obrigações, proibições, penalidades que nela não estejam previstas —, sob pena de ofensa ao princípio constitucional da legalidade (CF, art. 5º, II, e 37, *caput*)[255].

7.3. Usos e costumes

Já foi destacada a natural incompletude e necessidade de aperfeiçoamento da ordem jurídica posta[256], que *não é nem pode ser* estática[257]. Pelo contrário, o direito cresce e se desenvolve lentamente como uma árvore, a partir de forças internas de crescimento espontâneo[258].

Entre essas forças internas, está o poder do costume. Efetivamente, a legislação não é a única fonte do direito, muito menos do direito empresarial. A necessidade de regras de conduta em uma sociedade é tão vasta que inexiste um poder capaz de supri-la sozinho[259]. Nesse sentido, reconhece-se o poder dos cidadãos de criar normas jurídicas através do seu próprio comportamento uniforme[260].

Ainda que com importância decrescente, os usos e costumes continuam desempenhando importante função na experiência jurídica contemporânea, muito embora com diferentes graus de intensidade em relação aos vários ordenamentos jurídicos (em especial em função da tradição jurídica de cada um, *commom law* ou *civil law*)[261]; e, dentro desses, com potência variante no que diz respeito às diversas disciplinas jurídicas[262].

A despeito do caráter subsidiário de sua aplicação no direito brasileiro, uma vez que, em países de tradição jurídica continental (*civil law*), o direito legislado

[254] DI PIETRO, Maria Sylvia Zanella. *Direito administrativo*. 24 ed. São Paulo: Atlas, 2011, p. 91.
[255] DI PIETRO. *Direito administrativo*..., p. 94.
[256] CANARIS. *Pensamento sistemático e conceito de sistema na ciência do direito*..., p. 106-109.
[257] REALE. *Teoria tridimensional do direito*..., p. 108.
[258] REALE, Miguel. *Fundamentos do direito*. 3 ed. São Paulo: Revista dos Tribunais, 1998, p. 48.
[259] BOBBIO. *Teoria do ordenamento jurídico*..., p. 38 ss.
[260] BOBBIO. *Teoria do ordenamento jurídico*..., p. 39.
[261] CALLEJÓN. *Fuentes del derecho*..., p. 80-81.
[262] REALE. *Fontes e modelos do direito*..., p. 68-69; REALE. *Lições preliminares de direito*. 24 ed..., p. 159.

(*lei em sentido amplo*) ocupa um papel central, o direito empresarial está entre os ramos do direito em que os usos e costumes apresentam maior destaque[263]-[264].

E ninguém põe em dúvida a juridicidade dos usos mercantis[265]. Nesse sentido, os usos e costumes consubstanciam fonte própria e tradicional do direito comercial desde a Idade Média, uma fonte que somente perderá a sua prevalência com o fim do Antigo Regime na Europa ocidental[266]. Historicamente, os usos e costumes representam a primeira manifestação jurídica da prática mercantil[267]. Os *Consuetudines* de Gênova (1056) e *Constitutum Usus* de Pisa (1160) são

263 REALE. *Fontes e modelos do direito*..., p. 68-69; REALE. *Lições preliminares de direito*. 24 ed..., p. 159-160; GUSMÃO. *Introdução ao estudo do direito*..., p. 119.

264 "Com a entrada em vigor do Código Civil de 1916, nos moldes oitocentistas, os usos foram colocados em um verdadeiro paradoxo: o art. 1807 dispunha que se considerassem revogados os usos e costumes até então vigentes nas matérias reguladas pelo código, o que serviu para influenciar doutrina e jurisprudência a desconsiderarem sua importância no âmbito daquele ramo do direito. O projeto que deu origem ao Código Civil de 2002, muito criticado em diversos aspectos, encontra na unificação do direito obrigacional um dos principais pontos de conflito. [...] A codificação adotada no Direito Privado brasileiro, diferentemente das codificações clássicas, não pretende uma completude casuística; intenta apresentar proposta de reconstrução, por meio de uma 'estrutura normativa concreta', sem 'qualquer apego a meros valores formais abstratos', possibilitando 'soluções que deixam margem ao juiz e à doutrina'. Para tanto, utilizam conceitos integradores da compreensão ética, tal como os de boa-fé, equidade, probidade, finalidade social do direito, equivalência entre prestações etc.'. [...] Destarte, diante de um sistema legal unificado, o que se impõe é, na análise casuística, conferir ênfase adequada à relação. Mas não se pode afirmar categoricamente que, diante do panorama de prevalência da informalidade das relações privadas em geral, haja uma diferença quanto à essência dessas relações. Em atenção a essa necessidade, os usos e costumes configuram um dos principais elementos hermenêuticos-integrativos dos contratos empresariais no sistema unificado, mas sua aplicação possui ainda maior ênfase nos contratos interempresariais, que não são, todavia, os únicos que importam ao direito comercial. Não era sem propósito, portanto, que a disciplina geral sobre a interpretação dos Contratos do Código Comercial revogado dispunha, mediante três diferentes dispositivos, orientações ao intérprete sobre a necessidade de que fossem lidos sobre a ótica dos usos e costumes vigentes. [...] A técnica legislativa adotada pelo Código Civil de 2002 é, em muito, diversa. Nele, os usos foram reconhecidos pelo ordenamento como um dos critérios de interpretação dos negócios jurídicos por meio de uma cláusula geral (art. 113, CC). [...]. Com a recente alteração legislativa, introduzida pela Lei da Liberdade Econômica, [...], ao art. 113 do CC/02 foram agregados dois parágrafos. Estes, muito embora pouco modifiquem a operacionalização da interpretação a partir dos usos, servem para evidenciar sua importância. [...] Se, de um lado, o citado dispositivo legal veio a enfatizar a importância dos usos no sistema Civil, conferindo-lhe maior flexibilidade, de outro, não agregou novidade ao Direito Comercial, cujo sistema já conferia sede própria e grande importância aos usos e costumes. No entanto, levada ao pé da letra, a redação originalmente dada aos dispositivos do Código de 2002 destacava três modificações fundamentais em comparação aos dispositivos revogados: (i) o texto faz referência apenas à interpretação dos negócios, olvidando-se de uma referência explícita à função normativa dos usos comerciais, isto é, integradores dos contratos [...], ainda que essa mudança, por si só, não seja suficiente para se determinar uma modificação na mentalidade do jurista e na racionalidade do Direito Comercial, trouxe alguns reflexos na aplicação do direito pela jurisprudência". Cf. COMIRAN. *Os usos comerciais*..., p. 38-45. Sobre os artigos 130, 131, 132 e 133 do Código Comercial, ver: BENTO DE FARIA. *Codigo Commercial brasileiro*..., p. 174-178.

265 REALE. *Fontes e modelos do direito*..., p. 54.

266 MOSSA. *Historia del Derecho mercantil en los siglos XIX y XX*..., p. 137 ss; GILISSEN. *Introdução histórica ao direito*..., p. 17; CAVALLI. *Direito comercial*..., p. 13.

267 SUPINO. *Derecho mercantil*..., p. 33; VIVANTE. *Trattato di diritto commerciale*..., p. 44-45.

exemplos dos mais antigos repositórios de usos e costumes, sendo considerados, inclusive, a origem do direito comercial[268].

Com o passar do tempo, no entanto, os usos e costumes passaram por um processo de assentamento formal. Primeiro, migraram para os estatutos das cidades medievais, para os regulamentos e provimentos das corporações de artes e ofícios e para as resoluções consulares[269]. Posteriormente, com a formação dos Estados Nacionais, os usos e costumes acabaram, em larga medida, encapsulados pela legislação estatal, passando a ser observados na forma de lei pelos negociantes, empregados pelos órgãos oficiais de registro e aplicados na jurisprudência das câmaras de comércio e dos tribunais[270].

Levando em consideração o processo acima descrito e sendo o Brasil um país que adota a legislação como fonte primária do direito, verifica-se que os usos e costumes passaram a desempenhar um papel residual na regulação das relações jurídicas[271]. Nessa linha, a já referida unificação parcial do direito privado acabou por impactar ainda mais o sistema tradicional[272] — e, de certa forma, bastante particular — de fontes do direito comercial, que se destacavam pela sua especialidade centrada na prática mercantil.

[268] MARGHIERI. *Il diritto commerciale italiano...*, p. 14; SOUZA. *Prelecções de direito comercial...*, p. 56; VAMPRÉ. *Tratado elementar de direito comercial...*, p. 23.

[269] Esse processo é ainda mais antigo do que normalmente se supõe: "Os costumes mercantis dos fenícios foram continuados pelos gregos. Da Grécia, se transplantaram para a ilha de Rodes, tornando-se famosos. Infiltraram-se no Direito Romano. Ressurgiram, enfim, na vasta legislação estatutária medieva, consolidados em textos escritos. O processo formador do Direito era o mesmo em toda Europa, tomada pelos comerciantes, em terra e mar, por largo trato de tempo". Cf. FERREIRA. *Tratado de direito comercial...*, p. 45.

[270] RUBIO, Jesus. *Introducción al derecho mercantil*. Barcelona: Nauta, 1969, p. 274; SPADA. *Diritto commerciale...*, p. 2.; MOSSA. "Historia del Derecho mercantil en los siglos XIX y XX...", p. 115-116.

[271] FERRAZ JR. *Introdução ao estudo do direito*: técnica, decisão e dominação. 4 ed..., p. 241; GUSMÃO. *Introdução ao estudo do direito...*, p. 119.

[272] Na visão de Orlando Gomes: "O problema da unificação do Direito Privado simplifica-se quando considerado na perspectiva mais estreita do Direito das Obrigações. A concentração num só estatuto das obrigações civis e mercantis já se realizou em Códigos elaborados com esse propósito, ou mais ambiciosos na aspiração unificadora. A Suíça deu o exemplo de unificação parcial com o Código federal das obrigações. Nos Códigos da U.R.S.S. e da Itália, o direito das obrigações é um só. O processo de unificação parcial mutila desnecessariamente o Código Civil, sendo preferível realizá-la no seu corpo, admitindo como parte comum as relações civis e mercantis, dado que, se mutilação deve haver, impõe que a sofra o Código Comercial, por seu um direito especial, unificando-se pela codificação do Direito Privado das relações civis e mercantis. Contudo, a unificação, hoje facilitada pela comercialização da vida civil, enfrenta ainda dificuldades. Posto sejam os princípios gerais comuns aos dois Direitos, não se justificando uma teoria geral para o Direito Civil e outra para o Direito Comercial, há institutos que carecem da generalidade indispensável à sua inserção num código que se destine a todas as pessoas". Cf. GOMES. *Obrigações...*, p. 12-13.

Isso porque os recursos de hermenêutica e aplicação do direito já existentes quando do sistema de direito privado formado por dois códigos[273] se amplificaram na vigência do código único. Assim, a reunião formal das leis comerciais e civis em um mesmo código reduziu significativamente a aplicação dos usos e costumes comerciais[274] e da analogia das normas mercantis diante da existência de uma norma expressa sobre o tema (mesmo que de origem civil)[275] ou do suprimento de uma lacuna por meio da lei propriamente dita[276].

Ainda assim, os usos e costumes são, formal e substancialmente, considerados fontes do direito empresarial. E, na condição de normas amoldadas pela prática dos mercadores[277], os usos e costumes complementam e suprem lacunas na lei, além de contribuir para sua interpretação.

[273] Exemplo dessa especialidade era o art. 121 do Código Comercial: "As regras e disposições do direito civil para os contratos em geral são aplicáveis aos contratos comerciais, com as modificações e restrições estabelecidas neste Código". Na mesma linha o art. 428 ("As obrigações commerciaes dissolvem-se por todos os meios que o direito civil admitte para a extinção e dissolução das obrigações em geral, com as modificações deste Codigo"). Sobre essa questão, esclarecedora é a análise de GIOVANA COMIRAN: "Durante a vigência do Código Comercial de 1850 no Brasil, a doutrina, em regra, sustentou que, quando tal diploma determinava a aplicação das leis civis, estas não poderiam ser entendidas como fonte subsidiária, mas como fontes primárias. Tal era o entendimento para a aplicação do art. 121 daquele diploma legal, que estabelecia que a lei civil deveria ser aplicada à matéria. Segundo Carvalho de Mendonça, a adoção da lei civil no sistema comercial se devia à compreensão de ser aquela uma norma geral em relação a esta, ou seja: onde silenciava a lei especial (comercial), prevaleceria a lei geral (civil). A outra razão para essa regra encontrava reforço em um fator geográfico: 'em um país de vasto território, de núcleos dispersos, como o Brasil, dar a máxima autoridade e supremacia aos usos das diversas praças, ainda não estreitadas por miúdas relações mercantis, seria gerar perturbações no comércio nacional e internacional, em razão da incerteza, inconstância e variedade que sempre os acompanham". Cf. COMIRAN. *Os usos comerciais...*, p. 37.

[274] Veja-se, por exemplo, a força que redação do art. 291 do Código Comercial de 1850, revogado pelo Código Civil de 2002, outorgava aos usos comerciais: "As Leis particulares do commercio, a convenção das partes sempre que lhes for contraria, e os usos commerciaes, regulão toda a sorte de associação mercantil; não podendo recorrer-se ao direito civil para decisão de qualquer duvida que se offereça, senão na falta de Lei ou uso commercial". No mesmo sentido, o art. 2° do Regulamento 737/1850 determinava que: "Constituem legislação commercial o Código do Commercío, e subsidiariamente os usos commerciaes (art. 291 Codigo) e as leis civis (arts. 121, 291 e 428 do Código). Os usos commerciaes preferem ás leis civis sómente nas questões sociaes (art.291) e casos expressos no Código".

[275] O tema gerou intensos debates na doutrina italiana da época, como pode ser observado em: VIDARI. *Corso de diritto commerciale...*, p. 76-77.

[276] FERRI. *Manuale di diritto commerciale...*, p. 10.

[277] GALGANO. *Lex mercatoria...*, p. 9 ss.

Possuem, por si, força normativa que decorre de uma certa seleção natural[278], capaz de enriquecer o próprio ordenamento jurídico[279]. Assim é que determinados comportamentos, observados de modo uniforme, público e constante pelos empresários de uma determinada praça, são considerados juridicamente obrigatórios, e, na falta da lei, regulam determinados negócios[280].

Usualmente se diz que os "usos" consistem nos atos reiteradamente praticados pelos empresários; e os "costumes", por sua vez, no sentimento de normatividade deles derivado[281]. Portanto, a expressão "usos e costumes" sintetiza, de certa forma, os seus dois requisitos elementares: (*i*) a prática reiterada (*requisito objetivo*) e (*ii*) a ideia de normatividade daí derivada (*requisito subjetivo*)[282].

Com efeito, para que uma simples prática alcance a condição de costume jurídico, deve preencher esses requisitos.

O requisito objetivo está consubstanciado no *fato exterior de repetição*, que torna o comportamento uniforme, constante e faz com que se prolongue por certo tempo[283]. Assim ocorrendo, será considerado *uso*.

O requisito subjetivo, por sua vez, consiste na convicção daqueles que seguem tais usos acerca da sua obrigatoriedade (como se fossem lei). Do fato, por método indutivo, advém a norma[284]. Nasce, desse modo, o costume[285].

Finalmente, em países nos quais a legislação ocupa um papel de prevalência no ordenamento jurídico, como é o caso do Brasil, os usos e costumes não podem operar *contra legem* (proibição do costume *contra legem*). Isto é, os costumes

[278] "Por brotarem da praxe mercantil, os usos e costumes sofrem certa 'seleção natural': as práticas mais adequadas ao tráfico impõem-se sobre aquelas menos aptas à resolução de problemas; ao longo do processo de evolução, prevalecem os padrões de conduta mais bem adaptadas ao funcionamento do mercado. Forma-se, assim, um repertório de experiência bem-sucedidas que, ao permitir maior grau de previsibilidade do comportamento, transforma o mercado em repositório de memórias jogadas". Cf. FORGIONI. *A evolução do direito comercial brasileiro...*, p. 238.

[279] BOBBIO. *Teoria do ordenamento jurídico...*, p. 39.

[280] CARVALHO DE MENDONÇA. *Tratado de direito comercial brasileiro*, v. I, t. I..., p. 173. Da mesma forma: RUSSEL. *Curso de direito comercial brasileiro...*, p. 28-29; COMIRAN. *Os usos comerciais...*, p. 49 ss.

[281] FERREIRA. *Tratado de direito comercial...*, p. 426-427; GILISSEN. *Introdução histórica ao direito...*, p. 250); GUSMÃO. *Introdução ao estudo do direito...*, p. 118.

[282] FERRAZ JR.. *Introdução ao estudo do direito*: técnica, decisão e dominação. 4 ed..., p. 241 ss; GUSMÃO. *Introdução ao estudo do direito...*, p. 117-119.

[283] Na Baixa Idade Média, por exemplo, "exigia-se em gral que o costume fosse imemorial, isto é, que ninguém se lembrasse da existência de um costume contrário". Sobre o tema: GILISSEN. *Introdução histórica ao direito...*, p. 252.

[284] PONTES DE MIRANDA, Francisco Cavalcanti. *Sistema de sciencia positiva do direito*, v. II. Rio de Janeiro: Jacinto, 1922, p. 343. Em sentido semelhante: MAXIMILIANO. *Hermenêutica e aplicação do direito...*, p. 154. Para aprofundamento sobre o tema, ver: COMIRAN. *Os usos comerciais...*, p. 49 ss.

[285] ESTRELLA. *Curso de direto comercial...*, p. 70-71; ASCARELLI. *Istituzioni di diritto commerciale...*, p. 25.

não podem afrontar a legislação vigente[286]. Sua função está circunscrita à interpretação da lei (costume *secundum legem*) ou ao preenchimento de lacunas da lei (costume *praeter legem*)[287].

Nesse particular, incumbe às Juntas Comerciais o assentamento dos usos e práticas mercantis (Lei 8.934 de 1994, artigo 8°, VI, e Decreto 1.800 de 1996, artigos 87-88), os quais podem ser utilizados na solução de litígios empresariais nos limites como acima exposto.

Uma vez assentado um uso ou uma prática, facilita-se a comprovação de sua existência frente ao Poder Judiciário, já que, com a expedição da certidão de assentamento, não caberá mais discutir a sua existência em juízo, sendo possível apenas questionar a sua legalidade[288].

Ainda, os usos e práticas não assentados poderão ser comprovados por qualquer meio de prova[289], inclusive testemunhal[290], incumbindo a quem alega comprovar a sua existência, conforme disciplina o artigo art. 383 do Código de Processo Civil.

7.4. Princípios gerais de direito

O direito, como sistema, não pode ser encarado como um somatório de problemas, mas, antes, como um somatório de soluções[291]. Havendo um impasse a ser resolvido, o sistema precisa oferecer um caminho, ainda que para além do direito positivo. Os princípios gerais do direito operam nessa faixa; ao lado do *direito posto*, consistem no *direito pressuposto*[292].

Os princípios gerais do direito são enunciados de ordem geral, normalmente associados ao ideal de justiça (*equidade*) e ao direito natural. Fundam-se, de certa forma, naquilo que já foi chamado de "constantes axiológicas transcendentais do direito"[293].

286 FERRAZ JR.. *Introdução ao estudo do direito*: técnica, decisão e dominação. 4 ed..., p. 243; GUSMÃO. *Introdução ao estudo do direito...*, p. 118-119.

287 GUSMÃO. *Introdução ao estudo do direito...*, p. 118.

288 BORGES. *Curso de direito comercial terrestre...*, p. 85-86.

289 REQUIÃO. *Direito comercial*, v. 1. 33 ed..., p. 57-58.

290 STJ, 3ª Turma, REsp 877.074/RJ, Rel. Min. Nancy Andrighi, j. 12/05/2009.

291 CANARIS. *Pensamento sistemático e conceito de sistema na ciência do direito...*, p. 46.

292 GRAU. *Ensaio e discurso sobre a interpretação/aplicação do direito...*, p. 161 ss.

293 REALE. *Teoria tridimensional do direito...*, p. 109.

Embora não escritos[294], informam, fundamentam e estruturam o ordenamento jurídico, servindo de base para a interpretação e para a integração das normas jurídicas, na medida em que revelam seu sentido e preenchem lacunas em caso de omissão legal — tal como previsto no art. 4 do Decreto-Lei 4.657 de 1942[295] (Lei de Introdução às Normas do Direito Brasileiro).

São, nessa linha, o espírito do sistema, normas fundamentais e generalíssimas, extraídas do próprio ordenamento, cuja função é regular os comportamentos não regulados[296]. E, mesmo com esse elevado grau de abstração, não se põe em dúvida seu caráter normativo[297].

Finalmente, é importante registrar que não há consenso doutrinário acerca da existência de princípios gerais *próprios* de direito comercial[298]. Aqui a discussão também possui um fundo histórico relevante[299]. No direito italiano, por exemplo, principal berço histórico do movimento de unificação do direito privado, os autores — civilistas e comercialistas — que se dedicaram ao estudo do tema esboçaram apenas algumas diretrizes (que denominam de "princípios") e que serviriam como balizas orientadoras da interpretação das normas que regulam a dinâmica empresarial.

Dentre esses princípios estariam: (*i*) a liberdade de iniciativa; (*ii*) a qualificação da empresa como atividade em movimento; (*iii*) a relevância dos usos comerciais na construção da disciplina; (*iv*) o equilíbrio das prestações e o equilíbrio normativo das relações do mercado; (*v*) a tutela da concorrência efetiva; (*vi*) a irrelevância de questões pessoais do empresário na exploração da sua atividade; (*vii*) a transparência informacional; (*viii*) a relevância do interesse das partes na interpretação do negócio; (*ix*) a responsabilidade pela assunção de risco da empresa; e (*x*) a tutela do mercado[300].

294 Não se discute que possa haver norma sem texto legal (ÁVILA, Humberto. *Teoria dos princípios*. 16 ed. São Paulo: Malheiros, 2015, p. 22-23).

295 FERRAZ JR. *Introdução ao estudo do direito*. 6 ed..., p. 247-248; REALE. *Lições preliminares de direito*. 24 ed..., p. 179-181; GUSMÃO. *Introdução ao estudo do direito*..., p. 231-233.

296 BOBBIO. *Teoria do ordenamento jurídico*..., p. 158-159.

297 GRAU. *Ensaio e discurso sobre a interpretação/aplicação do direito*..., p. 161.

298 No século XX, ao estudar os princípios no campo do direito comercial, bastante influenciado pela escola positivista e defensor da normatização da matéria comercial, Rocco sustentava a existência de princípios no âmbito do direito mercantil, tratando-os como um legado do dogmatismo lógico civilista em matéria comercial. Cfe. ROCCO. *Principios de derecho mercantil*..., p. 66 e ss.

299 Ainda que em abordagem distinta da que hoje se espera, o tema dos princípios já era objeto de análise por parte dos comercialistas italianos na primeira metade do século XIX: CESARINI. *Principii della giurisprudenza commerciale*...

300 Para uma perspectiva contemporânea sobre o tema, ver: OPPO, Giorgio. Principì. In: *Trattato di Diritto Commerciale a cura de Vincenzo Buonocore*. Sezione I. Tomo I. Torino: Giappichelli, 2001; BUONOCORE. *Le nuove frontiere del diritto commerciale*...; TERRANOVA, Giuseppe. "I principi e il diritto

Em certa medida, o tema dos princípios será retomado no Capítulo 5, ainda que sob o viés constitucional e da atividade econômica em geral[301].

7.5. Autonomia privada

A experiência jurídica não se limita às normas legais, de caráter genérico. Na economia globalizada, há amplo espaço para as normas contratuais, de natureza particular e individualizada — inclusive supranacional —, as quais são criadas pelos particulares com base no princípio da *autonomia privada* (princípio do qual decorrem os subprincípios da *liberdade contratual* e da *livre associação* — vide Capítulo 5, itens 4.2 e 4.3, *infra*)[302].

Em outras palavras, a autonomia privada é fonte geradora de regras de direito, potência refletida na usual afirmação "o contrato tem força de lei entre as partes"[303]. Assim, os particulares podem criar direitos e obrigações, isto é, "dar normas a si próprios", sempre observando os limites da legislação em vigor[304] — o que é coerente com o valor *liberdade*, orientador de toda ordem jurídica[305].

Essa fonte criadora de direito releva-se fortemente no campo contratual e societário, searas em que se manifestam por meio de cláusulas contratuais que dispõem sobre normas de caráter não cogente, atingindo seu ápice com as estruturas negociais atípicas[306]. Nesse quadro, a *liberdade* expressa-se como valor supremo do indivíduo, tanto como cidadão quanto como agente econômico[307].

commerciale". *Rivista di Diritto Commerciale e del Diritto Generale delle Obbligazioni*, n. 2. Milano: Piccin, 2015, p. 183-223; LIBERTINI. *Passato e presente del diritto commerciale*..., p. 159-203.

301 Esse é também um dos direcionamentos dados pela doutrina italiana contemporânea: LIBERTINI. *Passato e presente del diritto commerciale*..., p. 175 e ss.

302 REALE. *Lições preliminares de direito*. 24 ed..., p. 179-181.

303 REALE. *Fontes e modelos do direito*..., p. 73.

304 BOBBIO. *Teoria do ordenamento jurídico*..., p. 39. Para uma visão atualizada sobre o tema, ver: LIBERTINI. *Passato e presente del diritto commerciale*..., p. 133-159.

305 REALE. *Fundamentos do direito*..., p. 19; CANARIS. *Pensamento sistemático e conceito de sistema na ciência do direito*..., p. 86-87.

306 Sobre o tema, ver: SZTAJN. *Contrato de sociedade e formas societárias*...; TELLECHEA, Rodrigo. *Autonomia privada no direito societário*. São Paulo: Quartier Latin, 2016.

307 REALE. *Fontes e modelos do direito*..., p. 74.

CAPÍTULO 4

TEORIA DA EMPRESA

Em 2002, o novo Código Civil unificou parcialmente o direito privado (tema já examinado no Capítulo 2), revogando toda a primeira parte do Código Comercial de 1850, que regulava o chamado "direito comercial terrestre". Por outro lado, manteve em vigor a parte do direito marítimo.

Além disso, o Código Civil adotou a "teoria da empresa" (importada do direito italiano[1], em substituição à teoria francesa dos atos de comércio), reconhecendo na empresa o eixo central do direito comercial[2]. Consolidou o que se tinha por óbvio: o direito comercial é o direito das empresas[3].

A despeito do uso metonímico do termo "empresa", ora com um significado, ora com outro[4], e do fato de não ter conceituado o fenômeno "empresa" de forma direta, entende-se que o legislador resolveu satisfatoriamente o problema de qualificação do empresário como sujeito que deveria se submeter ao direito empresarial[5].

1 Ainda em vigor na Itália. Sobre as mais recentes discussões e repercussões da teoria da empresa no direito italiano, ver: SPADA. *Diritto commerciale...*, p. 47-140.

2 BUONOCORE, Vicenzo. *L'Impresa*. Torino: G. Giappicheli Editore, 2002, p. 222.

3 FORGIONI. *A evolução do direito comercial brasileiro...*, p. 102-103.

4 *E.g.*, CLT, art. 2º e 448, dispositivos que a transformaram, equivocamente, em sujeito de direito ou centro de imputação de direitos. Cf. BULGARELLI. *A teoria jurídica da empresa...*, p. 214 ss; SZTAJN. *Teoria Jurídica da Empresa...*, p. 159, 162 ss.; FORGIONI. *A evolução do direito comercial brasileiro...*, p. 125 ss.

5 BARRETO FILHO. *Teoria do estabelecimento comercial...*, p. 28; BULGARELLI. *A teoria jurídica da empresa...*, p. 43.

Com uma abertura conceitual muito mais elástica, e, portanto, mais adequada ao fenômeno que pretendeu regular, a *teoria da empresa* dispõe que *é "empresário" quem exerce a "empresa"*, nos moldes do artigo 966 do Código Civil[6] — considerados, portanto, todos os fatores usualmente apontados como caracterizadores dessa atividade[7].

Ainda que, em certa medida, subsistam algumas dificuldades no que diz respeito (*i*) ao enquadramento de determinados agentes no conceito de empresário (qualificação do sujeito)[8]; (*ii*) ou mesmo de abrangência do direito empresarial (notadamente, discussões em torno da conveniência de se aplicar os regimes de crise da Lei 11.101/05 a todos os agentes econômicos), a evolução do tema é flagrante.

A bem da verdade, muitas das dúvidas postas advêm da complexidade do tema ou de uma opção de política legislativa, não de um problema de ordem técnica, como eram os questionamentos sobre a qualificação do comerciante sob a égide do Código Comercial de 1850.

Por exemplo, como veremos a seguir, o legislador positivou no direito brasileiro a distinção já desenvolvida em sede doutrinária, com influência direta do direito italiano, entre "ato" e "atividade"[9], essencial para a compreensão e aplicação dos institutos do direito empresarial contemporâneo[10].

Enquanto o "ato" é considerado uma categoria jurídica isolada, de caráter individualizado e volitivo, que se encerra em si mesma e gera eficácia no mundo jurídico, a "atividade" assume uma estrutura dinâmica, uma categoria especial de atos reiterados dirigidos e destinados à consecução de alguma finalidade comum, que mantêm o vínculo entre si[11]. Sendo categorias jurídicas distintas, a atividade deve ser examinada de forma autônoma e independente da valoração dos atos isolados[12], singularmente considerados[13].

6 "Art. 966. Considera-se empresário quem exerce profissionalmente atividade econômica organizada para a produção ou a circulação de bens ou de serviços. Parágrafo único. Não se considera empresário quem exerce profissão intelectual, de natureza científica, literária ou artística, ainda com o concurso de auxiliares ou colaboradores, salvo se o exercício da profissão constituir elemento de empresa".

7 FERRI. *Manuale di diritto commerciale...*, p. 5.

8 CAVALLI. *Direito comercial...*, p. 228-229.

9 ASCARELLI. *Corso di diritto commerciale...*, p. 145; SZTAJN. *Teoria Jurídica da Empresa...*, p. 91-92.

10 LEÃES. "A responsabilidade do fabricante pelo fato do produto...", p. 14.

11 SZTAJN. *Teoria Jurídica da Empresa...*, p. 92 ss.

12 SZTAJN. *Teoria Jurídica da Empresa...*, p. 103.

13 ASCARELLI. *Corso di diritto commerciale...*, p. 147.

A "atividade empresarial" — caracterizada pela organização, profissionalidade, atuação em mercado, assunção de riscos e objetivo lucrativo[14] — é o de referência que cabe examinar, inclusive cotejando-o com os conceitos igualmente relevantes de "empresário" e "estabelecimento empresarial".

1. Conceitos essenciais

Em uma perspectiva jurídica, três são os conceitos basilares da disciplina jurídica empresarial: (*i*) empresa; (*ii*) empresário; e (*iii*) estabelecimento. São elementos que se interconectam e se complementam, de forma que devem ser compreendidos em conjunto[15]-[16].

Quando se trata de explicar a "empresa", há dois problemas fundamentais: um de linguagem (*i.e.*, em que sentido se emprega a expressão "empresa"); e outro conceitual (consubstanciado na necessidade de examinar quais fenômenos estão abarcados pelo conceito "empresa", que será objeto de exame no subitem 1.1, *infra*).

No que diz respeito ao primeiro problema, verifica-se que, na prática, é comum a utilização do termo "empresa" de um modo tanto polivalente quanto promíscuo. Em geral, as pessoas não esboçam qualquer preocupação com o real significado jurídico do termo "empresa", situação perfeitamente normal

14 MARCONDES. *Questões de direito mercantil...*, p. 7.

15 As tentativas de explicar a correlação entre os três conceitos são as mais variadas. BULGARELLI refere que CARNELUTTI, em carta enviada a MOSSA, publicada na *Rivista del Diritto Commerciale*, em 1940, fez uso de uma metáfora fotográfica para caracterizar o estabelecimento (estático) e outra cinematográfica para caracterizar a empresa (dinâmica), ambas numa proporção de espaço e tempo. ASQUINI, que se manifestou contrariamente à imagem proposta de CARNELUTTI, também fez uso de uma pirâmide para explicar a organização interna dos fenômenos da empresa, estabelecimento e empresário, que se situam no mesmo plano do tratamento jurídico. O próprio BULGARELLI, em outra passagem, compara a relação havida entre empresa, empresário e estabelecimento ao funcionamento da letra de câmbio — sacador + sacado + tomador. Cf. BULGARELLI. *A teoria jurídica da empresa...*, p. 144.

16 Como se deu na curiosa — e, por vezes, confusa — teoria dos círculos concêntricos de WALDEMAR FERREIRA. Ao examinar a relação entre empresa, empresário e estabelecimento, o autor explica que: "Revela o exame das três situações em apreço similitude com a que se encontra em círculos concêntricos. Tem-se, partindo, do centro para a periferia, o estabelecimento, circunscrito pela empresa, e esta pela pessoa natural ou jurídica, mercê de cuja vontade aqueles se instituem e movimentam-se. São três momentos ou expressões do mesmo fenômeno comercial, econômico-social e jurídico. Ostentam-se no centro os bens corpóreos e incorpóreos que constituem o estabelecimento [...]. A empresa superpõe-se-lhe como organização do trabalho e disciplina da atividade, no objetivo de produzir a riqueza, a fim de pô-la em circulação econômica. Tudo isso, porém, se subordina à vontade de às diretrizes traçadas pela pessoa natural ou jurídica, que as haja organizado, sujeito ativo e passivo das relações jurídicas tecidas pela empresa, no funcionamento do estabelecimento produtor de lucros, pelo comerciante, como empresário, procurados e obtidos" (FERREIRA. *Instituições de direito comercial...*, p. 48-49). Para uma visão crítica sobre a teoria, sustentando que ela varia de acordo com a obra na qual é descrita: BULGARELLI. *A teoria jurídica da empresa...*, p. 254 ss.

e que não chega a gerar uma dificuldade. A livre utilização da linguagem fora do campo técnico é a regra. A bem da verdade, seria pretensioso, senão até ridículo, que se pretendesse o emprego restrito de determinada expressão, especialmente de uma que possui diversas acepções.

É verdade, também, que o próprio legislador muitas vezes utiliza o termo "empresa" de forma um tanto desordenada. Aqui, sim, tem-se um problema que interessa ao jurista, pois essa situação pode gerar alguma dificuldade interpretativa e, especialmente, de compreensão da normal legal. Nesse ponto, ganha destaque o trabalho da doutrina e da jurisprudência (nos moldes do examinado no Capítulo 3, item 7.1), dado que é necessário esclarecer o sentido em que é empregado o termo "empresa".

A "empresa" é, portanto, vocábulo de múltiplas acepções, sendo de uma riqueza singular, inclusive no que diz respeito às construções linguísticas, as quais, como se viu, autorizam seu estudo por meio do uso figuras de linguagem pela doutrina do Século XX, tais como metáforas, metonímias e sinédoques[17].

Como descreve ASQUINI, "empresa" é fenômeno poliédrico[18], de difícil — quiçá, impossível — captura pela letra da lei[19] ou pela técnica jurídica[20], seja porque a lei ora a trata como uma, ora como outra (*problema de linguagem*)[21], seja pela riqueza do fenômeno que o direito pretende encapsular (*problema conceitual*)[22].

Após acurada pesquisa e extensos debates doutrinários, o jurista italiano identificou vários empregos diferentes para a expressão no Código Civil Italiano de 1942, chamando-os de *perfis da empresa*[23].

17 MARCONDES. *Problemas de direito mercantil...*, p. 23, 36.

18 ASQUINI. "Perfis da empresa...", p. 109. É interessante observar que os estudos econômicos de COASE sobre a natureza da firma e os de ASQUINI sobre os perfis da empresa são contemporâneos — ambos datam do final da década de 1930 —, o que evidencia uma preocupação acadêmico-científica dos estudiosos com relação à compreensão do fenômeno complexo e multifacetário da empresa nas esferas econômica e jurídica. Essa relação é destacada em: SZTAJN. *Teoria jurídica da empresa...*, p. 7 ss, 210.

19 "Em decorrência do que a empresa não teria lugar no Direito Comercial, pois este se basta com a trilogia 'empresário, atividade econômica organizada e estabelecimento' – aliás, com o se deu conta, com sagacidade, uma vasta corrente doutrinária". Cf. BULGARELLI. *A teoria jurídica da empresa...*, p. 19.

20 BULGARELLI. *A teoria jurídica da empresa...*, p. 18, 163.

21 MARCONDES. *Questões de direito mercantil...*, p. 7; BULGARELLI. *A teoria jurídica da empresa...*, p. 17.

22 Essa última questão, a qual denominamos "problema conceitual" (consubstanciado na necessidade de examinar quais fenômenos estão abarcados pelo conceito "empresa"), será objeto de exame no subitem a seguir.

23 ASQUINI. "Perfis da empresa...", p. 109, 113.

Para os fins deste estudo[24], merecem destaque os perfis *objetivo, subjetivo* e *funcional*[25], os quais são sumariados abaixo:

a) **No perfil subjetivo**, o vocábulo empresa é utilizado como *sinônimo de empresário*. Isto é, é utilizado para designar o titular da atividade empresarial, o sujeito que a explora.

b) **No perfil objetivo**, o vocábulo é empregado como *sinônimo de estabelecimento*. Ou seja, para designar o conjunto de bens especialmente destinados ao exercício da empresa, o instrumento da atividade empresarial.

c) **No perfil funcional**, por sua vez, é aplicado como *sinônimo da própria atividade*. Trata-se do negócio explorado.

Resumindo:

Perfil	Significado de "empresa"
Perfil subjetivo	Empresário
Perfil objetivo	Estabelecimento
Perfil funcional	Atividade

Muito embora o próprio legislador não tenha sido exatamente preciso na utilização do termo e dos seus perfis, o Código Civil de 2002 usa preferencialmente o termo "empresa" como sinônimo de atividade, reservando "empresário" para o sujeito titular da atividade e "estabelecimento" para o complexo de bens utilizado para o seu exercício.

24 Para estudo detalhado da evolução histórica do conceito de empresa, ver: MARCONDES. *Problemas de direito mercantil...*, p. 1-40.

25 O jurista italiano também faz referência ao perfil institucional da empresa, com base na teoria da instituição de ROMANO, GIERKE e HARIUOU (ASQUINI. Perfis da empresa..., p. 123-125). Esse perfil, que foi abandonado pela doutrina contemporânea, esteve mais ligado a aspectos ideológicos da participação do Estado na sociedade italiana, inclusive na seara empresarial, característica típica do fascismo. Nesse particular, vale referir que foi intensa a influência da ideologia política na discussão do Código Civil Italiano de 1942, com especial atenção para o livro dedicado a regular o direito empresarial. De um lado, a corrente liderada por ASQUINI via a empresa como uma instituição privada e liberal, sujeita à autonomia dos seus controladores; de outro, a corrente liderada por PANUNZIO e MOSSA, entre outros, vislumbrava a empresa como um instrumento de integração do Estado com a economia e os grupos corporativos. As ideias do primeiro grupo saíram vitoriosas e deram à empresa o tratamento jurídico que hoje conhecemos.

Conceito	Significado
Empresa	Atividade
Empresário	Titular da atividade
Estabelecimento	Bens utilizados para o exercício da atividade

Para um estudo dogmático do direito empresarial minimamente coerente e aderente à realidade legislativa brasileira, recomenda-se que os termos assumam justamente esses contornos e significados.

1.1. *Empresa*

A "empresa" é uma *atividade*; não se trata do *titular do negócio* (pessoa/sujeito que o exerce) nem dos *bens* que são empregados na sua exploração (instrumentos do exercício em si). No universo jurídico, esses dois últimos conceitos correspondem a outras duas figuras, o *empresário* e o *estabelecimento*.

Numa tentativa de conceituação, a empresa seria uma categoria jurídica complexa, composta por uma série de atos jurídicos coordenados que formam uma atividade (atividade empresarial) — comercial, industrial ou de prestação de serviços não intelectuais —, titularizada por um sujeito de direito (empresário), que, nesse mister, organiza um conjunto de bens (estabelecimento), assumindo os riscos daí decorrentes, com o propósito de obter ganhos econômicos[26].

1.1.1. Empresa: conceito metajurídico

A noção de empresa causa grande comoção entre os estudiosos, dado que se trata de conceito estranho à tradição do direito comercial, que tinha na mercancia, na intermediação e na negociação comercial seus principais focos de atenção. Produto da vida econômica, a empresa é fenômeno exógeno ao direito ou, como preferem alguns, pré ou metajurídico[27].

A despeito disso, a visão jurídica da empresa é mais antiga do que geralmente se imagina. O conceito de empresa adentra o universo jurídico no início do Século XIX, com o advento do Código Comercial Francês (1807), muito antes

[26] PANUCCIO, Vincenzo. *Teoria giuridica dell'impresa*. Milano: Giuffrè, 1974, p. 1; BUONOCORE, Vicenzo. *L'Impresa*. Torino: G. Giappicheli Editore, 2002, p. 222; FRANÇA. *Fundamentos do direito da empresa e da atividade negocial...*

[27] COUTINHO DE ABREU. "Da empresarialidade...", p. 10 ss; PANUCCIO. *Teoria giuridica dell'impresa...*, p. 43 e ss.

que os próprios economistas tivessem elaborado um conceito econômico[28]. A rigor, o desafio dos estudiosos do direito comercial foi o de capturar e traduzir em termos jurídicos-conceituais o fenômeno econômico da empresa[29].

Ao longo do Século XIX e início do Século XX, durante o período de predominância da teoria francesa dos atos de comércio, a concepção de empresa que teve maior acolhida entre os autores nacionais foi a de VIVANTE[30]. Para o tratadista italiano, a empresa consiste em um organismo econômico capaz de reunir e sistematizar natureza, capital e trabalho para obter um produto, que, destinado ao mercado, presume-se que gerará riqueza ao empreendedor, agente que corre o risco dessa empreitada. A partir desse conceito, o direito comercial fez seu o conceito econômico de empresa [31].

1.1.2. Empresa: para além do comércio

A noção de empresa está atrelada ao conceito de "atividade empresarial". Trata-se de um conceito mais amplo que o de "comércio", primeira atividade foco do direito comercial.

Com efeito, não é novidade que o desenvolvimento econômico capitalista aprimorou o processo de *produção*, permitindo o avanço da indústria como atividade empresarial dominante ao lado da intermediação e circulação de mercadorias[32].

Em função disso, tornou-se necessário o emprego de um conceito de atividade econômica mais abrangente do que a atividade comercial. Foi assim que a "atividade empresarial" passou a abranger, além do comércio, outros ramos da economia como a indústria e, posteriormente, a prestação de serviços não intelectuais, o agronegócio e assim por diante.

Nessa perspectiva mais abrangente, o fenômeno econômico da empresa foi adentrando gradualmente o universo jurídico[33], processo que ganhou força com a aceleração da industrialização pós-Segunda Guerra Mundial[34].

[28] GALGANO. *Lex mercatoria...*, p. 221; SZTAJN. *Teoria Jurídica da Empresa...*, p. 22.

[29] BULGARELLI. *A teoria jurídica da empresa...*, p. 113.

[30] Dentre os quais: BENTO DE FARIA, ALFREDO RUSSEL, SPENCER VAMPRÉ, DESCARTES DE MAGALHÃES E CARVALHO DE MENDONÇA. Há detalhado estudo sobre essa evolução em: MARCONDES. *Limitação da responsabilidade do comerciante individual...*, p. 131 ss.

[31] VIVANTE. *Trattato di diritto commerciale...*, p. 100-101.

[32] GALGANO. *Lex mercatoria...*, p. 221-222; SZTAJN. *Teoria Jurídica da Empresa...*, p. 23.

[33] BULGARELLI. *A teoria jurídica da empresa...*, p. 3.

[34] GALGANO. *Lex mercatoria...*, p. 221-222; SZTAJN. *Teoria Jurídica da Empresa...*, p. 23; BULGARELLI. *A teoria jurídica da empresa...*, p. 13, 177; COMPARATO. *Aspectos jurídicos da macro-empresa...*, p. 4.

1.1.3. Empresa: atividade vs. ato jurídico isolado

Na condição de *atividade* econômica com foco em mercados[35], a empresa exerce o perfil funcional descrito por ASQUINI36. Empresa trata-se de negócio organizado, desenvolvido e titularizado pelo empresário.

A base do direito empresarial contemporâneo reside na prática da *atividade empresarial*, que não se confunde com o conceito de *ato jurídico* isolado — restrito em nosso Código Civil e que tem por efeito adquirir, resguardar, transferir, modificar ou extinguir direitos[37]. Essa atividade empresarial é dinâmica por natureza. É composta por uma série de atos e negócios jurídicos, realizados de forma contínua, reiterada, organizada e estável, por um mesmo sujeito que cria, em torno dessa, uma série de relações interdependentes[38].

Nesse contexto, a dinamicidade da atividade de produção, distribuição e comercialização de produtos substitui a visão estática da prática de atos isolados pelos agentes[39]. Justamente nesse ponto o direito empresarial se contrapõe ao direito civil; enquanto este regula atos isolados, aquele preocupa-se com atos coordenados que formam uma atividade[40] — característica que assume diferentes efeitos no plano dos negócios jurídicos, como veremos no item 2.1 abaixo.

Como sustenta PANUCCIO, o tema da natureza jurídica da empresa equivale a estudar os efeitos jurídicos da atividade[41]. Por ricochete, a disciplina jurídica da empresa é ditada em função do exercício da atividade — não exclusivamente, mas prevalentemente. Esse é o perfil dominante. Metodologicamente falando, a atividade é o valor jurídico que justifica o tratamento legal do instituto em si[42].

1.1.4. Empresa: conceito econômico vs. conceito jurídico

O significado do termo "empresa" não é exatamente idêntico para a ciência econômica e para a ciência jurídica. Afora a natural dificuldade de encapsular

35 GALGANO. *Lex mercatoria...*, p. 221-222; SZTAJN. *Teoria Jurídica da Empresa...*, p. 23; BULGARELLI. *A teoria jurídica da empresa...*, p. 13, 177; COMPARATO. *Aspectos jurídicos da macro-empresa...*, p. 4.

36 ASQUINI. "Perfis da empresa...", p. 116-118.

37 MARCONDES. *Questões de direito mercantil...*, p. 7

38 MARCONDES. *Questões de direito mercantil...*, p. 7-8.

39 GALGANO. *Lex mercatoria...*, p. 221-222; SZTAJN. *Teoria Jurídica da Empresa...*, p. 23.

40 FRANÇA. *Fundamentos do direito da empresa e da atividade negocial...*

41 PANUCCIO. *Teoria giuridica dell'impresa...*, p. 168-184.

42 PANUCCIO. *Teoria giuridica dell'impresa...*, p. 189-190.

um conceito fluido e cuja compreensão advém de uma metodologia diversa, o legislador, ao buscar na economia o conceito de empresa, transplantou-o para o direito com ajustes e recortes que entendeu necessários para adaptá-lo ao estado de evolução da disciplina jurídica[43].

Não se questiona que a elaboração de um conceito jurídico unitário e amplamente aceito permanece um tema extremamente tormentoso[44], alvo de adjetivações das mais diversas pela doutrina empresarial. Por exemplo, a conceituação já foi designada de *irritante* na visão de alguns[45]; *inatingível*, *fantasmagórica* e *gelatinosa* para outros[46].

Nessa linha, veja-se que algumas atividades estão abarcadas pelo *conceito econômico de empresa*, embora não o estejam pelo *conceito jurídico de empresa*. A atividade agrícola, a atividade dos profissionais liberais e as atividades das cooperativas são exemplos dessa amputação conceitual. Logo, o conceito de empresa adotado no Código Civil é mais estreito do que o conceito de empresa capitalista definido pela ciência econômica.

Vejamos.

Inicialmente, o parágrafo único do art. 966 excluiu o empreendedor que explora atividade de prestação de serviços intelectual (advogado, médico, arquiteto) do campo do direito empresarial.

Da mesma forma, os arts. 971 e 984 determinam que não se apliquem as regras de direito empresarial ao empreendedor que explora atividade rural, salvo se ele requerer sua inscrição no Registro de Empresas.

Finalmente, o parágrafo único do art. 982 dispõe que as cooperativas também não são abarcadas pelo direito empresarial.

Em síntese, apesar de próximos, há diferenças entre os conceitos *econômico* e *jurídico* de empresa[47]. E essas diferenças causam perturbações. Como explicar

43 BULGARELLI. *A teoria jurídica da empresa...*, p. 17; PANUCCIO. *Teoria giuridica dell'impresa...*, p. 164.

44 "Aliás, tudo está a indicar que os juristas formularam o seu conceito econômico de empresa com os elementos colhidos nas variadas definições dos economistas. [...] E mesmo que se admita – o que não é inteiramente verdade – que o Direito não tenha elaborado o seu conceito de empresa, é inegável que deu ao conceito econômico um ou, mesmo, mais significados jurídicos. Como rei Midas – na imagem de Miguel Reale – o Direito ao tocar a empresa, tornou-a jurídica e não fez seu, como se afirmou, o conceito econômico, mas valorou-o, adaptando-o às categorias jurídicas" (BULGARELLI. *A teoria jurídica da empresa...*, p. 15-16).

45 COMPARATO. *Aspectos jurídicos da macro-empresa...*, p. 3.

46 BULGARELLI. *Tratado de direito empresarial...*, p. 49; BULGARELLI. *A teoria jurídica da empresa...*, p. 450. Há um excelente apanhado desse problema em: CAVALLI. *Direito comercial...*, p. 1-31, p. 127-165.

47 Há quem sustente — não sem razão — que "o conceito econômico utilizado pela literatura jurídica é elaborado pelos próprios juristas, que posteriormente adjetivam esse conceito como econômico. Essa crítica alcança inclusive os autores que recorrem à literatura econômica, pois, de regra, o fazem

que uma associação educacional não pode se valer de um instituto recuperatório quando uma sociedade que exerce a mesma atividade pode? Como justificar que nem toda empresa para a economia é uma empresa para o direito?

A rigor, esse recorte se dá por questões históricas e em razão de política legislativa. Do ponto de vista econômico, não há razões ontológicas para essa dicotomia, uma vez que todos são agentes econômicos (*i.e.*, empreendem no mercado em busca do lucro). E, na prática, dividir os agentes econômicos em (*i*) empresários e (*ii*) não empresários possui relevância dentro do ordenamento jurídico brasileiro apenas para fins de definição do local de registro e para saber se se submetem ou não aos regimes concursais da Lei 11.101 de 2005.

O tema será examinado em maiores detalhes mais adiante.

1.1.5. Empresa: um conceito não definido em lei

Por que o Código Civil não conceitua a empresa, mas apenas o empresário? Sylvio Marcondes, jurista responsável pela redação dessa parte do Código esclarece: "Pode parecer curioso que o Código fale de empresa, mas não a defina, e, ao invés, defina o empresário. Isso, entretanto, é significativo: não é uma extravagância, mas, um produto espontâneo da natureza das coisas. E denota precisamente que a empresa 'não existe', mas 'se exerce', não é 'um ser', nem sujeito nem objeto, mas, 'um fato'; quem é, o que existe, são 'o empresário', como sujeito, e o 'estabelecimento' como objeto. O exercício que o empresário faz do estabelecimento constitui exatamente a empresa"[48].

1.1.6. Empresa: um dos três conceitos-chave

A íntima relação entre os três conceitos de empresário-empresa-estabelecimento manifesta a essência da empresarialidade[49]. Não se trata de criação teórica, mas sim de um dado da experiência.

para obter um conceito econômico de empresa, e não raro para identificar uma teoria econômica da empresa capaz de contribuir para o desenvolvimento de uma teoria jurídica. Há, portanto, um alto grau de endogeneidade no direito no que respeita à elaboração de um conceito econômico de empresa" (CAVALLI. *Empresa, direito e economia...*, p. 18-19). Nesse sentido também: BULGARELLI. *Tratado de direito empresarial...*; BULGARELLI. *A teoria jurídica da empresa...*

48 MARCONDES. *Limitação da responsabilidade do comerciante individual...*, p. 146 a 150. No mesmo sentido: BARRETO FILHO. *Teoria do estabelecimento comercial...*, p. 18 ss, 116 ss; BROSETA PONT. *La empresa, la unificación del derecho de obligaciones y el derecho mercantil...*, p. 111 ss.

49 O termo foi utilizado por Bulgarelli para "[...] exprimir numa ideia geral e abstrata aquilo que é próprio da empresa". Cf. BULGARELLI. *A teoria jurídica da empresa...*, p. 19, 155. Sobre o tema, ver, também: COUTINHO DE ABREU. "Da empresarialidade...".

Essa correlação pode ser resumida na máxima de GHIRON, referida por BARRETO FILHO: "*L'impreditore si è, l'impresa si governa, y la azienda ha*"[50]. São três noções distintas, que estão estreitamente correlacionadas.

Enquanto a noção de empresário, como sujeito de direito, é um corolário da ideia de empresa, enquanto atividade por ele organizada e desenvolvida, o conceito de estabelecimento é correlativo ao de empresa, já que tem num complexo de bens a base econômica que serve de instrumento para o desenvolvimento daquela[51].

Empresa, empresário e estabelecimento se correlacionam, embora permanecendo irredutíveis um ao outro, como termos que se exigem reciprocamente numa relação de complementariedade, e só encontram seu significado pleno na unidade da relação que constituem[52].

1.1.7. Empresa: elementos caracterizadores

Como referido, apreende-se o conceito de "empresa" a partir do conceito legal de "empresário", uma vez que o art. 966 do Código Civil descreve a atividade exercida por esse sujeito: "*Considera-se empresário quem exerce profissionalmente atividade econômica organizada para a produção ou a circulação de bens ou de serviços*".

A partir da norma em análise, depreende-se:

a) que a atividade é **profissional**;

b) que a atividade é **econômica**;

c) que a atividade é **organizada**;

d) que a atividade é de **produção ou circulação de bens ou de serviços**.

Ou seja, a empresa (*atividade exercida pelo empresário*) possui as seguintes características: (*a*) profissionalidade; (*b*) economicidade; (*c*) organização; e (*d*) especificidade do objeto.

Dessa forma, por simples análise da atividade exercida pelo empresário, tem-se que a empresa é uma atividade:

50 BARRETO FILHO. *Teoria do estabelecimento comercial...*, p. 115-117.

51 BARRETO FILHO. *Teoria do estabelecimento comercial...*, p. 117.

52 BARRETO FILHO. *Teoria do estabelecimento comercial...*, p. 117.

(i) **profissional** na medida em que exercida é profissionalmente (quer dizer, com habitualidade);

(ii) **econômica**, porque exercida com escopo lucrativo;

(iii) **organizada**, porque pressupõe a sistematização dos fatores de produção (*e.g.*, trabalho, capital, natureza, tecnologia); e

(iv) **com objeto específico** de produção de bens ou serviços ou de circulação desses (isto é, indústria, comércio ou prestação de serviços).

Os elementos que caracterizam a atividade empresarial[53] (chamada "empresa") serão examinados em maiores detalhes no item 2, *infra*.

1.1.8. Empresa: foco no mercado

Importa registrar que *empresa* é, em essência, o modo de produção capitalista com foco em mercado e objetivo de lucro. Em uma economia capitalista, para obter os recursos necessários ao seu sustento, uma pessoa ou consegue um emprego (no setor público ou privado) ou empreende. Para empreender, precisará investir recursos para organizar profissionalmente uma atividade e correrá os riscos inerentes.

Quatro são os principais ramos da atividade econômica que essa pessoa pode explorar: (*i*) a indústria, (*ii*) o comércio, (*iii*) os serviços e (*iv*) a atividade agrícola (como será exposto no item 3.2, *infra*, o legislador optou por inicialmente excluir a última do conceito jurídico de empresa). Essa atividade pode ser bem-sucedida ou não. O risco do negócio é, em última análise, do empreendedor. Se der errado, perde aquilo que investiu — e talvez até mais. Se der certo, os lucros são seus.

A empresa constitui uma das mais relevantes instituições econômicas, sociais e até culturais dos últimos séculos[54]. Pela sua influência, dinamismo e poder de transformação, a empresa é a instituição que mais proximamente consegue explicar e definir a civilização contemporânea[55].

[53] Sobre as discussões no direito italiano acerca da possibilidade de empresa sem empresário, empresário ou empresa sem estabelecimento, ou de estabelecimento sem empresário, ver: BULGARELLI. *A teoria jurídica da empresa*..., p. 157 ss; BARRETO FILHO. *Teoria do estabelecimento comercial*..., p. 128; FERREIRA. *Tratado de direito comercial*..., vol. 6 p. 75).

[54] ANTUNES. "Estrutura e responsabilidade da empresa...", p. 29.

[55] COMPARATO. "Reforma da empresa...", p. 57.

A empresa paga salários. É dela que depende, diretamente, a subsistência da maior parte da população. É das empresas que provém a esmagadora maioria dos bens e serviços consumidos. Sem eles, é impensável o mundo como hoje é conhecido[56].

Ainda, a empresa paga tributos. É dela que o Estado retira a parcela maior de suas receitas fiscais. Essas revertem, ou deveriam reverter, em benefícios para a comunidade. Finalmente, em torno da empresa gravitam vários agentes econômicos não assalariados, como os investidores de capital, os fornecedores e os prestadores de serviços[57].

A empresa também exerce influência na fixação de comportamentos. Outras instituições e grupos sociais, como universidades, hospitais, associações desportivas, profissionais liberais e forças armadas, tradicionalmente alheias ao mundo dos negócios, passaram a pautar sua atuação por valores empresariais típicos: o utilitarismo, a eficiência técnica, a inovação permanente, a economicidade de meios. A empresa acabou, portanto, por homogeneizar atitudes e aspirações[58].

Finalmente, a empresa atua em mercados, sendo deles parte indissociável[59].

1.1.9. Empresa: entre a economia e o direito

Direito e economia são ciências autônomas entre si; uma não se reduz a outra. A própria interdependência entre ambos supõe uma correlativa autonomia de métodos e campos de estudo[60]. Porém, elas se conectam intimamente.

[56] COMPARATO. "Reforma da empresa...", p. 57.

[57] COMPARATO. "Reforma da empresa...", p. 57.

[58] COMPARATO. "Reforma da empresa...", p. 57.

[59] FERRI. *Manuale di diritto commerciale*..., p. 3; FORGIONI. *A evolução do direito comercial brasileiro*. 6 ed..., p. 77.

[60] COUTINHO DE ABREU. "Da empresarialidade...", p. 18.

A relação entre direito e economia está na gênese do direito comercial, que regula fenômenos econômicos que se verificam nos mercados[61]-[62], os quais, por sua vez, são condicionados pela ordem jurídica[63].

Ao direito empresarial interessa buscar na economia a resposta para duas questões que lhe tocam diretamente: (*i*) *por qual razão* as pessoas organizam empresas; e (*ii*) *o que é* empresa.

Do ponto de vista econômico, dois principais fatores explicam a formação das empresas: (*a*) o interesse dos indivíduos na maximização do seu bem-estar[64] (*i.e.*, persecução de fins egoísticos, o que é perfeitamente natural[65]); (*b*) a possibilidade de se obter melhor eficiência na alocação de bens e de redução de custos de produção para o mercado[66].

61 Sobre as diversas dimensões e definições de "mercado", ver: IRTI. *L'ordine giuridico del mercato...*, p. p. 81 ss; FORGIONI. *A evolução do direito comercial brasileiro...*, p. 187 ss.

62 Em uma perspectiva acadêmica moderna, a relação entre direito e economia também não é recente; foi destacada pelos economistas clássicos, principalmente Adam Smith, tanto em *Lectures on Jurisprudence* (1762-3) como em *The Wealth of Nations* (1776) e por autores vinculados à escolha histórica alemã, na segunda metade do século XIX, vinculados ao movimento institucionalista norte-americano, na primeira metade do século XX. Após um período de relativo afastamento nos estudos acadêmicos, o movimento do Direito e Economia (*Law&Economics*) começou a ganhar força e, lentamente, crescer e se consolidar. Isso ocorreu principalmente no início dos anos 1960, tendo como palco seminal a Universidade de Chicago, nos Estados Unidos. Nesse sentido, fundamentais foram os estudos de Ronald Coase (Universidade de Chicago – *Theory of the Firm* – 1937 – e *The Problem of Social Cost* – 1960), Guido Calabresi (Universidade de Yale – *Some Thoughts on Risk Distribution and the Law of Torts* – 1961) e Gary Becker (Universidade de Chicago – *Crime and Punishment: An Economic Approach* – 1968), dentre outros. No Brasil, há até pouco tempo, os estudos sobre a relação existente entre direito e economia passavam ao largo da maioria das publicações especializadas nacionais. Em uma perspectiva histórica, verifica-se que a diversidade existente entre o econômico e o jurídico foi acentuada por certos movimentos que classificavam o país como a "república dos bacharéis". Esse radicalismo, a partir da década de 1960, mudou de lado, transformando o país, gradualmente — mas não sem traumas — em uma "república de economistas" (YAZBEK, Otávio. *Regulação do mercado financeiro e de capitais*. Rio de Janeiro: Elsevier, 2007. p. 2). De qualquer forma, no Brasil, o movimento de integração entre o jurídico e o econômico foi antecipado por autores como San Tiago Dantas, que, em famoso discurso proferido por ocasião do cinquentenário da Faculdade Nacional de Direito, em 1941, apontava para a necessidade de atualização dos advogados, tendo em vista as demandas trazidas pelo desenvolvimento econômico que se iniciava na época (DANTAS, San Tiago. "Renovação do Direito". In: DANTAS, San Tiago. *Palavras de um professor*. Rio de Janeiro: Forense, 1975, p. 25). No cenário doutrinário nacional, os ensaios pioneiros sobre o tema foram da professora Rachel Sztajn (Universidade de São Paulo – *Notas de Análise Econômica: Contratos e Responsabilidade Civil* – 1998) e do Projeto de Pesquisa *Diálogos FEA & Largo do São Francisco*, que resultou na publicação do livro organizado por Rachel Sztajn e Décio Zylbersztajn intitulado *Direito e Economia – Análise Econômica do Direito e das Organizações* (2005) e, também: PINHEIRO, Armando Castelar; SADDI, Jairo. *Direito, Economia e Mercados*. Rio de Janeiro: Elsevier, 2006. Sobre a evolução do movimento no Brasil, ver o breve ensaio de apresentação da edição brasileira do livro: COOTER, Robert; ULLEN, Thomas. *Direito e Economia*. 5 ed. Porto Alegre: Bookman, 2010, p. 17-21.

63 Vide Capítulo 4.

64 KRUGMAN; WELLS. *Introdução à Economia...*, p. 7.

65 WILLIAMSON. *The economic institutions of capitalism...*, p. 47.

66 WILLIAMSON, Oliver E.; WINTER, Sidney G. *The Nature of the Firm*: Origins, Evolution and Development. Oxford: Oxford University Press, 1993, p. 228 e 230; FOSS, Nicolai J.; LANDO, Henrik; THOMSEN, Steen. *The theory of the firm*. Encyclopedia of Law and Economics. Disponível em:

O empreendedor, ao decidir organizar uma empresa, será responsável por definir a estrutura hierárquica que, ao lado do sistema de preços do mercado, levará à formação de uma nova rede de contratos (contrato de locação da sede da empresa, contratos de trabalho, contratos de fornecimento de matéria-prima, contratos de venda dos bens produzidos), a fim de viabilizar o exercício da atividade.

Ao fim e ao cabo, intencionando melhorar sua condição de vida, ele espera que a organização empresarial seja mais eficiente do que outras estruturas existentes no mercado, de modo que os custos envolvidos na coordenação dos fatores de produção sejam cobertos pelas receitas de seu negócio e haja um remanescente líquido em seu favor: o lucro[67].

O processo de busca pela redução dos custos de transação auxilia, por sua vez, que os empreendedores decidam se devem ou não colocar os fatores de produção sob o seu controle[68]-[69]-[70] — e, portanto, assumir o risco dessas alocações. A formação de empresas constitui, assim, não apenas uma forma de reunir os fatores de produção sob a supervisão do empresário, mas também uma estrutura de alocação de riscos e de governança[71].

<http://encyclo.findlaw.com/5610book.pdf>. Acesso em: 15 out. 2010. Sobre o tema, ver, também: SZTAJN. *Teoria Jurídica da Empresa...*, p. 14, 174-175.

67 SZTAJN. *Teoria Jurídica da Empresa...*, p. 191.

68 Ronald Coase lançou os fundamentos da Teoria dos Custos de Transação, apesar de ela somente ter sido desenvolvida anos mais tarde. Sobre o tema, ver: COASE, Ronald H. "The nature of the firm". In: ____. *The firm, the market and the law*. Chicago: The University of Chicago Press, 1988, p. 33-55. Sobre os custos de transação, entre outras fontes: Cf. WILLIAMSON. *The economic institutions of capitalism...*, p. 19; SZTAJN. "A incompletude do contrato de sociedade...", p. 284.

69 RAO, P. K. *The economics of transaction costs*: theory, methods, and applications. Great Britain: Antony Rowe Ltd., 2003, p. 31. À p. 39, complementa o autor: "The view that non-market institutions and corresponding organizations arise primarily to alleviate problems of market failure is not entirely tenable. These entities exist for a variety of reasons, including the role of TC".

70 Na visão de Williamson, vencedor do Prêmio Nobel de Economia em 2009, a integração vertical entre as empresas é um problema de contratação. O raciocínio se aplica à decisão empresarial de formar ou não grupos econômicos. Se o empresário se deparar com um contexto de incerteza, em que a especificidade dos ativos for grande e a frequência das transações também, essas dificuldades podem determinar que a alternativa mais eficiente seja internalizar o processo produtivo, ao invés de negociar no mercado. Destarte, sempre que os custos de integrar verticalmente o processo produtivo de bens ou serviços forem mais eficientes do que recorrer ao mercado, a tendência é que se estruture a empresa; sem realização de economias, ela não se justificaria de um todo. Para aprofundar a análise dos modos de governança (que vão desde as mais diversas formas de contratação no mercado até a criação da empresa), trabalhando quando cada tipo tende a ser mais eficiente, ver: WILLIAMSON: *The economic institutions of capitalism...*, p. 68 ss.

71 WILLIAMSON. *The economic institutions of capitalism: firms, markets, relational contracting...*, p. 65. P. K. Rao afirma: "In the TCE [Transaction Cost Economics] framework, firms are viewed as governance structures rather than as mere production-distribution entities. A similar approach extends to all institutions. Coase's (1937) foundation provided an insight into the emergence of firms and markets, with a clear focus on the role of exchange costs in the related interface". Cf. RAO. *The economics of transaction costs...*, p. 7.

Por outro ângulo, empresas formam-se por meio de uma série de contratos organizados sob a forma de estruturas hierárquicas comandadas e coordenadas por um indivíduo — o empresário (individual ou sociedade empresária). Esse agente será responsável pela tomada das decisões relacionadas à atividade econômica explorada[72] e pela assunção dos riscos daí inerentes.

Nessa linha, empresas podem ser compreendidas como verdadeiros *feixes de contratos*[73], mediante os quais organizam a produção e a distribuição de bens nos mercados, a um custo menor[74], reduzindo, sempre que possível, os custos de transação[75], de modo a gerar benefícios econômicos ao seu titular.

Seria de se esperar que o direito, ao transplantar um conceito econômico que pretendeu regular, o aproveitasse por inteiro. Não foi o que aconteceu,

[72] SZTAJN. *Teoria Jurídica da Empresa...*, p. 177.

[73] A partir dos estudos de Coase, os economistas Armen Alchian e Harold Demsetz, em artigo intitulado *Production, Information Costs, and Economic Organization*, publicado no The American Economic Review, da American Economic Association, Volume 62, em Dezembro de 1972, concluíram que as *firms* formavam verdadeiros "*nexus of contracts*". As conclusões desse estudo serviram de base para o ensaio de Michael Jensen e William Meckling (JENSEN, Michael C.; MECKLING, William H. Theory of the Firm: Managerial Behavior, Agency Costs and Ownership Strcuture. *Journal of Financial Economics*, v. 3. n. 4, p. 305-360, jul. 1976), no qual se reconheceu a aplicação da teoria de agência às relações entre acionistas e administradores e acionistas e credores, com importante repercussão na estrutura de capital das sociedades. A moderna doutrina da análise econômica do direito societário entende que a expressão "*nexus of contracts*" é inadequada para caracterizar a empresa, na medida em que enfatiza apenas o caráter contratual dos vínculos firmados pela organização, omitindo outras características relevantes, tais como os comandos extracontratuais e o poder controle, que são fundamentais para distinguir a empresa de outros arranjos contratuais. Para os referidos autores, a expressão que melhor descreve o fenômeno da empresa é "*nexus for contracts*", pois destacaria o fato de ela ser parte comum em uma série de contratos e comandar as ações dos parceiros por meio de direitos contratuais legalmente estabelecidos (HANSMANN, Henry; KRAAKMAN, Reinier; ARMOUR, John. *What is Corporate Law?* In: HANSMANN, Henry; KRAAKMAN, Reinier. *The Anatomy of Corporate Law.* A Comparative and Functional Approach. 2 ed. Oxford: Oxford University Press, 2009).

[74] Na visão de Rachel Sztajn: "*Firmas* são organizações que transformam insumos (*inputs*) em bens (*outputs*). São feixes de contratos mediante os quais se organizam a produção e a distribuição de bens nos mercados. As firmas são necessárias para diminuir custos de contratação que recaem sobre o empreendedor por conta de imperfeições ou falhas de mercado. Quer dizer, se para produzir fosse necessário contratar pontual e reiteradamente nos mercados, seria preciso encontrar, a cada um desses momentos, fornecedor que oferecesse o menor preço e tivesse o insumo para pronta entrega; que o prestador de serviços, além de habilitado a executar a tarefa, estivesse disponível e, também ele, cobrasse o menor valor; que o comprador, pronto para receber o bem, estivesse disposto a pagar o maior preço; e que, em toda essa cadeia, as diversas etapas se seguissem, umas às outras, com segurança". Cf. SZTAJN. *Teoria Jurídica da Empresa...*, p. 189, grifo da autora.

[75] Partindo dessas lições, Oliver Williamson, um dos principais seguidores da teoria de Coase, defende a ideia de que *a formação dos custos de transação decorre de cinco fatores inter-relacionados, sendo dois referentes aos indivíduos de forma direta (a racionalidade limitada e o risco da prática de condutas oportunistas — que decorre do individualismo metodológico e da propensão dos agentes à persecução de fins egoísticos) e três relacionados à natureza das próprias transações (a frequência com que elas ocorrem, as incertezas das trocas e a especificidade dos ativos envolvidos). Sobre cada um desses elementos, ver:* WILLIAMSON. *The economic institutions of capitalism...*, p. 45-54; SIMON, Herbert. Rationality in Psychology and Economics. *Journal of Business*, v. 59, n. 4, p. 209-224, out. 1986; KATZ, Avery Wiener. *Foundations of the Economic Approach to Law.* New York: Foundation Press, 1998, p. 299-304; RAO. *The economics of transaction costs...*, p. xii.

entretanto, como visto no item 1.1.4, *supra*. A relação entre os conceitos econômico e jurídico de empresa assumiu contornos extravagantes na doutrina comercialista, não tendo atingido, ainda, bom termo[76].

Não é infrequente que os fenômenos mais importantes da vida econômica sejam obscuros e controversos no plano jurídico[77]. Em certa medida, aprofundar o tema da natureza jurídica da empresa equivale a estudar os efeitos jurídicos da atividade propriamente dita, que determina algumas balizas prevalentes do seu perfil funcional[78].

Vencida essa etapa, avancemos para o próximo perfil.

1.2. Empresário

Empresário é o *sujeito* do direito empresarial, aquele que exerce a empresa em nome próprio. Ou seja, trata-se do *titular* da atividade.

1.2.1. Empresário: origem do termo

O termo *empresário* significava originalmente *chefe de aventuras*, isto é, aquele que dirige tarefa arriscada e assume riscos[79].

Na França dos anos 1500 em diante, a palavra *entrepreneur* foi empregada para designar os chefes de expedições militares e, ao menos desde 1780, foi empregada para designar empreiteiros que contratavam a execução de obras públicas a preço certo, assumindo o risco do custo da construção[80].

Mais tarde, quando a empresa se difundiu como organização produtiva típica da economia moderna, o termo *entrepreneur* passou a designar o *chefe da empresa*, isto é, aquele que assume os riscos da atividade[81].

"*Entrepreneur*" — ou, em português, "empresário" — tornou-se, assim, o sujeito que exerce a empresa[82].

[76] "É consabido que a recepção ou o ajustamento da noção econômica de empresa no Direito não se fez sem dificuldades". Cf. BULGARELLI. *A teoria jurídica da empresa*..., p. 14.

[77] FERRARA JR, Francesco. *La teoria giuridica dell'azienda*. 2ª ed. Milano: Giuffrè, 1982, p. 81.

[78] PANUCCIO. *Teoria giuridica dell'impresa*..., p. 189-190.

[79] LAMY FILHO; PEDREIRA. *A Lei das S.A.*..., p. 49.

[80] LAMY FILHO; PEDREIRA. *A Lei das S.A.*..., p. 49.

[81] LAMY FILHO; PEDREIRA. *A Lei das S.A.*..., p. 49.

[82] LAMY FILHO; PEDREIRA. *A Lei das S.A.*..., p. 49.

A evolução da palavra em língua francesa põe em evidência os aspectos de liderança e disposição de aceitar riscos como notas características do papel de empresário[83].

1.2.2. Empresário: conceito

Empresário é o *titular* da empresa. É o *sujeito* que exerce a atividade industrial, comercial ou de prestação de serviços (exceto a intelectual) em nome próprio.

As relações jurídicas travadas para o desenvolvimento da empresa possuem na pessoa (física ou jurídica) do empresário o seu natural *centro de imputação* (tanto as relações obrigacionais quanto as relações de direito real referentes à titularidade do patrimônio empresarial).

Trata-se do perfil subjetivo da empresa, de acordo com a teoria poliédrica de ASQUINI[84].

1.2.3. Empresário: espécies

São espécies de empresário o empresário individual e a sociedade empresária, que deve constituir-se segundo um dos tipos regulados nos artigos 1.039 a 1.092 — podendo assumir, inclusive, a forma de sociedade limitada unipessoal (CC, art. 1.052, §1º).

A empresa individual de responsabilidade limitada (EIRELI) acabou extinta pela Lei 14.382 de 2022, menos de uma década depois de ter sido introduzida no ordenamento jurídico.

Portanto, são as seguintes as espécies de empresário:

Empresário individual
Sociedade empresária

[83] LAMY FILHO; PEDREIRA. *A Lei das S.A.*..., p. 49.

[84] ASQUINI. "Perfis da empresa...", p. 114-116.

1.2.4. Empresário: figura diversa do comerciante

No Brasil, assim como ocorreu na Itália a partir do *Códice Civile* de 1942, o empresário se encontra no centro do sistema do direito empresarial, tendo substituído a figura do comerciante que norteava o Código Comercial de 1850[85].

Não houve uma simples substituição terminológica, mas sim de conteúdo na definição, pois a empresa compreende um conjunto de atividades muito mais amplo do que aquele concebido inicialmente para o comerciante[86].

1.2.5. Empresário: obrigações

Ao se tornar empresário, o agente econômico assume algumas obrigações relevantes, dentre as quais: (*i*) registrar-se na Junta Comercial antes de dar início ao exercício da sua atividade, sob pena de irregularidade; (*ii*) manter a escrituração regular de seus negócios, o que geralmente se dá mediante a contratação de um contador; (*iii*) levantar as demonstrações contábeis periódicas da sua atividade[87].

1.3. Estabelecimento

Ao lado da empresa e do empresário, o estabelecimento é conceito-chave para o direito empresarial[88].

O direito permite a convivência entre indivíduos em duas direções: a primeira se apresenta como estática e conservadora, responsável por assegurar ao sujeito instrumentos e ferramentas que garantam a conservação daquilo que tem; a segunda assume contornos dinâmicos ao conceber institutos que

85 ASCARELLI, Tullio. "O empresário". Trad. De Fábio Konder Comparato. *Revista de Direito Mercantil Industrial, Financeiro e Econômico*, São Paulo, n. 109, p. 183-189, jan./mar. 1998.

86 GONÇALVES NETO. *Direito de empresa*: comentários aos artigos 966 a 1.195 do Código Civil..., p. 72.

87 "A suposição de que o uso de livros, na prática da mercancia, vem de época em que se generalizam as operações a crédito, é perfeitamente aceitável. Escrever ou registrar, pelos meios e processos então conhecidos, a quantidade e a qualidade das mercadorias compradas ou vendidas, o nome do credor ou do devedor, o preço delas, a data e a moeda de pagamento, era uma necessidade para o comerciante, para fugir às deficiências ou à infidelidade da memória. [...] é através da história do povo romano que melhor conhecemos a importância do livro na sua vida econômica, as regras de escrituração e a eficácia probante que lhe era atribuída". Cf. VALVERDE. *A força probante dos livros mercantis*..., p. 09-10.

88 Sobre o tema, ver: BARRETO FILHO. *Teoria do estabelecimento comercial*...; TOKARS, Fabio. *Estabelecimento empresarial*. São Paulo: Ltr, 2006; FERES, Marcelo Andrade. *Estabelecimento empresarial: trespasse e efeitos obrigacionais*. São Paulo: Saraiva, 2012.

permitam a disposição segura e a transferência eficaz de bens entre pessoas, esfera na qual se situa o estabelecimento[89].

1.3.1. Estabelecimento: conceito

Estabelecimento é o *instrumento* por meio do qual o empresário exerce a empresa.

Segundo o art. 1.142 do Código Civil, estabelecimento consiste no *complexo de bens organizado utilizado pelo empresário para o exercício de sua atividade* — conceito que não se confunde com o local onde se exerce a atividade empresarial, que, inclusive, pode ser físico ou virtual (CC, art. 1.142, §1º).

Por exemplo, no caso de uma indústria, pode estar composto por prédio, por máquinas, ferramentas e equipamentos, pelo estoque de matéria-prima, entre outros itens. No caso de uma loja comercial, podem compor o estabelecimento o estoque, as prateleiras, os computadores, as caixas registradoras e assim por diante.

1.3.2. Estabelecimento: pluralidade

Um empresário pode ter um ou vários estabelecimentos, inclusive virtuais. Dessa forma, o empresário exerce a empresa por meio do estabelecimento.

Trata-se, portanto, do perfil objetivo da empresa, de acordo com a teoria poliédrica de Asquini[90].

1.3.3. Estabelecimento: implicações práticas do conceito

O conceito de estabelecimento também é central no direito empresarial. E isso por vários motivos. Entre outros, porque o estabelecimento, em si, pode ser objeto unitário de negócios jurídicos, como o trespasse e o arrendamento (CC, art. 142). Ainda, consiste em elemento central do critério "principal estabelecimento", utilizado para fixação da competência em matéria recuperatória e falimentar (LREF, art. 3º). Finalmente, é constantemente examinado em contexto concursal porque o estabelecimento pode ser objeto de alienação na forma de unidade produtiva isolada (UPI), a fim de exonerar o adquirente das dívidas do vendedor (LREF, art. 60, parágrafo único). Portanto, para o direito

[89] FERRARA JR. "La teoria giuridica dell'azienda...", p. 3-4.
[90] ASQUINI. "Perfis da empresa...", p. 118-119.

da empresa, várias e relevantes são as implicações do conceito de estabelecimento empresarial.

2. Elementos de empresa

De acordo com o art. 966 do Código Civil: "Considera-se empresário quem exerce profissionalmente atividade econômica organizada para a produção ou a circulação de bens ou de serviços".

A partir desse trecho do texto legal, extraem-se os quatro elementos caracterizadores da empresa e do empresário:

(i) profissionalismo;

(ii) economicidade;

(iii) organização; e

(iv) objeto industrial, comercial ou serviços não intelectuais.

Extrai-se do conceito legal que o empresário tem como características relevantes: (*i*) o profissionalismo (afastado o caráter empresarial de atos ocasionais); (*ii*) o exercício de uma atividade que tenha como fim o ganho econômico (o lucro); (*iii*) a organização (coordenação dos fatores de produção); e (*iv*) a exploração da indústria, do comércio ou da prestação de serviços não intelectuais[91].

[91] ASCARELLI, Tullio. "A atividade do empresário". Trad. De Erasmo Valladão Azevedo e Novaes França. *Revista de Direito Mercantil Industrial, Financeiro e Econômico*, São Paulo, v. 42, n. 132, p. 203-215, out./dez. 2003; WALD, Arnoldo. *Comentários ao Novo Código Civil*, v. 14. Rio de Janeiro: Forense, 2005, p. 40; GONÇALVES NETO. *Direito de empresa*: comentários aos artigos 966 a 1.195 do Código Civil..., p. 71 ss; SPADA, Paolo. *Diritto commerciale* – parte generale, v. I. 2 ed. Milano: CEDAM, 2009, p. 55-64.

2.1. Profissionalismo

A empresa é uma atividade exercida *profissionalmente*, isto é, com habitualidade[92] e estabilidade[93]. Significa dizer que a prática de um ato isolado, ocasional, ainda que praticado com escopo lucrativo, não faz do sujeito um empresário. Essa tem sido, inclusive, a tendência do legislador ao regrar a matéria empresarial[94].

Uma pessoa que adquire um imóvel para revendê-lo com lucro, porque vislumbra uma oportunidade, não se torna empresária somente em razão desse negócio singular, mesmo que busque o lucro. Diferente é o caso da empresa que negocia profissionalmente imóveis, por exemplo, situação em que a habitualidade está caracterizada.

A atividade empresarial, por sua vez, é dinâmica (ainda que admita pausas e suspensões em razão, por exemplo, do funcionamento do ciclo econômico de determinada matéria-prima), bem como direcionada à formação de uma unidade funcional[95]. Trata-se da estabilidade da iniciativa de empreender, composta por uma série de atos e negócios jurídicos, realizados de forma contínua, reiterada e organizada, por um mesmo sujeito, que cria, em torno dessa, uma série de relações interdependentes[96].

A prática de atos isolados, regra geral, é regulada pelo direito civil. Esses atos podem ser considerados nulos ou anuláveis, a exemplo, respectivamente, de uma doação firmada por pessoa absolutamente incapaz e de um contrato de mútuo inquinado de vício de vontade decorrente de coação (CC, arts. 151 a 155) ou lesão (CC, art. 157). No entanto, o que interessa à disciplina mercantil são aqueles atos praticados dentro de um contexto de organização dos meios

92 "Quanto ao requisito da profissionalidade (o qual para G. Ferri é essencial) estão todos concordes que se refere à habitualidade (aliás, os códigos de comércio costumam se referir à profissão habitual, considerada pleonástica), estabilidade, continuidade, atividade desenvolvida de maneira sistemática. Exclui-se, assim, a atividade ocasional, mas, se inclui a sazonal (por exemplo, os albergues das estâncias climáticas), pois não é necessário que seja permanente sem interrupção. Não se exige tampouco que seja atividade profissional exclusiva" (BULGARELLI. *A teoria jurídica da empresa...*, p. 196-197).

93 SPADA. *Diritto commerciale...*, p. 55.

94 "De fato, aquele que pratica o comércio esporádico ou de modo exíguo vem sendo excluído do âmbito de abrangência do direito comercial. [...] A doutrina inclina, hoje, para essa distinção e o faz por meio de dois critérios: um é o qualitativo, determinante da natureza da atividade (atividade que se presta a ser exercida sob forma de empresa); o segundo é quantitativo, revelador da intensidade com que é exercida a atividade pela prática de atos em massa, em cadeia, a reclamar um comportamento padrão e uma organização para viabilizá-lo". Cf. GONÇALVES NETO. *Direito de empresa*: comentários aos artigos 966 a 1.195 do Código Civil..., p. 54.

95 SPADA. *Diritto commerciale...*, p. 56.

96 MARCONDES. *Questões de direito mercantil...*, p. 7-8.

de produção (capital, tecnologia e trabalho), de forma habitual, reiterada e concatenados ao fim de fornecer bens e serviços ao mercado, sempre com a finalidade de obtenção de lucro[97].

Nesse contexto, não existe atividade nula ou anulável; seu regime jurídico é o da *irregularidade*, cujos efeitos jurídicos são diversos[98]. Da mesma forma, a atividade poderá ser lícita ou ilícita. Essa diferença no tratamento jurídico da atividade tem uma série de repercussões nos tradicionais planos de atuação do negócio jurídico (*i.e.*, existência, validade e eficácia), tipicamente aplicados dentro da esfera de abrangência do direito civil[99].

Um dos pioneiros na introdução da distinção entre ato e atividade, especialmente no âmbito do direito comercial, foi ASCARELLI[100], cujas lições foram amplamente absorvidas e desenvolvidas pela doutrina pátria, como se observa da passagem a seguir: "A separação, pois entre ato e atividade serve para dirimir vários problemas. Por exemplo: da proibição de uma atividade não pode derivar a sua nulidade; nem mesmo a nulidade dos atos singulares que possam restar válidos, embora sendo ilícita a atividade" [101].

E continua: "A atividade poderá ser lícita ou ilícita, mas não poderá ser nula. As normas sobre nulidade (e a anulabilidade) dos atos não podem ser aplicadas à atividade que poderá ser existente ao menos, e no primeiro caso, regular ou irregular, lícita ou ilícita, mas não nula por vícios singulares, podendo também a prática de atos nulos ou anuláveis coordenar-se com o exercício da atividade. Poderá também a atividade ser real ou aparente, contudo, não dá lugar à aplicação da disciplina da simulação dos negócios jurídicos. Portanto, o fim da atividade se reflete na coordenação dos atos isolados, mas permanece estranha à causa desses atos"[102]-[103].

97 BULGARELLI, Waldirio. *Contratos mercantis*. 8 ed. São Paulo: Atlas, 1995, p. 48-49.

98 Nesse sentido, ver, por exemplo, previsão do art. 48 da Lei 11.101/05 ("Poderá requerer recuperação judicial o devedor que, no momento do pedido, exerça regularmente suas atividades há mais de 2 (dois) anos e que atenda aos seguintes requisitos, cumulativamente [...]".

99 BULGARELLI. *A teoria jurídica da empresa...*, p. 190; SZTAJN. *Teoria Jurídica da Empresa...*, p. 217

100 ASCARELLI. *Corso di diritto commerciale...*, p. 147.

101 BULGARELLI. *A teoria jurídica da empresa...*, p. 185-186.

102 BULGARELLI. *A teoria jurídica da empresa...*, p. 185-186.

103 O tema foi aprofundado por PANUCCIO: "a qualificação (lícita ou ilícita) da causa do ato singular que compõe a atividade é indiferente à respectiva qualificação da licitude ou ilicitude da atividade propriamente dita. Se é possível falar de causa da atividade em si, ela não é resultante da soma das causas dos atos individualmente considerados que compõem a atividade. O elemento causal da atividade deve ser procurado em outra esfera e tem natureza essencialmente objetivo direcionado à realização de um resultado, cuja fonte normativa é essencialmente a letra da lei. [...] A atividade, uma vez empreendida, produz irremediavelmente seus efeitos, de modo que não se pode falar em nulidade ou anulabilidade do exercício de fato da atividade. [...]. Isso não significa que a atividade

Assim, não é o ato individualmente considerado que compõe a matéria de estudo do direito empresário. Tampouco a prática de um ato isolado faz de um sujeito um empresário, mas sim o somatório deles, praticados de forma profissional, organizada, dentro do bojo de um processo com vistas ao atingimento de fins econômicos. Essa é a tônica que caracteriza a atividade negocial e a teoria da empresa[104].

2.2. Economicidade

Uma *atividade econômica* consiste em uma atividade exercida com escopo lucrativo. Nesse ponto, importante destacar: nem todos que exercem atividade com escopo lucrativo são empresários, mas todo empresário atua visando ao lucro[105] — sendo este o objetivo, certamente não uma certeza, pois a empresa é, por definição, atividade de risco[106]. O conteúdo da disciplina empresarial é, por conseguinte, essencialmente econômico[107]-[108].

Por vezes, atividades materialmente próximas ou até idênticas se diferenciam por esse critério. Veja-se o caso da atividade educacional. As instituições

não tem mecanismos jurídicos de tutela. O mesmo princípio da efetividade se põe em primeiro plano de forma relevante, consistente na inibição, total ou parcial, temporária ou definitiva da atividade. É óbvio que, se a atividade não existe e não se realiza na prática, considerá-la inexistente (com exceção dos efeitos precedentes) interromperá seu exercício. A atividade da empresa só existe juridicamente se exercitada de fato (efetivamente)". Cf. PANUCCIO. "Teoria giuridica dell'impresa...", p. p. 112-116.

104 BARRETO FILHO. *Teoria do estabelecimento comercial...*, p. 17-18; FORGIONI. *A evolução do direito comercial brasileiro...*, p. 100.

105 "Também para o âmbito da economicidade tem vindo a questão do objetivo de lucro, normalmente vista no plano da profissionalidade, no sentido de que, quem se dedica a uma atividade em sentido profissional, o faz com o objetivo de tirar proveito. A maioria da doutrina propende por admitir que a atividade econômica implica ordinariamente na intenção de ganho. Ferrara Filho é, a esse propósito, incisivo ao afirmar que ninguém exercita uma atividade econômica grátis et amore, mas para ganhar". Cf. BULGARELLI. *A teoria jurídica da empresa...*, p. 194.

106 ANTUNES. "Estrutura e responsabilidade da empresa...", p. 29.

107 "O elemento da economicidade é considerado dos mais relevantes pela doutrina, pois expressa a posição do empresário como agente capaz da criação de riquezas, portanto, bens e serviços economicamente avaliáveis. Por esse prisma, excluem-se as atividades puramente intelectuais, artísticas, recreativas, culturais, desportivas, etc., e as gratuitas e de benemerência. Requer-se, ainda que tenha por objeto a produção ou a circulação de bens ou serviços para o mercado e não para o próprio consumo. [...] A doutrina refuta a acusação de pleonasmo feita ao legislador por ter incluído além da expressão econômica também a de produção ou circulação de bens ou serviços, pois considera a economicidade mais ampla, não se esgotando nesta última expressão. Daí que se entende que a economicidade é um requisito impossível de ser eliminado, pois só ele, diversamente da organização e da profissão, permite estabelecer um conceito de atividade em concreto se uma atividade é ou não empresarial." (BULGARELLI. *A teoria jurídica da empresa...*, p. 193-194). ASCARELLI entende, por exemplo, que a produção não precisa ser destinada para o mercado em geral, sendo suficiente que a destinação seja para um ambiente restrito (não familiar), para um sujeito específico ou para um mercado determinado (ASCARELLI. *Corso di diritto commerciale...*, p. 166).

108 BARRETO FILHO. "A dignidade do direito mercantil...", p. 12.

de ensino tanto podem assumir uma forma empresária, como a sociedade anônima, por exemplo, ou uma não empresária, como uma a associação ou uma fundação. No primeiro caso, o objetivo do exercício da atividade é a obtenção de lucro e a sua posterior distribuição aos sócios. No segundo, o exercício da atividade até pode resultar positivo — é saudável que o seja —, mas não pode haver distribuição de lucros, pois a associação e a fundação possuem fins não econômicos[109].

Para um relato mais completo acerca da economicidade, ver a exposição feita no Capítulo 3, item 3.4, *supra*.

2.3. *Organização*

O termo "organização" é polissêmico no universo jurídico, sendo geralmente utilizado no sentido de ordem funcional estabelecida para a busca de um determinado resultado a partir da mobilização de pessoas ou coisas[110]. Para o exercício da empresa, o empresário organiza os chamados "fatores de produção": capital, trabalho, recursos naturais e tecnologia[111]. A responsabilidade pela sistematização de uma estrutura jurídico-organizacional adequada ao enfrentamento e ao gerenciamento dos desafios de se estabelecer e competir no mercado consiste em elemento-chave para a caracterização do empresário[112].

Na economia, *fator de produção* é um recurso utilizado para produzir bens e serviços[113]. O elemento "organização" na construção do conceito jurídico de empresa foi o que mais despertou discussões e controvérsias na doutrina, especialmente na Itália[114]. Com o passar dos anos, conclui-se que o empresário é

109 Dentro de um critério mais ou menos seguro, podemos afirmar que as associações e as fundações propiciam o atingimento de objetivos não econômicos (não lucrativos), consoante disposto nos artigos 53 e 62, parágrafo único, do Código Civil, ao passo que as sociedades, em sentido diametralmente oposto, servem para a exploração da atividade voltada para o lucro e a sua posterior partilha entre os sócios, forte no art. 981 do Código Civil. Relativamente às duas primeiras, para diferenciá-las, pode-se dizer, ainda, que as associações correspondem a uma união de pessoas, enquanto as fundações consistem em um patrimônio personificado. Esse objetivo específico, no caso das fundações, será sempre o bem-estar de terceiros, haja vista não serem constituídas por pessoas, mas por um conjunto de bens com a destinação específica dada por seu instituidor. No caso das associações, a busca é, usualmente, o bem-estar de seus membros, os associados, sendo que, por vezes, têm elas um objetivo menos egoístico, visando, à semelhança das fundações, ao bem-estar de terceiros (as associações possuem maior ou menor grau de utilidade pública; são, portanto, mais ou menos egoísticas).

110 SPADA. *Diritto commerciale*..., p. 56-57.

111 BULGARELLI. *A teoria jurídica da empresa*..., p. 201, 329.

112 BUONOCORE. *L'Impresa*..., p. 222 ss.

113 KRUGMAN; WELLS. *Introdução à economia*..., p. 56.

114 SPADA. *Diritto commerciale*..., p. 55 e ss.

a figura que organiza racionalmente esses fatores para criar um negócio capaz de gerar lucros[115].

Em contrapartida, não há empresa sem capital. O capital pode ser próprio ou de terceiros (como o proveniente de empréstimos, por exemplo), mas um mínimo de capital próprio é necessário — sendo inclusive, uma exigência da legislação societária[116]. O capital pode, ainda, ser financeiro (dinheiro, crédito) ou físico (máquinas, equipamentos, instalações)[117].

O *fator trabalho* significa trabalho alheio[118]. Parte da doutrina sustenta que não bastaria o trabalho do próprio titular do negócio à caracterização da empresa. Por conseguinte, a organização do trabalho alheio seria um imperativo do conceito. Todavia, na economia contemporânea, é possível conceber a formação de uma empresa sem o trabalho de terceiros[119].

O *fator natureza* está representado pelos recursos naturais eventualmente empregados na atividade: terras cultiváveis, florestas, recursos minerais.

Finalmente, o *fator tecnologia* não precisa corresponder, necessariamente, a uma tecnologia de ponta; está mais para um *know-how*, isto é, o domínio de certo conhecimento, técnica ou modo de produzir ou comercializar um bem ou, ainda, prestar um serviço[120].

Em regra, a atividade empresarial se caracteriza pelo emprego conjunto e coordenado desses quatro fatores de produção[121], embora não se possa sustentar que se trate de critério absoluto e sem exceções[122].

Nesse particular, partilha-se da opinião de quem sustenta que, para a caracterização da atividade empresária, não é preciso que se verifiquem, conjuntamente, todos os fatores. Da mesma forma, nada impede que alguns ou todos os fatores sejam organizados pelo empresário de forma descentralizada no curso do ciclo produtivo de determinado produto ou na prestação de algum serviço[123]. Aliás, essa é a regra em setores que investem em tecnologia disruptiva.

[115] SZTAJN. *Teoria jurídica da empresa...*, p. 127 ss.

[116] CC, arts. 968, III, e 997, III.

[117] DOMINGUES. *Variações sobre o capital social...*, p. 21-22.

[118] O microempreendedor individual (MEI) usualmente, embora não necessariamente, trabalha sozinho.

[119] BUONOCORE. *L'Impresa...*, p. 125-126; JAEGER, Pior Giusto; DENOZZA, Francesco; TOFFOLETO, Alberto. *Appunti di diritto commerciale* – impresa e società. 6 ed. Milano: Giuffrè, 2006, p. 19.

[120] KRUGMAN; WELLS. *Introdução à economia...*, p. 56.

[121] GONÇALVES NETO. *Direito de empresa...*, p. 73; VERÇOSA. *Curso de direito comercial*, v. 1..., p. 127.

[122] GALGANO, Francesco. *Diritto civile e commerciale*: L'impresa e le società, v. 3. 4 ed. Padova: CEDAM, 2004, p. 37.

[123] SPADA. *Diritto commerciale...*, p. 59.

2.4. Objeto industrial, comercial ou de serviços não intelectuais

O direito brasileiro estabelece uma separação entre atividade econômica da empresa e atividades econômicas diversas, ditas "não empresariais"[124]. Isso quer dizer que nem toda atividade econômica é considerada empresária pela legislação. Por razões históricas e por política legislativa, apenas o comércio, a indústria e os serviços não intelectuais são objeto de regulação do direito empresarial, conforme se extrai da leitura combinada do *caput* e do parágrafo único do art. 966 do Código Civil.

De acordo com o *caput* do referido dispositivo: "Considera-se empresário quem exerce profissionalmente atividade econômica organizada para a *produção ou a circulação de bens ou de serviços*". Para ser bem compreendido, este último trecho do texto legal precisa ser decomposto em partes para a exata identificação das atividades. Assim:

produção de bens	corresponde à "indústria"
produção de serviços	corresponde à "prestação de serviços"
circulação de bens	corresponde ao "comércio"
circulação de serviços	também corresponde ao "comércio"

A empresa industrial se caracteriza por ser atividade de produção de bens (*e.g.*, fabricação de automóveis, construção civil); a empresa comercial consiste na atividade de circulação de bens ou serviços (*e.g.*, comércio de gêneros alimentos, de vestuário, de pacotes de turismo, de planos de telefonia); e a empresa de prestação de serviços corresponde à execução de uma atividade em benefício do tomador, não abrangendo uma mercadoria (*e.g.*, transporte, depósito, segurança, telecomunicações).

De uma maneira geral, pode-se afirmar que toda atividade econômica não intelectual que exija um mínimo de organização acaba se caracterizando como empresarial. Assim, é possível identificar a atividade empresária por exclusão: todos os empreendedores, exceto o profissional liberal exercente de profissão

[124] SZTAJN. *Teoria jurídica da empresa...*, p. 121.

intelectual e o produtor rural não registrado, são considerados empresários no direito brasileiro[125].

A exclusão dos serviços intelectuais é feita pelo parágrafo único do art. 966 do Código Civil. Ainda, o produtor rural é um caso à parte. De acordo com os arts. 971 e 984, o rurícola, para se submeter ao regime jurídico empresarial, precisa requerer a sua matrícula no Registro de Empresas. Do contrário, será reputado não empresário. Pelas suas particularidades, ambos os casos serão examinados em apartado (itens 3.1 e 3.2, *infra*).

Essa dicotomia entre atividades econômicas empresárias e não empresárias, como já referido, trata-se de escolha de política legislativa. Despida de conteúdo ontológico, essa divisão mantém acesa a discussão em torno da necessidade e da conveniência de unificar a aplicação das regras de direito empresarial para todos aqueles que exercem atividade econômica[126].

Sabe-se que a suposta necessidade de segregação se apresenta sob diferentes roupagens, ora encontrando fundamento em questões históricas e culturais, ora na tradição de certos ofícios intelectuais, ora na necessidade de sujeição de alguns agentes a regramentos de caráter deontológico, ora na inexistência de livre acesso às profissões que exigem formação em curso superior, ora na predominância do caráter pessoal (e não empresarial) da atividade, ora na suposta ausência de elementos típicos da organização empresarial, e assim por diante. O quanto disso subsiste nos dias de hoje é questão sujeita a debates.

Para além da discussão teórica, o ponto central desse debate — e que, de certa forma, traz à tona mais uma vez a discussão sobre a unificação obrigacional do direito privado — está nos efeitos resultantes da caracterização da atividade econômica como empresária, dentre os quais está a sujeição aos efeitos da Lei 11.101/05 — que trata da recuperação judicial, extrajudicial e falência —, a necessidade de inscrição no Registro de Empresas e o cumprimento de obrigações tributárias próprias das atividades dessa natureza[127].

[125] SZTAJN, Raquel. "Notas sobre o conceito de empresário e empresa no Código Civil brasileiro". *Revista de Direito Privado*, v. 25, p. 233-249, jan./mar. 2006; AYOUB, Luiz Roberto; CAVALLI, Cássio. *A construção jurisprudencial da recuperação judicial de empresas*. Rio de Janeiro: Forense, 2013, p. 23; GONÇALVES NETO. *Direito de empresa*: comentários aos artigos 966 a 1.195 do Código Civil..., p. 73 ss.

[126] "Qual a razão que informa tal decisão que não prevê a inclusão de tais profissões no quadro geral da empresa? O que teria levado o legislador brasileiro a manter tais atividades fora do campo de incidência das normas empresariais quando inclui no mesmo Livro II a sociedade simples? Sob o aspecto objetivo, não há dúvida de o exercício das atividades relacionadas naquele parágrafo cria riquezas, produz utilidades, ao menos de caráter econômico". Cf. SZTAJN. *Teoria Jurídica da Empresa...*, p. 112-113.

[127] SZTAJN. *Teoria jurídica da empresa...*, p. 119; GONÇALVES NETO. *Direito de empresa*: comentários aos artigos 966 a 1.195 do Código Civil..., p. 73 ss.

3. Empreendedores não empresários

Empreendedores não empresários estão compreendidos em dois grupos: (*i*) os profissionais que exercem profissão intelectual, seja ela de natureza científica, artística ou literária; e (*ii*) o produtor rural não inscrito no Registro de Empresas.

3.1. Profissionais liberais

Não se considera empresário quem exerce profissão intelectual, de natureza científica, literária ou artística, ainda que com o concurso de auxiliares ou colaboradores (mesmo que presentes, no exercício da atividade, a habitualidade, a economicidade e a organização), salvo se o exercício da profissão constituir elemento de empresa (CC, art. 966, parágrafo único).

Seguindo a inspiração peninsular, construída a partir de uma linha argumentativa baseada em certos privilégios legislativos e cada vez mais fragilizada ("a profissão como missão ou vocação"), o legislador brasileiro importou a regra prevista no art. 2.238 do Código Civil Italiano[128], inserindo-a, com redação alterada, no parágrafo único do art. 966 do Código Civil de 2002. A despeito da boa intenção, a transposição se deu às avessas e em contexto legislativo absolutamente distinto do original[129].

Na tentativa de amenizar o estrago da importação defeituosa, o sentido que deve ser dado à exceção prevista no parágrafo único do art. 966 do Código Civil de 2002 é de que atividades empresárias e não empresárias assumem contornos jurídicos distintos. Logo, a atividade intelectual, de natureza científica, artística ou literária, não pode ser considerada de forma isolada para fins de determinar ou não sua sujeição ao regime jurídico empresarial. Essa atividade deve ser examinada como um elemento do todo, uma parte componente de um conjunto de fatores a partir dos quais se organiza uma empresa[130].

A crítica doutrinária é correta e merece atenção legislativa. Porém, enquanto isso não ocorre, é preciso examinar as regras vigentes.

[128] Além do repertório argumentativo retórico, a condição jurídica do profissional liberal é quase o despojo de uma guerra travada no parlamento por esta ou aquela profissão para estabelecer algum privilégio com golpes de lobby e influência política. Cf. SPADA. *Diritto commerciale*..., p. 52.

[129] GONÇALVES NETO. *Direito de empresa*: comentários aos artigos 966 a 1.195 do Código Civil..., p. 76; SZTAJN. *Teoria jurídica da empresa*..., p. 135.

[130] "De acordo com a legislação brasileira de 2002, nem toda organização da atividade econômica é empresa, nem todo organizador dessa atividade é empresário. Cf. SZTAJN. *Teoria jurídica da empresa*..., p. 137-138, 140.

Em termos gerais, profissão intelectual de natureza científica normalmente se caracteriza por: (*i*) formação em curso superior; (*ii*) regulamentação da profissão; e (*iii*) inscrição em órgão de classe (*e.g.*, Ordem dos Advogados, Conselho de Medicina, Conselho de Contabilidade) distinto do Registro de Empresas. É o caso dos advogados, médicos, contadores, economistas, engenheiros e arquitetos, entre outros.

Segundo a doutrina, enquanto o exercício da empresa é essencialmente livre — como forma de estimular o empreendedorismo e a criação de riqueza por todos os indivíduos organizados em sociedade —, o acesso a algumas profissões está restrito a indivíduos que adquiriram condições técnicas mínimas para exercerem determinadas atividades — em razão de que lidam com bens jurídicos sensíveis e socialmente relevantes, como a saúde e a vida, no caso dos médicos, e o patrimônio e a liberdade das pessoas, no caso dos advogados (CF, arts. 5º, XIII, e 170, parágrafo único)[131].

A distinção é, portanto, supostamente, de ordem qualitativa[132].

Além disso, não há, entre os profissionais que exercem atividade de natureza científica, plena liberdade de concorrência, tendo em vista o decoro da profissão, diferentemente do que ocorre com os empresários — mesmo que essa particularidade, principalmente no que se refere às restrições à publicidade profissional, já tenha sido revista em diversas jurisdições, como na Itália[133].

Finalmente, quem exerce profissão de natureza científica não realiza, em regra, produção em massa, como ocorre na atividade empresarial: cada bem ou serviço é único ou algo muito próximo disso, protagonizado por alguma característica própria e acentuada do profissional em questão. Trata-se, nesse particular, de questão de ordem valorativa[134], e, por isso, tais atividades encontram-se fora do direito empresarial[135].

Basicamente pelas mesmas razões se excluem as profissões intelectuais de natureza artística e literária do regime empresarial. Em primeiro lugar, esse grupo de autônomos (*e.g.*, músicos, atores, dançarinos, pintores, escultores, escritores) costuma conduzir atividades modestas e sem grande sofisticação estrutural, sendo as obrigações inerentes à qualidade de empresário (*i.e.*, registro,

131 ASCARELLI. "A atividade do empresário...", p. 206-207.
132 CAVALLI. *Direito comercial...*, p. 232.
133 SPADA. *Diritto commerciale...*, p. 52.
134 SPADA. *Diritto commerciale...*, p. 52.
135 ASCARELLI. "A atividade do empresário...", p. 206-207.

escrituração contábil, levantamento de demonstrações financeiras), em regra, bastante onerosas e não condizentes com o porte de seus negócios.

Como regra geral, às atividades profissionais exercidas por tais indivíduos falta o elemento da organização. Nesse tipo de atividade, a coordenação de fatores de produção é meramente acidental: o esforço criador se implanta na própria mente do autor, que cria ou desenvolve o bem ou serviço[136].

a) Sociedade de profissionais liberais

Vale referir, ainda, que os profissionais intelectuais que exercem individualmente suas atividades costumam ser chamados na prática de "profissionais liberais". Por sua vez, as sociedades formadas por esses profissionais são denominadas de "sociedade simples" ou "não empresárias", sendo reguladas pelos artigos 997 a 1038 do Código Civil.

b) Concurso de auxiliares e colaboradores

Mesmo que tais indivíduos explorem sua atividade com o concurso de auxiliares e colaboradores, não serão considerados empresários (CC, art. 966, parágrafo único, 2ª parte).

Isto é, um médico que emprega uma secretária, um auxiliar e até mesmo um médico assistente não passará a ser empresário por conta disso. A situação não muda mesmo que o número de colaboradores seja elevado, pois não é o número de auxiliares e colaboradores que muda a natureza da atividade[137].

c) Elemento de empresa

O que faz com que um agente econômico que exerce atividade intelectual de natureza científica, artística ou literária passe a ser considerado empresário é

[136] MARCONDES *Questões de direito mercantil...*, p. 11.

[137] "É importante esclarecer, desde já, que essa previsão, por excepcionar o caput do art. 966, supõe evidentemente, o exercício de atividade dessa natureza sob forma organizada e em caráter profissional, pois se assim não fosse, não precisava existir ressalva alguma. Ou seja, se não se verificarem os pressupostos da atividade organizada e da atuação profissional do intelectual, não há como enquadrá-lo no art. 966, o que torna incogitável, por isso e por óbvio, subsumi-lo ao respectivo parágrafo: por excluído já estar, a disposição excludente não o apanha. Destarte, um escritor ocasional ou um amador, mesmo que de sua produção intelectual faça profissão, não é empresário por não estar inserido no enunciado contido no caput do art. 966. Também o escritor profissional, que desenvolve sua atividade intelectual de modo organizado, com concurso de colaboradores e com estrutura para produzir em escala, não é empresário, porque, embora abrangido pela referida regra, dela é excluído pelo disposto em seu parágrafo único". Cf. GONÇALVES NETO. *Direito de empresa*: comentários aos artigos 966 a 1.195 do Código Civil..., p. 74.

a combinação de atividades empresariais típicas (comércio, indústria, serviços não intelectuais) com a profissão liberal em si, como se empresa fosse[138].

Enquanto a atividade intelectual for essencialmente "pura", o agente não será empresário, não importa o tamanho ou a complexidade da sua atividade[139].

Nesse sentido, afirma-se que sociedades de advogados com centenas de advogados não são empresárias, tampouco o são as "firmas" de auditoria — sociedades que possuem receitas bilionárias, empregam milhares de pessoas e utilizam tecnologia de ponta. Nada disso descaracteriza a natureza não empresarial desses agentes econômicos.

A exceção a essa lógica está na última parte do parágrafo único do art. 966: "salvo se o exercício da profissão constituir elemento de empresa"[140] — trecho importado do direito italiano[141].

A razão de ser dessa regra está contida na explicação do parágrafo anterior. A atividade/profissão intelectual de natureza científica, artística ou literária será absorvida pelo regime empresarial (tornando-se "elemento de empresa"[142]) quando seu exercício for apenas mais uma das atividades organizadas

[138] MARCONDES. *Questões de direito mercantil...*, p. 11.

[139] FRANÇA, Erasmo Valladão Azevedo e Novaes. Sociedade que tem por objeto a prestação de serviços de natureza intelectual é de natureza simples, qualquer que seja a forma de sua organização (parecer). *Revista de Direito Mercantil Industrial, Econômico e Financeiro*, v. 157, p. 241-258, 2011.

[140] A doutrina italiana também contribui para o debate, ainda que haja distinção no tratamento dado ao tema: "Para BUONOCORE, são elementos da empresa a assunção do risco da organização, a economicidade da atividade e sua produtividade. Economicidade tem relação com o escopo de lucro; produtividade tem a ver com a criação de bens ou serviços, o que exclui atividades de mera fruição, mas não atividades de prestação de serviços de natureza assistencial, ou cultural. Por escopo lucrativo, há de se entender tanto o ganho quanto a redução de despesas ou qualquer outra vantagem patrimonial, portanto qualquer utilidade econômica." (SZTAJN. *Teoria Jurídica da Empresa...*, p. 118).

[141] "A regra sob análise está inspirada na do art. 2.238 do Código Italiano, que não figura no capítulo relativo à empresa. Toda matéria ligada à atividade laboral está inserida no Livro V daquele Código, que trata 'Del Lavoro' ('Do Trabalho'), destinado a regular as relações de trabalho em geral. [...] As profissões intelectuais constituem um capítulo do trabalho autônomo, em relação ao qual há uma série de normas especiais a elas relativas [...] Como qualquer outro trabalhador autônomo, o intelectual não é, de modo algum, submetido ao regime jurídico do empresário. [...] Ou seja, a profissão intelectual, no sistema italiano, não tem qualquer vinculação com a matéria relativa à empresa: se ela for exercida como parte de uma atividade empresarial, continuará subordinada às regras do capítulo que lhe é próprio, sendo-lhes aplicáveis, então, complementarmente, as disposições referentes à empresa". Cf. GONÇALVES NETO. *Direito de empresa:* comentários aos artigos 966 a 1.195 do Código Civil..., p. 76.

[142] "O anteprojeto do nosso Código Civil tinha dado ao parágrafo único do art. 966 (então art. 1.027), redação muito parecida com a utilizada pela fonte: 'salvo se o exercício da profissão constituir elemento de atividade organizada em empresa'. Ao ser aprovado pela Câmara dos Deputados, contudo, teve essa frase simplificada com a supressão das palavras 'atividade organizada em' tornando-o, com isso, mais lacônico. De toda a maneira, ser 'elemento de atividade organizada em empresa' ou, simplesmente, 'elemento de empresa' significa ser parcela dessa atividade e não a atividade em si, isoladamente considerada. Evidencia-se, assim, que a única possibilidade de enquadrar a atividade intelectual no regime jurídico empresarial será considerando-a como parte de um todo mais amplo apto a se identificar como empresa – ou mais precisamente, como um dos vários elementos em que

pelo empresário dentro de um complexo maior, que abrange atividades tipicamente empresariais.

Por exemplo, imagine-se o caso do médico que titulariza uma clínica de cirurgia plástica: enquanto o exercício da medicina for a única atividade explorada pela clínica, não haverá empresa, sendo irrelevante o número de auxiliares, médicos contratados ou o valor do faturamento.

A atividade da sociedade permanecerá sendo de natureza não empresária. No entanto, a partir do momento em que ao serviço médico forem agregadas outras atividades (empresariais), sob a mesma titularidade, tais como serviços de "spa" ou venda de produtos cosméticos, o caráter não empresarial originário da atividade estará descaracterizado, passando o sujeito a se submeter ao regime jurídico empresarial[143].

Essa é a interpretação que deve ser dada à expressão "elemento de empresa" constante na última parte do parágrafo único do art. 966 do Código Civil.

3.2. *Produtor rural*

A situação do produtor rural é *sui generis*. Caso ele se matricule no Registro de Empresas, torna-se empresário, na forma dos artigos 971 e 984 do Código Civil. Por outro lado, se opta por não se registrar, permanece sujeito ao direito civil comum[144].

Em razão dessa particularidade, entende-se que a inscrição do produtor rural no Registro Público de Empresas Mercantis tem natureza constitutiva (mudança no status jurídico do optante), e não declaratória, como ocorre na inscrição dos demais empresários[145].

se decompõe determinada empresa". Cf. GONÇALVES NETO. *Direito de empresa*: comentários aos artigos 966 a 1.195 do Código Civil..., p. 76.

143 Nessa linha: MARCONDES. *Questões de direito mercantil*..., p. 11. Ainda nessa linha, veja-se a lição de Alfredo de Assis Gonçalves Neto: "Sujeita-se às disposições do direito de empresa e, portanto, considera-se empresário o intelectual que contribuiu com seu trabalho profissional para a feitura ou a circulação de um produto ou serviço diverso e mais complexo do que aquele que se insere em sua habilitação – situação em que se encontram, dentre outros, (i) o contabilista em uma atividade de consultoria, cujos contornos exigem auditoria, marketing, etc.; (ii) o médico que agrega à prática da medicina um spa, onde ao seu paciente oferece repouso e refeições; (iii) o veterinário que, além do seu ofício, hospeda animais na viagem de seus donos; (iv) o engenheiro calculista que mantém um empreendimento de construção civil; (v) um técnico em informática que agrega à sua atividade intelectual a exploração comercial de softwares e assim por diante". Cf. GONÇALVES NETO. *Direito de empresa*: comentários aos artigos 966 a 1.195 do Código Civil..., p. 76-77.

144 MARCONDES. *Questões de direito mercantil*..., p. 12.

145 GONÇALVES NETO. *Direito de empresa*: comentários aos artigos 966 a 1.195 do Código Civil..., p. 92.

Essa situação peculiar possui explicação histórica. Tradicionalmente, a produção agrícola sempre esteve fora do âmbito do direito comercial, pois, na maior parte dos casos, tratava-se de uma atividade de subsistência da família rural. Vale lembrar que, há algumas décadas, parcela relevante da população vivia no campo e a exploração da terra tinha essa nota característica.

Por outro lado, a grande propriedade rural, cuja produção fosse voltada ao mercado, sempre existiu, mas se tornou uma realidade cada vez mais presente com o passar do tempo. Efetivamente, com o aumento exponencial da população urbana, a produção rural se especializou, as propriedades aumentaram e o uso intensivo de capital e tecnologia se tornou indispensável. Por conta disso, o Código Civil permite a quem explora a atividade rural escolher se quer se sujeitar ou não ao regime empresarial[146].

Optando pelo registro, o produtor rural terá de cumprir todas as obrigações de empresário, como a manutenção da escrita contábil e o levantamento das demonstrações financeiras. Ademais, estará sujeito à falência. Por outro lado, poderá optar por um tipo societário capaz de acessar o mercado de capitais, como é o caso da sociedade anônima. Finalmente, preenchidos certos pressupostos previstos no art. 48 da Lei 11.101/05, poderá se valer da recuperação judicial ou extrajudicial de empresas.

3.3. *Associação futebolística*

De acordo com o parágrafo único do art. 971, introduzido pela Lei 14.193 de 2021, que instituiu a sociedade anônima do futebol (SAFI), a associação que desenvolva atividade futebolística em caráter habitual e profissional também pode requerer a inscrição no Registro de Empresas, caso em que, depois de inscrita, ficará equiparada, para todos os efeitos, ao empresário — inclusive para utilizar os institutos recuperatórios e sujeitar-se à falência na forma da Lei 11.101 de 2005.

A hipótese é bastante excêntrica e controvertida. Dificilmente poderá ser explicada pelas vias dogmáticas tradicionais. Tudo indica que se trata de mais uma incursão arriscada do legislador, que, ao tentar inovar, embaralha conceitos distintos (*e.g.*, associação e sociedade; economicidade como meio e economicidade como fim), agregando instabilidade ao sistema jurídico — bem como

[146] FORGIONI. *A evolução do direito comercial brasileiro...*, p. 116-119.

dificultando, sobremaneira, o trabalho da doutrina de sistematizar de maneira lógica e organizada a matéria empresarial.

A despeito da crítica, fato é que a previsão em questão abriu a possibilidade de o direito brasileiro abrigar uma "associação empresária", o que resulta em uma *contradictio in terminis*, para dizer o mínimo. Mais um exemplo de que certas dicotomias precisam ser repensadas.

CAPÍTULO 5

DIREITOS ECONÔMICOS FUNDAMENTAIS

Nenhuma empresa opera no vácuo. Empresas atuam em mercados, que são ambientes institucionais (*locus*) para a troca de bens e serviços[1]. Esses mercados são repletos de outros agentes, cujo comportamento é impulsionado por motivos fundamentalmente econômicos, mas que também é induzido e conformado por normas jurídicas de diversas ordens[2].

Em sentido amplo, as disposições constitucionais atinentes à ordem econômica influenciam o funcionamento das empresas nos seus aspectos mais fundamentais, seja ao consagrar o capitalismo[3] como modelo de produção

[1] Sobre as diversas dimensões e definições de "mercado", ver: FORGIONI. *A evolução do direito comercial brasileiro...*, p. 187 ss.

[2] Com efeito, nenhum mercado prescinde de normas, nem que sejam normas oriundas do próprio mercado. Mercados são, portanto, naturalmente *normatizados*.

[3] Utiliza-se, aqui, a expressão "consagrar" (em "ao consagrar o capitalismo como modelo de produção dominante na economia"), porque as Constituições não criaram o capitalismo como modelo de produção nem foram as responsáveis pela sua implementação como tal. Modelos de produção são fruto das relações econômicas materialmente existentes em dado país, as quais são historicamente construídas a partir do comportamento dos agentes econômicos e das instituições daquele lugar. Daí porque, em larga medida, a Constituição *recepciona* o capitalismo e a economia de mercado, não os institui. Mas é evidente que, hodiernamente, as Constituições, em geral, não aceitam o capitalismo e a economia de mercado como realidades puras e intocáveis. Em outras palavras, não tomam o liberalismo econômico na sua forma pura; isso porque há falhas de mercado que devem ser corrigidas e comportamentos abusivos e oportunistas que precisam ser coibidos nesse sistema. De uma maneira bastante ampla, economistas admitem essas mazelas. Para corrigi-las, admite-se certa intervenção do Estado no domínio econômico. Como assentou Eros Grau, impossível separar

dominante na economia[4], seja para admitir certa intervenção estatal no domínio econômico[5].

Examinando-se o papel das normas constitucionais que se relacionam com a atividade econômica, conclui-se pela imprescindibilidade de seu estudo, uma vez que:

(i) **formam a macroestrutura normativa** institucional da própria atividade empresarial (*dimensão objetiva*);

(ii) **consistem em verdadeiros "direitos fundamentais econômicos"** contra qualquer ação do Estado que limite o exercício de direitos econômicos subjetivos por parte dos empreendedores (*dimensão subjetiva*); e

(iii) **subjazem e informam** importantes sistemas ou subsistemas normativos de direito empresarial[6].

1. Regulação da atividade econômica

As regras econômicas fundamentais possuem origem híbrida. De um lado, é possível afirmar que são historicamente definidas a partir do próprio funcionamento da economia, que acaba recepcionado na Carta Constitucional[7]. De outro, são fruto de uma opção política do legislador. Essa dialética — *realidade*

Constituição e política (prefácio ao livro de Bercovici, ver: BERCOVICI. *Constituição econômica e desenvolvimento...*, p. 7). Sobre a extensão dessa intervenção e acerca do quanto a política pode e deve dirigir a economia é que divergem os teóricos e as diferentes escolas de pensamento econômico, social, filosófico e jurídico. Dessa discussão, no entanto, não cuida o presente livro.

4 É no texto constitucional, por exemplo, que se encontram as normas que garantem (*i*) o direito de livre exploração de qualquer atividade econômica, seja individual ou coletivamente, (*ii*) o direito de conquistar clientela pela concorrência direta, (*iii*) e o direito de apropriação do lucro gerado pela atividade — direitos que acabam consagrando, em última análise, o próprio modelo capitalista.

5 Também é no plano constitucional que se definem alguns limites à atuação dos particulares (a fim de coibir abusos do poder econômico), bem como se admite alguma intervenção estatal no domínio da economia, ora para regular um determinado setor (como ocorre nos campos aéreo, energético e de telecomunicações), ou para admitir a exploração direta de uma atividade pelo Estado (vide o caso das empresas estatais), ou, ainda, para estipular monopólios estatais (como aqueles ligados às áreas nuclear, de petróleo e de gás).

6 MOREIRA. *A ordem jurídica do capitalismo...*, p. 111-114.

7 Ressalvada a possibilidade de revolução, que rompe com a ordem vigente e historicamente construída.

posta e viés político conformador — resulta na regulação da atividade econômica[8], cuja matriz é constitucional[9].

Nos dias de hoje, é possível afirmar que, na esmagadora maioria das nações, as Constituições nacionais recepcionaram o modo de produção capitalista, admitindo um viés mais ou menos intervencionista do Estado na economia, a depender da escolha política feita pelo legislador constitucional[10].

Modelo de produção e de intervenção do Estado no domínio econômico são questões tratadas na chamada "constituição econômica" e que influenciam mais diretamente o sistema de direito empresarial. Por essa razão, merecem um olhar mais atento.

2. Constituição econômica

O termo "constituição econômica" é utilizado para designar o conjunto de disposições constitucionais — regras e princípios — que dizem respeito à conformação da economia de uma determinada nação[11].

[8] Para as acepções do termo "atividade econômica", ver: GRAU, Eros. *A ordem econômica na Constituição de 1988*. 13 ed. São Paulo: Malheiros, 2008, p. 103 ss.

[9] A matriz é constitucional. A Lei da Liberdade Econômica (Lei 13.874, de 2019), por exemplo, é, em essência, uma afirmação da ordem econômica constitucionalmente consagrada.

[10] A modelagem da economia de uma nação ("concepção econômica") é, em certa medida, fruto de uma opção do legislador constituinte, uma escolha que reflete sua ideologia (GRAU. *A ordem econômica na Constituição de 1988...*, p. 307). Ela deriva, basicamente, de uma visão de mundo acerca da melhor forma de garantir às pessoas a mais favorável condição de vida possível — partindo do pressuposto que é função do Estado buscar o bem-estar da população. E, como o homem não prescinde de meios materiais para alcançar padrões mais elevados de satisfação pessoal — com efeito, pressupõem-se necessárias condições mínimas de subsistência e certo grau de conforto para garantir a justa simbiose entre satisfação espiritual, social e material, cuja gradação varia de acordo com a individualidade de cada um —, indispensável estabelecer as diretrizes básicas sobre como buscar esses meios materiais, uma vez que não estão disponíveis e ao alcance de todos na natureza. Portanto, quando a Constituição se presta a regular a ordem econômica, cuida de estabelecer, em linhas gerais, as formas para o atingimento desses meios materiais indispensáveis à dignidade da pessoa humana — elevada à condição de fundamento e objetivo declarados da República Federativa do Brasil (Constituição Federal, arts. 1°, III, e 3°, II a IV). Ordem econômica, por conseguinte, é o conjunto de normas que instituem uma determinada forma de organização e funcionamento da economia (GRAU. *A ordem econômica na Constituição de 1988...*, p. 63 ss). Em resumo, se a produção ou circulação de bens ou serviços deve ficar a cargo dos particulares ou do Estado — e até mesmo o espaço de cada um no desempenho dessas tarefas —, essa é, ao menos em tese, uma opção do legislador constitucional. Trata-se de decisão estrutural que revela uma concepção do legislador acerca do melhor sistema econômico existente — que, aliás, há muito deixou de estar polarizado, de forma absoluta, entre modelos capitalistas ou socialistas, mas, ao, mesmo tempo, ainda revela matizes evidentes de um ou outro desses sistemas (MOREIRA. *A ordem jurídica do capitalismo...*, p. 34-35). Sobre a caracterização dos diferentes sistemas econômicos, ver: MOREIRA. *A ordem jurídica do capitalismo...*, p. 26 ss.

[11] CANOTILHO, J. J. Gomes. *Direito constitucional e teoria da constituição*. 7 ed. Coimbra: Almedina, 2003, p. 345.

Sabe-se, porém, que os fatos econômicos e os mercados (*realidade material*) não são fruto de nenhuma constituição ou de qualquer regulação jurídica (*forma, modelagem jurídica*) — muito embora delas dependam em certa medida. Eles preexistem como realidade[12].

Interessante lembrar que temas econômicos sequer foram organizados em títulos ou capítulos específicos na maior parte das constituições, em especial nas chamadas "constituições liberais". Essas cartas constitucionais deles não se ocuparam sistematicamente[13], até por considerarem que o seu melhor funcionamento se dava sem qualquer tipo de intervenção ou regulação estatal[14].

Foi apenas com a evolução do capitalismo, a identificação de falhas de mercado e as preocupações com a questão social[15], verificadas especialmente após o fim da Primeira Guerra Mundial, que se passou a considerar fundamental reservar uma parte da constituição às questões econômicas[16]. Criou-se, assim, aquilo que se convencionou chamar "constituição econômica"[17].

A partir desse ponto, o Estado passou a intervir nas questões de mercado — no início, de forma paulatina e, recentemente, mais incisiva— para reduzir os efeitos de suas falhas e para induzir o desenvolvimento econômico e social[18].

12 SILVA, José Afonso da. *Curso de direito constitucional positivo*. 18 ed. São Paulo: Malheiros, 2000, p. 763 ss, especialmente à p. 768; MENDES, Gilmar Ferreira; COELHO, Inocêncio Mártires; BRANCO, Paulo Gustavo Gonet. *Curso de direito constitucional*. 4ª ed. São Paulo: Saraiva, 2009, p. 1.405.

13 Muito embora dispositivos específicos reforçassem as liberdades econômicas (liberdade de comércio, liberdade de indústria, liberdade contratual e, principalmente, direito de propriedade) nas constituições desde, pelo menos, o século XVIII. Cf. BERCOVICI. *Constituição econômica e desenvolvimento...*, p. 31 ss.

14 COELHO. *Curso de direito constitucional...*, p. 1.405; SILVA. *Curso de direito constitucional positivo...*, p. 763 ss, especialmente à p. 768; FERREIRA FILHO, Manoel Gonçalves. *Curso de direito constitucional*. 26 ed. São Paulo: Saraiva, 1999, p. 352 ss.

15 Por "Questão Social" se entende as reivindicações da classe trabalhadora surgidas a partir do século XIX (decorrentes da industrialização, urbanização e crescente desigualdade social) com a intenção de que fossem formuladas políticas sociais em seu benefício. Esses movimentos impulsionaram a promulgação das chamadas "constituições sociais", especialmente na Europa, que deram origem ao chamado "Estado do Bem-Estar Social" ou "Estado Social". Cf. BERCOVICI. *Constituição econômica e desenvolvimento...*, p. 13 ss, especial a p. 18 ss para o tema no Brasil.

16 BERCOVICI. *Constituição econômica e desenvolvimento...*, p. 13 ss; FERREIRA FILHO. *Curso de direito constitucional...*, p. 352 ss; COELHO. *Curso de direito constitucional...*, p. 1.405; SILVA. *Curso de direito constitucional positivo...*, p. 763 ss, especialmente a p. 768.

17 BERCOVICI. *Constituição econômica e desenvolvimento...*, p. 13 ss; FERREIRA FILHO. *Curso de direito constitucional...*, p. 352 ss; COELHO. *Curso de direito constitucional...*, p. 1.405; SILVA. *Curso de direito constitucional positivo...*, p. 763 ss, especialmente a0 p. 768; GRAU. *A ordem econômica na Constituição de 1988...*, p. 77 ss.

18 A diferença entre as constituições econômicas surgidas a partir do século XX e as constituições anteriores que possuíam dispositivos sobre as liberdades econômicas é que estas receberam e aceitaram a estrutura econômica existente, enquanto aquelas se propõem a intervir na economia, de modo a corrigir algumas falhas e a induzir o desenvolvimento econômico e social (BERCOVICI. *Constituição econômica e desenvolvimento...*, p. 33 ss). Como foi dito acima, o que varia — e isso de

Nesse ponto, a constituição econômica passa a ser definidora do lugar e da função geral do Estado na economia[19].

No Brasil, isso aconteceu pela primeira vez na Constituição de 1934[20]. Esse movimento de inserção do poder público na esfera econômica não adveio para substituir o mercado ou para derrogá-lo — muito pelo contrário —, e sim para garantir e aprimorar seu adequado funcionamento, à luz de crises do próprio sistema capitalista (como a crise de 1929), assegurando as liberdades e o direito de propriedade e não permitindo os abusos no seu exercício[21].

3. Ordem econômica brasileira

Não há dúvidas de que a Constituição de 1988 consagra uma *economia de mercado*, de natureza *capitalista*[22]. A forma de produção capitalista se caracteriza:

(i) pela exploração da empresa pela **iniciativa privada**;

(ii) pela **propriedade privada** dos meios de produção;

(iii) pela **apropriação do lucro** pelos titulares das empresas; e

(iv) pela **livre concorrência.**

A concepção econômica se desdobra e se revela nos princípios constitucionais da ordem econômica. Por sua vez, esses princípios moldam os mercados e as instituições[23], bem como informam e conformam o sistema normativo em que estão inseridas e operam as empresas[24]. Em última análise, o modelo

acordo com as concepções econômicas e políticas dos intérpretes — é o grau de intervencionismo que se admite, e até que ponto vai a política de — se é que deve — dirigir a economia.

19 MOREIRA. Economia e constituição..., p. 18, 35.

20 No plano internacional, o pioneirismo é da constituição mexicana de 1917, embora a constituição que, de fato, mais repercutiu nesse sentido tenha sido a alemã de 1919 (Constituição de Weimar).

21 COELHO. *Curso de direito constitucional...*, p. 1.405; SILVA. *Curso de direito constitucional positivo...*, p. 763 ss, especialmente a p. 768; FERREIRA FILHO. *Curso de direito constitucional...*, p. 352 ss.

22 GRAU. *A ordem econômica na Constituição de 1988...*, p. 307; SILVA. *Curso de direito constitucional positivo...*, p. 764 e 766. Sobre o uso e o significado das expressões "capitalismo" e "economia de mercado", ver: MOREIRA. *A ordem jurídica do capitalismo...*, p. 33-34.

23 O mercado propriamente dito deve ser visto como uma ordem particularmente considerada, no sentido de regularidade de práticas e previsibilidade de comportamento e de agir dos agentes econômicos (IRTI, Natalino. *L'ordine giuridico del mercato.* Roma: Gius, Laterza & Figli, 2003, p. 5). Trata-se, portanto, de instituição jurídica (*locus artificialis*) — e não espontânea ou natural (*locus naturalis*) —, com viés político, econômico e social (GRAU. *A ordem econômica na Constituição de 1988...*, p. 28; SZTAJN. *Teoria Jurídica da Empresa...*, p. 32).

24 GRAU, Eros Roberto. Art. 170, caput. In: CANOTILHO, J. J. Gomes. MENDES, Gilmar Ferreira; SARLET, Ingo Wolfgang; STRECK, Lenio Luiz. *Comentários à Constituição do Brasil.* São Paulo: Saraiva/Almedina, 2013, p. 1.877.

econômico estabelecido na Constituição Federal e os princípios dele derivados influenciam a criação, o funcionamento e a extinção das empresas, razão pela qual merecem cuidadosa análise.

Os princípios constitucionais da ordem econômica[25] estão regulados entre os artigos 170 e seguintes da Constituição Federal[26]. Admitindo-se que a satisfação das necessidades da comunidade, o desenvolvimento nacional e, em última análise, a busca por uma existência digna — fundamentos e objetivos do Estado brasileiro, conforme os arts. 1° e 3° da Constituição — dependem umbilicalmente do proveito gerado pelo exercício da atividade econômica, a Carta Magna busca, em grandes linhas, através de princípios, fixar a orientação da economia e sua estrutura fundamental[27] — acabando por registrar as marcas da ideologia constitucionalmente adotada[28].

Os princípios da ordem econômica são normas que estabelecem:

(i) **quem possui a primazia da produção ou circulação dos bens e serviços:** em resumo, se ela cabe aos particulares de forma multipolar, descentralizada, ou ao Estado, de forma centralizada, unipolar;

(ii) **os limites entre a iniciativa privada e a pública:** quem prevalece no exercício da atividade econômica e quais são os limites de uma e de outra; e

(iii) **a quem cabe a propriedade sobre os fatores de produção:** se aos particulares ou ao Estado[29].

[25] Para Eros Grau, a ordem econômica é "o conjunto de normas que define, institucionalmente, um determinado modo de produção econômica. Assim, ordem econômica, parcela da ordem jurídica (mundo do dever ser), não é senão o conjunto de normas que institucionaliza uma determinada ordem econômica (mundo do ser)". Sobre as acepções da expressão "ordem econômica" no contexto do art. 170 da Constituição Federal, ver: GRAU. *A ordem econômica na Constituição de 1988...*, p. 63-70.

[26] Princípios apontam o sentido e o fundamento de um sistema jurídico. Eles podem ser considerados o "espírito da lei", pois estabelecem um fim a ser atingido, na medida em que ordenam que algo seja realizado na maior medida possível (ALEXY, Robert. *Teoria dos direitos fundamentais*. São Paulo: Malheiros, 2008, p. 90). Possuem, por isso, viés de parcialidade (ÁVILA. *Teoria dos princípios*. 16 ed..., p. 102) e são importantes pautas de interpretação e aplicação das regras jurídicas — bem como podem estabelecer direitos e deveres de diversas ordens (MARTINS-COSTA, Judith. *A boa-fé no direito privado*. São Paulo: Revista dos Tribunais, 2000, p. 427 ss). Daí a importância de seu estudo. Em se tratando de princípios constitucionais, eles funcionam como verdadeiras pautas a serem seguidas pelo legislador infraconstitucional. Operam eles como matrizes constitucionais.

[27] FERREIRA FILHO. *Curso de direito constitucional...*, p. 341 ss. Destacando essa perspectiva: SZTAJN. *Teoria Jurídica da Empresa...*, p. 16-17.

[28] GRAU. *A ordem econômica na Constituição de 1988...*, p. 307.

[29] FERREIRA FILHO. *Curso de direito constitucional...*, p. 347 ss.

Ao fim e ao cabo, os princípios da ordem econômica são a faceta jurídica (*molde jurídico*) de uma concepção econômica adotada pelo legislador constituinte, que, no caso brasileiro, pressupõe uma economia descentralizada e fundada na iniciativa privada, cuja célula central (*unidade produtiva básica*) é a empresa privada, organizadora dos fatores de produção — admitindo-se o poder de polícia do Estado e o exercício de atividade empresarial direta por esse apenas quando o interesse público envolvido torná-los indispensáveis ao desenvolvimento da sociedade ou à segurança nacional[30], conforme dispõe o art. 173 da Constituição Federal.

Essas são todas as características do espírito capitalista da Carta Constitucional de 1988. Esse é o viés dos princípios que abaixo serão examinados e dos quais não se pode descurar para que se possa bem compreender o direito empresarial brasileiro — sempre tendo em mente que princípios informam e conformam o próprio ambiente normativo em que operam as empresas[31].

4. Princípios constitucionais ligados ao direito empresarial

Dentre os diversos princípios constitucionais existentes, cinco possuem ligação mais estreita com o direito empresarial. Essa conexão se dá em razão de um ou mais dos seguintes fatores:

(i) pois constituem **a base econômico-institucional**, pressuposto da existência da própria atividade empresarial;

(ii) pois podem ser considerados **direitos econômicos fundamentais**, verdadeiras garantias dos empreendedores contra o Estado[32]; ou

(iii) pois **fundamentam e subjazem** o tecido normativo de um sistema ou subsistema de direito empresarial[33].

30 Para uma crítica sobre o risco da dualidade e discricionariedade que essa escolha constitucional gera, ver: IRTI. *L'ordine giuridico del mercato...*, p. 18 ss.

31 GRAU. *Comentários à Constituição do Brasil...*, p. 1.789.

32 MOREIRA. *A ordem jurídica do capitalismo...*, p. 112-113.

33 Eleger princípios constitucionais que possuam relação com o direito empresarial é tarefa, no mínimo, arriscada do ponto de vista dogmático. Isso porque, se levados em consideração apenas para os princípios da ordem econômica elencados no art. 170 da CF, é possível afirmar que todos, sem exceção, relacionam-se, de uma forma ou de outra, com o exercício da atividade empresarial. Por exemplo, quem exerce a atividade empresarial não pode desconhecer a necessidade de proteção do consumidor e do meio ambiente. Entretanto, optou-se por deixar de lado princípios que se associam, mais estreitamente, com outras disciplinas jurídicas ou que, de alguma forma, consubstanciam

Entre os princípios que estão na base da atividade empresarial estão: (*i*) o princípio da livre iniciativa (CF, arts. 1º, IV, e 170, parágrafo único), (*ii*) o da livre concorrência (CF, art. 170, IV, 173, §4º) e (*iii*) o da propriedade privada (CF, arts. 5º, *caput*, XXII, XXIX, e 170, II). São princípios que, topologicamente, estão localizados junto aos direitos e garantias fundamentais e junto aos princípios gerais da atividade econômica, geografia que evidencia a importância de sua normatividade. Além disso, revelam-se como verdadeiras garantias do empreendedor contra o Estado[34].

Por outro lado, os seguintes princípios fundamentam e subjazem o tecido normativo de um sistema ou subsistema de direito empresarial: (*i*) o princípio da liberdade de associação (CF, art. 5º, XVII e XX), base do próprio direito societário; (*ii*) o princípio da função social da empresa (CF, art. 170, III), do qual deriva o princípio da preservação da empresa, norte do direito recuperatório e falimentar (Lei 11.101/05); e (*iii*) o favorecimento das empresas de pequeno porte (CF, arts. 170, IX, e 179), comando programático constitucional que resultou na elaboração do Estatuto da Microempresa e da Empresa de Pequeno Porte (LC 123/2006), na criação de uma recuperação judicial especial para microempresas e empresas de pequeno porte (Lei 11.101/05, arts. 70 a 72) e nas normas do Código Civil que simplificam as obrigações do pequeno empresário[35] (CC, arts. 970 e 1.179, §2º).

4.1. Princípio da livre iniciativa

O princípio da livre iniciativa está previsto nos artigos 1º, IV, e 170, parágrafo único, da Constituição Federal[36].

limitação à própria atividade empresarial, não porque a ela se opõem, mas porque protegem interesses que, por vezes, se chocam com os interesses do empresário. É o caso dos princípios da defesa do consumidor (CF, art. 170, V), da defesa do meio ambiente (CF, art. 170, VI) e da busca do pleno emprego (CF, art. 170, VII). Sabe-se, por óbvio, que a justa harmonização de todos os princípios em questão é um dos grandes objetivos a serem atingidos, a fim de "assegurar a todos existência digna, conforme os ditames da justiça social", conforme dispõe o *caput* do art. 170, inclusive. Preferiu-se, no entanto, como dito acima, elencar princípios que são a base da própria atividade empresarial ou que fundamentam grandes regimes jurídicos de direito empresarial, pois, do ponto de vista pragmático, são aqueles que mais diretamente importam para o exame desta disciplina jurídica.

34 MOREIRA. *A ordem jurídica do capitalismo...*, p. 112-113.

35 Regulamentado *a posteriori* na figura do microempreendedor individual (MEI), espécie de empresário individual de pequeno porte previsto na LC 123/08 (em razão das alterações introduzidas pela LC 128/08), cuja receita bruta anual está, atualmente, limitada a R$ 81.000,00 (oitenta e um mil reais), podendo ter apenas um empresário.

36 "Livre iniciativa e livre mercado são valores recepcionados pelo legislador pátrio em 1988 e, por isso, a análise dos mercados deve considerar duas vertentes: a liberal, em que a livre iniciativa e livre concorrência são vistas como favorecedoras das eficiências alocativa e produtiva, e a social, que

O princípio da livre iniciativa é mais do que um princípio geral da ordem econômica (CF, art. 170): trata-se de um dos princípios fundamentais da República (CF, art. 1º, IV), verdadeiro desdobramento da liberdade humana[37]. No campo da economia, trata-se de um dos pilares do modelo/sistema econômico brasileiro[38], consubstanciado na *liberdade econômica* (ou *de liberdade de iniciativa econômica*), afirmação do capitalismo[39].

Pressupõe que a produção e a circulação de bens e serviços devem estar sob a responsabilidade, conta e risco dos agentes privados, com a menor ingerência possível do Estado. Ou seja, salvo exceções constitucionais relacionadas ao interesse nacional em setores específicos, nas quais o envolvimento do Estado se materializa por meio de empresas públicas ou sociedades de economia mista[40], o exercício de atividade econômica deve ser levado a cabo pelos particulares[41].

impõe limites à livre iniciativa para privilegiar outros valores" (SZTAJN. *Teoria Jurídica da Empresa*..., p. 17).

37 Em seu sentido mais amplo, a livre iniciativa abarca não apenas a liberdade de empresa, mas também a liberdade para o exercício de qualquer profissão, arte ou ofício, a liberdade de associação e de cooperação (iniciativa cooperativa) e assim por diante. Trata-se de liberdade não sujeita a qualquer restrição estatal, senão em virtude de lei (GRAU. *Comentários à Constituição do Brasil*..., p. 1.791-1.793).

38 FRANÇA, Erasmo Valladão A. e N.. *Formas de exercício da atividade empresarial* (empresário e sociedade empresária): regime jurídico do empresário individual. 9º Ponto da Disciplina de Teoria Geral do Direito Comercial (DCO 215). Faculdade de Direito da USP (Bacharelado em Direito), 2010; SILVA. *Curso de direito constitucional positivo*..., p. 766.

39 GRAU. *Comentários à Constituição do Brasil*..., p. 1.792-1.793; MOREIRA. *A ordem jurídica do capitalismo*..., p. 111; GRAU. *A ordem econômica na Constituição de 1988*..., p. 200 ss.

40 FERREIRA, Waldemar. *A sociedade de economia mista em seu aspecto contemporâneo*. São Paulo: Max Limonad, 1956, p. 23.

41 As funções do Estado na economia estão relacionadas (*i*) à prestação dos serviços públicos (CF, art. 175) e (*ii*) ao exercício de atividades econômicas sobre as quais recaia relevante interesse público. De acordo com o art. 175 da Carta Magna, os serviços públicos são prestados pelo Estado. Não existe liberdade de iniciativa para o exercício de serviços públicos, mas o particular pode exercê-los por concessão ou permissão (como ocorre no setor elétrico, de telecomunicações, com o transporte público e com o tratamento de água). A prestação de serviço público pelo Estado se dá em função da sua absoluta essencialidade à população. Diferentemente, o exercício de atividade econômica pelo Estado é feita em razão do *interesse público* envolvido em uma determinada atividade — conceito que é variável no tempo e de acordo com critérios ideológicos. Pois é justamente em função do *interesse público* envolvido que o art. 177 da Constituição estabelece monopólio da União para atividades relacionadas ao petróleo e à energia nuclear. Ademais, o art. 173 dispõe que o Estado poderá exercer atividade econômica quando necessária aos imperativos da segurança nacional ou a relevante interesse coletivo. Assim, por considerar que a industrialização era essencial para o desenvolvimento da nação e por entender que a iniciativa privada não seria capaz de atender a essa necessidade sozinha — particularmente no que toca à indústria de base —, o Estado, entre as décadas de 1940 e 1970, em especial durante os governos de Getúlio Vargas, Juscelino Kubitschek e no decorrer do Regime Militar instaurado em 1964, constituiu uma série de empresas estatais nos setores da siderurgia (Companhia Siderúrgica Nacional, em 1941), da mineração (Companhia Vale do Rio Doce, em 1942), do petróleo (Petrobrás, em 1953), da energia elétrica (Eletrobras, em 1962), aeronáutica (Embraer, em 1969), das telecomunicações (Telebras, em 1972), entre outros setores. Dessa forma, tal qual já havia ocorrido com o Banco do Brasil (1808) e com a Caixa Econômica Federal (1861)

É condição básica da ordem econômica que os empreendedores estejam livres para explorar atividade lucrativa, não dependendo, como regra geral, de autorização estatal para iniciar um negócio[42]. Os agentes econômicos devem ter acesso livre ao mercado e devem nele poder permanecer por meio das oportunidades de trocas[43]. Esse princípio reflete um dos pilares centrais da revolução francesa, a *liberdade*[44], justamente ao lado da *igualdade* e da *fraternidade*[45].

Isso não significa total ausência do Estado, já que esse, como ente regulador, sujeita o exercício regular da empresa ao prévio registro e ao seu poder geral de polícia[46]. Nota-se que a livre iniciativa, historicamente, mesmo no período da Revolução Francesa, jamais foi aplicada em termos absolutos[47]. Nesse sentido, vale lembrar o disposto no art. 967 do Código Civil, que torna "obrigatória a inscrição do empresário no Registro Público de Empresas Mercantis da respectiva sede, antes do início de sua atividade".

Importante consignar, no entanto, que o registro é para fins de cadastramento, controle e estatística. Qualquer restrição ao princípio da livre iniciativa está limitada pela necessidade de sua adequação e pela proporção ao fim que a

durante o Império, o Estado cria empresas por entendê-las necessárias ao desenvolvimento da nação. As duas formas jurídicas de o Estado explorar atividade econômica são a empresa pública e a sociedade de economia mista, instituídas por lei (CF, art. 37, XIX) e controladas pelo Poder Público, mas submetidas ao regime próprio das empresas privadas (CF, art. 173, parágrafo primeiro).

42 Ressalva deve ser feita com relação às atividades consideradas sensíveis, cuja exploração demanda autorização governamental. Instituições financeiras e equiparadas, operadoras de planos de saúde, seguradoras, empresas de mineração, radiofusão, titulares de direitos reais sobre imóveis em zona de fronteira, telecomunicações, serviços aéreos, energia elétrica, segurança, vigilância e escolta armada, entre outras, são exemplos de empresas cujos atos de registro perante a Junta Comercial demandam aprovação prévia de órgãos e entidades governamentais (para a lista completa, ver Instrução Normativa DREI 81, de 2020). A proteção da poupança popular, a necessidade de manter um sistema financeiro hígido, o risco sistêmico existente nos mercados bancários e securitários, a essencialidade de certos serviços e a própria segurança nacional justificam essas limitações pontuais ao princípio da livre iniciativa.

43 FORGIONI. *A evolução do direito comercial brasileiro...*, p. 205.

44 Vale lembrar que as pessoas nem sempre foram livres nesse sentido: durante a Idade Média e, também, na Idade Moderna, as corporações de artes e ofícios controlavam rigidamente o ingresso de novos participantes nos diferentes mercados (ASCARELLI. *Teoria della concorrenza e dei beni immateriali...*, p. 03-04), assim como detinham monopólio da fabricação e comercialização de determinados bens e impunham regras de conduta que minavam a concorrência local (FORGIONI. *A evolução do direito comercial brasileiro...*, p. 206-208). Com a Revolução Francesa (1789) e os desdobramentos dela decorrentes, estabelece-se que qualquer pessoa seja livre para a "realização de qualquer negócio ou exercício de qualquer profissão, arte ou ofício" (Decreto d'Allarde, de 1791), bem como se proíbem todas as espécies de corporações (Lei Le Chapelier, de 1791) (GRAU. *Comentários à Constituição do Brasil...*, p. 1.792).

45 Os impactos dos princípios das mudanças geradas pela Revolução Francesa na seara econômica e, especialmente, do direito comercial, foram magistralmente descritos em: RIPERT. *Aspectos jurídicos do capitalismo moderno...*

46 GRAU. *A ordem econômica na Constituição de 1988...*, p. 204, 206-207.

47 MOREIRA. *A ordem jurídica do capitalismo...*, p. 113.

motivou (*princípio da proporcionalidade*)[48]. Não depende o particular de um favor do Estado. Não está ele sujeito a um juízo estatal de oportunidade e conveniência[49]. Cumpridas as exigências legais, o empreendedor pode, livremente, exercer a atividade que lhe aprouver[50].

Ainda, o princípio em questão se desdobra em múltiplas dimensões: garantindo, de um lado, a livre criação de empresas (ou seja, a liberdade de acesso ao mercado); por outro, protegendo, igualmente, a livre atuação das empresas já instaladas (isto é, a liberdade de atuação e a permanência no mercado)[51]; finalmente, mesmo em caso de insucesso, propiciando o direito de recomeçar (vale dizer, a falência deve ser aplicada de modo a fomentar o empreendedorismo, inclusive por meio da viabilização do retorno célere do empreendedor falido à atividade econômica — *fresh start*).

Observa-se, ademais, que o princípio da livre iniciativa é extremamente amplo, desdobrando-se ou se relacionando com outros princípios, como o da liberdade contratual[52], o da liberdade de associação e o da livre concorrência. Estes dois últimos serão objeto de análise mais abaixo.

4.2. *Liberdade de associação*

O princípio da liberdade de associação está insculpido no art. 5°, XVII e XX, da Constituição Federal.

48 MOREIRA. *A ordem jurídica do capitalismo*..., p. 113.

49 MOREIRA. *A ordem jurídica do capitalismo*..., p. 123.

50 A liberdade também se revela na escolha dos tipos societários. Nesse sentido, veja-se que a utilização da sociedade anônima, hoje livre, foi, no passado, reservada aos interesses do Estado (sistema do privilégio) ou dos particulares que obtinham a graça do soberano (sistema da autorização). Essa história é contada com riqueza de detalhes, entre outras obras, em: LAMY FILHO; PEDREIRA. *A Lei das S.A.*..., p. 19 ss.

51 COMPARATO, Fábio Konder. Regime constitucional do controle de preços no mercado. *Revista de Direito Público*, n. 24, 1991, p. 18-19.

52 A liberdade de contratar é outro corolário do ideal de liberdade, fruto da Revolução Francesa. Manifesta-se de diversas formas, tendo as partes contratantes o direito (*i*) de querer ou não contratar; (*ii*) de escolher o parceiro negocial; e (*iii*) de definir o objeto do pacto e as regras da contratação. No direito empresarial, partindo-se do pressuposto de que ambos os agentes são profissionais, o princípio da liberdade contratual se expressa de maneira mais contundente do que em outras searas (especialmente em relação àquelas em que uma das partes pode ser considerada hipossuficiente, como no direito do consumidor ou no direito do trabalho, áreas em que a liberdade contratual sofre importantes limitações). No direito empresarial, o comportamento esperado das partes é aquele que objetiva o ganho (proveito econômico da operação), sendo absolutamente natural comportamentos egoísticos, muito embora isso não afaste a incidência do princípio da boa-fé objetiva e dos padrões de comportamento dela derivados. FORGIONI, Paula. *Teoria geral dos contratos empresariais*. São Paulo: Revista dos Tribunais, 2009, p. 81-88. Ver, ainda: SILVA. *Curso de direito constitucional positivo*..., p. 771 ss.

A liberdade de associação é direito amplamente reconhecido na esfera internacional[53]. Trata-se de mais um princípio que reflete o ideal revolucionário da liberdade[54], revelando duas inclinações do espírito humano: o espírito gregário[55] e o desejo de independência/liberdade[56], que interagem em dialética interessantíssima.

Efetivamente, o ser humano é um ser sociável e a sociedade é seu meio necessário[57]. É em sociedade que o homem atinge a plenitude de sua existência, que mais facilmente alcança seus objetivos. Com o concurso de seus semelhantes, busca a consecução das suas realizações, sejam elas materiais, afetivas, lúdicas, religiosas e assim por diante. Por ser inerentemente livre e sociável[58], é natural que a Constituição consagre a liberdade de associação entre os direitos e garantias fundamentais (CF, art. 5º, XVII e XX).

Na sua dimensão econômica, a liberdade de associação consiste em um dos pilares fundamentais do direito societário, abarcando as liberdades de: (*i*) constituir sociedades; (*ii*) nelas ingressar; (*iii*) delas se desligar; e (*iv*) auto-organizar as relações internas para o exercício da atividade[59]. A propósito, a livre escolha do tipo societário e a fixação do conteúdo contratual (*modelagem societária*) são corolários da liberdade de associação[60] e refletem o direito que os particulares possuem de autorregular seus interesses, criando, entre si, direitos e obrigações.

No mesmo sentido, há o direito do sócio de se desligar da sociedade por qualquer modalidade admitida em direito (saída voluntária, recesso, justa causa, alienação das quotas/ações) — ainda que esse direito deva observar as regras existentes no contrato/estatuto social e na legislação. Com efeito, a liberdade de associação, por via reversa, pressupõe a *liberdade de não se manter*

53 SARLET, Ingo Wolfang; MARINONI, Luiz Guilherme; MITIDIERO, Daniel. *Curso de direito constitucional*. São Paulo: Revista dos Tribunais, 2012, p. 500-501.

54 GRAU. *A ordem econômica na Constituição de 1988...*, p. 202.

55 MONTANELLI. *Introduzione filosofica allo studio del diritto commerciale positivo...*, p. 1; ESTRELLA. *Direito Comercial* (estudos)..., p. 10.

56 CHAMPAUD, Claude. "Les méthodes de groupement des sociétés". *Revue Trimestrielle de droit commercial*, Paris, Sirey, n. 04, p. 1003-1.044, out./dez. 1967, p. 1.004.

57 BEVILÁQUA, Clóvis. *Theoria geral do direito civil*. 6 ed. Editora Paulo de Azevedo: Rio de Janeiro, 1953, p. 155.

58 CAPITANT, Henry. *Droit civil*: notions générales. Paris: A. Pedone, 1927, p. 183.

59 SILVA. *Curso de direito constitucional positivo...*, p. 270 ss; MENDES, Gilmar Ferreira; BRANCO, Paulo Gustavo Gonet. *Curso de direito constitucional*. 6 ed. São Paulo: Saraiva, 2011, p. 342.

60 SZTAJN. *Contrato de sociedade e formas societárias...*, p. 5.

eternamente associado[61]. Trata-se do *princípio da vedação dos pactos eternos*[62]. Em razão disso, cada tipo societário possui mecanismos próprios para viabilizar a desvinculação dos sócios.

A liberdade de associação garante, ainda, que seja vedada a interferência estatal no funcionamento das sociedades, bem como só possam elas ser compulsoriamente dissolvidas ou ter suas atividades suspensas por decisão judicial — exigindo-se, no primeiro caso, o trânsito em julgado[63].

4.3. *Livre concorrência*

O princípio da livre concorrência está previsto nos artigos 170, IV, e 173, §4º, da Constituição Federal.

Uma economia de mercado pressupõe que os empresários sejam livres para concorrer entre si na disputa pela clientela[64]. Nesse cenário, *preço* e *qualidade* são os principais fatores na batalha pela conquista do consumidor.

Os agentes econômicos possuem liberdade para, quando da disputa por oportunidades comerciais, fazer uso da inventividade, criatividade e sagacidade. Em mercados livres e adequadamente regulados, o egoísmo do empreendedor satisfaz apropriadamente as necessidades dos consumidores[65]. Por outro lado, nesse contexto, o Estado exerce papel secundário, notadamente regulatório, salvo, em casos específicos, quando age como agente promotor de determinadas políticas públicas destinadas à redução da pobreza e aumento da igualdade de oportunidades[66].

Em uma economia em que impera a livre concorrência, o *poder econômico* dos agentes privados é reconhecido como uma realidade, inclusive pela Constituição, e não consiste em um mal em si[67]. Pode — e é — utilizado como elemen-

[61] SILVA. *Curso de direito constitucional positivo...*, p. 270 ss.

[62] LISBOA *Princípios de direito mercantil e leis de marinha*, t. II..., p. 581.

[63] SILVA. *Curso de direito constitucional positivo...*, p. 269 ss; ver, também: COMPARATO; SALOMÃO FILHO. *O poder de controle...*

[64] GRAU. "A ordem econômica na constituição de 1988...", p. 34.

[65] FORGIONI. *A evolução do direito comercial brasileiro...*, p. 209.

[66] "Também não se deve supor que mercados livres servem para que a distribuição da riqueza seja justa ou socialmente adequada. Essa visão, talvez, resulte da confusão, inadmissível, entre a disciplina jurídica dos mercados e políticas sociais, a circulação de bens em mercados com a distribuição de riqueza. Políticas sociais podem apoiar-se em mercados, mas não se realizam por intermédio daqueles mercados organizados com fundamento na livre iniciativa: resultam de outra forma de organização. Possível, mediante políticas públicas que tenham por escopo a inclusão de pessoas no que tange a certos bens da economia, ampliar o contingente dos que têm acesso aos bens da economia em mercados organizados". Cf. SZTAJN. *Teoria Jurídica da Empresa...*, p. 35.

[67] SILVA. *Curso de direito constitucional positivo...*, p. 773-774.

to para a obtenção de ganhos de escala, através de combinações societárias, poder de barganha, entre outros expedientes concorrenciais, em princípio, lícitos. O que se pretende evitar é o uso abusivo, patológico, do poder econômico[68], inclusive pelo Estado.

Em um mercado em que há concorrência, os preços tendem a manter-se nos menores níveis e as empresas precisam buscar constantemente novas formas para se tornarem mais eficientes. À medida que tais ganhos de eficiência são conquistados e difundidos entre os produtores, ocorre uma readequação dos preços, a qual beneficia o consumidor. Assim, a livre concorrência tende a garantir, de um lado, os menores preços aos consumidores, e, de outro, o estímulo à criatividade e à inovação no seio das empresas. Em resumo, ganham os empresários mais eficientes e os consumidores — e, em sentido amplo, beneficia-se a economia como um todo.

Deve-se observar, no entanto, que o princípio da livre concorrência, na sua concreção, não se apresenta de forma absoluta, em especial em função da possibilidade de uso abusivo do poder econômico e da prática de eventuais condutas oportunistas pelos agentes públicos e privados — razão pela qual precisa ser harmonizado com outros princípios da Carta Constitucional, inclusive com o princípio da defesa da concorrência (CF, art. 170, V)[69].

Importante lembrar a tendência açambarcadora do capitalismo, razão pela qual se admite certa intervenção estatal no domínio econômico para coibir tais situações. Nessa linha, estão as normas que buscam evitar a concorrência desleal (Lei 9.279/96 — Lei da Propriedade Industrial) e o abuso do poder econômico tendente à dominação de mercados e à eliminação da concorrência (Lei 12.529/11 — Lei de Defesa da Concorrência).

4.4. Propriedade privada

O princípio da propriedade privada está positivado no artigo 5º, *caput*, e incisos XXII e XXIX, e no art. 170, II, da Constituição Federal.

O art. 170, II, da Constituição Federal prevê como princípio da ordem econômica a propriedade privada. O texto constitucional, portanto, reafirma o valor da propriedade — sendo, além de um princípio, um direito fundamental

[68] SILVA. *Curso de direito constitucional positivo...*, p. 774.

[69] SAAVEDRA, Giovani Agostini. Art. 170, IV. In: CANOTILHO, J. J. Gomes. MENDES, Gilmar Ferreira; SARLET, Ingo Wolfgang; STRECK, Lenio Luiz. *Comentários à Constituição do Brasil*. São Paulo: Saraiva/Almedina, 2013, p. 1.892.

presente no artigo 5º da Constituição (*v.g.*, *caput* e incisos XXII e XXIX do art. 5º).

A propriedade privada é estruturante. Trata-se da pedra angular a partir da qual se assenta toda a ordem econômica. Sobre ela se elevam todos os outros direitos fundamentais econômicos[70]. Ora, o "sistema de mercado funda-se também na propriedade privada, pois, sem ela, não haveria objeto das contratações. Consequentemente, sem propriedade, não há mercado"[71].

A proteção dada à propriedade privada e o fato de ela estar consagrada como princípio da ordem econômica revela um valor de origem liberal que visa a salvaguardar o indivíduo de eventuais ingerências do Estado ou de outros particulares em sua esfera patrimonial. Com efeito, consiste em pressuposto da ordem econômica a possibilidade de as pessoas se apropriarem do fruto de seu trabalho e do lucro gerado a partir da exploração da empresa.

O lucro, aliás, está na base do próprio sistema capitalista. É o prêmio para quem corre o risco de empreender e o faz com sucesso. Admite-se o bônus a quem encara o ônus de arriscar. Efetivamente, a busca pelo bem-estar, pelo conforto e por melhores condições de vida é intrínseca ao ser humano e está na base de seu comportamento. Qualquer sistema que ignore essa constatação básica prejudica o empreendedorismo e a criação de riqueza na economia. Em última análise, afeta o próprio desenvolvimento da nação. Sem mencionar que afronta o próprio espírito humano.

Nessa linha é que, antes de se pretender atribuir uma função social à propriedade, deve ela ser assegurada. Isso porque a propriedade privada consiste em pressuposto necessário — e óbvio — da função social da propriedade, pois a funcionalização só tem sentido se, em primeiro lugar, admitido e protegido aquilo que é seu objeto[72]. Assim, não se pode esvaziar o conteúdo da propriedade privada através de qualquer tipo de medida ou interpretação normativa em nome de uma função social de ordem pretensamente superior, sob pena de desvirtuamento da base do sistema econômico vigente — que, sabe-se, está muito longe de ser ideal, mas é o melhor entre todos os que já foram propostos e testados.

Finalmente, além de garantir ao empreendedor a titularidade dos bens de produção e o direito de se apropriar do lucro gerado por sua atividade, o

[70] MOREIRA. *A ordem jurídica do capitalismo...*, p. 114.

[71] FORGIONI. *A evolução do direito comercial brasileiro...*, p. 219.

[72] GRAU, Eros. *A ordem econômica na Constituição de 1988* (interpretação e crítica). 11 ed. São Paulo: Malheiros, 2006, p. 232.

princípio da propriedade privada, na sua dimensão de *direito fundamental econômico subjetivo*, impede que o Estado desaproprie o controle societário de empresas sob o pretexto de que se trata de questão de interesse nacional ou sob qualquer outro argumento. Tal proteção se estende às empresas estrangeiras ou controladas por estrangeiros, porque gozam das mesmas garantias constitucionais relativamente aos seus negócios existentes no Brasil.

4.5. Função social da empresa

O princípio da função social da empresa está insculpido no art. 170, III, da Constituição Federal.

A empresa é célula essencial da economia de mercado[73], bem como cumpre relevante função social[74]. Em primeiro lugar, porque produz e põe ao alcance das pessoas produtos e serviços que lhes são essenciais. Em segundo lugar, porque o titular da empresa, ao explorar a atividade prevista em seu objeto social e ao perseguir o lucro, promove interações econômicas com outros agentes do mercado, criando riqueza e auxiliando no desenvolvimento do País.

Todos esses frutos são gerados, mesmo que não almejados pelo empresário — e, de fato, não o são. Simplesmente ocorrem em razão de uma espécie de efeito colateral benéfico gerado enquanto o empresário persegue o lucro[75]. E, mesmo quando o lucro não vem, salários normalmente são pagos, tributos são gerados e bens e serviços são produzidos, ficando ao alcance dos

[73] COMPARATO. "A reforma da empresa...", p. 57; ANTUNES. "Estrutura e responsabilidade da empresa...", p. 29.

[74] COMPARATO. "Estado, empresa e função social..."; COMPARATO. *Função social da propriedade dos bens de produção...*

[75] Sobre as *externalidades* — positivas e negativas — decorrentes do exercício da empresa, ver, exemplificativamente: KRUGMAN; WELLS. *Introdução à economia...*, p. 395-408; NUSDEO, Fábio. *Curso de economia* – introdução ao direito econômico. 5 ed. São Paulo: Revista dos Tribunais, 2008, p. 152-161; YAZBEK. *Regulação do mercado financeiro e de capitais...*, p. 47-49; e VERÇOSA. *Curso de direito comercial*, v. 1..., p. 174-180.

consumidores. Várias classes que gravitam em torno da empresa são beneficiadas[76]. Em economia, denomina-se esse efeito de *externalidade positiva*[77].

Em razão especificamente disso, as empresas cumprem relevante função social. E essa não guarda relação com engajamento social ou com a prática de caridade. A empresa cumpre função social simplesmente ao exercer a sua atividade. Correto, portanto, dizer que "quanto maior a iniciativa privada em determinada localidade, maior o progresso econômico"[78] e social, e melhor a condição geral de vida das pessoas.

Ainda, importante registrar que o princípio da preservação da empresa (Lei 11.101/05, art. 47) deriva diretamente do princípio da função social da empresa. De acordo com esse vetor principiológico, as empresas devem ser preservadas na medida da sua viabilidade econômica, em atenção à função social que cumprem. O princípio da preservação da empresa consiste no Norte de toda a legislação recuperatória e falimentar (Lei 11.101/05)[79]. E até mesmo na falência a preservação da empresa está presente[80].

4.6. Favorecimento das empresas de pequeno porte

O princípio do favorecimento das empresas de pequeno porte está positivado nos artigos 170, IX e 179 da Constituição Federal.

[76] Os empreendedores investem uma quantia considerável de seus recursos pessoais. Entretanto, terão retorno sobre esse capital aportado na atividade empresarial somente em um momento posterior, quando, por outro lado, os empregados já estão recebendo os seus salários; os credores, os juros contratados; e o Ente Público, os tributos que lhe são devidos. Sendo assim, são meramente residuais as pretensões dos empreendedores, enquanto as pretensões das demais classes são fixas. Além disso, o retorno sobre o capital investido não é garantido, pois ele só se dá ao ser alcançado o ponto de equilíbrio do negócio — antes disso, nenhuma remuneração caberá aos sócios pelo investimento realizado. As expressões *fixed claims* (pretensões fixas) e *residual claims* (pretensões residuais) são utilizadas pela doutrina norte-americana para designar os ganhos obtidos pelas diversas classes inseridas no contexto das sociedades anônimas. Empregados e credores da sociedade estão entre aqueles que possuem *pretensões fixas*, isto é, não atreladas à produção de lucros da empresa (pelo menos não essencialmente), pois, antes de qualquer resultado ser distribuído aos sócios, suas pretensões (salários e juros) deverão ser atendidas. Os sócios, por sua vez, são os que possuem *pretensões residuais*, visto que, como já foi dito, só receberão dividendos *se e quando* os referidos *fixed claimants* receberem o que, por direito, lhes cabe. Cf. MACEDO. *Controle não societário...*, p. 21-22.

[77] WONNACOTT, P.; WONNACOTT, R. *Economia*. 2 ed. São Paulo: Makron, 1994, p. 25; COASE, Ronald. O problema do custo social. In SALAMA, Bruno M. (org.). *Direito e Economia:* textos escolhidos. São Paulo: Saraiva, 2010, p. 59 ss.

[78] STJ, 2ª Turma, REsp 363.206/MG, Rel. Min. Humberto Martins, j. 04/05/2010.

[79] CEREZETTI. *A recuperação judicial de sociedade por ações...*, p. 300.

[80] TOLEDO, Paulo Fernando Campos Salles de. "A preservação da empresa, mesmo na falência". In: DE LUCCA, Newton; DOMINGUES, Alessandra de Azevedo (coord.). *Direito recuperacional*: aspectos teóricos e práticos. São Paulo: Quartier Latin, 2009, p. 517-534; PUGLIESI, Adriana Valéria. *Direito falimentar e preservação da empresa*. São Paulo: Quartier Latin, 2013.

O tecido econômico de uma nação não é formado apenas por grandes empresas. Muito pelo contrário: milhares de pequenos negócios empregam milhões de pessoas e pagam bilhões em tributos anualmente, sendo igualmente relevantes e dignos de proteção. Aliás, por serem mais frágeis, em função do seu diminuto tamanho, os negócios de reduzida proporção precisam, ainda mais, de suporte para que possam sobreviver no inóspito ambiente de negócios brasileiro. Por isso, justifica-se o princípio em questão, matriz constitucional que consubstancia um verdadeiro programa para o legislador infraconstitucional, de modo que legisle criando condições favoráveis às pequenas empresas.

A Constituição Federal de 1988 se trata, como se sabe, de *constituição dirigente*: uma carta constitucional que busca traçar objetivos a serem perseguidos pelos poderes públicos, inclusive pelo Poder Legislativo. Nesse desiderato, atendendo ao comando da Carta Magna de dispensar "tratamento favorecido para as empresas de pequeno porte" (CF, art. 170, IX), foi instituído o regime jurídico diferenciado para as microempresas e empresas de pequeno porte (Lei Complementar 123/06, chamado "Estatuto da Microempresa e da Empresa de Pequeno Porte"), "visando a incentivá-las pela simplificação de suas obrigações administrativas, tributárias, previdenciárias e creditícias, ou pela eliminação ou redução destas por meio de lei" (CF, art. 179), bem como foi criada a recuperação judicial especial para empresas com esse enquadramento (Lei 11.101/05, arts. 70 a 72) — embora, na prática, esse regime seja amplamente considerado ineficiente.

CAPÍTULO 6

DESAFIOS DO DIREITO EMPRESARIAL NO SÉCULO XXI

O século XX ficou marcado pela ascensão e queda do socialismo, pelo triunfo do capitalismo e pela liderança dos Estados Unidos como potência econômica e militar[1]. Não sem dificuldades, o desenvolvimento tecnológico exponencial e sem precedentes, a produção em massa, o consumo desenfreado, os movimentos transfronteiriços de capitais e a globalização também caracterizaram o período[2].

Já o século XXI vem marcado pelo espantoso crescimento econômico da China, de um lado, que agora rivaliza com os Estados Unidos como potência econômica mundial, e, de outro, pela revolução digital, pelo predomínio das

1 As razões para a supremacia dos EUA no Século XX (e provável queda no Século XXI) foram estudadas em: FERGUSON, Niall. *Colosso:* ascensão e queda do império americano. Trad. Marcelo Musa Cavallari. São Paulo: Planeta, 2011.

2 BRASSEUL, Jacques. *Histórica econômica do mundo.* Lisboa: Textos e Grafia, 2010, p. 191-195; CROUZET, Maurice. *História geral das civilizações:* a época contemporânea, t. VII, v. 3. Trad. Paulo Zing e J. Guinsburg. São Paulo: Difusão, 1958, p. 155 ss; GALGANO. *La globalización en el espejo del derecho...*, p. 14. Para uma visão sobre o tema da civilização contemporânea, ver: FERGUSON. *Civilização:* ocidente X oriente.... Sob o viés econômico, o fenômeno foi bem descrito por: FRIEDMAN, Thomas. *O mundo é plano.* Uma breve história do séc. XXI. 3 ed. São Paulo: Objetiva, 2009.

empresas de tecnologia entre as maiores do mundo, pelo comércio eletrônico, pela revolução nos meios de pagamento, pelas realidades paralelas (metaverso), pelo ChatGPT e pelo surgimento dos ativos virtuais, os chamados criptoativos — sem mencionar os múltiplos efeitos da crise sanitária causada pela Covid-19.

1. Direito cambiário em xeque

A concepção da disciplina jurídica dos títulos de crédito foi uma das maiores contribuições do direito comercial ao progresso civilizatório[3] — especialmente pela capacidade revolucionária desses instrumentos jurídicos como veículo de mobilização e circulação de riqueza[4]. Merece destaque a evolução em torno do conceito unitário de título, que foi capaz de conciliar, de um lado, a segurança jurídica dos agentes e, de outro, a captura do substrato econômico e o cumprimento da sua função instrumental no mercado[5].

Ocorre que mundo dos negócios se transformou completamente desde então e os reflexos dessas mudanças na seara jurídica são profundos, com efeitos ainda incertos[6]. Em matéria cambial, o esforço doutrinário (ao longo do século XX) para tentar legitimar a adequação de regras costumeiras e práticas da jurisprudência comercial dos séculos precedentes a partir da lógica racional e estrita da dogmática civilista, particularmente da teoria do negócio jurídico, prejudicou sobremaneira a capacidade desses institutos de cumprir sua função econômica tradicional (*i.e.*, livre circulação dos títulos e direitos mobiliários em um ambiente de segurança jurídica)[7].

Nesse novo contexto, com raras exceções, a doutrina comercialista empreendeu esforços na tentativa de uniformizar os títulos de crédito e cambiários

3 GOLDSCHMIDT. *Storia universale del diritto commerciale*..., p. 309 ss; ASCARELLI. O desenvolvimento histórico do direito comercial..., p. 239; ASCARELLI. *Panorama do direito comercial*..., p. 105; ASCARELLI. Evolução e papel do direito comercial..., p. 741.

4 CARNELUTTI, Francesco. *Teoria giuridica dela circolazione*. Padova: Cedan, 1933, p. VIII e 12.

5 LIBERTINI, Mario. "I titoli di credito nella dottrina giuscommercilista italiana. In memoria di Antonio Pavone La Rosa". *Rivista Orrizonti del Diritto Commercialle*, Vo. 3, Anno V, 2017, 1-2.

6 Para GALGANO, a descoberta de que a dívida é um objeto transacionável, a difusão da oferta de valores mobiliários ao grande público (com a conversão da esperança de riqueza futura em dinheiro fresco) e a compreensão de que propriedades intangíveis e incorpóreas valem mais do todos os bens materiais existentes foram determinantes para o desenvolvimento econômico contemporâneo (GALGANO. *La globalización en el espejo del derecho*..., p. 25-26).

7 LIBERTINI. "I titoli di credito nella dottrina giuscommercilista italiana...", p. 2.

em torno de um conceito único, cujo resultado foi frustrante tanto do ponto de vista teórico quanto prático[8].

Por exemplo, a tipologia fechada dos títulos (e os limites da autonomia privada), a diferenciação entre os títulos cambiais e não cambiais, o tratamento dispensado às regras de proteção do terceiro de boa-fé, à extensão dada ao princípio da inoponibilidade das exceções pessoais, cuja origem é o direito cambiário tradicional, foram situações que dificultaram a aderência de uma construção dogmática estrita com as reais necessidades do mercado e das empresas[9].

O choque definitivo, porém, não foi de natureza teórica nem de origem doutrinária, mas sim de realidade: o avanço tecnológico.

A revolução digital, com o abandono da cartularidade — elemento central na elaboração doutrinária-dogmática e normativa dos séculos precedentes — e o advento progressivo da desmaterialização dos títulos de crédito, já constatada há algumas décadas[10] (no contexto do movimento do *paperless society*), impactou a funcionalidade e a utilidade econômica dos títulos de crédito[11].

E mais: a prática empresarial contemporânea, bem como as limitações postas em lei, praticamente extinguiram o mercado de títulos de crédito ao portador, cuja circulação ocorria de forma bastante informal (praticamente de mão em mão). A rigor, a sofisticação dos instrumentos financeiros e o avanço da tecnologia determinaram o abandono de tais instrumentos há bastante tempo.

Recentemente, o surgimento de novos meios de pagamento (*e.g.*, cartões de crédito, cartões de débito, contas bancárias e ativos digitais, investimentos, depósitos e transferências eletrônicas imediatas e, nos últimos anos, a

8 Nesse processo, a teoria unitária dos títulos de crédito recebeu críticas de todos os lados, especialmente pela dificuldade de reduzir a planos tipológicos estritos um fenômeno jurídico-econômico de mobilização e circulação da riqueza com características bastante diversas e dinâmicas. Sobre o tema, ver: PAVONE, Antonio La Rosa. "La cambiale". In: CICU, Antonio; MESSINEO, Francesco. Trattato di Diritto Civile e Commerciale. Vol. XXXIX t. 1. Milano: Giuffrè, 1982; PAVONE, Antonio La Rosa. "Titoli 'atipici' e liberta' di emissione nell' ambito delle strutture organizzative della grande impresa". *Rivista delle Società*, an. 7, fasc. 4-5, 1982, p. 705-737; LIBERTINI, Mario. "Premesse a una revisione della teoria unitaria dei titoli di credito", *Banca borsa e titoli di credito*, t. I, 1972, p. 192 ss; *Teoria geral dos títulos de crédito*. 2 ed. São Paulo: Saraiva, 1969.

9 LIBERTINI. "I titoli di credito nella dottrina giuscommercilista italiana...", p. 3-4; PAVONE, Antonio La Rosa. *Studi sulla polizza di carico*. Milano: Giuffrè, 1958.

10 Vide: DE LUCCA, Newton. *A cambial-extrato*. São Paulo: RT, 1985. Mais recentemente: CIAN, Marco. *Titoli dematerializzati e circolazione 'cartorare'*. Milano: Giuffrè, 2001.

11 Ainda que tenha afirmado que esses fenômenos significaram uma ruptura apenas parcial do modelo legislativo existente — e não uma interrupção propriamente dita da disciplina cartular, já que a alteração ocorreu no formato do documento (antes físico, agora digital) e não na sua efetiva circulação (LIBERTINI. "I titoli di credito nella dottrina giuscommercilista italiana...", p. 10), o decurso do tempo evidencia que a mudança é profunda e definitiva.

modalidade de pagamento via *pix*) e alguns títulos atípicos setorizados, que propiciam aos agentes econômicos formas imediatas de compensação e quitação de operações das mais diversas naturezas — desde as mais simples até as mais complexas —, colocaram em xeque a tradicional disciplina jurídica cambiária.

Esse conjunto de fatores evidenciou a existência de mecanismos seguros e descentralizados de garantia quanto à efetiva circulação, cobrança e compensação dos títulos, aumentando substancialmente a segurança e a velocidade das transações propriamente ditas[12] — sem mencionar o advento dos fundos de investimento especializados em direitos creditórios e ativos estressados e outros instrumentos financeiros afins.

A narrativa é verdadeira e eloquente. Não resta dúvida de que houve uma grave e inegável ruptura na forma de conceber o direito cambiário, que sofreu de uma crise de funcionalidade e de identidade e precisa ser repensada, sob pena de extinção[13]. No plano didático, o próprio ensino da disciplina do direito cambiário — tendo como paradigma um título em desuso (a *letra de câmbio*) e uma base teórica em convulsão (o *princípio cartularidade*) — também está superado e precisa ser reformulado[14] ou até mesmo abandonado.

O que causa estranheza é que esse movimento não é recente. Suas repercussões já foram compreendidas e discutidas por uma parcela da doutrina especializada[15]. A conclusão é conhecida: a realidade é verdadeiramente implacável. As sofisticações tecnológicas e financeiras reduziram praticamente a pó a necessidade da circulação manual dos títulos de crédito e, por conseguinte, a utilidade da dogmática tradicional conceitualística dos títulos de crédito na economia contemporânea, a ponto de se falar do desaparecimento por completo dos títulos de crédito (*"commiato dai titoli di credito"*)[16].

É verdade que vencer o tempo e o espaço, materializando no presente riquezas futuras, foi uma das principais funções econômicas historicamente desempenhadas pelos títulos de crédito[17]. Ocorre que as proezas do passado não

12 LIBERTINI. "I titoli di credito nella dottrina giuscommercilista italiana..., p. 10-11.

13 Para uma tentativa de reconstrução do tema entre nós, ver: COELHO, Fá"bio Ulhoa. *Títulos de crédito.* Uma nova abordagem. São Paulo: Revista dos Tribunais, 2021.

14 PARENTONI, Leonardo. "A duplicata virtual e os títulos de crédito eletrônicos". *Revista da Faculdade de Direito da UFMG*, Belo Horizonte, n. 65, p. 409-465, jul./dez. 2014, p. 413-414.

15 LIBERTINI. "I titoli di credito nella dottrina giuscommercilista italiana", p. 1 ss.

16 A crítica, importada do direito suíço, está exposta em: SPADA, Paolo. *Introduzione al diritto dei titoli di credito. Documenti circolanti, circolazione intermeiata e password*. Giappichelli: Torino: 2012.

17 Essa é a visão da doutrina tradicional do direito comercial: ASCARELLI. *Teoria geral dos títulos de crédito...*, p. 3-5; LIBERTINI, Mario. *Profili tipologici e profili normativi nella teoria dei titoli di credito*. Giuffrè:

garantem o sucesso no presente nem a existência no futuro. Por experiência, sabe-se que a dinamicidade da realidade econômica supera a rigidez da dogmática jurídica e não paga tributo ao passado.

Mantidas estáveis todas as variáveis da equação (*ceteris paribus*), a tendência é que o impacto da evolução tecnológica liquide por completo a disciplina jurídica dos títulos de crédito, tal como é concebida atualmente, assim como certos tipos societários desapareceram da prática mercantil por absoluta falta de aderência às reais necessidades dos empreendedores (são exemplos disso, a sociedade em nome coletivo e as sociedades em comandita simples e por ações).

A se confirmar esse cenário, não é exagero afirmar que os títulos de crédito tornar-se-ão verdadeiras relíquias do direito comercial, a ponto de duplicatas, letras de câmbio e notas promissórias passarem a ser partes integrantes de um feliz, porém distante capítulo da evolução histórica da disciplina — além de compor o acervo de futuros gabinetes de curiosidades.

2. Grupos societários

Problemas semelhantes se apresentam em outras áreas do direito empresarial[18]. O direito societário, por exemplo, sofre uma *grave contradição interna*, uma crise sem precedentes, gerada a partir do momento em que se admitiu que uma sociedade fosse sócia de outra e que se formassem os grupos societários[19]. A questão dos grupos, com destaque para a responsabilidade das sociedades grupadas, provavelmente a mais grave entre elas, está entre os complexos e quiçá insolúveis problemas do direito societário contemporâneo[20].

Engrácia Antunes chega a chamar os *grupos societários* de "estranhas criaturas do mundo econômico contemporâneo, geradas no ventre geneticamente

Milano, 1971.

18 Alguns autores classificam essa fase como "crise do direito mercantil" (GARRIGUES. *Curso de derecho mercantil...*, p. 26 ss).

19 ANTUNES. "Estrutura e responsabilidade...", p. 51. VIO, Daniel. *Grupos societários*: ensaio sobre os grupos de subordinação, de direito e de fato, no direito societário brasileiro. São Paulo: Quartier Latin, 2016.

20 VANDEKERCKHOVE, Karen. *Piercing the corporate veil*. Alphen aan den Rijn: Kluwer, 2007, p. 06. À página 05, explica a autora que a limitação da responsabilidade dos grupos societários é fruto de um acidente histórico. Segundo narra ela, o surgimento dos grupos societários decorreu da autorização, no direito societário, de que uma sociedade participasse do capital de outra (*intercompany stock ownership*), sendo que, nos Estados Unidos, o *intercompany stock ownership* se tornou amplamente aceito a partir de 1889. Daí em diante, essa permissão alterou profundamente as estruturas do direito societário. E, apesar das mudanças estruturais verificadas, os conceitos e os princípios projetados para a sociedade isolada foram automaticamente (e, ao que parece, impensadamente) aplicados a essas novas entidades, razão pela qual se sustenta a tese do acidente histórico.

antinômico do direito societário moderno"[21]. Consequência disso é a forte reação jurisprudencial verificada com relação ao tema, que, muitas vezes, no afã de fazer justiça no caso concreto, extrapola os limites da lei.

Nesse contexto, certas decisões evidenciam que a mera existência de grupo implica quase automaticamente a existência de confusão patrimonial, o que, segundo transparece, autorizaria o uso da desconsideração da personalidade jurídica como medida corretiva[22] — muitas vezes de forma abusiva.

O imbróglio é de tamanha dimensão que chega a desaguar no direito concursal, seara em que se materializa nas polêmicas em torno da *consolidação substancial* das sociedades em recuperação e da *extensão dos efeitos da falência* por confusão patrimonial entre sociedades grupadas[23].

3. Pessoa jurídica (ainda) em crise

A crise da personalidade jurídica — seja das sociedades individualmente consideradas ou dos grupos societários — já vem sendo denunciada há muitas décadas no direito brasileiro, cabendo destacar os trabalhos de RUBENS REQUIÃO[24] e JOSÉ LAMARTINE CORRÊA DE OLIVEIRA[25] — contexto divertidamente ilustrado na fábula *Tutto il rovescio del diritto*, de FRANCESCO GALGANO[26].

21 ANTUNES. "Estrutura e responsabilidade...", p. 52.

22 MARGONI, Anna Beatriz Alves. *A desconsideração da personalidade jurídica nos grupos de sociedades*. Dissertação (Mestrado em Direito). Faculdade de Direito da Universidade de São Paulo, São Paulo, 2011, p. 153.

23 Sobre o tema, ver: CEREZZETTI, Sheila Christina Neder. "Grupos de sociedades e recuperação judicial: o indispensável encontro entre direitos societário, processual e concursal". In: YARSHELL, Flávio Luiz; PEREIRA, Guilherme Setoguti J (coord.). *Processo Societário*, v. II. São Paulo: Quartier Latin, 2015. p. 735-789; CEREZETTI, Sheila Christina Neder; SATIRO, Francisco. "A silenciosa "consolidação" da consolidação substancial". *Revista do Advogado – Direito das Empresas em Crise*, a. XXXVI, n. 131, p. 216-223, out. 2016; VIO. *Grupos societários...* MUNHOZ. *Empresa contemporânea e direito societário...*; DINIZ, Gustavo Saad. *Grupos societários*: da formação à falência. Rio de Janeiro: Forense, 2016; TOLEDO, Paulo Fernando Campos Salles de. "Recuperação judicial de grupos de empresas". In: FRANÇA, Erasmo Valladão Azevedo e Novaes; ADAMEK, Marcelo Vieira von (coords.). *Temas de direito empresarial e outros estudos em homenagem ao Professor Luiz Gastão Paes de Barros Leães*. São Paulo: Malheiros, 2014, p. 336-357; CORREA JUNIOR, Gilberto Deon. "Anotações sobre a consolidação processual e a consolidação substancial no âmbito da recuperação judicial". In: WAISBERG, Ivo; RIBEIRO, José Horácio Halfeld Rezende (org.). *Temas de direito da insolvência* — Estudos em homenagem ao Professor Manoel Justino Bezerra Filho. São Paulo: IASP, 2017, p. 305-333; CORREA JUNIOR, Gilberto Deon. "A extensão da quebra". *Revista Ajuris*, v. 62, Porto Alegre, p. 11-73, 1994; DINIZ, Gustavo Saad. "Falência de grupos societários: critérios de extensão de efeitos de falência". In: CEREZETTI, Sheila C. Neder; MAFFIOLETTI, Emanuelle Urbano (coord.). *Dez anos da Lei nº 11.101/2005*: estudos sobre a lei de recuperação e falência. São Paulo: Almedina, 2015, p. 528-547.

24 REQUIÃO, Rubens. "Abuso de direito e fraude através da personalidade jurídica ('Disregard Doctrine')". In: ____. *Aspectos modernos do direito comercial*, v. 1. São Paulo: Saraiva, 1977.

25 OLIVEIRA. *A dupla crise da personalidade jurídica...*

26 GALGANO, Francesco. *Tutto il rovescio del diritto*. Limano: Giuffrè, 2007, p. 21-33.

A problemática do mau uso da pessoa jurídica gerou uma reação a tal ponto descontrolada — em especial da Justiça do Trabalho e, em alguma medida, do próprio Poder Legislativo — que hoje já se fala em "fim da responsabilidade limitada no Brasil"[27].

Essa percepção gerou uma resposta legislativa por ocasião do advento do novo Código de Processo Civil e da regulação do incidente de desconsideração da personalidade jurídica (CPC, arts. 133 a 137), com objetivo de trazer maior segurança jurídica na aplicação da medida, bem como da Lei de Liberdade Econômica (Lei 13.874 de 2019), cujos resultados práticos ainda são incertos[28].

4. Interface com outras disciplinas jurídicas

Em nível constitucional, a partir da Primeira Guerra Mundial (1914-1918), o Estado passou a intervir, ainda que minimamente, nas questões de mercado para reduzir os efeitos de suas falhas e para induzir o desenvolvimento econômico e social[29].

Nesse ponto, a chamada "constituição econômica" passou a ser definidora do lugar e da função geral do Estado na economia[30] (sobre o assunto, ver, ainda neste capítulo, o item 6.1, *supra*, e o Capítulo 5, *infra*). Mas o nível de intervenção varia ao sabor das ideologias políticas, gerando, ainda, muita tensão e debate em praticamente todos os sistemas, com reflexos determinantes na institucionalização das formas político-jurídicas do Estado e do próprio racional jurídico adotado[31].

Ao longo do Século XX, desenvolvem-se os direitos concorrencial, trabalhista, consumerista e ambiental, que, de certa forma, esvaziam o âmbito de abrangência da disciplina comercial[32], delimitam a liberdade empresarial e formam uma espécie de macroestrutura legal cada vez mais complexa, na

27 SALAMA, Bruno Meyerhof. *O fim da responsabilidade limitada no Brasil*. São Paulo: Malheiros, 2014.

28 Sobre o tema em sentido estrito, ver: ADAMEK, Marcelo Vieira von; CONTI, André Nunes. *Desconsideração da personalidade jurídica*. Pressupostos, consequências, casuística. Vols. I e II. São Paulo: Quartier Latin, 2024. Sobre o tema em sentido mais amplo, ver: MARTINS-COSTA, Judith; NITSCHKE, Guilherme Carneiro Monteiro (coord.) Direito privado na lei de liberdade econômica. São Paulo: Almedina, 2022..

29 BERCOVICI, Gilberto. *Constituição econômica e desenvolvimento*. São Paulo: Malheiros, 2005, p. 33 ss.

30 MOREIRA, Vital. "Economia e constituição". *Boletim de Ciências Económicas da Faculdade de Coimbra*, v. XIX, p. 18-35, 1976, p. 18 e 35.

31 FARIA, José Eduardo. *O direito na economia globalizada*. São Paulo: Malheiros, 2004, p. 32-38.

32 Como destaca FORGIONI: "Essa talvez seja uma das transformações mais profundas sofridas pelo direito comercial nas últimas décadas: ampla gama de contratos passa a submeter-se à racionalidade diversa daquela do direito mercantil, de forma que a ele vai restando a disciplina das relações entre as empresas." (FORGIONI. *A evolução do direito comercial brasileiro...*, p. 136).

qual está inserido o empresário, mas que não é necessariamente regulada pelas regras empresariais.

A dialética entre o direito empresarial e essas disciplinas às vezes é bastante tensa, especialmente porque ocasionalmente os institutos basilares daquele, como a limitação da responsabilidade, são afetados pela proteção — demasiada em algumas hipóteses — conferida às classes tuteladas.

Mas esses efeitos não são apenas externos. No próprio seio do direito empresarial, é possível sentir os reflexos da crescente demanda pela consideração dos interesses que gravitam em torno da atividade empresarial. Vale destacar, nesse sentido, a doutrina institucionalista no direito das companhias e os ideais preservacionistas do direito concursal, os quais possuem, em comum, a preocupação com trabalhadores, fornecedores, consumidores, meio ambiente e assim por diante.

5. Abertura do direito concursal

O direito empresarial contemporâneo está diante do encerramento de um ciclo e da abertura de uma nova etapa no seu desenvolvimento histórico. Em termos de abrangência, o alargamento das atividades que compõem o direito empresarial parece não ter terminado[33].

Com efeito, o direito empresarial surgiu como disciplina jurídica autônoma por ocasião do Renascimento Comercial. Abraçou a indústria com o surgimento desta a partir das Revoluções Industriais. Abarcou a prestação de serviços quando essa se torna relevante como atividade econômica. E hoje vem penetrando na agricultura, à medida que o modo de produção capitalista nela se entranha cada vez mais fortemente, pois há tempos essa deixou de ser uma atividade pré-capitalista de subsistência e passou a ser uma atividade econômica organizada destinada ao mercado, necessária à alimentação de uma população mundial em crescimento exponencial[34].

O fecho da abóboda parece ser a referida unificação do regime jurídico de insolvência para todos os agentes econômicos, empresariais e não empresariais.

O Brasil, que optou por não realizar a referida unificação, enfrenta um problema prático e nocivo para as premissas que sustentam o sistema empresarial: alguns tribunais têm autorizado associações, cooperativas e até fundações

[33] GONÇALVES NETO. *Direito de empresa*: comentários aos artigos 966 a 1.195 do Código Civil..., p. 67.

[34] ASCARELLI. "O desenvolvimento histórico do direito comercial...", p. 242-243; ESTRELLA. *Direito Comercial* (estudos)..., p. 117-118.

— que estão, por definição legal, excluídas do regime empresarial — a fazer uso de remédios jurídicos empresariais de enfrentamento da crise diante da inexistência de um mecanismo análogo no âmbito do direito civil[35].

Some-se a isso algumas iniciativas legislativas bastante exóticas, como a lei que alterou o Código Civil para autorizar a associação futebolística a se inscrever no Registro de Empresas, submetendo-se ao regime jurídico empresarial (art. 971, parágrafo único), inclusive para fins de sujeição à Lei 11.101 de 2005. Aliás, verifica-se, claramente, uma canhestra forma de lidar com o problema da necessária abertura do direito concursal — que, evidentemente, deveria vir por meio de uma legislação aplicável a todos os agentes econômicos.

6. Direito concursal e empreendedorismo

Em certa medida, o direito empresarial também é instrumento de política pública. Temas relacionados à liberação do falido, consubstanciada na exoneração das dívidas após a entrega dos bens e direitos para pagamento das obrigações concursais (*discharge*), ao direito de recomeçar (*fresh start*) e às normas que reforçam a proteção de sócios e administradores (*limitação da responsabilidade*), são matérias de política legislativa da maior relevância e extrapolam a seara jurídica da insolvência, alinhando-se com o interesse social da coletividade[36].

Esse conjunto de princípios se conecta com a essência pura do direito dos negócios: a alocação de risco e o retorno esperado do empreendimento[37]. Não apenas isso: outorga às regras negociais um contorno social e inclusivo sem desnaturar a busca do agente pela satisfação dos seus interesses individuais.

Nesse sentido, tornar a falência uma opção real para o empreendedor desafortunado, que, diante da impossibilidade de reverter a crise da sua empresa, tem a opção de liquidá-la e, então, liberar-se das dívidas concursais que sobejarem o valor arrecadado, representa uma revolução copérnica em matéria empresarial[38].

[35] Que permanece preso às regras processuais ultrapassadas da insolvência civil, ainda reguladas pelo Código de Processo Civil de 1973 (CPC/2015, art. 1052).

[36] CANDIAN, Aurelio. "L'esporpriazione del creditore". In: ____ Saggi di diritto. Vol. II. Padova: Cedam, 1935, p. 17.

[37] Cuja função, essencialmente, é: "ordenar ou regular a troca econômica, tornar eficiente a circulação dos bens na economia. Ao facilitar a circulação da riqueza, a partir de uma dada e prévia atribuição de propriedade, que resulta das normas jurídicas, mercados, ao tornarem o sistema de trocas mais eficiente, permitem melhorar a alocação de riqueza, vale dizer, melhorar a distribuição dos bens disponíveis entre os agentes econômicos". Cf. SZTAJN. *Teoria jurídica da empresa...*, p. 33.

[38] No que diz respeito ao tratamento dispensado ao falido na reforma de 2020 (Lei n. 14.112), parece fora de dúvidas que o direito falimentar brasileiro avançou no tratamento do tema. Todavia, é

O direito de recomeçar é um dos principais pilares dos sistemas falimentares mais evoluídos e bem-resolvidos, como o estadunidense[39] e o da União Europeia[40]. Trata-se de regra humanizadora do direito contemporâneo da insolvência. Não por acaso, estudos recentes apontam para a existência de uma

preciso reconhecer que o legislador não adotou o *discharge* e o *fresh start* nos moldes previstos, por exemplo, nos Estados Unidos. Registrada essa ressalva, o "*fresh start* à brasileira" — expressão que se admite apenas para fins de referência — é um conjunto de normas que (*i*) permitem a extinção mais célere das obrigações do falido (LREF, arts. 158 e 159), (*ii*) buscam reforçar a proteção de sócios de responsabilidade limitada (arts. 6°-C e 82-A) e (*iii*) enunciam princípios fomentadores do empreendedorismo e do retorno célere do empreendedor falido à atividade econômica (art. 75, III). Ao admitir a extinção das obrigações do falido no prazo de três anos após a decretação da quebra (art. 158, V) ou imediatamente com o encerramento da falência (art. 158, VI) — o que, todavia, não abrange o passivo tributário, uma vez que demandaria lei complementar —, permite-se a reabilitação mais célere da pessoa física empresária (especialmente se comparada à redação original da LREF). Reitera-se: o legislador reformista poderia ter sido mais ousado neste ponto. Por exemplo, era plenamente possível o estabelecimento de um sistema de presunções em favor do falido de boa-fé com base na própria lógica da LREF. Nesse sentido, se ficasse constatado no relatório do administrador judicial (art. 22, III, "e") que o falido entregou a contabilidade em ordem e que não há indício relevante de irregularidade em suas atividades, poder-se-ia, ainda que provisoriamente, presumir sua boa-fé, liberando-o para voltar ao mercado em poucos meses. De mais a mais, ao reforçar regras de proteção aos sócios de responsabilidade limitada (arts. 6°-C e 82-A), a reforma de 2020 buscou restringir as suas perdas ao capital aportado no negócio, mecanismo básico de alocação de riscos de qualquer empreendedor, estimulando o investimento privado na atividade produtiva. A rigor, o mecanismo da limitação da responsabilidade permite, metaforicamente falando, que os sócios construam um muro para proteger seu patrimônio pessoal dos credores sociais, um verdadeiro *limitador de perdas*. Por fim, ao declarar a intenção de fomentar o empreendedorismo pela viabilização do retorno célere do empreendedor falido à atividade econômica (art. 75, III), o legislador forneceu um cânone interpretativo para os dispositivos da LREF, unindo-os com base em um propósito comum e direcionando sua aplicação em prol de um resultado prático: a liberação do falido e o incentivo ao reempreendedorismo regular. Não se pode olvidar, também, que, ao erigir um conjunto de regras aceleradoras do processo falimentar (arts. 10, §10; 22, III, "j"; 99, §3°; e 104, II, V e XI), inclusive reconhecendo a inutilidade de se seguir com uma falência frustrada e a possibilidade de encerrá-la sumariamente (art. 114-A), a reforma de 2020 prestou relevantes serviços aos propósitos declarados no art. 75, materializando-os em regras cogentes. Nesse sentido, a liberação do falido e o estímulo ao empreendedorismo não consistem em normas de caráter meramente programático, atingindo efeitos práticos. Esse conjunto de alterações conferiu novos ares ao direito concursal brasileiro, configurando um primeiro e promissor passo rumo à evolução da falência. Trata-se de um importante amadurecimento. A falência deve ser encarada como um evento natural. Estigmatizar o falido é ruim para todos, inclusive para os credores; por isso é fundamental exorcizar velhos preconceitos.

39 WARREN; WESTBROOK; PORTER; POTTOW. *The law of debtors and creditors*..., p. 6; WHITE, Michelle J. "Bankruptcy and Small Business". *Regulation*, v. 24, n. 2, Summer 2001. Em *Stellwagen v. Clum* (1918), a Suprema Corte norte-americana assim consignou: "The federal system of bankruptcy is designed not only to distribute the property of the debtor [...] among his creditors, but as a main purpose of the act, intends to aid the unfortunate debtor by giving him a fresh start in life, free from debts, except of a certain character, after the property which he owned at the time of bankruptcy has been administered for the benefits of the creditors. Our decisions lay great stress upon this feature of the law — as one not only of private but of great public interest in that it secures to the unfortunate debtor, who surrenders his property to distribution, a new opportunity in life".

40 Vide a recente Diretiva (EU) 2019/1023. Ver, também: STANGHELLINI, Lorenzo; MOKAL, Riz; PAULUS, Christoph G.; TIRADO, Ignacio. *Best practices in european restructuring*: contractualised distress resolution in the shadow of the law. Milano: Wolters Kluver, 2018; RODA, Carmen Boldó; SEMPERE, Carmen Pastor (coords). *Derecho preconcursal y segunda oportunidad*. Valencia: Tirant lo Blanch, 2021; OREJUDO, Raul Nicolas Garcia; ROIG, Francesc-Xavier Rafi. *La exoneración del pasivo insatisfecho*. Valencia: Tirant lo Blanch, 2023.

relação direta entre as regras de insolvência que admitem e incentivam o *discharge* e o *fresh start* e o índice de empreendedorismo de um país[41].

Está-se diante de uma oportunidade ímpar para o direito concursal brasileiro evoluir e se libertar da concepção medieval segundo a qual todo falido é fraudador (*decoctor ergo fraudator*)[42]. Em última instância, a reforma da LREF (promovida pela Lei 14.112/20) andou bem nesse sentido, pois parece ter capturado a essência de uma concepção fundamental segundo a qual: as falhas e os insucessos, além de parte indissociável de qualquer atividade humana, *são instrumentos valiosos para o aprendizado*[43].

Nesse sentido, *cada tropeço maximiza a chance de acertos futuros*; e *o exercício da atividade empresarial se faz por "tentativa e erro"* — assim como uma criança quando está aprendendo a caminhar[44].

7. Crise do pequeno empresário e endividamento

O direito recuperatório brasileiro está estagnado no que diz respeito aos remédios jurídicos voltados ao soerguimento dos pequenos negócios, de enorme importância para a economia e para o constante desafio de redução da desigualdade social.

Enquanto o direito europeu está comprometido com a criação de um ambiente de instrução e aconselhamento, bem como com o estabelecimento de uma cultura da prevenção da crise do pequeno empreendedor[45], no Brasil sequer parece haver um debate de relevo e tecnicamente sério sobre quais ajustes

41 "Our hypothesis is that, all other things being equal, a more forgiving bankruptcy law will tend to stimulate entrepreneurship. In this section, we discuss its operationalization for an empirical test. We study data on bankruptcy law and self-employment over 16 years (1990–2005) from 15 developed economies: Austria, Belgium, Canada, Denmark, Finland, France, Germany, Greece, Ireland, Italy, The Netherlands, Spain, Sweden, the UK, and the US. [...] Controlling for a range of other legal, economic and social factors that may affect national levels of entrepreneurship, we show that bankruptcy law has a pronounced effect on levels of entrepreneurship. In fact, bankruptcy laws have the most statistically and economically significant effect on levels of self-employment across countries, and matter more than economic determinants such as real GDP growth and MSCI stock market returns. Cf. ARMOUR, John; CUMMING, Douglas. *Bankruptcy law and entrepreneurship*. ECGI Working Paper Series in Law. Working Paper N°.105/2008, February 2008, p. 6, 18.

42 FERRARA JR., Francesco; BORGIOLI, Alessandro. *Il fallimento*. 5 ed. Milano: Giuffrè, 1995, p. 55-59.

43 GROSS, Karen. *Failure and forgiveness*: rebalancing the bankruptcy system. New Haven: Yale University Press, 1999, p. 97. Ver, também: SULLIVAN; WARREN; WESTBROOK. *As we forgive our debtors...*

44 GROSS, Karen. *Failure and forgiveness*: rebalancing the bankruptcy system. New Haven: Yale University Press, 1999, p. 97. Ver, também: SULLIVAN; WARREN; WESTBROOK. *As we forgive our debtors...*

45 STANGHELLINI; MOKAL; PAULUS; TIRADO. *Best practices in european restructuring*: contractualised distress resolution in the shadow of the law..., p. 10-11 e 233 ss.

seriam necessários para tornar o procedimento de recuperação judicial especial para ME e EPP.

Não há interesse político no tema. A distorção é enorme e a injustiça gritante. Pior, os espasmos legislativos praticamente se resumem a reduzir a remuneração do administrador judicial, quando o devedor é uma empresa de pequeno porte, e medidas paliativas análogas, sem qualquer preocupação renovatória ou sistêmica, verdadeira esdruxularia de um legislador mais preocupado com a demagogia da defesa do mais fraco do que com a realidade dos processos concursais[46].

Em uma perspectiva mais ampla, a letargia legislativa abrange a discussão do próprio fenômeno do endividamento dos indivíduos (consumidores) e dos seus impactos sociais, tema que já é objeto de preocupação e discussão em outras jurisdições desde o final do século XX, como é o caso dos EUA[47].

8. Prevenção da crise

Com a emergência dos problemas decorrentes da crise sanitária ocasionada pela pandemia da Covid-19, inaugurou-se — ainda que tardiamente e de uma forma tímida — o debate em torno da necessidade de se criarem mecanismos de prevenção da crise empresarial.

A atenção é justificada. O sistema brasileiro de insolvência se caracteriza por ser altamente concentrado na reação à crise (*sistema reativo*). Isto é, os mecanismos existentes, consubstanciados nos regimes de reestruturação e de liquidação previstos na Lei 11.101/05, cuidam apenas da crise empresarial já instalada, segregando as empresas em dois grupos: as viáveis (as quais têm a sua disposição a recuperação judicial ou extrajudicial, conforme a envergadura e a natureza da crise) e as inviáveis (destinadas à liquidação falimentar). É pouco. Para ser mais eficiente, o sistema de crise empresarial precisa estar equipado com ferramentas de combate prévio à insolvência (*sistema preventivo* ou pré-insolvência).

[46] Por incrível que pareça, a essência do apontamento de COMPARATO (que remonta o ano de 1970) permanece válida entre nós: "Fenômenos econômicos tão díspares como a insolvabilidade de um armarinho, a da macroempresa de exportação devem em princípio submeter-se aos mesmos remédios processuais da lei de falências. Entre a pequena sociedade anônima familiar e uma General Motors ou uma Royal Ducth Shell, tudo se passa no direito positivo como se se tratasse de entidades com a mesma natureza e a mesma estrutura." (COMPARATO. *Aspectos jurídicos da macro-empresa...*, p. 1-2).

[47] SULLIVAN; WARREN; WESTBROOK. *As we forgive our debtors...*.

Nessa linha, um primeiro passo foi dado com a instituição da chamada "negociação preventiva" (conciliações e mediações antecedentes aos processos de recuperação, previstas no art. 20-B e seguintes da Lei 11.101 de 2005). Sem adentrar no mérito da prestabilidade do mecanismo criado, ao qual se poderia endereçar uma série de críticas, ao menos é de se reconhecer o mérito da iniciativa. É preciso agora seguir adiante.

Um olhar no direito comparado pode fornecer pistas acerca dos próximos passos. Nessa linha, outro tema que merece atenção diz respeito à importância de se discutir a adoção de uma sistemática de *early warning e* de *deepening insolvency*[48] na legislação brasileira de insolvência.

Essa técnica de enfrentamento da crise empresarial consiste na inclusão de uma série de previsões e gatilhos de incentivo legal capazes de estimular a antecipação da tomada de medidas de prevenção da crise (*soluções preventivas*) e de reestruturação do negócio pela sociedade em situação de dificuldade, tornando o direito concursal, ao fim e ao cabo, mais propositivo, eficiente e direcionado para a construção de soluções mais negociais/contratuais e menos jurisdicionais[49] — sem mencionar os potenciais impactos positivos de tais medidas nos deveres fiduciários de sócios e administradores[50].

Finalmente, também merece destaque o tema da responsabilidade dos credores da empresa em crise. Se, no âmbito dos direitos norte-americano e europeu, está cada vez mais claro que o devedor possui a obrigação de agir de boa-fé e tempestivamente, também surge a discussão em torno de quais seriam os deveres das suas contrapartes, os credores. Uma das questões que se impõe consiste em saber se, ao lado do dever geral de consideração e lealdade, certas posturas em contexto de crise patrimonial são aceitáveis. Por exemplo, poderia um credor, livremente, satisfazer-se integralmente no patrimônio da empresa insolvente em detrimento dos demais? Qual seria a extensão da responsabilidade de um credor cujas ações contribuem, conscientemente, para a insolvência de uma empresa (ou para agravamento da sua crise)?

48 Expressões importadas do direito norte americano que, numa tradução livre para o português, significam "avisos ou sinais prévios" da crise e "aprofundamento da insolvência".

49 STANGHELLINI; MOKAL; PAULUS; TIRADO. *Best practices in european restructuring*: contractualised distress resolution in the shadow of the law..., p. 1-27.

50 Sobre o tema, ver: LUCIANO, Alessandro M. *La gestione della S.P.A nella crisi pre-concursale*. Milano: Giuffrè, 2016; ALLECA, Giuseppe Paolo. *Fallimento e regole societarie*. Milano: Giuffrè, 2016; BARCELLONA, Eugenio. *Business judgment rule e interesse sociale nella 'crisi'*. Milano: Giuffrè, 2020; VEIGA, Fábio da Silva. *Responsabilidade dos administradores de sociedades*. Thomson Reuters Arandazi. Navarra, 2021.

A temática é complexa e polêmica, razoavelmente nova e muitas são as suas implicações e nuances, valendo um enfrentamento cuidadoso e imparcial, como já começa a ocorrer na Itália, por exemplo[51].

9. Direito societário e direito concursal

O universo jurídico contemporâneo não admite as classificações estanques de outrora. Da dinamicidade da realidade fática emergem problemas relacionados ao entrecruzamento de disciplinas do próprio direito empresarial, de que são exemplo os efeitos gerados pela crise da empresa no seio do direito societário, consubstanciando-se em situações nas quais o sistema de crise interfere no direito dos sócios estabelecidos em lei, no estatuto social da companhia ou em acordos de acionistas[52].

O direito da insolvência rompe o direito societário (*Insolvenzrecht bricht Gesenllschaftsrecht*)[53]. Nessa linha, há quem sustente, não sem oposição, que uma sociedade em crise deve estar submetida a princípios diversos daqueles aplicáveis ao direito societário geral, o que poderia exigir a organização de uma espécie de "direito societário da crise", subsistema com princípios e categorias próprios, que, eventualmente, poderiam derrogar normas do direito societário geral em situações de crise econômico-financeira aguda[54-55].

51 LENZI, Diletta. *I doveri dei creditori nella crisi d'impresa*. Giuffrè: Milano, 2022.

52 Nesse sentido, veja-se, por exemplo, o PAS CVM 8413/2009, Rel. Dir. Luciana Dias, no qual se discutiu se as condutas dos administradores de companhia aberta violaram as regras estabelecidas no art. 170, §§1° e 7° da Lei das S/As quando da realização de operação de aumento do capital social de companhia aberta em situação de crise econômico-financeira. Em síntese, a discussão girou em torno da rigidez ou flexibilidade dos critérios para precificação das ações estabelecidos pelo art. 170, §1°, com a particularidade de a empresa estar em situação de crise. Embora não tenha havido decisão da CVM em razão da celebração de termo de compromisso pelos acusados e a autarquia, o caso evidencia a correlação entre os temas e a necessidade de se criar canais de diálogos normativos e principiológicos entre as disciplinas societária e recuperatória.

53 SPLIET, J.D. In: SCHMIDT, Karsten. *Insolvenzordnung*. CH Beck: Munchen, 2023, p. 2096.

54 TOMBARI. "Principi e problemi di 'diritto societário dela crisi'...", p. 5-33. Para uma perspectiva crítica sobre o 'direito societário da crise: PORTALE, Giuseppe B. "Verso un 'diritto societário della crisi?". In: TOMBARI, Umberto (a cura di). *Diritto societário e crisi d'impresa*. Torini: Giappichelli, 2014, p. 1-4; CORTÉS, Josefa Brenes; SÁNCHEZ, Sonia Rodrigues (Coords). *Sociedades y concurso*. Estudios de derecho societário de la crisis. Navarra: Thomson Reuters Aranzadi, 2018; BUENDÍA, Francisco Jesús Moreno. *Los efectos del concurso de acreedores sobre los órganos de las sociedades de capital*. Valencia: Tirant lo Blanch, 2023.

55 No contexto normativo da Diretiva Europeia (EU) 2019/1023, veja-se a previsão (um tanto quanto polêmica) do art. 120 bis no Código Italiano da Crise da Empresa e da Insolvência, segundo a qual é de competência exclusiva dos administradores de uma sociedade (e não aos sócios, como geralmente ocorre) a prerrogativa de dar início a medidas legais de soerguimento da sociedade em crise econômico-financeira, sob pena de responsabilização: "(1)*L'accesso a uno strumento di regolazione della crisi e dell'insolvenza, anche con riserva di deposito della proposta, del piano e degli accordi, è deciso, in via esclusiva, dagli amministratori o dai liquidatori, i quali determinano anche il contenuto della proposta e le condizioni del*

Para outros, em contrapartida, a solução para o entrecruzamento disciplinar seria menos sofisticada e passaria (*i*) pela simples neutralidade das regras de insolvência em matéria societária[56], (*ii*) pela construção de um sistema específico de governança para as empresas em situação de crise econômico-financeira[57] e/ou, em alguma medida, (*iii*) por uma discussão equilibrada acerca da existência ou não de um dever societário de recapitalização da empresa pelos acionistas em cenários de crise[58]. Portanto, não se trataria de um rompimento propriamente dito, mas de uma dialética que produz importantes inovações e modernizações na prática societária[59].

Independentemente da solução a ser adotada, o ponto que merece destaque aqui diz respeito à inevitável interseção entre direito societário e direito falimentar. Esse tema vem sendo debatido há décadas nos EUA, tendo como pano de fundo o *Bankruptcy Code* (1978), as regras do que se convencionou chamar

piano. Le decisioni risultano da verbale redatto da notaio e sono depositate e iscritte nel registro delle imprese. La domanda di accesso è sottoscritta da coloro che hanno la rappresentanza della società(2). Ai fini del buon esito della ristrutturazione il piano, anche modificato prima dell'omologazione, può prevedere qualsiasi modificazione dello statuto della società debitrice, ivi inclusi aumenti e riduzioni di capitale anche con limitazione o esclusione del diritto di opzione e altre modificazioni che incidono direttamente sui diritti di partecipazione dei soci, nonché fusioni, scissioni e trasformazioni(2). 3. Gli amministratori sono tenuti a informare i soci dell'avvenuta decisione di accedere a uno strumento di regolazione della crisi e dell'insolvenza e a riferire periodicamente del suo andamento. 4. Dalla iscrizione della decisione nel registro delle imprese e fino alla omologazione, la revoca degli amministratori è inefficace se non ricorre una giusta causa. Non costituisce giusta causa la presentazione di una domanda di accesso a uno strumento di regolazione della crisi e dell'insolvenza in presenza delle condizioni di legge. La deliberazione di revoca deve essere approvata con decreto dalla sezione specializzata del tribunale delle imprese competente, sentiti gli interessati. 5. I soci che rappresentano almeno il dieci per cento del capitale sono legittimati alla presentazione di proposte concorrenti ai sensi dell'articolo 90. La domanda è sottoscritta da ciascun socio proponente. 6. Le disposizioni di questo articolo si applicano, in quanto compatibili, agli strumenti di regolazione della crisi e dell'insolvenza presentati dagli imprenditori collettivi diversi dalle società."

56 Considerando o teor da diretiva da União Europeia, que outorga aos países boas margens de discricionaridade para a aprovação e adoção de regras locais adequadas às realidades dos respectivos membros, Lorenzo Benedetti destaca que "The grounding assumption was the traditional principle of corporate organizational neutrality of insolvency procedures, whereby these only focus on company assets, and not on the company as a legal entity and its organization (including equity holders' shares): the corporate shares in themselves are not part of the corporate assets and, thus, the collective proceeding cannot produce direct effects on the shareholding". Cf. BENEDETTI, Lorenzo. "The Position of Shareholders in the Restructuring Proceedings of Distressed Companies: From a Shareholders' Veto Power to Their Duty to Enforce (Aufopferungs- Or Duldungspflicht) a Restructuring Plan". In: *International Insolvency Review*, vol. 29(3), 2020, p. 327.

57 Stanghellini, Lorenzo. "Il governo delle società fra codice civile e codice della crisi". Analisi Giuridica dell'Economia, fascicolo 1-2, gennaio-dicembre 2023, p. 19-71; STANGHELLINI, Lorenzo. "Verso uno statuto dei diritti dei soci di società in crisi". *Rivista di Diritto Societario*, fascicolo 2/2020, p. 295-321.

58 DONATI, Iacopo. *Le ricapitalizzazioni forzose*. Milano: Giuffrè, 2020.

59 PORTALE, Giuseppe B. "Il codice italiano della crisi d'impresa e dell'insolvenza: tra fratture e modernizzazione del diritto societario". *Rivista delle società*. Anno 67, fascicolo 5-6, Milano: Giuffrè, 2022, p. 1149- 1169, p. 1151.

de *structured bargaining*[60], a forma de organização dos créditos e a sistemática de pagamento dos credores[61], com destaque especial para algumas institutos, tais como: (*i*) a *absolute priority rule;* (*ii*) os *secure and unsecured creditors;* (*iii*) as *residual claims;* (*iv*) os *impaired interests;* (*v*) o *ownership interest holders;* (*vi*) o teste do *best-interest-of-creditors;* (*vii*) a *fair and equitable rule*[62]; (*viii*) o plano alternativo pelos credores, (*ix*) os quóruns para o *cram down* e, mais recentemente, após reformas legislativas, (*x*) a *relative priority rule*[63].

No Brasil, o tema da interseção entre o direito societário e o direito falimentar tem recebido atenção da doutrina[64] e dos tribunais[65] — interesse que tende a aumentar com a Reforma de 2020 e a introdução um tanto quanto afoita e

60 Em síntese: "The idea behind these procedures is that the firm's claimants are encouraged to bargain about the future of the firm — whether it should be liquidated or reorganized and how its value should be divided up — according to predetermined rules. The basic elements of Chapter 11 are as follows. A stay is put on creditors' claims (that is, they are frozen: no creditor is allowed to seize or sell any of the firm's assets during the process); claim holders are grouped into classes according to the type of claim they have (secured or unsecured, senior or junior); and a judge supervises a process of bargaining among class representatives to determine a plan of action and a division of value for the firm. During the process, incumbent management usually runs the firm. An important part of the procedure is that a plan can be implemented if it receives approval by a suitable majority of each claimant class; unanimity is not required". Cf. HART, Oliver. *Different Approaches to Bankruptcy.* Working Paper 7921, National Bureau of Economic Research. 2000, p. 1-20, p. 7-8.

61 Há bons dados e referências em: LOPUCKI, Lynn M.; WHITFORD, William C. "Bargaining over Equity's Share in the Bankruptcy Reorganization of Large, Publicly Held Companies". *University of Pennsylvania Law Review,* vol. 139, p. 125-196; BAIRD, Douglas G.; RASMUSSEN, Robert K. Control Rights, Priority Rights, and the Conceptual Foundations of Corporate Reorganizations. *Virginia Law Review,* vol. 87, 2001, p. 921-959.

62 Sobre o tema, ver: JACKSON, Thomas H. *The Logic and Limits of Bankruptcy Law.* Massachusetts: Harvard University Press, 1986; JACKSON, Thomas H; SCOTT, Robert. E. "On the Nature of Bankruptcy: an essay on bankruptcy sharing and the creditors' bargain". In: *Virginia Law Review,* Mar. 1989, vol. 75(2), p. 155-204.

63 BAIRD, Douglas G. "Priority Matters: absolute priority, relative priority, and the costs of bankruptcy". In: *University of Pennsylvania Law Review,* vol. 165(4), mar. 2017, p. 785-829; LUBBEN, Stephen J. "The Overstated Absolute Priority Rule". *Fordham Journal of Corporate & Finance Law,* vol. 21. Issue 4, 2016, p. 581- 602. Para uma visão crítica, ver: BEBCHUK, Lucian A. "Ex Ante Costs of Violating Absolute Priority in Bankruptcy". *Journal of Finance,* vol. 57, 2002, p. 445-460.

64 ADAMEK, Marcelo Vieira von. As intersecções entre os regimes societário e concursal e a experiência brasileira sobre a sua compatibilização na recuperação judicial. In: ______. *Estudos e pareceres em recuperação de empresas e falência: obrigações e contratos empresariais. Direito empresarial contemporâneo* 4. São Paulo, Quartier Latin, 2023, p. 23-68; TEPEDINO, Ricardo. O direito societário e a recuperação judicial. In: LOBO, Carlos Augusto da Silveira, ROSMAN, Luiz Alberto Colonna, e VENÂNCIO FILHO, Alberto (orgs.). *Lei das S/A em seus 40 Anos.* Rio de Janeiro, Forense, 2017, p. 585-599; FERREIRA, Arnaldo Vieira. *Reorganizações societárias como meios de recuperação judicial.* São Paulo: Quartier Latin, 2024; BARROS, Lucas. Direito societário e direito recuperacional: a necessária conciliação. *Revista de Direito Mercantil Industrial, Econômico e Financeiro,* v. 170-171, p. 206-222, 2016.

65 Por exemplo, nesses precedentes: TJSP, Câmara Reservada à Falência e Recuperação, AI 0154311-66.2011.8.26.0000, Rel. Des. Pereira Calças, j. 24/01/2012; STJ, 2ª Seção, CC 157.099/RJ, Rel. Min. Nancy Andrighi, j. 10/10/2018. TJSP, 2ª Câmara Reservada de Direito Empresarial, AI 2257715-26.2016.8.26.0000, Rel. Des. Alexandre Marcondes, j. 30/07/2018; Processo nº 1099671-48.2015.8.26.0100, 1ª Vara de Falências e Recuperações Judiciais, Juiz Dr. João de Oliveira Rodrigues Filho, j. 06/12/2016 — e embargos de declaração apreciados em 07/12/2016.

desorganizada da possibilidade de apresentação de plano alternativo pelos credores (art. 56, §4º e seguintes, LREF).

Os problemas que envolvem esse tema são complexos e exigem a construção de uma solução que respeite as premissas e os fundamentos de cada disciplina, expurgando do sistema situações de abuso de direito de credores e de acionistas. De um lado, deve-se examinar a legislação vigente, em uma perspectiva sistêmica e integrada, afastando-se da discussão sobre a prevalência de uma disciplina sobre a outra; de outro, é preciso estabelecer válvulas de escape para situações de impasse, capazes de oferecer, ao mesmo tempo, eficácia aos deveres e direitos dos acionistas (e, eventualmente, portas de saída e compensações financeiras adequadas) e dos credores, bem como efetividade aos meios recuperatórios para o soerguimento da empresa em crise – sem desconsiderar, nesse contexto, a quebra e seus efeitos jurídicos como um caminho possível – e, eventualmente, necessário.

Por fim, é importante registrar que o tratamento legislativo dispensado ao direito da insolvência no direito comparado ganhou ainda mais destaque com aprovação da Diretiva Europeia (EU) 2019/1023[66]. Essas diretrizes foram inspiradas pelas práticas de insolvência ao redor do mundo e pela doutrina especializada (especialmente a norte-americana), sendo responsável pela consolidação das principais sugestões, orientações e princípios sobre a matéria no âmbito europeu, garantindo aos Estados-membros liberdade para decidir o caminho normativo a ser seguido, respeitadas as particularidades locais.

[66] Veja-se, por exemplo, a previsão do "Considerando" nº 57 da Diretiva (EU) 2019/1023: "Embora devam ser protegidos os interesses legítimos dos acionistas ou outros detentores de participações, os Estados-Membros deverão assegurar que estes não possam impedir desrazoavelmente a adoção de planos de reestruturação suscetíveis de restabelecer a viabilidade do devedor. Os Estados-Membros deverão poder usar diversos meios para alcançar este objetivo, por exemplo, não conferindo aos detentores de participações o direito de votar um plano de reestruturação e não fazendo depender a adoção de um plano de reestruturação da aceitação dos detentores de participações que, após a avaliação da empresa, não receberiam qualquer pagamento ou outra retribuição em contrapartida se fosse aplicada a ordem normal das prioridades de liquidação. Contudo, caso os detentores de participações gozem do direito de votar um plano de reestruturação, este deverá poder ser confirmado por uma autoridade judicial ou administrativa através da aplicação das regras sobre reestruturação forçada da dívida contra categorias de credores, não obstante a discordância de uma ou mais categorias de detentores de participações. Os Estados-Membros que excluam os detentores de participações da votação não precisarão de aplicar a regra da prioridade absoluta na relação entre credores e detentores de participações. Outra forma possível de assegurar que os detentores de participações não evitem, de forma desrazoável, a adoção de planos de reestruturação consistirá em assegurar que as medidas de reestruturação que afetem diretamente os direitos dos detentores de participações e que têm que ser aprovadas pela assembleia geral de acionistas ao abrigo do direito nacional e da União das sociedades, não fiquem sujeitas a requisitos de maioria desrazoavelmente elevados e que os detentores de participações não disponham de competência no que toca às medidas de reestruturação que não afetem diretamente os seus direitos."

Trata-se de inegável avanço institucional em matéria de insolvência e de direito comparado. Em contrapartida, na América Latina, a pauta legislativa sobre insolvência é absolutamente distinta, pelo menos sob ponto de vista institucional e da adoção de boas práticas comuns entre os países.

Sem qualquer pretensão de esgotar o debate — que, a rigor, é extremamente rico e complexo —, os assuntos e questões acima servem tão somente para exemplificar situações concursais contemporâneas complexas e multidisciplinares, cujas soluções extrapolam a seara exclusiva do direito da empresa em crise, exigindo doses elevadas de criatividade aliada a um conhecimento jurídico e econômico cada vez mais transversal.

Conclusões

O ser humano tem uma afeição pelos esquemas formais já existentes e pelo conhecimento sistematizado, o que demonstra, além do seu conservadorismo, uma certa incapacidade de lidar — e, pior ainda, de aprender — com eventos inesperados e com a incerteza[1].

Esse apego se verifica com ainda mais vigor no campo jurídico, cujos abalos, tal como ocorrem com a economia, acontecem mais paulatinamente do que de forma inesperada e imprevisível[2].

Fato é que o direito empresarial está longe de ser uma disciplina dogmaticamente estável e imune à ação de forças internas e externas que testam a sua elasticidade sistêmica. Há desafios constantes no que diz respeito à aderência das suas regras ao substrato econômico da realidade que lhe é subjacente. A teoria da empresa se insere exatamente nesse contexto. Fenômeno contemporâneo multifacetado, continua sendo tema complexo e desafiador, especialmente à luz de categorias jurídicas estáticas e pouco esclarecedoras[3].

Os problemas em torno da insuficiência do atual conceito de empresa e das contradições sistêmicas do tratamento legislativo difuso dado à matéria empresarial são evidentes. Tais questões sobre o tema seguem sendo enfrentadas pela doutrina pátria em estudos especializados mais ou menos recentes como os de Fábio K. Comparato[4], Rachel Sztajn[5], Waldirio Bulgarelli[6], Paulo

[1] ECO. *Kant e o ornitorrinco...*, p. 211-212.

[2] Na lógica descrita por: TALEB. *A lógica do cisne negro*: o impacto do altamente improvável. 14ª ed. São Paulo: Objetiva, 2018, p. 177 e ss.

[3] MARCONDES. *Limitação da responsabilidade do comerciante individual...*, p. 163-164; BARRETO FILHO. "Teoria do estabelecimento comercial...", p. 27; BULGARELLI. *A teoria jurídica da empresa...*, p. 139-140.

[4] COMPARATO. *Aspectos jurídicos da macro-empresa...*; COMPARATO. "A reforma da empresa...".

[5] SZTAJN. *Teoria Jurídica da Empresa...*

[6] BULGARELLI. *Tratado de direito empresarial...*

FORGIONI[7], CÁSSIO CAVALLI[8], FÁBIO ULHOA COELHO[9], entre outros tantos, cada um à sua maneira e com base em seus próprios pressupostos. São exemplos concretos da busca incessante dos estudiosos para compreender e conceituar a empresa em todos os seus contornos, demonstrando que o direito brasileiro contemporâneo segue em busca de uma definição mais precisa[10].

A despeito das dificuldades da matéria, esses esforços foram de certa forma bem-sucedidos. De um lado, ao contrário do que ocorria quando da vigência do Código Comercial, atualmente há poucas dúvidas sobre se determinada pessoa é ou não empresária (*qualificação do sujeito*), questão central para a estruturação e sistematização da disciplina.

De outro lado, por exemplo, ainda se discute a pertinência de aplicar regimes jurídicos de direito empresarial a sujeitos não qualificados formalmente como empresários. Efetivamente, subsistem questionamentos relevantes sobre se não seria mais conveniente aplicar o direito empresarial, notadamente seus regimes de crise (recuperação extrajudicial, judicial e falência), a todos os agentes econômicos[11] — quiçá até aplicar a pessoas que não exploram atividade econômica.

Com o avanço civilizatório, a tendência é a multiplicação dos desafios postos ao direito dos negócios, provavelmente em uma progressão geométrica. Não se questiona, por exemplo, que ainda pululam no seio do direito empresarial questões tormentosas como a possível caducidade das bases teóricas do direito cambiário, o entrecruzamento de disciplinas do direito empresarial, resultante dos contornos cada vez mais fluidos das suas disciplinas (*e.g.*, "direito societário da crise"[12]), o aprofundamento da discussão acerca do dever dos sócios no que diz respeito à capitalização forçada da sociedade em crise[13], bem

7 FORGIONI. *A evolução do direito comercial brasileiro...*

8 CAVALLI. *Direito comercial. presente, passado e futuro...*; CAVALLI. *Empresa, direito e economia...*

9 COELHO. *O futuro do direito comercial...*

10 CAVALLI. *Empresa, direito e economia...*, p. 13, 16. Sobre o tema, ver, também: MARCONDES. *Problemas de direito mercantil...*, p. 1 ss.

11 SZTAJN. *Teoria Jurídica da Empresa...*, p. 138.

12 TOMBARI. "Principi e problemi di 'diritto societário dela crisi'...".

13 DONATI, Iacopo. *Le ricapitalizzazioni forzose...*

como a adoção de normas que possam criar um sistema preventivo da insolvência, como regras de *early warning* e *deepening insolvency*[14]-[15].

Embora a indefinição teórica acerca da empresa e a plasticidade da aplicação da disciplina jurídica empresarial causem arrepios a muitos estudiosos e profissionais do direito, esses desafios devem ser encarados como algo natural para uma disciplina extremamente complexa e que avoca para si a hercúlea tarefa de regular parte considerável do mundo dos negócios.

Diante dessas provocações, não se nega a necessidade de repensar o direito empresarial à luz dos contornos da empresa contemporânea, inclusive da sua responsabilidade social e ambiental, por exemplo. Porém, respeitando eventuais posições contrárias, parece-nos que essa afirmação se encerra em si mesma, sem dar margem a interpretações extensivas, que buscam, por exemplo, utilizar a empresa como: elemento central para a realização de uma ampla reforma econômico-social[16], instrumento para implementação de políticas públicas[17]; ou, ainda, estabelecer uma posição de subordinação do empresário (e

[14] Ainda que o endereçamento de alguns desses temas exija iniciativa legislativa, o aprofundamento do debate em torno deles e das suas problemáticas será extremamente enriquecedor para o direito empresarial. Muitas das conclusões representarão aperfeiçoamentos do sistema empresarial e contribuirão para reduzir a tensão da prática e a complexidade da interdisciplinaridade da matéria. Veja-se, por exemplo, os ajuizamentos de recuperações judiciais bilionárias (*e.g.*, Samarco, Lojas Americanas e Grupo Oi), nas quais as discussões jurídicas envolverão temas de natureza diversa, dentre os quais: a efetividade da recuperação judicial como remédio para reversão da crise, a necessidade de capitalização das empresas pelos sócios ou pelos credores, a prestação de garantias por controladores e o financiamento por meio de DIP Finance, a observância (ou não) de deveres e responsabilidade de acionistas de referência e administradores, o adequado lançamento de passivos contábeis, os limites da diligência e da responsabilidade das empresas de auditoria, a tomada de controle por credores por meio da apresentação de plano alternativo. Examinados de forma isolada, os arcabouços legislativos recuperatório (Lei 11.101/05), societário (Código Civil e Lei 6404/76) e obrigacional (Código Civil e leis extravagantes) não trazem respostas adequadas para muitas dessas questões. É premente a necessidade de discutir o choque de princípios e regras que ocorre em tais cenários e delinear soluções para os impasses existentes, mesmo que esse caminho aponte para a derrogação de regras centrais dos sistemas isoladamente considerados, tais como o direito de preferência de acionistas em situações de crise econômica financeira da empresa, a obrigação dos sócios de capitalizar a empresa em crise, a relativização de regras de acordos de acionistas, o compartilhamento de garantias entre credores novos e antigos, a boa-fé na propositura do plano de recuperação e na assunção de obrigações quanto ao seu cumprimento, a revisão do conceito de essencialidade dos bens no âmbito da recuperação judicial.

[15] Dúvidas similares permeiam outros temas do direito empresarial e de áreas jurídicas conexas a ele, como o escopo de abrangência e atuação do direito concorrencial, o impacto de posições dominantes nas redes de contratos empresariais, o associativismo (e as fundações) como forma de exploração de atividade econômica, o processo de endividamento dos consumidores e seu regime de insolvência, o abuso de posições de controle em grupos de sociedade, entre tantos outros.

[16] Por exemplo: "As reformas que se pretendem para a empresa, no que se refere a sua função social, incidem basicamente sob três aspectos: 1) participação dos trabalhadores nos lucros; 2) participação dos trabalhadores na gestão; 3) participação dos trabalhadores na propriedade". Cf. BULGARELLI. *A teoria jurídica da empresa...*, p. 275.

[17] FORGIONI. *A evolução do direito comercial brasileiro...*, p. 104.

dos seus interesses) à empresa[18] (e dos interesses que gravitam em torno dela), com o objetivo de resolver problemas da sociedade contemporânea como a desigualdade social, a pobreza[19] ou a degradação ambiental.

Esses problemas e preocupações são relevantes e merecem adequado endereçamento em seus respectivos campos de estudo e regulação, mas não pertencem à seara do direito comercial — pelo menos em uma visão tradicional. Ainda que tentador, agrupar todos esses fenômenos debaixo do mesmo guarda-chuva legal parece inadequado, com efeitos deletérios para a função precípua do direito empresarial.

Da mesma forma, não parece haver mais espaço — sequer necessidade — de o direito comercial contemporâneo rediscutir os pormenores da natureza jurídica da empresa ou de se implementar uma reforma completa e abrangente da matéria a pretexto do domá-la ou renová-la. Como bem destacou Asquini, "a técnica do direito não pode dominar o fenômeno econômico da empresa"[20]. No limite, o ajuste pode ser pontual e aderente à realidade econômica.

Enquanto o direito civil vive constantes crises dogmáticas existenciais em diversas das suas categorias jurídicas fundamentais, fenômeno bem capturado por Orlando Gomes na expressão "a revolta dos fatos contra o código"[21], o direito empresarial, como categoria histórica, universal, cosmopolita e dinâmica, vislumbra seus desafios menos como crises e mais como fases de um processo evolutivo de adaptação de seus institutos e conceitos às necessidades práticas dos agentes econômicos[22].

A história do direito comercial é prova incontestável da sua postura construtiva em momentos de crise, sem grandes soluções de continuidade e um espectro aberto para o diálogo com outras disciplinas, inclusive não jurídicas. Na marcha em direção ao aprimoramento, aplica-se o que se tem — a jurisprudência é exemplo disso. Enquanto não se atinge o desejado estado da arte em termos técnico-conceituais (e provavelmente nunca se atingirá), reconhecer as limitações do conceito de empresa, compreender a necessidade de superar certos paradigmas dele decorrentes e admitir alargamento do âmbito de matérias

18 COMPARATO. "A reforma da empresa...".

19 SALOMÃO FILHO. *Teoria crítico-estruturalista do direito comercial...*

20 ASQUINI. *Perfis da empresa...*, p. 125.

21 GOMES, Orlando. "Sinais novos da crise do direito". In: ______. *Escritos menores.* São Paulo: Saraiva, 1981, p. 22.

22 BULGARELLI. *A teoria jurídica da empresa...*, p. 4.

que compõem o direito empresarial tornam o percurso mais propositivo e menos cáustico.

Nesse contexto, sustenta-se que o direito comercial se transformou há algum tempo no direito da empresa e, com as novas mudanças em curso, tende a se tornar o direito do mercado[23]. Por assim dizer, empresas e mercados são organizações e instituições que se completam mutuamente[24]. Mais do que isso, são instituições que definem a própria civilização contemporânea; e justamente por isso, em tempos de reformas legislativas substanciais — o que também se aplica às mudanças em geral —, espera-se que o jurista tenha clarividência para enxergar os pontos que fundamentam a sua disciplina jurídica a fim de contribuir com a discussão acerca do que corajosamente renovar[25].

Parafraseando Ascarelli, o jurista terá o seu ponto de partida nos fundamentos da sua disciplina e voltará a olhar para eles em seu ponto de chegada[26]. O presente livro é *meio*, não um fim em si. Espera-se que o conteúdo aqui compilado seja capaz de fornecer elementos para contribuir com os estudos daqueles que daqui para frente desejam examinar os fundamentos do direito empresarial.

Se isso acontecer, o livro terá atingido o seu objetivo.

23 BUONOCORE. *Le nuove frontiere del diritto commerciale...*, p. 51-53.

24 SZTAJN. *Teoria Jurídica da Empresa...*, p. 221.

25 PAJARDI, Piero. *Radici e ideologie del fallimento*. 2 ed. Milano: Giuffrè, 2002, p. 2.

26 ASCARELLI. "Antigona e Porcia...", p. 15.

Referências

ADAMEK, Marcelo Vieira von. "Anotações sobre a exclusão de sócios por falta grave no regime do Código Civil". *Revista de Direito Mercantil Industrial, Econômico e Financeiro*, v. 158, p. 111-134, 2011.

______. *Responsabilidade civil dos administradores de S/A (e as ações correlatas)*. São Paulo: Saraiva, 2009.

______; CONTI, André Nunes. *Desconsideração da personalidade jurídica*. Pressupostos, consequências, casuística. Vols. I e II. São Paulo: Quartier Latin, 2024.

ADDOBBATI, Andrea. "Principles and developments of general average: statutory and contractual loss allowances from the *Lex Rhodia* to the early modern mediterranean". In: FUSARO, Maria; ADDOBBATI, Andrea; PICCINNO, Luisa (ed.). *General average and risk management in medieval and early modern maritime business*. Cham: Palgrave Macmillan, 2023. p. 145-166.

ALEXY, Robert. *Teoria dos direitos fundamentais*. São Paulo: Malheiros, 2008.

ALLECA, Giuseppe Paolo. *Fallimento e regole societarie*. Milano: Giuffrè, 2016.

AMARAL, Antonio Carlos do (coord.). *Direito do comércio internacional*: aspectos fundamentais. São Paulo: Aduaneiras, 2004.

AMARAL, Hermano Villemor. *Das sociedades limitadas*. 2 ed. Rio de Janeiro: Briguiet, 1938.

ANGELICI, Carlo. "In tema de 'recommercializzazione del diritto commerciale'". *Rivista di Diritto Commerciale e del Diritto Generale delle Obbligazioni*, v. CXVII. Parte prima. Milano: Piccin, 2019, p. 7-23.

ANTUNES, José Engrácia. "Estrutura e responsabilidade da empresa: o moderno paradoxo regulatório". *Revista Direito GV*, v. 01, n. 02, p. 29-68, 2005.

ARANGIO-RUIZ, Vicenzo. *La società in diritto romano.*. Napoli: Casa Editrice Dott. Eugenio Jovene, 1950.

ARCANGELI, Argeo. "Gli istituti del diritto commerciale nel costituto senese del 1310". *Rivista di Diritto Commerciale, Industriale e Maritimo*, v. IV, parte prima, p. 243-255, 1906.

ARDUIN, Ana Lucia da Costa. *Teoria jurídica da empresa no direito brasileiro*. São Paulo: Quartier Latin, 2013.

ARMOUR, John; CUMMING, Douglas. *Bankruptcy law and entrepreneurship*. ECGI Working Paper Series in Law. Working Paper N°. 105/2008, February 2008.

ASCARELLI, Tullio. "A atividade do empresário". Trad. de Erasmo Valladão Azevedo e Novaes França. *Revista de Direito Mercantil Industrial, Financeiro e Econômico*, São Paulo, v. 42, n. 132, p. 203-215, out./dez. 2003.

______. "A idéia de código no direito privado e a tarefa da interpretação". In: ______. *Problemas das sociedades anônimas e direito comparado*. 2 ed. São Paulo: Saraiva, 1969.

______. "Antigona e Porcia". In: ______. *Problemi giuridici*, t. I. Milano: Giuffrè, 1959.

______. "Cooperativa e società, concettualismo giuridico e magia dell'parole". *Revista delle Società*, Anno II, p. 397-438, 1957.

______. *Corso di diritto commerciale*: introduzione e teoria dell'impresa. 3 ed. Milano: Giuffrè, 1962.

______. *Derecho mercantil*. Trad. Felipe de J. Tena. Mexico: Porrua, 1940.

______. *Istituzioni di diritto commerciale*. Milano: Giuffrè, 1938.

______. "Evolução e papel do direito comercial". *Revista dos Tribunais*, v. 85, n. 725, p. 731–745, mar./1996.

______. "O desenvolvimento histórico do direito comercial e o significado da unificação do direito privado" (trad. de Fábio Konder Comparato, in: *Saggi di Diritto Commerciale*). *Revista de Direito Mercantil Industrial, Financeiro e Econômico*, São Paulo, n. 114, p. 237-252, abr./jun. 1999.

______. "O empresário". Trad. de Fábio Konder Comparato. *Revista de Direito Mercantil Industrial, Financeiro e Econômico*, São Paulo, n. 109, p. 183-189, jan./mar. 1998.

______. *Panorama do direito comercial*. São Paulo: Saraiva, 1947.

______. *Saggi di Diritto Commerciale*. Milano: Giuffrè, 1955.

______. *Teoria della concorrenza e dei beni immateriali*. 3 ed. Milano: Giuffrè, 1960.

______. *Teoria geral dos títulos de crédito*. 2 ed. São Paulo: Saraiva, 1969.

______. "Usos e abusos das sociedades anônimas". *Revista Forense*, v. 38, n. 460/462, p. 5-33, out./dez. 1941.

______. *Problemi giuridici*. 2 v. Giuffrè: Milano, 1959.

ASCENSÃO, José Oliveira de. *Direito comercial*. Parte geral, v. I. Lisboa: s/n, 1988.

ASCHERI, Mario. *Storia di Siena*. Pordenone: Immagine, 2018.

ASQUINI, Alberto. "Perfis da empresa". Trad. de Fábio Konder Comparato. *Revista de Direito Mercantil, Industrial, Econômico e Financeiro*, São Paulo, n. 104, p. 108-126, out./dez. 1996.

______. "Una svolta storica del diritto commerciale". *Rivista del diritto commerciale e del diritto generali delle obligazioni*. Ano XXXVIII. Parte prima. Milano: Francisco Vallardi, 1940, p. 509-517.

______. *La natura dei fatti come fonte di diritto*. Archivio Giuridico, v. 86, no. fasc. 2, p. 129–147, 1921.

AULETTA, Giuseppe. *Elementi di diritto commerciale*. Milano: Giuffrè, 1955.

______; *et all. 1882-1982*. Cento anni del codice del comercio. 54 Quaderni di giurisprudenza commerciali. Milano: Giuffrè, 1984.

ÁVILA, Humberto. *Teoria dos princípios*. 16 ed. São Paulo: Malheiros, 2015.

AYMARD, André; AUBOYER, Jeannine. *História geral das civilizações:* o Oriente e a Grécia Antiga, t. I, v. 1. 3 ed. Trad. Pedro Moacyr Campos. São Paulo: Difusão, 1960.

AYOUB, Luiz Roberto; CAVALLI, Cássio. *A construção jurisprudencial da recuperação judicial de empresas*. Rio de Janeiro: Forense, 2013.

BAIRD, Douglas G. "Priority Matters: absolute priority, relative priority, and the costs of bankruptcy". *In: University of Pennsylvania Law Review*, vol. 165(4), mar. 2017, p. 785-829.

______. RASMUSSEN, Robert K. "Control Rights, Priority Rights, and the Conceptual Foundations of Corporate Reorganizations". *Virginia Law Review*, vol. 87, 2001, p. 921-959.

BAINBRIDGE, Stephen M; HENDERSON, M. Tood. *Limited liability*. A legal and economic analysis. Northampton: Eward Elgar, 2016.

BANTI, Ottavio. *Breve storia di pisa*. Milano: Pacini, 2011.

BARBOSA, Denis Borges. *Uma introdução à propriedade intelectual*. 2 ed. Rio de Janeiro: Lumen Jurus, 2003.

BARBOUR, Violet. *Capitalism in Amsterdam in the 17th century*. 2 ed. Michigan: Arbor, 1966.

BARCELLONA, Eugenio. *Business judgment rule e interesse sociale nella 'crisi'*. Milano: Giuffrè, 2020.

BARLETTA, Laura. "Introdução". In: ECO, Umberto (dir.). *Idade Média:* explorações, comércio e utopias, v. IV. Trad. Carlos Aboim de Brito e Diogo Madre Deus. Lisboa: D. Quixote, 2011.

BARRETO FILHO, Oscar." A dignidade do direito mercantil". *Revista dos Tribunais*, São Paulo, v. 463, n. 11, p. 11-19, mai. 1974.

______. *Teoria do estabelecimento comercial*. São Paulo: Max Limonad, 1969.

BEBCHUK, Lucian A. "Ex Ante Costs of Violating Absolute Priority in Bankruptcy". *Journal of Finance*, vol. 57, 2002, p. 445-460.

BENJAMIN, Antonio Herman; MARQUES, Claudia Lima; BESSA, Leonardo Roscoe. *Manual de Direito do Consumidor*. 10ª ed. São Paulo: Revista dos Tribunais, 2022.

BENEDETTI, Lorenzo. "The Position of Shareholders in the Restructuring Proceedings of Distressed Companies: From a Shareholders' Veto Power to Their Duty to Enforce (Aufopferungs- Or Duldungspflicht) a Restructuring Plan". *In: International Insolvency Review*, vol. 29(3), 2020.

BENTO DE FARIA, Antonio. *Codigo Commercial brasileiro*, v. I. 3 ed. Rio de Janeiro: Ribeiro dos Santos, 1920.

______. *Direito comercial. v. 1*. Rio de Janeiro: Coelho Branco F, 1947.

BERCOVICI, Gilberto. *Constituição econômica e desenvolvimento*. São Paulo: Malheiros, 2005.

BERLE, Adolph A. "Corporate powers as powers in trust". *Harvard Law Review*, v. 44, p. 1049-1079, 1931.

______; MEANS, Gardiner. *A moderna sociedade anônima e a propriedade privada*. Trad. de Dinah de Abreu Azevedo. São Paulo: Abril Cultural, 1984.

BEVILÁQUA, Clóvis. *Theoria geral do direito civil*. 6 ed. Editora Paulo de Azevedo: Rio de Janeiro, 1953.

BIROCCHI, Italo. "Tullio Ascarelli ao tempo do regime fascista: a ascensão de um comercialista irregular (1923-1938)". In: LIMA LOPES, José Reinaldo de; FRANÇA, Erasmo Valladão Azevedo e Novaes; CAMILO JÚNIOR, Ruy Pereira; PESSO, Ariel Angel (org). *Nas trilhas de Ascarelli*. São Paulo: Quartier Latin, 2023, p. 21-92.

BLOCH, Marc. *A sociedade feudal*. Trad. Liz Silva. Lisboa: Edições 70, 2009.

______. *The historian's craft*. Manchester: University Press, 1992.

BLOCKMANS, Wim. "*Constructing a sense of community in rapidly growing European cities in the eleventh-thirteenth centuries*". *Historical Research*, 83 (222), 2010, p. 575-587.

BOBBIO, Norberto. *Teoria da norma jurídica*. 2 ed. Bauru: EDIPRO, 2003.

______. *Teoria do ordenamento jurídico*. 10 ed. Brasília: Editora UnB, 1997.

BOLAFFIO, Leon. *Derecho mercantil*. Trad. José L. De Benito. Madrid: Reus, 1935.

______. *Il Codice di Commercio Commentato*. 2 ed. Verona: Tedeschi e Figlio, 1902.

BONFANTE, Pietro. *Istituzioni di diritto romano*. 3 ed. Milano: Francesco Villardi, 1902.

______. *Lezioni di storia del commercio*, v. I. Roma: Attilio Sampaolesi, 1925

BORGES, José Eunápio. *Curso de direito comercial terrestre*. 5 ed. Rio de Janeiro: Forense, 1975.

BRASSEUL, Jacques. *Histórica econômica do mundo*. Lisboa: Textos e Grafia, 2010.

BRAUDEL, Ferdinand. *Civilização material, economia e capitalismo*: séculos XV-XVIII: os jogos das trocas, v. 2. 2 ed. São Paulo: Martins Fontes, 2009.

BROSETA PONT, Manuel. *La empresa, la unificación del derecho de obligaciones y el derecho mercantil*. Madrid: Tecnos, 1965.

______; SANS, Fernando Martinez. *Manual de Derecho mercantil*, v. 1. 21 ed. Madrid: Tecnos, 2014.

BRUNETTI, Antonio. *Lezioni sul fallimento*. Padova: CEDAM, 1936.

______. *Tratado del derecho de las sociedades*, v. I. Trad. Felipe de Solá Canizares. Buenos Aires: Uteha, 1960.

______. *Tratado del derecho de las sociedades*, v. II. Trad. por Felipe de Solá Cañizares. Buenos Aires: Unión Tipográfica Editorial Hispano Americana, 1960.

BUENDÍA, Francisco Jesús Moreno. *Los efectos del concurso de acreedores sobre los órganos de las sociedades de capital*. Valencia: Tirant lo Blanch, 2023.

BULGARELLI, Waldirio. *A teoria jurídica da empresa*: análise jurídica da empresarialidade. São Paulo: Revista dos Tribunais, 1985.

______. *Contratos mercantis*. 8 ed. São Paulo: Editora Atlas, 1995.

______. *Direito comercial*. 14 ed. São Paulo: Atlas, 1999.

______. *Regime jurídico da proteção às minorias*. Rio de Janeiro: Renovar, 1988.

______. *Tratado de direito empresarial*. 4 ed. São Paulo: Atlas, 2000.

BULHÕES PEDREIRA, José Luiz; LAMY FILHO, Alfredo. *Direito das companhias*, v. I. Rio de Janeiro: Forense, 2009.

BUONOCORE, Vicenzo. *Le nuove frontiere del diritto commerciale*. Napoli: Edizioni Scientifiche Italiane, 2006.

______. *L'Impresa*. Torino: G. Giappicheli Editore, 2002.

BURCKHARDT, Jacob. *A cultura do Renascimento na Itália*: um ensaio. São Paulo: Companhia das Letras, 2009.

______. *The civilization of the Renaissance*. Oxford: Phaidon Press, 1944.

BURNS, Edward McNall. *História da civilização ocidental*, v. I. 20 ed. Porto Alegre: Editora Globo, 1977.

______. *História da civilização ocidental*, v. 2. 20 ed. Porto Alegre: Globo, 1977.

CAENEGEM, R. C. Van. *Uma introdução histórica ao direito privado*. 2 ed. São Paulo: Martins Fontes, 2000.

CALASSO, Francesco. *Lezioni di storia del diritto italiano*. Gli ordinamenti giuridici del Rinascimento. Milano: Giuffrè, 1948.

______. *Medio evo del diritto*. Milano: Giuffrè, 1954.

CALDEIRA, Jorge. *História da riqueza no Brasil*. Rio de Janeiro: Estação Brasil, 2017.

CALLEJÓN, Francisco Balahuer. *Fuentes del derecho*. Madrid: CEPC, 2022.

CAMINHA, Lucas. *Novo mercado de crédito*. São Paulo: Revista dos Tribunais, 2021.

CAMPINHO, Sérgio. *Curso de direito comercial*. 18 ed. São Paulo: Saraiva, 2022.

CAMPOBASSO, G. F. *Diritto commerciale*, v. 1 – diritto dell'impresa. 7 ed. Torino: UTET, 2013.

CANARIS, Claus-Wilhelm. *Pensamento sistemático e conceito de sistema na ciência do direito*. 4 ed. Lisboa: Fundação Calouste Gulbenkian, 2008.

CANDIAN, Aurelio. "L'esporpriazione del creditore". In: ______ Saggi di diritto. Vol. II. Padova: Cedam, 1935.

CANOTILHO, J. J. Gomes. *Direito constitucional e teoria da constituição*. 7 ed. Coimbra: Almedina, 2003.

CAPITANT, Henry. *Droit civil:* notions générales. Paris: A. Pedone, 1927.

CARAVALE, Mario. *Ordinamenti giuridici dell'Europa medievale*. Bologna: Il Mulino, 1994.

CARIELLO, Rafael; PEREIRA, Thales Zamberlan. *Adeus, Senhor Portugal*. São Paulo: Companhia das Letras, 2022.

CAROSELLI, Oscar. *L'associazione in partecipazione*. Padova: Cedam, 1930.

CARRARO, Giuseppe. *Titoli di massa e nuovo diritto delle società*. Milano: Cedam, 2004.

CARVALHO DE MENDONÇA, José Xavier. *Das fallencias e dos meios preventivos de sua declaração*, v. I. São Paulo: Gerke & Cia, 1899.

______. *Tratado de direito comercial brasileiro*, v. I, t. I. Rio de Janeiro: Freitas Bastos, 1963.

______. *Tratado de direito comercial brasileiro*, v. II, t. I. Rio de Janeiro: Freitas Bastos, 1963.

______. *Tratado de direito comercial brasileiro*, v. VII. 6 ed. atual. por Roberto Carvalho de Mendonça. Rio de Janeiro: Freitas Bastos, 1964.

______. *Das firmas ou razões comerciais*. São Paulo: Cardozo, Filho & C., 1909.

CASSANDRO, Giovanni. *Lezioni di diritto comune*. Napoli: Edizioni Scientifiche Italiane, 1971.

CASTRO NEVES, José Roberto. *Medida por medida*. O direito em Shakespeare. 6 ed. Rio de Janeiro: Nova Fronteira, 2019.

CAVALLI, Cassio. *Direito comercial*. Presente, passado e futuro. Rio de Janeiro: Elsevier, 2012.

______. *Empresa, direito e economia*. Rio de Janeiro: Forense, 2013.

CERAMI, Pietro; PETRUCCI, Aldo. *Diritto commerciale romano. Profilo storico*. Torino: Giappichelli, 2010.

CEREZETTI, Sheila Christina Neder. *A recuperação judicial de sociedade por ações* – o princípio da preservação da empresa na Lei de Recuperação e Falência. São Paulo: Malheiros, 2012.

______. "Grupos de sociedades e recuperação judicial: o indispensável encontro entre direitos societário, processual e concursal". In: YARSHELL, Flávio Luiz; PEREIRA, Guilherme Setoguti J (coord.). *Processo Societário*, v. II. São Paulo: Quartier Latin, 2015. p. 735-789.

______; SATIRO, Francisco. "A silenciosa 'consolidação' da consolidação substancial". *Revista do Advogado – Direito das Empresas em Crise*, a. XXXVI, n. 131, p. 216-223, out. 2016.

CESARINI, Emidio. *Principii della giurisprudenza commerciale*. 2ª ed. Macerata: Roma, 1840.

CHAMPAUD, Claude. *Le pouvoir de concentracion de société par action*. Paris: Sirey, 1962.

______. "Les méthodes de groupement des sociétés". *Revue Trimestrielle de droit commercial*, Paris, Sirey, n. 04, p. 1003-1.044, out./dez. 1967.

CIAN, Marco. *Titoli dematerializzati e circolazione 'cartorare'*. Milano: Giuffrè, 2001.

______. *La scienza del diritto commerciale. Appunti sul método*. Torino: Giappichelli, 2023.

CIPOLLA, Carlo M. *História econômica da Europa pré-industrial*. Trad. Joaquim João Coelho da Rosa. Lisboa: Edições 70, 1974.

______. *Moneta e civilità mediterranea*. Bologna: Mulino, 2020.

______. *The Industrial Revolution*. London: Collins/Fontana Books, 1973.

CLARK, Robert. *Corporate law*. Boston: Little Brown and Company, 1986.

COASE, Ronald. "O problema do custo social". In: SALAMA, Bruno M. (org.). *Direito e Economia:* textos escolhidos. São Paulo: Saraiva, 2010.

______. "The nature of the firm". In: ____. *The firm, the market and the law*. Chicago: The University of Chicago Press, 1988.

______. "The problem of social cost". In: ____. *The firm, the market and the law*. Chicago: The University of Chicago Press, 1988, p. 95-156.

COELHO, Fábio Ulhoa. *Curso de direito comercial*, v. 1. 15 ed. São Paulo: Saraiva, 2011.

______. *Curso de direito comercial*, v. 1. 24 ed. São Paulo: Saraiva, 2022.

______. *O futuro do direito comercial*. São Paulo: Saraiva, 2011.

______. *Títulos de crédito*. Uma nova abordagem. São Paulo: Revista dos Tribunais, 2021.

COFFEE, John Jr. "The rise of dispersed ownership: the roles of Law and the state in the separation of ownership and control". *Yale Law Journal*, n. 111, 2001.

COLLINGWOOD, R. G. *A idéia de História*. Trad. de Alberto Freire. Lisboa: Editorial Presença, 1972.

COMIRAN, Giovana. *Os usos comerciais:* da formação dos tipos à interpretação e integração dos contratos. São Paulo: Quartier Latin, 2019.

COMPARATO, Fábio Konder. "A reforma da empresa". *Revista de Direito Mercantil, Industrial, Econômico e Financeiro*, v. 22, n. 50, p. 57-74, abr./jun. 1983.

______. *Aspectos jurídicos da macro-empresa*. São Paulo: Revista dos Tribunais, 1970.

______. "Estado, empresa e função social". *Revista dos Tribunais*, São Paulo, v. 732, a. 85, p. 38-46, out. 1996.

______. "Função social da propriedade dos bens de produção". *Revista de Direito Mercantil, Industrial, Econômico e Financeiro*, v. 25, n. 63, p. 71-79, jul./set. 1986.

______. "Na proto-história das empresas multinacionais: O Banco Médici de Florença". *Revista de Direito Mercantil, Industrial, Econômico e Financeiro*, v. 54, p. 105-111, 1984.

______. *Novos ensaios e pareceres de direito empresarial*. São Paulo: Revista dos Tribunais, 1989.

______. "Os grupos societários na nova lei de sociedades por ações". In: ____. *Ensaios e pareceres de direito empresarial*. Rio de Janeiro: Forense, 1978, p. 193-220.

______. "Regime constitucional do controle de preços no mercado". *Revista de Direito Público*, n. 24, 1991.

______; SALOMÃO FILHO, Calixto. *O poder de controle na sociedade anônima*. 4 ed. Rio de Janeiro: Forense, 2005.

COOTER, Robert; ULLEN, Thomas. *Direito e Economia*. 5 ed. Porto Alegre: Bookman, 2010.

COPARI, Diego. "The evolution of private law in Global Market of the 21st Century". *Rivista del Diritto Commerciale e del Diritto Generale delle Obligazioni*. Anno CXX. n. 3, Padova: Piccin, 2022. p. 339-366.

CORDEIRO, António Menezes. *Direito comercial*. Lisboa: Almedina, 2012

______. *Manual de direito das sociedades*, v. I. 2 ed. Coimbra: Almedina, 2007.

CORREA JUNIOR, Gilberto Deon. "A extensão da quebra". *Revista Ajuris*, v. 62, Porto Alegre, p. 11-73, 1994.

______. "Anotações sobre a consolidação processual e a consolidação substancial no âmbito da recuperação judicial". In: WAISBERG, Ivo; RIBEIRO, José Horácio Halfeld Rezende (org.). *Temas de direito da insolvência* – Estudos em homenagem ao Professor Manoel Justino Bezerra Filho. São Paulo: IASP, 2017, p. 305-333.

CORREIA, Luis Brito. *Direito comercial*, v. 1. Lisboa: AAFDL, 1987.

CORTÉS, Josefa Brenes; SÁNCHEZ, Sonia Rodrigues (coords). *Sociedades y concurso*. Estudios de derecho societário de la crisis. Navarra: Thonsom Reuters Aranzadi, 2018.

COSTA, Emilio. *Le azioni exercitoria e institoria nel diritto romano*. Parma: Luigi Battei, 1891.

COSTA, Thiago Dias; AZZONI, Clara Moreira. O *fresh start* empresarial – extinção das obrigações do falido na Lei 14.112/2020. In: VASCONCELOS, Ronaldo; PIVA, Fernanda; ORLEANS E BRAGANÇA, Gabriel José de; HANESAKA, Thais D'Angelo da Silva; SANT'ANA, Thomaz Luiz. *Reforma da Lei de Recuperação e Falência (Lei n. 14.112/20)*. São Paulo: IASP, 2021, p. 1109-1128.

COUTINHO DE ABREU, Jorge Manuel. *Da empresarialidade*. Coimbra: Almedina, 1999.

CROUZET, Maurice. *História geral das civilizações:* a época contemporânea, t. VII, v. 3. Trad. Paulo Zing e J. Guinsburg. São Paulo: Difusão, 1958.

CUNHA GONÇALVES, Luís da. *Da conta em participação*. 2 ed. Coimbra: Coimbra Editora, 1923.

DALMARTELLO, Arturo. *I contratti delle imprese commerciali*. Padova: Cedam, 1962.

DANTAS, San Tiago. "Renovação do Direito". In: DANTAS, San Tiago. *Palavras de um professor*. Rio de Janeiro: Forense, 1975.

DAY, Clive. *Historia del comercio*, t. I. Trad. Teodoro Ortiz. Ciudad de México: Cultura Economica, 1941.

DELGADO, Mário Luiz Regis. *Codificação, descodificação e recodificação do direito civil brasileiro*. São Paulo: Saraiva, 2011.

DE LUCCA, Newton. *A cambial-extrato*. São Paulo: RT, 1985.

DE PAULA, Eurípedes Simões. "As origens das corporações de ofício. As corporações em Roma". *Revista de História*, São Paulo, v. XXXII, n. 65, p. 3-68, jan./mar. 1966.

DE ROBERTIS, Francesco Maria. *Lex Rhodia*. Critica e autocritica su D. 14. 2. 9. In: *Studi per Vincenzo Arangio-Ruiz*, v. 3. Napoli: Jovene, 1953. p. 155-173.

______. "Ancora sul receptum nautarum (*actio de recepto e actio locati*)". *Rivista del Diritto della Navigazione*, 19, p. 241-266, 1958.

DE ROOVER, Raymond. *The rise and decline of the Medice bank*. Cambridge: Harvard University Press, 1963.

DI BLASI, Gabriel; GARCIA, Mario Soerensen; MENDES, Paulo Parente M. *A propriedade industrial*. Rio de Janeiro: Forense, 1997.

DI DOTTO, Bruno; SCALZILLI, João Pedro; SPINELLI, Luis Felipe. *Societas romana*. No prelo.

DI PIETRO, Maria Sylvia Zanella. *Direito administrativo*. 24 ed. São Paulo: Atlas, 2011.

DI PORTO, Andre. *Impresa collettiva e schiavo "manager" in Roma antiga:* II sec. a.C. – II sec. d.C. Milano: Giuffrè, 1984.

DINIZ, Gustavo Saad. *Curso de direito comercial*. São Paulo: Atlas, 2022.

______. "Falência de grupos societários: critérios de extensão de efeitos de falência". In: CEREZETTI, Sheila C. Neder; MAFFIOLETTI, Emanuelle Urbano (coord.). *Dez anos da Lei nº 11.101/2005*: estudos sobre a lei de recuperação e falência. São Paulo: Almedina, 2015, p. 528-547.

______. *Grupos societários*: da formação à falência. Rio de Janeiro: Forense, 2016.

DODD JR., Merrick E. "For whom are corporate managers trustees?". *Harvard Law Review*, v. 45, p. 1145-1163, 1932.

DOMINGUES, Paulo de Tarso. *Variações sobre o capital social*. Coimbra: Almedina, 2009.

DONATI, Iacopo. *Le ricapitalizzazioni forzose*. Milano: Giuffrè, 2020.

DOUGLAS, Langton. *History of Siena*. Londres: Murray, 1902.

DUESENBERRY, James S. *Business cycles and economic growth*. Nova York, Toronto e Londres: McGraw-Hill Book Company, 1958.

DUNBAR, Charles. The bank of Venice. *The Quarterly Journal of Economics*, Vol. 7, Iss. 2, p. 210-212, 1 January 1893.

DYCK, Alexander; *ZINGALES, Luigi*. *Private benefits* of control: an International. Comparison. *The Journal of Finance*, v. 59, n. 2, p. 537-600, 2004.

EASTERBROOK, Frank H.; FISCHEL, Daniel R. *The economic structure of corporate law*. Cambridge: Harvard University Press, 1996.

ECO, Umberto. *Kant e o ornitorrinco*. Trad. Ana Thereza B. Vieira. Rio de Janeiro: Record, 1998.

EICHENGREEN, Barry. *Crises financeiras*. Rio de Janeiro: Campos, 2003.

EISERMANN, Sven. *Die GmbH. Eine europäische Gesellschaftsform mit Geschichte.*: Grin, 2017.

EIZIRIK, Nelson. "O mito do 'controle gerencial' – alguns dados empíricos". *Revista de Direito Mercantil, Industrial, Econômico e Financeiro*, Nova Série, v. 23, n. 66, p. 103-106, abr./jun. 1987.

______; GAAL, Ariádne B.; PARENTE, Flávia; HENRIQUES, Marcus Freitas. *Mercado de capitais*. Regime jurídico. 4 ed. São Paulo: Quartier Latin, 2019.

ESTEY, James Arthur. *Business cycles*: their nature, cause, and control. New York: Prentice-Hall, 1942.

ESTRELLA, Hernani. *Curso de direto comercial*. Rio de Janeiro: José Konfino Editor, 1973.

______. *Direito Comercial* (estudos). Rio de Janeiro: José Konfino, 1969.

______. "Dualidade das obrigações no direito privado unificado". *Revista de Direito Mercantil Industrial Econômico Financeiro*, n. 30, a. XVII, p. 11-28, 1978.

FARIA, José Eduardo. *O direito na economia globalizada*. São Paulo: Malheiros, 2004.

FAUSTO, Boris. *História do Brasil*. 14 ed. São Paulo: Edusp, 2015.

FEINE, E. *Las sociedades de responsabilidad limitada*. Madrid: Logos, 1935.

FERES, Marcelo Andrade. *Estabelecimento empresarial: trespasse e efeitos obrigacionais*. São Paulo: Saraiva, 2012.

FERGUSON, Niall. *The ascent of money*: a financial history of the world. 2nd ed. USA: Penguin Books, 2018.

______. *A guerra do mundo:* a era de ódio na história. Trad. Solange Pinheiro. São Paulo: Planeta, 2015.

______. *Civilização*: ocidente X oriente. 2 ed. Trad. Janaína Marco Antonio. São Paulo: Planeta, 2016.

______. *Colosso:* ascensão e queda do império americano. Trad. Marcelo Musa Cavallari. São Paulo: Planeta, 2011.

______. *The house of Rothschild*, v. 1. New York: Penguin, 1998.

______. *The house of Rothschild*, v. 2. New York: Penguin, 1998.

FERNANDEZ, Raymundo L. *Tratado teorico-practico de la quiebra*. Buenos Aires: Compañia Impresora Argentina S. A., 1937.

FERRARA, Francesco. *Empresarios y sociedades*. Trad. Francisco Javier Osset. Madrid: Revista de Derecho Privado, 1949.

______. *Teoria jurídica de la hacienda mercantil*. Trad. José Maria Navas. Madrid: Revista de Derecho Privado, 1950.

______. *La teoria giuridica dell'azienda*. 2ª ed. Milano: Giuffrè, 1982.

FERRARA JR., Francesco; BORGIOLI, Alessandro. *Il fallimento*. 5 ed. Milano: Giuffrè, 1995.

FERRAZ JR., Tércio Sampaio. *Introdução ao estudo do direito*: técnica, decisão e dominação. 4 ed. São Paulo: Atlas, 2003.

______. *Introdução ao estudo do direito*. 6 ed. São Paulo: Atlas, 2010.

FERREIRA, Waldemar. *As directrizes do direito mercantil brasileiro*. Lisboa: Anuário Comercial, 1933.

______. "A elaboração do conceito de empresa para a extensão do âmbito do Direito Comercial". *Revista* Forense, n. 158, p. 35-42, 1955.

______. *A sociedade de economia mista em seu aspecto contemporâneo*. São Paulo: Max Limonad, 1956.

______. *Instituições de direito comercial*, v. 1. Rio de Janeiro: Freitas Bastos, 1944.

______. *Sociedade por quotas de responsabilidade limitada*. 5 ed. São Paulo: Monteiro Lobato, 1925.

______. *Tratado de direito comercial*, v. 1. São Paulo: Saraiva, 1960.

______. *Tratado de direito comercial*, v. 3. São Paulo: Saraiva, 1961.

______. *Tratado de direito comercial*, v. 4. São Paulo: Saraiva, 1960.

______. *Tratado de direito comercial*, v. 4. São Paulo: Saraiva, 1961.

______. *Tratado de sociedades mercantis*, v. 1. 5 ed. Rio de Janeiro: Editora Nacional de Direito, 1958.

FERREIRA BORGES, José. *Diccionario jurídico-commercial*. 2 ed. Porto: José Pereira, 1856.

FERREIRA FILHO, Manoel Gonçalves. *Curso de direito constitucional*. 26 ed. São Paulo: Saraiva, 1999.

FERRER CORREIA, A. *Lições de direito comercial*, v. I. Coimbra: Coimbra, 1973.

FERRI, Giuseppe. *Manuale di diritto commerciale*. 13 ed. A cura de G. Angelici e G.B. Ferri. Torino: UTET, 2011.

FERRO-LUZZI, Paolo. *I contratti associativi*. Giuffrè: Milano, 1971.

FISCHER, Rodolfo. *Las sociedades anónimas. Su regimen jurídico*. Trad. de W. Roces. Madrid: Editorial Reús S.A., 1934.

FLECK, Luiz Otávio Carneiro. *"Justo preço" e escolástica "mendicante": a análise do comércio segundo Tomás de Aquino e Pedro de João Olivi (Século XIII)*. Trabalho de Conclusão do Departamento de História. Universidade Federal do Rio Grande do Sul, Porto Alegre, 2015.

FORGIONI, Paula. *A evolução do direito comercial brasileiro*: da mercancia ao mercado. São Paulo: Revista dos Tribunais, 2009.

______. *A evolução do direito comercial brasileiro*: da mercancia ao mercado. 5 ed. São Paulo: Revista dos Tribunais, 2021.

______. *A evolução do direito comercial brasileiro*: da mercancia ao mercado. 6 ed. rev., atual. e ampl. São Paulo: Revista dos Tribunais, 2023.

______. *Contratos empresariais*. 7 ed. São Paulo: Revista dos Tribunais, 2022.

______. *Fundamentos do antitruste*. 12 ed. São Paulo: Revista dos Tribunais, 2022.

______. *Teoria geral dos contratos empresariais*. São Paulo: Revista dos Tribunais, 2009.

FOSS, Nicolai J.; LANDO, Henrik; THOMSEN, Steen. *The theory of the firm*. Encyclopedia of Law and Economics. Disponível em: <http://encyclo.findlaw.com/5610book.pdf>. Acesso em: 15 out. 2010.

FRANÇA, Erasmo Valladão Azevedo e Novaes. *Conflito de interesses nas assembleias de S.A*. São Paulo: Malheiros, 1993.

______. *Conflito de interesses nas assembleias de S.A. (e outros escritos sobre conflito de interesses)*. 2 ed. São Paulo: Malheiros, 2014.

______. "Empresa, empresário e estabelecimento. A nova disciplina das sociedades". In: ____. *Temas de Direito Societário, Falimentar e Teoria da Empresa*. São Paulo: Malheiros, 2009.

______. *Formas de exercício da atividade empresarial* (empresário e sociedade empresária): regime jurídico do empresário individual. 9° Ponto da Disciplina de Teoria Geral do Direito Comercial (DCO 215). Faculdade de Direito da USP (Bacharelado em Direito), 2010.

______. *Fundamentos do direito da empresa e da atividade negocial*. Material de apoio à disciplina DCO 215/2010. Bacharelado em Direito da Faculdade de Direito da Universidade de São Paulo (USP).

______. Material de apoio à disciplina "Fundamentos do Direito da Empresa e da Atividade Negocial" (DCO 215/2010), sob a regência do Prof. Dr. Erasmo Valladão Azevedo e Novaes França. Bacharelado em Direito da Faculdade de Direito da Universidade de São Paulo (USP).

______. "Sociedade que tem por objeto a prestação de serviços de natureza intelectual é de natureza simples, qualquer que seja a forma de sua organização (parecer)". *Revista de Direito Mercantil Industrial, Econômico e Financeiro*, v. 157, p. 241-258, 2011.

______; ADAMEK, Marcelo Vieira von. "'Affectio societatis': um conceito jurídico superado no moderno direito societário pelo conceito de 'fim social'". In: ______; ______. *Temas de Direito Societário, Falimentar e Teoria da Empresa*. São Paulo: Malheiros, 2009.

FRANCO, Vera Helena de Mello. *Direito empresarial*, v. I. São Paulo: Revista dos Tribunais, 2012.

FRANKOPAN, Peter. *O coração do mundo*. Uma nova história do mundo universal a partir da rota da seda: o encontro entre oriente com ocidente. São Paulo: Planeta, 2019.

FRAZÃO, Ana. *Direito da concorrência*. São Paulo: Saraiva, 2017.

FREMANTLE, Richard. *God and money*: Florence and Medici in the Renaissance. Firenze: Leo S. Olschki, 2008.

FRIEDMAN, Thomas. *O mundo é plano*. Uma breve história do séc. XXI. 3 ed. São Paulo: Objetiva, 2009.

FURTADO, Celso. *Formação econômica do Brasil*. 34 ed. São Paulo: Companhia das Letras, 2007.

GALBRAITH, John Kenneth. *A crise econômica de 1929*: anatomia de uma catástrofe financeira. Lisboa: Universidade Moderna, 1954.

______. *1929. O colapso da bolsa*. São Paulo: Pioneira, 1988.

GALGANO, Francesco. *Diritto civile e commerciale*: L'impresa e le società, v. 3. 4 ed. Padova: Cedam, 2004.

______. *Diritto privato*. 18 ed. Milano: Cedam, 2019.

______. *Il diritto commerciale in 25 lezioni*. Milano: Giuffrè, 2007.

______. *La forza del numero e la legge della ragione*. Storia del principio di maggioranza. Bologna: Muldino, 2007.

______. *La globalización en el espejo del derecho*. Trad. de Horacio Roitman y María de la Colina. Buenos Aires: Rubinzal-Culzoni Editores, 2005.

______. *Lex mercatoria*. 5 ed. Bologna: Il Mulino, 2010.

______. *Tutto il rovescio del diritto*. Limano: Giuffrè, 2007.

GALLUPPI, Enrico. *Istituzione di Diritto Commerciale*. Vol. I. Fratelli Bocca: Firenze, 1873.

GAMA E SOUZA JR., Lauro da. "Os princípios do UNIDROIT relativos aos contratos comerciais internacionais e sua aplicação nos países do Mercosul". In: RODAS, João Grandino (coord.). *Contratos internacionais*. 3 ed. São Paulo: Saraiva, 2002.

GANDARA, Luis Fernandes de La. *Atipicidad en derecho de sociedades*. Madrid: Pórtico, 1977.

GARDNER, Edmund G. *The story of Florence*. London: Dent & Co., 1908.

GARRIGUES, Joaquín. *Curso de derecho mercantil*, t. I, Madrid: Aguirre, 1976.

______. *Curso de derecho mercantil*, t. V. 7 ed. Bogotá: Temis, 1987.

______. GARRIGUES, Joaquín. *Problemas atuais das sociedades anônimas*. Trad. Norberto da Costa Caruso MacDonald. Porto Alegre: Sérgio Antônio Fabris Editor, 1982.

______. *Tratado de Derecho mercantil, t. I*. Madrid: Revista de Derecho Mercantil, 1947.

GELDERBLOM, Oscar. *Cities of commerce*. New Jersey: Princeton, 2013.

______; GRAFE, Regina. "The rise and fall of the merchant guilds: re-thinking the comparative study of commercial institutions in premodern Europe". *The Massachusetts Institute of Technology and the Journal of Interdisciplinary History*, Vol. 40, Iss. 4, Spring 2010, p. 477-511.

GILISSEN, John. *Introdução histórica ao direito*. 2 ed. Lisboa: Fundação Calouste Gulbekian, 1995.

GILLI, Patrick. *Cidades e sociedades urbanas na Itália medieval*. Trad. Marcelo Cândido da Silva e Victor Sobreira. Campinas: Unicamp, 2011.

GILSON, Ronald J. "Controlling Shareholders and Corporate Governance: *Economics Olin Working Paper No. 309*.

______. Globalizing, "Corporate Governance: Convergence of Form or Function (May 2000)". *Stanford Law and Economics Olin Working Paper No. 192*.

GIORDANI, Mário Curtis. *História do mundo feudal*. Petrópolis: Vozes, 1974.

GOLDSCHMIDT, Levin. *Storia universale del diritto commerciale*. Torino: UTET, 1913.

______. "*Lex Rhodia* und Agermanament – Der Schiffsrath – Studie zur Geschichte und Dogmatik des Europäischen Seerechts". *Zeitschrift für das gesammte Handelsrecht*, 35, p. 37-90, 321-395, 1889.

GOLDTHWAITE, Richard A. *The economy of Renaissance Florence*. Baltimore: The Johns Hopkins University Press, 2009.

GOMES, Orlando. "A comercialização do direito civil". *Revista Forense*, v. 259, a. 72, fasc. 877, 872, 873, p. 87-91, jan./mar. 1976.

______. *A crise do direito*. São Paulo: Max Limonad, 1955.

______. *Obrigações*. 17 ed. atual. por Edvaldo Brito. Rio de Janeiro: Forense, 2007.

______. *Raízes históricas e sociológicas do Código Civil brasileiro*. São Paulo: Martins Fontes, 2006.

______. "Sinais novos da crise do direito". In: ______. *Escritos menores*. São Paulo: Saraiva, 1981.

GONÇALVES NETO, Alfredo de Assis. *Direito de empresa*: comentários aos artigos 966 a 1.195 do Código Civil. 4 ed. São Paulo: Revista dos Tribunais, 2012.

______. *Direito de empresa*: comentários aos artigos 966 a 1.195 do Código Civil. 9 ed. rev., atual. e ampl. São Paulo: Revista dos Tribunais, 2019.

GORGA, Érica. "Changing the paradigm of stock ownership from concentrated towards dispersed ownership? Evidence from Brazil and consequences for emerging countries", *Cornell Law Faculty Working Papers, Paper 42*, 2008. Disponível em: <https://papers.ssrn.com/sol3/papers.cfm?abstract_id=1121037>. Acesso em: 6 jan. 2020.

GRAEBER, David. *Debt*: the first 5,000 years. New York: Melville House, 2012.

GRANDI, Salvatore. *L'associazione in partecipazione*. Milano: Casa Editrice Dottor Francesco Vallardi, 1939.

GRAU, Eros. *A ordem econômica na Constituição de 1988* (interpretação e crítica). 11 ed. São Paulo: Malheiros, 2006.

______. *A ordem econômica na Constituição de 1988*. 13 ed. São Paulo: Malheiros, 2008.

______. *Ensaio e discurso sobre a interpretação/aplicação do direito*. 5 ed. São Paulo: Malheiros, 2009.

______. Art. 170, *caput*. In: CANOTILHO, J. J. Gomes; MENDES, Gilmar Ferreira; SARLET, Ingo Wolfgang; STRECK, Lenio Luiz. *Comentários à Constituição do Brasil*. São Paulo: Saraiva/Almedina, 2013.

GRAVES, Robert. *Os mitos gregos*, v. I. 2 ed. Rio de Janeiro: Nova Fronteira, 2018.

GRAZIANI, A.; MINERVINI, G.; BELVISO, U.; SANTORO, V. *Manuale d diritto commerciale*. 18 ed. Milano: Cedam, 2020.

GRECO, Paolo. *Lezioni di diritto industriale*. Torino: Giappichelli, 1948.

GREENSPAN, Alan; WOOLDRIDGE, Adrian. *Capitalismo na América*. Uma história. Trad. Catarina Pinheiro. São Paulo: Record, 2020.

GROSS, Charles. *The guild merchant*. Oxford: Clarendon Press, 1890.

GROSS, Karen. *Failure and forgiveness*: rebalancing the bankruptcy system. New Haven: Yale University Press, 1999.

GROSSI, Paolo. *A ordem jurídica medieval*. Trad. Denise Rossato Agostinetti. São Paulo: Martins Fontes, 2014.

______. *La cultura del civilista italiano*. Un profilo storico. Milano: Giuffrè, 2022.

GUARINO, Antonio. *La società in diritto romano*. Napoli: Jovene, 1988.

GUERREIRO, José Alexandre Tavares. "Sociedade anônima: poder e dominação". *Revista de Direito Mercantil, Industrial, Econômico e Financeiro*, Nova Série, v. 23, n. 53, p. 73-80, jan./mar. 1984.

______. "Sociologia do poder na sociedade anônima". *Revista de Direito Mercantil, Industrial, Econômico e Financeiro*, Nova Série, v. 29, n. 77, p. 50-56, jan./mar. 1990.

GUREVIC, Aron Ja. "O mercador". In: LE GOFF, Jacques. *O homem medieval*. Lisboa: Presença, 1989. p. 165-189

GUSMÃO, Paulo Dourado de. *Introdução ao estudo do direito*. 24 ed. Rio de Janeiro: Forense, 1999.

GUYENOT, Jean. *Curso de derecho comercial*, v. I. Trad. Manuel Ossorio Florit y Concepción Ossorio de Cetrálogo. Buenos Aires: Ejea, 1975.

HAMBERG, D. *Business cycles*. New York: The Macmillan Company, 1951.

HAN, Byung-Chul. *A sociedade paliativa*. Trad. Lucas Machado. Petrópolis: Editora Vozes, 2021.

HANSEN, Alvin H. *Business cycles and national income*. New York: W. W. Norton & Company, 1951.

HANSMANN, Henry; KRAAKMAN, Reinier. *The Anatomy of Corporate Law*. A Comparative and Functional Approach. 2 ed. Oxford: Oxford University Press, 2009.

______; ______. "The end of history for corporate law". *Georgetown Law Journal*, Washington, n. 89, p. 439-468, jan. 2001.

______; ______; ARMOUR, John. *What is Corporate Law?* In: HANSMANN, Henry; KRAAKMAN, Reinier. *The Anatomy of Corporate Law*. A Comparative and Functional Approach. 2 ed. Oxford: Oxford University Press, 2009.

HART, Oliver. *Different Approaches to Bankruptcy*. Working Paper 7921, National Bureau of Economic Research. 2000, p. 1-20.

HAYEK, F. A. *Prices and Production and others Works:* F. A. Hayek on money, the business cycle, and the gold standard. Auburn: Ludwig von Mises Institute, 2008.

HERÓDOTO. *Histórias*: Livro IV – Melpômene. Trad. Maria Aparecida de Oliveira Silva. São Paulo: Edipro, 2019.

HESS, Harald. *Insolvenzrecht*: Groβkommentar in zwei Bänden. 2 Aufl. Heidelberg: F. C. Müller, 2013.

HIBBERT, Christopher. *The rise and fall of the House of Medici*. New York: Penguin, 1979.

HOBSBAWM, Eric. *A era dos extremos*. Trad. Marcos Santarrita. São Paulo: Cia das Letras, 1995.

HOLANDA, Sérgio Buarque de. *As Raízes do Brasil*. 27 ed. São Paulo: Companhia das Letras, 2014.

HOLMES JR., Oliver Wendell. *The common law*. (reprint; originally published, Boston: Little, Brown & Co., 1881). New York: Dover Publications, 1991.

HOLZ, Eva; POZIOMEK, Rosa. *Curso de derecho comercial*. 3 ed. Montevideo: Amalio M. Fernandez, 2016.

HUIZINGA, Johan. *O outono da Idade Média:* estudos sobre as formas de vida e de pensamentos dos séculos XIV e XV na França e nos Países Baixos. São Paulo: Penguin, 2021.

HUNT, E. K.; SHERMAN, Howard J. *História do pensamento econômico*. 3 ed. Petrópolis: Editora Vozes, 1982.

HUNTINGTON, Henry of. *The history of the english people* – 1000-1154. New York: Oxford University Press, 2002.

HUVELIN, Paul. *Études d'histoire du droit commercial romain* (histoire externe – droit maritime). Paris: Librarie du Recueil Sirey, 1929.

IRTI, Natalino. *L'Etad della decodificazione*. 4 ed. Milano: Giuffrè, 1999.

______. *L'ordine giuridico del mercato*. Roma: Gius, Laterza & Figli, 2003.

ISAACSON, Walter. *Leonardo da Vinci*. Rio de Janeiro: Intrínseca, 2017.

JACKSON, Thomas H. *The Logic and Limits of Bankruptcy Law*. Massachusetts: Harvard University Press, 1986.

______; SCOTT, Robert. E. "On the Nature of Bankruptcy: an essay on bankruptcy sharing and the creditors' bargain". *In: Virginia Law Review*, Mar. 1989, vol. 75(2), p. 155-204.

JAEGER, Pier Giusto. "Interesse sociale rivisitato (quarant' anni dopo)". *Giurisprudenza Commerciale*, n. 1, p. 795-812, 2000.

______. *L'interesse sociale*. Milano: Giuffrè, 1972.

______; DENOZZA, Francesco. *Appunti di diritto commerciale*, v. 1. Milano: Giuffrè, 1994.

______; ______; TOFFOLETO, Alberto. *Appunti di diritto commerciale* – impresa e società. 6 ed. Milano: Giuffrè, 2006.

JANSON, H.W.; JANSON, Anthony F. *Iniciação à história da arte*. 2 ed. Trad. Jefferson Luiz Camargol. São Paulo: Martins Fontes, 1996.

JENSEN, Michael C.; MECKLING, William H. Theory of the Firm: "Managerial Behavior, Agency Costs and Ownership Strcuture". *Journal of Financial Economics*, v. 3. n. 4, p. 305-360, jul. 1976.

KATZ, Avery Wiener. *Foundations of the Economic Approach to Law*. New York: Foundation Press, 1998.

KEEN, Maurice. *The penguin history of medieval Europe*. London: Penguin Books, 1991.

KELSEN, Hans. *Teoria pura do direito*. Trad. João Baptista Machado. São Paulo: Martins Fontes, 1998.

KINDLEBERGER, Charlie P.; ALIBER, Roberto Z. *Manias, pânicos e crises*: a história das catástrofes econômicas mundiais. São Paulo: Saraiva, 2013.

KINDLER, P. "La commercializzazione imperfetta del diritto civile tedesco: cenni sistematici ed interpretatitivi". *Rivista di Diritto Commerciale e del Diritto Generale delle Obbligazioni*, v. XI, Parte II. Milano: Piccin, 2019, p. 55-79.

KINSELLA, Stephen. *Contra a propriedade intelectual*. Trad. Rafael Hotz. São Paulo: Mises Brasil, 2010.

KOHLER, Josef. *Lehrbuch des Konkursrechts*. Stuttgart: Ferdinand Enke, 1891.

KRAMPE, Christoph. "*Lex Rhodia* de iactu: contributio nave salva". In: ALTMEPPEN, Holger; REICHARD, Ingo; SCHERMAIER, Martin Josef; ZIMMERMANN, Reinhard (Hrsg.). *Festschrift für Rolf Knütel zum 70. Geburtstag*. Heidelberg: Müller, 2010. p. 585-599.

KRELLER, Hans. "*Lex Rhodia*. Untersuchungen zur Quellensgeschichte des römishcne Seerechtes". *Zeitschrift für das gesammte Handelsrecht*, 85, p. 258-367, 1921.

KRUGMAN, Paul; WELLS, Robin. *Introdução à economia*. Rio de Janeiro: Elsevier, 2007.

KULISCHER, J. M. *Storia economica del Medioevo e dell'epoca moderna*, v. I. Trad. G. Bohm. Firenze: Sansoni, 1955.

LA LUMIA, Isidoro. *Corso di diritto commerciale*. Milano: Giuffrè, 1950.

LA PORTA, Rafael; LOPEZ-DE-SILANES, Florencio; SHLEIFER, Andrei. *Corporate ownership around the world*. Harvard Institute of Economic Research Paper No. 1840, 1998, p. 19. Disponível em: <http://ddrn.com/abstract=103130>. Acesso em: 20 fev. 2008.

______; ______; ______. "Corporate ownership around the world". *Journal of Finance*, n. 54, p. 471-518, 1999.

LE GOFF, Jacques. *A bolsa e a vida*. 2 ed. São Paulo: Brasiliense, 2004.

______. *La città medievale*. Firenze: Giunti, 2011.

______. *Mercadores e banqueiros da Idade Média*. Trad. Antônio de Pádua Danesi. São Paulo: Martins Fontes, 1991.

______. *A civilização do ocidente medieval*. Trad. Monica Stahel. São Paulo: Vozes, 2018.

LAMY FILHO, Alfredo; BULHÕES PEDREIRA, José Luiz. *A Lei das S/As*, v. I. 3 ed. Rio de Janeiro, 1997.

LANE, Fredric. *Venice. A maritime republic*. Maryland: John Hopkins University Press, 1973.

LATTES, Alessandro. *Il diritto commerciale nella legislazione statutaria delle città italianne*. Milano: Ulrico Hoepli, 1884.

______. *Il fallimento nel diritto comune e nella legislazione bancaria della Republica di Venezia*. Venezia: M. Vicentini, 1880 (reimprezione).

LATTES, Elias. *La libertà delle banche a Venezia dal secolo XIII al XVII*. Milano: Valentiner, 1869.

LEÃES, Luiz Gastão Paes de Barros. "A disciplina do direito de empresa no novo Código Civil Brasileiro". *Revista de Direito Mercantil, Industrial, Econômico e Financeiro*, v. 41, n. 128, p. 7-14, 2002.

______. *A responsabilidade do fabricante pelo fato do produto*. São Paulo: Saraiva, 1987.

______. *Comentários à Lei das Sociedades Anônimas*, v. 2. São Paulo: Saraiva, 1980.

LEEMANS, W. F. *Old-babylonian merchant*. His business and social position. Leiden: Brill, 1950.

LEFRANC, Georges. *História breve do comércio.* Lisboa: Editorial Verbo, 1962.

LEIST, B. W. *Zur Geschichte der römischen Societas.* Iena: Ed. Gustav Fischer, 1881.

LEITÃO, Luis Manuel Teles de Menezes. *Direito da Insolvência.* 6 ed. Coimbra: Almedina, 2015.

LEITE, Márcio de Oliveira Junqueira. *O patenteamento de invenções de segundo uso no Brasil.* Dissertação (Mestrado em Direito). Faculdade de Direito da Universidade de São Paulo, São Paulo, 2011.

LEME, Ernesto. "Os mestres de direito comercial na Faculdade de Direito de São Paulo". *Revista Da Faculdade De Direito De São Paulo,* v. 72 n. 1, p. 15-30, 1977.

LENZI, Diletta. *I doveri dei creditori nella crisi d'impresa.* Giuffrè: Milano, 2022.

LEVINTHAL, Louis E. *The early history of bankruptcy law.* University of Pennsylvania Law Review, 66 U. PA. L. Rev. 223-250 (1918).

LIBERTINI, Mario. "Appunti sull'autonomia del diritto commecialle dedicati a Pippo Portale". *Rivista di Diritto Commerciale e del Diritto Generale delle Obbligazioni,* v. XI, Parte II. Milano: Piccin, 2019, p. 37-55.

______. *Passato e presente del diritto commerciale.* Torino: Giappichelli, 2023.

______. *Profili tipologici e profili normativi nella teoria dei titoli di credito.* Milano: Giuffrè, 1971.

______. "I titoli di credito nella dottrina giuscommercilista italiana. In memoria di Antonio Pavone La Rosa". *Rivista Orrizonti del Diritto Commercialle,* Vo. 3, Anno V, 2017, p. 1 e ss.

______. "Premesse a una revisione della teoria unitaria dei titoli di credito", *Banca borsa e titoli di credito,* t. I, 1972, p. 192 e ss.

LIBONATI, Berardino. *La categoria del diritto commerciale. Rivista delle Società,* v. 47, n. 1, p. 1-26, 2002.

LIMA LOPES, José Reinaldo de; FRANÇA, Erasmo Valladão Azevedo e Novaes; CAMILO JÚNIOR, Ruy Pereira; PESSO, Ariel Angel. *Nas trilhas de Ascarelli.* São Paulo: Quartier Latin, 2023.

LISBOA, José da Silva. *Princípios de direito mercantil e leis de marinha,* t. I. 6 ed. Rio de Janeiro: Typographia Academica, 1874.

______. *Princípios de direito mercantil e leis de marinha,* t. II. 6 ed. Rio de Janeiro: Typographia Academica, 1874.

LOPES, José Reinaldo de Lima; FRANÇA, Erasmo Valladão e Novaes; JUNIOR, Ruy Pereira Camilo; PESS, Ariel Engel (org.). *Nas trilhas de Ascarelli.* São Paulo: Quartier Latin, 2022.

LOPEZ, Robert. *A revolução comercial da Idade Média – 950-1350.* Tradução de Ana Falcão Bastos e Luís Leitão. Lisboa: Editorial Presença, 1976.

LOPUCKI, Lynn M.; WHITFORD, William C. "Bargaining over Equity's Share in the Bankruptcy Reorganization of Large, Publicly Held Companies". *University of Pennsylvania Law Review,* vol. 139, p. 125-196.

LORENZETTI, Ricardo Luis. *Fundamentos do direito privado.* Trad. Vera Maria Jacob de Fradera. São Paulo: Revista dos Tribunais, 1998.

LUBBEN, Stephen J. "The Overstated Absolute Priority Rule". *Fordham Journal of Corporate & Finance Law,* vol. 21, issue 4, 2016, p. 581- 602.

LUCIANO, Alessandro M. *La gestione della S.P.A nella crisi pre-concursale.* Milano: Giuffrè, 2016.

LUZZATTO, Gino. *Storia del commercio,* v. I. Firenze: G. Barbera Editore, 1914.

______. *Storia economica dell'età moderna e contemporanea,* v. II. Padova: Cedam, 1938.

MACEDO, Ricardo Ferreira de. *Controle não societário.* Rio de Janeiro: Renovar, 2004.

MACHADO, Brasílio de. "Curso de direito comercial". *Revista Da Faculdade De Direito De São Paulo,* v. 49, p. 51–150, 1954.

______. *Direito commercial.* São Paulo: Mignon, 1909.

______. *História do comércio*. Rio de Janeiro: Francisco Alves, 1943.

______. "O código comercial do Brasil: Subsídios históricos da sua formação". *Revista da Faculdade de Direito de São Paulo*, São Paulo, v. XVII, p. 9-56, 1909.

MAI, Ludwig. *Die Havarie-Grosse nach der lex Rhodia de jactu, dem deutschen Handelsgesetzbuch und der deutschen Rechtsprechung*. Mannheim: J. Bensheimer, 1889 (reimpressão: Whitefish: Kessinger, 2010).

MAMEDE, Gladson. *Manual de direito empresarial*. 16 ed. São Paulo: Atlas, 2022.

MAQUIAVEL, Nicolo. *Le istorie fiorentine*. Milano: Eduardo Sonzogno Editore, 1884.

MARCONDES, Sylvio. *Limitação da responsabilidade do comerciante individual*. São Paulo: Revista dos Tribunais, 1956.

______. "Origem, evolução e conceituação das sociedades de responsabilidade limitada". In: ______. *Problemas de Direito Mercantil*. São Paulo: Max Limonad, 1970, p. 183-205.

______. *Problemas de direito mercantil*. São Paulo: Max Limonad, 1970.

______. *Questões de direito mercantil*. São Paulo: Saraiva, 1977.

MARGHIERI, Alberto. *Il diritto commerciale italiano*, v. I. 2 ed. Napoli: Riccardo Marguieri, 1886.

MARGONI, Anna Beatriz Alves. *A desconsideração da personalidade jurídica nos grupos de sociedades*. Dissertação (Mestrado em Direito). Faculdade de Direito da Universidade de São Paulo, São Paulo, 2011.

MARICHAL, Carlos. *A nova história das grandes crises financeiras*: uma perspectiva global – 1873-2008. Rio de Janeiro: FGV Editora, 2016.

MARINO, Francisco. *Os contratos coligados no direito brasileiro*. São Paulo: Saraiva, 2009.

MARTINS, Alexandre de Soveral. *Um curso de direito da insolvência*. 2 ed. rev. e atual. Coimbra: Almedina, 2016.

MARTINS, Fran. *Sociedade por quotas no direito estrangeiro e brasileiro*, v. I. São Paulo: Forense, 1960.

MARTINS-COSTA, Judith. *A boa-fé no direito privado*. São Paulo: Revista dos Tribunais, 2000.

______. *Modelos de direito privado*. São Paulo: Marcial Pons, 2014.

______; NITSCHKE, Guilherme Carneiro Monteiro (coord.) *Direito privado na lei de liberdade econômica*. São Paulo: Almedina, 2022.

MAXIMILIANO, Carlos. *Hermenêutica e aplicação do direito*. 13 ed. Rio de Janeiro: Forense, 1993.

______. *Hermenêutica e aplicação do direito*. 19 ed. Rio de Janeiro: Forense, 2009.

MEIRA, Silvio Augusto de Bastos. "Lex Rhodia de iactu: sua repercussão no direito brasileiro". *Revista do Tribunal Regional do Trabalho da 8ª Região*, p. 55-66, 1968.

MENDES, Gilmar Ferreira; BRANCO, Paulo Gustavo Gonet. *Curso de direito constitucional*. 6 ed. São Paulo: Saraiva, 2011.

______. COELHO, Inocêncio Mártires; BRANCO, Paulo Gustavo Gonet. *Curso de direito constitucional*. 4ª ed. São Paulo: Saraiva, 2009.

MENDES, Octavio. *Fallencias e Concordatas*. São Paulo: Saraiva e C, 1930.

MERQUIOR, José Guilherme. *O liberalismo*. 3 ed. Trad. Henrique de Araújo Mesquita. São Paulo: É realizações, 2011.

MICKLETHWAIT, John; WOOLDRIDGE, Adrian. *A companhia*. Breve história de uma ideia revolucionária. Trad. de S. Duarte. Rio de Janeiro: Objetiva, 2003.

MISES, L. von. *Ação Humana:* um tratado de economia. Tradução de Donald Stewart Jr. 3.1 ed. São Paulo: Instituto Ludwig von Mises Brasil, 2010.

______. *Sobre Moeda e Inflação:* uma síntese de diversas palestras. Tradução de Evandro Ferreira. São Paulo: LVM, 2017.

MITCHELL, Wesley Clair. *Os ciclos econômicos e suas causas*. São Paulo: Nova Cultural, 1988.

MITCHELL, William. *An essay on the early history of law of merchant*. Cambridge: University Press, 1904.

MONTANELLI, Giuseppe. *Introduzione filosofica allo studio del diritto commerciale positivo*. Pisa: Pieraccini, 1847.

MONTEIRO, Honório. *Preleções de direito comercial*. São Paulo: USP Editora, 1937.

MONTI, Annamaria. *Per uma storia del diritto commerciale contemporaneo*. Pisa: Pacini, 2021.

MOREIRA, Vital. *A ordem jurídica do capitalismo*. 4 ed. Lisboa: Editorial Caminho, 1987.

______. Economia e constituição. *Boletim de Ciências Económicas da Faculdade de Coimbra*, v. XIX, p. 18-35, 1976.

MORRIS, Charles. *Os magnatas*. 3 ed. Trad. Eduardo Barreiros. Porto Alegre: LP&M, 2007.

MOSSA, Lorenzo. *Diritto commerciale*. Parte I. Milano: Giuffrè, 1937

______. *Historia del Derecho mercantil em los siglos XIX e XX*. Trad. Francisco Hermandéz Borondo. Madrid: Revista de Derecho Privado, 1948.

______. "Scienza e metodi del diritto commerciale". *Rivista di Diritto Commerciale*, v. XXXIX, n. I, p. 97-126, 1941.

MOUNT, Toni. *Everyday life in medieval London*. London: Amerley, 2015.

MOUSNIER, Roland. *História geral das civilizações:* os séculos XVI e XVII, t. IV, v. 1. 2 ed. Trad. Vítor Ramos e J. Guinsburg. São Paulo: Difusão, 1960.

______. *História geral das civilizações:* o século XVIII, t. V, v. 2. 2 ed. Trad. Vítor Ramos e J. Guinsburg. São Paulo: Difusão, 1960.

MUNHOZ, Eduardo Secchi. *Empresa contemporânea e direito societário*: poder de controle e grupos de sociedade. São Paulo: Juarez de Oliveira, 2002.

MUSI, Aurelio. "A formação do Estado moderno". In: ECO, Umberto (dir.). *Idade Média:* explorações, comércio e utopias, v. IV. Trad. Carlos Aboim de Brito e Diogo Madre Deus. Lisboa: D. Quixote, 2011.

MUTINELLI, Fabio. *Del commercio dei veneziani*. Venezia: Filipi Editore, 1835.

NAVARRINI, Umberto. *Trattato elementare di diritto commerciale*, v. I. Torino: Fratelli Boca, 1911.

______; FAGGELLA, Gabrielle. *Das sociedades e das associações comerciais*, v. I. Rio de Janeiro: José Konfino, 1950.

NENOVA, Tatiana, "The value of corporate votes and control benefits: a cross-country analysis". *Journal of Financial Economics*, v. 68, p. 325-351, 2001.

NIGRO, Alessandro; VATTERMOLI, Daniele. *Diritto della crisi delle imprese* – le procedure concorsuali. 5 ed. Bologna: Il Mulino, 2021.

NOEL, Francis Regis. *A history of the bankruptcy law*. Washington: Potter & Co., 1919.

NOYES, Ella. *The story of Milan*. London: Dent & Co., 1908.

NUSDEO, Fábio. *Curso de economia* – introdução ao direito econômico. 5 ed. São Paulo: Revista dos Tribunais, 2008.

______. *Fundamentos para uma codificação do direito econômico*. São Paulo: Revista dos Tribunais, 1995.

OGILVIE, Sheilagh. *Institutions and european trade:* merchant guilds – 1000-1800. New York: Cambridge University Press, 2011.

OKEY, Thomas. *The story of Venice*. London: Dent & Co., 1931.

______. *The story of Paris*. London: Dent & Co., 1925.

OLIVEIRA, José Lamartine Corrêa de. *A dupla crise da personalidade jurídica*. São Paulo: Saraiva, 1979.

OPPO, Giorgio. Princìpi. In: *Trattato di Diritto Commerciale a cura de Vincenzo Buonocore*. Sezione I. Tomo I. Torino: Giappichelli, 2001.

OREJUDO, Raul Nicolas Garcia; ROIG, Francesc-Xavier Rafi. *La exoneración del pasivo insatisfecho*. Valencia: Tirant lo Blanch, 2023.

ORLANDO, Salustiano. *Codigo comercial do Brazil*. 5 ed. Rio de Janeiro: Laemmert & C, 1896.

PAIM, Antonio. *Evolução histórica do liberalismo*. São Paulo: Lvm, 2019.

PAJARDI, Piero. *Radici e ideologie del fallimento*. 2 ed. Milano: Giuffrè, 2002.

Panorama dos Pequenos Negócios – 2018. Disponível em: http://www.sebrae.com.br/Sebrae/Portal%20Sebrae/UFs/SP/Pesquisas/Panorama_dos_Pequenos_Negocios_2018_AF.pdf. Acesso em: 6 jan. 2020.

PANUCCIO, Vincenzo. *Teoria giuridica dell'impresa*. Milano: Giuffrè, 1974.

PARENTONI, Leonardo. "A duplicata virtual e os títulos de crédito eletrônicos". *Revista da Faculdade de Direito da UFMG*. Belo Horizonte, n. 65, p. 409-465, jul./dez. 2014.

PARGENDLER, Mariana. *Evolução do direito societário:* lições do Brasil. 2 ed. São Paulo: Almedina, 2021.

PAVONE, Antonio La Rosa. *Studi sulla polizza di carico*. Milano: Giuffrè, 1958.

______ "Titoli 'atipici' e liberta' di emissione nell' ambito delle strutture organizzative della grande impresa". *Rivista delle Società*, an. 7, fasc. 4-5, 1982, p. 705-737.

PEGLOW, Kerstin. "Entstehung und Geschichte der Gesellschaft mit beschränkter Haftung im deutschen Recht". *Miscellanea Historico-Iuridica*, v. XI, p. 205-223, 2012.

PEREIRA DA SILVA, J. M. *História da fundação do Império brazileiro*, v. 1. Rio de Janeiro: Garnier, 1864.

______. *História da fundação do Império brazileiro*, v. 2. Rio de Janeiro: Garnier, 1864.

PERROY, Édouard. *História geral das civilizações:* a Idade Média, t. III, v. 1. 2 ed. Trad. Pedro Moacyr Campos. São Paulo: Difusão, 1958.

______. *História geral das civilizações*: a Idade Média, t. III, v. 2. 2 ed. Trad. Pedro Moacyr Campos. São Paulo: Difusão, 1958.

PERTILE, Antonio. *Storia del diritto italiano:* dalla caduta dell'Imperio Romano alla codificazione, v. III. Torino: Unione Tipografico Editrice, 1893-1894.

PETIT, Carlos. *Historia del Derecho mercantil*. Madrid: Marcial Pons, 2016.

PINHEIRO, Armando Castelar; SADDI, Jairo. *Direito, Economia e Mercados*. Rio de Janeiro: Elsevier, 2006.

PIRENNE, Jacques Henri. *História econômica e social da Idade Média*. 5 ed. Trad. Lycurgo Gomes da Motta. São Paulo: Jou, 1979.

______. *Medieval cities*. New Jersey: Princenton University Press, 1969.

______. *Panorama da história universal*. São Paulo: EDUSP, 1973.

PONTES DE MIRANDA, Francisco Cavalcanti. *Sistema de sciencia positiva do direito*, v. II. Rio de Janeiro: Jacinto, 1922.

______. *Tratado de direito privado*, v. I. 4 ed. São Paulo: Revista dos Tribunais, 1983.

PORTALE, Giuseppe B. "Dale codici civile del 1942 alle (ri)codificazioni: la ricerca di um nuovi diritto commerciale". *Rivista di Diritto Commerciale e del Diritto Generale delle Obbligazioni*, v. XI, Parte II. Milano: Piccin, 2019, p. 79-95.

______. "Verso un 'diritto societário della crisi?" In: TOMBARI, Umberto (a cura di). *Diritto societário e crisi d'impresa*. Torini: Giappichelli, 2014.

______. "Il codice italiano della crisi d'impresa e dell'insolvenza: tra fratture e modernizzazione del diritto societario". *Rivista delle società*. Anno 67, fascicolo 5-6, Milano: Giuffrè, 2022, p. 1149-1169.

PROVINCIALI, Renzo. *Manuale di diritto fallimentare*. 2 ed. Milano: Giuffrè, 1951.

PUGLIESI, Adriana Valéria. *Direito falimentar e preservação da empresa*. São Paulo: Quartier Latin, 2013.

RAMELLA, Agostino. *Tratado de la propriedade industrial*, T. I. Madrid: Hijos de Reus, 1919.

______. *Trattato del fallimento*, v. I. Milano: Libraria, 1903.

RAMOS, André Santa Cruz. *Manual de direito empresarial*. 12 ed. São Paulo: Juspodivm, 2022.

RAO, P. K. *The economics of transaction costs*: theory, methods, and applications. Great Britain: Antony Rowe Ltd., 2003.

RÁO, Vicente. *O direito e a vida dos direitos*, v. 1. São Paulo: Max Limonad, 1960.

RATHENAU, Walther. "Do sistema acionário – uma análise negocial". Trad. e introdução de Nilson Lautenschleger Jr. Reprodução do texto clássico. *Revista de Direito Mercantil, Industrial, Econômico e Financeiro*, Nova Série, v. 41, n. 128, p. 199-223, out./dez. 2002.

REALE, Miguel. *Filosofia do direito*. 20 ed. São Paulo: Saraiva, 2008.

______. *Fontes e modelos do direito*. São Paulo: Saraiva, 2002.

______. *Fundamentos do direito*. 3 ed. São Paulo: Revista dos Tribunais, 1998.

______. *História do novo código civil*. São Paulo: Revista dos Tribunais, 2005.

______. *Lições preliminares de direito*. 24 ed. São Paulo: Saraiva, 1998.

______. *Lições preliminares de direito*. 27 ed. São Paulo: Saraiva, 2006.

______. *Teoria tridimensional do direito*. 5 ed. São Paulo: Saraiva, 2003.

REHME, Paul. *Historia universal del derecho mercantil*. Trad. E. Gómez Orbaneja. Madrid: Editorial Revista de Derecho Privado, 1941.

RENOUARD, Augustin-Charles. *Traité des faillites et banqueroutes*, t. I. Paris: Guillaumin, 1857.

RENOUARD, Yves. *Les hommes d'affaires italiens du Moyen Âge*. Paris: Texto, 1968.

REQUIÃO, Rubens. *A preservação da sociedade comercial pela exclusão do sócio*. Tese (Cátedra). Faculdade de Direito da Universidade do Paraná, Curitiba, 1959.

______. "Abuso de direito e fraude através da personalidade jurídica ("Disregard Doctrine")". In: ____. *Aspectos modernos do direito comercial*, v. 1. São Paulo: Saraiva, 1977.

______. *Curso de direito comercial*, v. 1. São Paulo: Saraiva, 1980.

______. *Direito comercial*, v. 1. 33 ed. São Paulo: Saraiva, 2014.

RICHTER JR, Mario Stella. "Profilo storico". In: IBBA, Carlo; MARASÀ, Giorgio (coord.). *Le società a responsabilità limitata*, v. I. Milano: Giuffrè, 2020. p. 1-30.

______. "La società a responsabilità limitata dalle codificazioni dell'ottocento al codice dela crisi d'impresa". *Rivista delle società*, a. LXIII, fasc. 4, p. 645-674, 2019.

RIERA-MELIS, Antoni. "Sociedade feudal e alimentação (séculos XII-XIII)". In: FLANDRIN, Jean-Louis; MONTANARI, Massimo. *História da alimentação*. São Paulo: Estação Liberdade, 2015.

RIPERT, Georges. *Aspectos jurídicos do capitalismo moderno*. Trad. Gilda de Azevedo. São Paulo: Freitas Bastos, 1947.

______. *O regimen democrático e o direito civil moderno*. Trad J. Cortezão. São Paulo: Saraiva, 1937.

______. *Tratado elemental de derecho comercial*, v. IV. Trad. Felipe de Solá Canizares. Buenos Aires: Tea, 1954.

RIVAROLA, Mario A. *Tratado de Derecho comercial argentino*, t. I. Buenos Aires: Companhia Argentina de Editores, 1938.

RIVOLTA, Gian Carlo. "Sulla società a responsabilità limitata: precedenti storici ed orientamenti interpretativi". *Rivista di diritto civile*, v. 26, p. 477-514, 1980.

ROBERTI, Mechiorre. *Lineamenti di storia del diritto dalle origini di Roma ai nostri giorni*, v. II. Milano: Giuffrè, 1933.

ROCCO, Alfredo. *Principios de derecho mercantil*. 10 ed. Ciudad de México: Nacional, 1981.

ROCHA POMBO, J. F. *História do Brasil*, v. III. Rio de Janeiro: Jackson, 1947.

RODA, Carmen Boldó; SEMPERE, Carmen Pastor (Coords). *Derecho preconcursal y segunda oportunidad*. Valencia: Tirant lo Blanch, 2021.ROGOFF, Kenneth S.; REINHART, Carmen M. *Oito séculos de delírios financeiros*: dessa vez é diferente. Rio de Janeiro: Elsevier, 2010.

______. "Depression economics: cause and cure". In: EBELING, R. M (ed). *The Austrian Theory of the Trade Cycle and other Essays*. Auburn: Ludwig von Mises Institute, 1996. p. 25-35.

RUBIO, Jesus. *Introducción al derecho mercantil*. Barcelona: Nauta, 1969.

RUSSEL, Alfredo. *Curso de direito comercial brasileiro*, t. I. Rio de Janeiro: Mendonça & Cia, 1923.

SAAVEDRA, Giovani Agostini. "Art. 170, IV". In: CANOTILHO, J. J. Gomes. MENDES, Gilmar Ferreira; SARLET, Ingo Wolfgang; STRECK, Lenio Luiz. *Comentários à Constituição do Brasil*. São Paulo: Saraiva/Almedina, 2013.

SACRAMONE, Marcelo. *Manual de direito empresarial*. 3 ed. São Paulo: Saraiva, 2022.

SALAMA, Bruno Meyerhof. *O fim da responsabilidade limitada no Brasil*. São Paulo: Malheiros, 2014.

SALGADO, Paulo Cavalcanti. *Das sociedades em participação no direito commercial brazileiro*. Recife: Imprensa Industrial, 1913.

SALOMÃO FILHO, Calixto. *Direito concorrencial*. 2 ed. Rio de Janeiro: Forense: 2021.

______. *Direito concorrencial*: as estruturas. 3 ed. São Paulo: Malheiros, 2007.

______. "Interesse social: a nova concepção". In: ____. *O novo direito societário*. 4. ed. rev. e ampl. São Paulo: Malheiros, 2011.

______. *Novo direito societário*. 5 ed. São Paulo: Saraiva, 2018.

______. "'Societas' com relevância externa e personalidade jurídica". *Revista de Direito Mercantil, Industrial, Econômico e Financeiro*, v. 81, p. 66-78, 1991.

______. *Teoria crítico-estruturalista do direito comercial*. São Paulo: Marcial Pons, 2015.

SAMPAIO, Rodrigo de Lima Vaz. Direito marítimo romano: a disciplina jurídica do alijamento. Tese (Doutorado em Direito). Faculdade de Direito da Universidade de São Paulo, São Paulo, 2013.

SANTARELLI, Umberto. *L'esperienza giuridica basso-medievale*. Torino: Giappichelli, 1977.

______. *Per la storia del fallimento nelle legislazioni italiane dell'etta intermedia*. Padova: Dedam, 1964.

SAPORI, Armando. *Compagnie e mercanti di Firenzi antica*. Firenze: Barbera, 1978.

______. *Le marchand italien au Moyen Âge*. Paris: A. Colin, 1952.

SARLET, Ingo Wolfang; MARINONI, Luiz Guilherme; MITIDIERO, Daniel. *Curso de direito constitucional*. São Paulo: Revista dos Tribunais, 2012.

SCALZILLI, João Pedro. *Confusão patrimonial no direito societário e no direito falimentar*. 2 ed. São Paulo: Almedina, 2020.

______; SPINELLI, Luis Felipe; TELLECHEA, Rodrigo. *Recuperação de empresas e falência*. Teoria e prática. 4 ed. São Paulo: Almedina, 2023.

SCHIOPPA, Antonio Padoa. *Saggi di storia del diritto commerciale*. Milano: Lettere, 1992.

SCHMIDT, Max Georg. *Historia del comercio mundial*. Trad. Manuel Sánchez Sarto. Barcelona: Labor, 1938.

______. *História do comércio*. Rio de Janeiro: Athena Editora, 1933.

SCHUMPETER, Joseph A. *Business Cycles*: a theoretical, historical and statistical analysis of the capitalist process. Philadelphia: Porcupine Press, 1964.

SCHWARTSMANN, Gilberto. *Gabinete de curiosidades*. Porto Alegre: Sulina, 2021.

SCIALOJA, Antonio. *Sull'origine delle società commerciali*. Saggi di vario diritto, v. I. Roma: Società Editrice del Foro Italiano, 1927.

SEGRE, Arturo. *Storia del commercio*. Torino, Genova: S. Lattes & Co. Editori, 1923.

SHAKESPEARE, William. *O mercador de Veneza*. São Paulo: Martin Claret, 2006.

SICILIA, Rossana. "O equilíbrio entre os estados italianos". In: ECO, Umberto (dir.). *Idade Média*: explorações, comércio e utopias, v. IV. Trad. Carlos Aboim de Brito e Diogo Madre Deus. Lisboa: D. Quixote, 2011.

SILVA, José Afonso da. *Curso de direito constitucional positivo*. 18 ed. São Paulo: Malheiros, 2000.

SILVA, Vinicius Spaggiari. *O princípio da preservação da empresa na LRE 11.101/2005*: conceito e crítica. Dissertação (Mestrado em Direito). Faculdade de Direito da Universidade de São Paulo, São Paulo, 2013.

SILVEIRA, Newton. *Curso de propriedade industrial*. São Paulo: RT, 1977.

______. *Propriedade intelectual*. 6ª ed. São Paulo: Manole, 2021.

SIMON, Herbert. "Rationality in Psychology and Economics". *Journal of Business*, v. 59, n. 4, p. 209-224, out. 1986.

SOPRANO, Enrico. *Elementi di diritto commerciale*. 2 ed. Torino: Fratelli Bocca, 1931.

SOUZA, H. M. Inglez de. *Prelecções de direito comercial*. Rio de Janeiro: Typographia Leuzinger, 1906.

SPADA, Paolo. *Diritto commerciale* – parte generale, v. I. 2 ed. Milano: Cedam, 2009.

______. "Ricommercializzare o legittimare il diritto commerciale. Cenni conclusivi". *Rivista di Diritto Commerciale e del Diritto Generale delle Obbligazioni*, v. XI, Parte II. Milano: Piccin, 2019, p. 95-99.

______. *Introduzione al diritto dei titoli di credito*. Documenti circolanti, circolazione intermeiata e password. Giappichelli: Torino: 2012.

SPLIET, J.D. In: SCHMIDT, Karsten. *Insolvenzordnung*. München: CH Beck, 2023.

SPINELLI, Luis Felipe. *A exclusão de sócio por falta grave na sociedade limitada*: fundamentos, pressupostos e consequências. Tese (Doutorado em Direito). Faculdade de Direito da Universidade de São Paulo, São Paulo, 2014.

SPINELLI, Luis Felipe; SCALZILLI, João Pedro; TELLECHEA, João Pedro. *Sociedade em conta de participação*. 2 ed. São Paulo: Almedina, 2023.

STANGHELLINI, Lorenzo; MOKAL, Riz; PAULUS, Christoph G.; TIRADO, Ignacio. *Best practices in european restructuring*: contractualised distress resolution in the shadow of the law. Milano: Wolters Kluver, 2018.

______. "Il governo delle società fra codice civile e codice della crisi". *Analisi Giuridica dell'Economia*, fascicolo 1-2, gennaio-dicembre 2023, p. 19-71.

______. "Verso uno statuto dei diritti dei soci di società in crisi". *Rivista di Diritto Societario*, fascicolo 2/2020, p. 295-321.

SULLIVAN, Teresa A; WARREN, Elizabeth; WESTBROOK, Jay Lawrence. *As we forgive our debtors*. Oxford: Oxford University Press, 1989.

SUPINO, David. *Derecho mercantil*, t. I. 4 ed. Trad. Lorenzo Benito. Madrid: Moderna, 1895.

SZTAJN, Rachel. "A incompletude do contrato de sociedade". *Revista da Faculdade de Direito da Universidade de São Paulo*, v. 101, p. 283-302, jan./dez. 2004.

______. *Contrato de sociedade e formas societárias*. São Paulo: Saraiva, 1989.

______. "Notas sobre o conceito de empresário e empresa no Código Civil brasileiro". *Revista de Direito Privado*, v. 25, p. 233-249, jan./mar. 2006.

______. *Teoria Jurídica da Empresa*. São Paulo: Atlas, 2004.

SZTERLING, Fernando. *A função social da empresa no direito societário*. Dissertação (Mestrado em Direito). Faculdade de Direito da Universidade de São Paulo, São Paulo, 2003.

TABB, Charles Jordan. "The Historical Evolution of the Bankruptcy Discharge (1991)".

American Bankruptcy Law Journal, v. 65, p. 325-371, 1991.

TALEB. *A lógica do cisne negro*: o impacto do altamente improvável. 14ª ed. São Paulo: Objetiva, 2018.

TANZINI, Lorenzo. *Consimo de' Medici*. Roma: Salerno, 2022.

TELLECHEA, Rodrigo. *Autonomia privada no direito societário*. São Paulo: Quartier Latin, 2016.

______; SCALZILLI, João Pedro; SPINELLI, Luis Felipe. *História do direito falimentar*: da execução pessoal à preservação da empresa. São Paulo: Almedina, 2018.

TERRANOVA, Giuseppe. "I principi e il diritto commerciale". *Rivista di Diritto Commerciale e del Diritto Generale delle Obbligazioni*, n. 2. Milano: Piccin, 2015, p. 183-223.

THALLER, Edmond. *Des faillites en droit comparé*, t. I. Paris: Arthur Rousseau, 1887.

______. *Traitè elementaire de droit comercial*. Paris: Rousseau, 1898.

TOCQUEVILLE, Alexis. *A democracia na América:* sentimentos e opiniões: de uma profusão de sentimentos e opiniões que o estado social democrático fez nascer entre os americanos. Trad. Eduardo Brandão. São Paulo: Martins Fontes, 2000.

______. *O antigo regime e a revolução francesa*. 2 ed. São Paulo: Martins Fontes, 2016.

TOFFOLETTO, Alberto; DENOZZA, Francesco; GIUSTO, Jaeger Pier. *Appunti di direito commerciale*. 8 ed. Milano: Giuffrè, 2019.

TOKARS, Fabio. *Estabelecimento empresarial*. São Paulo: Ltr, 2006.

TOLEDO, Paulo Fernando Campos Salles de. "A preservação da empresa, mesmo na falência". In: DE LUCCA, Newton; DOMINGUES, Alessandra de Azevedo (coord.). *Direito recuperacional*: aspectos teóricos e práticos. São Paulo: Quartier Latin, 2009.

______. "Recuperação judicial de grupos de empresas". In: FRANÇA, Erasmo Valladão Azevedo e Novaes; ADAMEK, Marcelo Vieira von (coords.). *Temas de direito empresarial e outros estudos em homenagem ao Professor Luiz Gastão Paes de Barros Leães*. São Paulo: Malheiros, 2014, p. 336-357.

TOMAZETTE, Marlon. *Curso de direito empresarial*, v. I. 13 ed. São Paulo: Saraiva, 2022.

______. *Direito societário e globalização*. São Paulo: Atlas, 2014.

TOMBARI, Umberto. "Principi e problemi di 'diritto societário dela crisi'". In: TOMBARI, Umberto (a cura di). *Diritto societário e crisi d'impresa*. Torini: Giappichelli, 2014.

UJVARI, STEFAN Cunha. *História das epidemias*. 2 ed. São Paulo: Contexto, 2020.

URIA, Rodrigo. *Derecho mercantil*. Madrid: Aguirre, 1975.

VAINBERG, Sigismond. *La faillite d'après le droit romain*. Paris: Nationale, 1874.

VALLENCE, Edward. *The glorius revolution: 1688 – Britain's fight for liberty*. London: Hachete, 2006.

VALVERDE, Trajano de Miranda. *A força probante dos livros mercantis*. Rio de Janeiro: Forense, 1960.

______. *Sociedade por ações*, v. I. 2. ed. Rio de Janeiro: Forense, 1953.

VAMPRÉ, Spencer. *Tratado elementar de direito comercial:* parte I. Rio de Janeiro: Briguiet e Cia., 1921.

VANDEKERCKHOVE, Karen. *Piercing the corporate veil*. Alphen aan den Rijn: Kluwer, 2007.

VAN OVEN, Julius C. *Actio de recepto et actio locati*. *Tijdschrift voor Rechtsgeschiedenis*, 24, p. 137-157, 1956.

VASCONCELOS, Pedro Leitão Pais de. *A preposição*: representação comercial. Coimbra: Almedina, 2017.

VEIGA, Fábio da Silva. *Responsabilidade dos administradores de sociedades*. Navarra: Thomson Reuters Arandazi, 2021.

VERÇOSA, Haroldo Malheiros Duclerc. *Curso de direito comercial*, v. 1. São Paulo: Malheiros, 2006.

______. *Curso de direito comercial*, v. 2. São Paulo: Malheiros, 2006.

______. *Direito comercial*. Teoria geral, v. 1. 5 ed. São Paulo: Dialética, 2022.

VICENTE Y GELLA, Agustin. *Introducción al derecho mercantil comparado*. 3 ed. Barcelona: Labor S/A, 1941.

VIDARI, Ercole. *Corso de diritto commerciale*, v. I. 2 ed. Milano: Hoelpi, 1881.

______. *Rapporti del diritto commerciale colla pubblica economia e col diritto civile*. *Archivio Giuridico*, p. 97-132, *1870*.

VIO, Daniel. *Grupos societários:* ensaio sobre os grupos de subordinação, de direito e de fato, no direito societário brasileiro. São Paulo: Quartier Latin, 2016.

VISENTINI, Gustavo. *Principi di diritto commerciale*. Milano: Cedam, 2006.

VIVANTE, Cesare. *Instituciones de derecho comercial*. Trad. Ruggero Mazzi. Madrid: Reus, 1928.

______. *Per un codigo unico delle obbligazioni*. Bologna: Tipografia Fava e Garagnani,1888.

______. *Progetto preliminare per il nuovo Codice di Commercio*. Milano: Ulrico Hoepli, 1922.

______. *Tratado de derecho mercantil*, v. I. Trad. Cesar Silió Belena. Madrid: Reus, 1932.

______. *Trattato di diritto commerciale*, v. 1. Torino: Fratelli Bocca Editori, 1902.

______. *Trattato di diritto commerciale*, v. I. 5 ed. Milano: Francesco Vallardi, 1922.

VOLTAIRE. *A filosofia da história*. Trad. Eduardo Brandão. São Paulo: Martins Fontes, 2007.

VON GIERKE, Otto. "Sulla storia del principio di maggioranza (Über die Geschichte des Majoriätsprinzips)". *Rivista delle Società*, a. VI, n. 6, p. 1.103-1120, nov./dez. 1961.

WALD, Arnoldo. *Comentários ao Novo Código Civil*, v. 14. Rio de Janeiro: Forense, 2005.

WARDE JÚNIOR, Walfrido Jorge. *Responsabilidade dos sócios:* a crise da limitação da responsabilidade e a teoria da desconsideração da personalidade jurídica. Belo Horizonte: Del Rey, 2007.

WARREN, Elizabeth; WESTBROOK, Jay Laurence; PORTER, Katherine; POTTOW, John A. E. *The law of debtors and creditors*. New York: Wolters Kluwer, 2014.

WEBER, Max. *História agrária romana*. Trad. V.A. Gonzálvez. Madrid: Akal, 2004.

______. *The history of commercial partnerships in the Middle Ages*. Trad. Lutz Kaelber. Lanham, Boulder, New York, Oxford: Rowman & Littlefield Publishers Inc., 2003.

WHITE, Michelle J. "Bankruptcy and Small Business". *Regulation*, v. 24, n. 2, Summer 2001.

WIEACKER, Franz. *História do direito privado moderno*. 3 ed. Trad. A. M. Botelho Haspanha. Lisboa: Calouste Gulbenkian, 1967.

WIEL, Alethea. *The story of Bologna*. London: Dent & Co., 1923.

WILLIAMSON, Oliver. *The economic institutions of capitalism*: firms, markets, relational contracting. New York: Free Press, 1985.

______; WINTER, Sidney G. *The Nature of the Firm:* Origins, Evolution and Development. Oxford: Oxford University Press, 1993.

WONNACOTT, P.; WONNACOTT, R. *Economia*. 2 ed. São Paulo: Makron, 1994.

YAZBEK, Otávio. *Regulação do mercado financeiro e de capitais*. Rio de Janeiro: Elsevier, 2007.

Sobre os Autores

Rodrigo Tellechea

Doutor em Direito Comercial pela USP. Especialista em Liderança e Negócios pela McDonough School of Business, Georgetown University. Especialista em Direito Empresarial pela UFRGS. Membro associado ao Instituto Brasileiro de Estudos de Recuperação de Empresas (IBR), ao International Association of Restructuring, Insolvency & Bankruptcy Professionals (INSOL), ao Turnaround Management Association (TMA). Presidente do Instituto de Estudos Empresariais (IEE) – Gestão 2016/2017. Foi Diretor de Formação do Instituto de Estudos Empresariais (IEE) – Gestão 2014/2015 – e Vice-Presidente – Gestão 2015/2016. Autor dos livros *Arbitragem nas Sociedades Anônimas: Direitos Individuais e Princípio Majoritário* (Quartier Latin, 2016) e *Autonomia Privada no Direito Societário* (Quartier Latin, 2016), e coautor dos livros *Recuperação de Empresas e Falência* (Almedina, 2023, 4 ed.), *Pandemia, Crise Econômica e Lei de Insolvência* (Buqui, 2020, com reimpressão pela Almedina, 2023), *Sociedade em conta de participação* (Almedina, 2023, 2 ed.), *Intervenção Judicial na Administração de Sociedades* (Almedina, 2019), *História do Direito Falimentar: da execução pessoal à preservação da empresa* (Almedina, 2018) e *Recuperação extrajudicial de empresas* (Quartier Latin, 2013). É autor e coautor de artigos jurídicos publicados em livros e revistas especializadas. Advogado.

João Pedro Scalzilli

Professor da Faculdade de Direito da PUCRS. Doutor em Direito Comercial pela USP. Mestre em Direito Privado e Especialista em Direito Empresarial pela UFRGS. Membro associado ao Instituto Brasileiro de Estudos de Recuperação de Empresas (IBR), ao International Association of Restructuring, Insolvency & Bankruptcy Professionals (INSOL) e ao Turnaround Management Association (TMA). Autor dos livros *Confusão Patrimonial no Direito Societário* (Almedina, 2020, 2 ed.) e *Mercado de Capitais, Ofertas Hostis e Técnicas e Defesa* (Quartier Latin, 2015), e coautor dos livros *Recuperação de Empresas e Falência* (Almedina, 2023, 4 ed.), *Pandemia, Crise Econômica e Lei de Insolvência* (Buqui, 2020, com reimpressão pela Almedina, 2023), *Sociedade em conta de participação* (Almedina, 2023, 2 ed.), *Intervenção Judicial na Administração de Sociedades* (Almedina, 2019), *História do Direito Falimentar: da execução pessoal à preservação da empresa* (Almedina, 2018) e *Recuperação extrajudicial de empresas* (Quartier Latin, 2013); cocoordenador do livro O *Administrador Judicial e a Reforma da Lei 11.101/2005* (Almedina, 2022). É autor e coautor de artigos jurídicos publicados em livros e revistas especializadas. Advogado.